한반도 통일연방국가 연구

동북아를 넘어 유라시아로

한반도 통일연방국가 연구

동북아를 넘어 유라시아로

초판   1쇄 발행 2011년 3월 30일
개정증보1판 1쇄 발행 2014년 2월 10일

지은이 최양근
펴낸이 윤관백
펴낸곳 ▨동선 선인

등록 제5-77호(1998.11.4)
주소 서울시 마포구 마포동 324-1 곳마루빌딩 1층
전화 02)718-6252 / 6257
팩스 02)718-6253
E-mail sunin72@chol.com

정가 · 33,000원
ISBN 978-89-5933-695-1 93300

· 잘못된 책은 바꾸어 드립니다.

한반도 통일연방국가 연구

동북아를 넘어 유라시아로

최양근

도서출판 선인

한라에서(민족21 제공)

백두까지(동아일보 제공)

[갈망]

한반도에 평화가 정착되게 하옵소서

한민족에게 평화통일을 안겨주소서

갈등과 분쟁지역에서 평화를 수출하는 지역이 되게 하소서

그리하여 세계 곳곳에 평화의 횃불을 들게 하옵소서

개정증보판 머리말

현재 9·19공동선언과 2·13합의를 바탕으로 6자회담을 개최하고자 한미, 미중, 한중, 북일, 북미, 한러, 북러 등 여러 회담이 공식적 비공식적으로 진행되고 있다. 그리고 남한은 박근혜 정권, 북한은 김정은 정권이 등장하였다. 그래서 남북한 통일환경의 변화를 맞이하고 있다. 이를 반영하고 그동안 조언을 해 준 독자들에 대한 답례를 할 필요가 있어 본서의 책 제목과 내용의 일부를 개정 및 증보하고자 개정판을 내기로 결심하였다. 개정 및 증보한 내용을 구체적으로 살펴보면 아래와 같다.

첫째, 『한반도 통일연방국가 연구 – 동북아를 넘어 유라시아로』는 『단계적 연방통일헌법 연구 – 한민족 미래와 비전』의 개정·증보판임을 밝히고자 한다. 그동안 독자들이 "연방통일헌법이라는 명칭보다는 통일연방국가가 더 책 내용에 가깝고 대중적이다"고 책 제목 변경을 요구하여 이를 반영하였다.

둘째, 본서는 그동안 독자들로부터 1924년 소련헌법의 통치구조에 대한 자세한 설명과 유럽연합의 리스본조약에 근거한 유럽기구(통치기구)들의 종류 및 운영원리를 좀 더 구체적으로 첨부했으면 하는 바람에 응답하였다.

셋째, 2011년 12월에 북한 최고지도자인 김정일 국방위원장이 사망하여 후계자인 김정은 정권이 들어섰다. 그래서 2012년 북한은 대대적인 헌법을 개정하여 『김일성·김정일헌법』으로 수정·보충하였다. 또한 북한은 『2013년 북한헌법』으로 수정하였다. 본서는 수정된 북한헌법을 반영할 필요가 있어 개정·증보판을 편찬할 수밖에 없었다.

넷째, 『단계적 연방통일헌법 연구―한민족 미래와 비전』에서 발견된 오탈자를 이번 기회에 수정하였다.

다섯째, 한반도 통일은 남북문제임과 동시에 동북아 정세와 밀접히 연관되어 있다. 그래서 그동안 7·4공동성명 등 남북한 합의된 주요문서와 국제적으로 합의한 9·19공동선언 및 2·13합의 내용 속에 한반도의 비핵화 및 한반도 평화와 안정, 그리고 후유증 없는 평화통일 등 민족 운명에 대한 해결책이 내포되어 있다고 판단하여 부록으로 수록하였다.

마지막으로 본서가 편찬될 수 있도록 지도 편달해 주신 서울대학교 성낙인 교수와 연구환경을 제공해 주신 이효원 교수, 송석윤 교수, 서울대학교 관계자분들께 감사드린다. 더불어 북한법연구학회를 이끄시며 격려와 조언을 아끼지 않는 국민대학교 장명봉 명예교수와 박정원 교수, 그리고 연세대학교 김용호 교수, 장동진 교수께 감사드린다. 또한 동국대학교 고유환 교수, 박순성 교수, 김용현 교수, 강성윤 명예교수, 선문대학교 윤 황 교수, 진주교육대학교 이재현 교수와 숭실대학교 고문현 교수, 경북대학교 채형복께도 다시 한 번 감사드린다.

끝으로 어려운 통일환경 속에서 학문적 이론 또는 시민사회단체 활동을 통해, 개인 기도로 평화통일을 기원하는 모든 분들께 감사드리며, 본서가 단행본으로 출판될 수 있도록 협조해 주신 도서출판 윤관백 사장과 편집부 및 관계자들께도 감사드린다.

2014년 2월
서울대학교 법학연구소 연구실 최양근

머리말

1945년 8월 15일 36년 일제 식민지 지배로부터 해방을 맞이하였으나 해방의 기쁨도 잠시 얄타회담의 결과 일본군을 격퇴시키기 위하여 북쪽은 소련군, 남쪽은 미군이 진주하여 분단의 제1단계인 지역분단을 초래하였다. 그 후 1948년 8월 15일 남쪽은 개인주의를 원칙으로 집단주의를 예외적으로 인정한 대한민국을 수립하였다. 또한 1948년 9월 9일 북쪽은 집단주의를 원칙으로 예외적으로 개인주의를 인정한 조선민주주의인민공화국을 수립하여 분단의 제2단계인 정치적 분단을 초래하였다. 그리고 1950년 6월 25일에 발생한 한국전쟁으로 인하여 수백만 명의 사상자와 약 1,000만 이산가족을 남기고 1953년 7월 27일에 정전협정을 통하여 전쟁은 끝났으나 민족의 가슴에 지울 수 없는 상처를 남겼다. 즉, 분단의 제3단계인 민족분단을 초래하였고 한국전쟁 이후 북한은 집단주의로 완전히 선회하였고 남한은 개인주의 사회로 굳어져 현재 3중분단의 상태로 분단 약 70여 년을 맞이하고 있다.

그러나 남북은 분단을 극복하기 위하여 1972년 7·4남북공동성명, 1991년 남북기본합의서 채택, 2000년 6·15공동선언, 2007년 10·4남북정상선언을 통해 분단 극복을 위하여 노력하고 있다. 노력의 결실로 금강산 관광이 열리고 개성공단이 문을 열었으나 2009년에 발생한 박왕자 사건, 2010년 천안함 사건, 연평도포격 사건 등이 한반도의 평화와 안정 나아가 교류 협력을 증진시키는데 장애 요소로 작용하고 있다. 본서는 이러한 복잡다단한 한반도를 단기적으로는 한반도의 평화와 안정, 장기적으로는 후유증 없는 평화통일에 기여하는 목적에서 쓰고자 한다. 그리하여 3대원리(연방국가주의, 권력분립주의, 법치주의)와 5대원칙(단계적 통일의 원칙, 중도적 통일의 원칙, 실용주의적 통일의 원칙, 다양성 수용의 원칙, 통합의 원칙)에 입각하여 남북한 통일방안과 남북한 헌법을 분석하였다. 그리고 각국의 통합과정과 통일헌법에 대한 내용분석을 통하여 평화통일에 의한 통일연방국가의 헌법을 구상하는데 시사점을 얻고자 서독헌법, 동독헌법, 통일독일헌법, 미국헌법, 1924년 소련헌법, 유럽리스본조약을 분석하였다. 그 결과 첫째, 유럽통합과정과 리스본조약을 통해 한반도의 평화통일도 시간적으로 통합과정이 장기적이어야 하며, 단계적 통합과정이 필요하다는 시사점을 얻었다. 그리고 유럽연합은 배타적 권한, 공유적 권한, 조정·지원·보충 권한을 가지고 있다. 이를 통하여 한반도 통일연방국가와 연방구성국가간의 권한을 배분하는데 필요한 시사점을 주고 있다. 둘째, 미국 통일과정과 미국헌법을 통해 연방국가와 연방구성국의 권한배분하는데 필요한 교훈을 얻었고, 정부의 형태를 구상하는데 남북한 정치문화를 고려해 볼 때 대통령제가 타당하다는 시사점을 얻었다. 셋째, 소련 통일과정과 1924년 소련헌법과 동독헌법의 분석을 통해 국가형태로 중앙집권연방, 국가성격으로 당–국가체제, 정부형태로 민주적 중앙집중제 원리에 의한 의회정부제는 다양성 수용의 원칙에 부적절하다는 교훈을 얻었다. 넷째, 서독헌법을 통해 연방과 주와의 권한배분 및 세수입배분은 통일연방국가헌법을 구상하는데 필요한 시사점을 주고 있다. 또한 남북한 현존 통일방안이 비현실적이라는 것을 판단하고 대안적 통일방안으로 단계적 연방제통일방안을 주장하였다.

그리하여 단계적 연방제통일방안에 입각하여 〈단계적 연방통일헌법〉을 구상하였다. 핵심내용은 국가형태로 연방제를 주장하였고, 국가의 성격은 국가-당체제이며, 국가이념으로는 자유와 평등의 조화, 헌법의 기본원리로 국민주권주의, 권력분립주의, 법치주의를 주장하였다. 그리고 헌법의 기본질서는 정치적 기본질서로 민주적 기본질서와 경제적 기본질서로 혼합경제질서를 주장하였으며, 통일연방국가의 기본권 보장은 초기에 자유권적 기본권을 중심으로 보장을 하여야 하고 통일연방국가의 후반부에 사회권적 기본권까지 확대되어야 한다고 주장하였다.

단계적 연방제에 입각한 통일헌법은 제3단계로 구성된다. 제1단계 연합형 연방제는 국가형태로 1민족, 1국가, 2체제, 2정부이다. 그리고 제2단계 연방제에는 국가형태로 1민족, 1국가, 2체제, 2지역정부의 연방제이다. 제3단계 세부화된 연방제의 국가형태로 1민족, 1국가, 1체제, 14지역정부의 연방제이다.

결론적으로 위에서 설명했던 다른 분단지역이 지역분단, 정치적 분단의 2중분단상태이거나 비분단상태에서 통합을 이룩하였지만 한반도는 현재 3중분단상태에 놓여 있다. 그래서 한반도의 통일의 형태는 무력통일과 흡수통일이 아닌 반드시 평화통일이어야 하고, 통일과정은 단계적이어야 하며, 통합시간은 장기적이어야 한다. 그것만이 단기적으로 한반도의 평화와 안정에 기여하고 장기적으로 후유증이 없는 통일과 약 70여 년 해양시대를 넘어 잃어버린 대륙시대를 달성할 수 있을 것이라 주장하고 싶다.

이 책은 저자의 박사학위논문(단계적 연방국가론에 입각한 통일헌법연구)을 기초로 저술하였다. 본서가 나오도록 도와주신 동국대학교 북한학과 고유환 교수, 박순성 교수, 김용현 교수, 명예교수인 강성윤 교수와 음으로 양으로 도와주신 국민대학교 명예교수인 장명봉 교수, 박정원 교수, 숭실대학교 고문현 교수에게 감사드린다. 자료수집을 도와준 서울대학교 통일평화연구소 김병로 교수와 연구원 및 경북대학교 채형복 교수와 선문대학교 윤황 교수 그리고 신광민 박사를 비롯한 박사과정에서 만난 여러 선후배·동료들에게도 감사드린다. 또한, 어려운 환경에서 굴하지 아니하고 저서 또는 행동으로 통일운동을 해 오신 관계자 및 통일운동단체와 평화통일을 염원하는 국민 모두에게 감사드린다. 민주, 인권, 통일을 위해 1980년 산화한 5·18민주영령들에게 이 책을 헌정하고 싶다. 그리고 본서가 이 세상에 나오기를 학수고대하셨지만 본서를 보지 못하고 돌아가신 어머님(고 이금남)께 또한 이 책을 헌정하고 싶다. 더불어 늦은 나이에 대학원 박사과정에 들어가 정신적 및 경제적으로 부담을 주었지만 아낌없는 지원을 해 주신 아버님(최봉수)과 아내 및 두 아들(화평, 소망)에게 무한한 감사를 드린다. 마지막으로 본서를 기꺼이 단행본으로 출판을 떠맡아 준 도서출판 선인 윤관백 사장과 편집부에 감사를 드린다.

2011년 3월

최 양 근

차례

Contents

차례

Contents

차례

Contents

제1장

서 론

제1절 연구목적

한반도는 신라가 통일하여 약 1,300년을 통일국가로 하나된 모습을 보였다.[1] 북한의 주장대로 통일신라를 한반도 통일의 최초국가로 인정하지 않고, 고려를 통일왕조로 인정한다 하더라도 약 1,000년을 통일국가로 내려왔다. 그러나 1910년 일본 식민지가 된 뒤 우리민족의 열렬한 독립투쟁과 미국, 소련 등을 포함한 연합국의 승리로 1945년 일제식민통치 36년을 마감하고 해방을 맞이하였다.[2] 그러나 해방의 기쁨도 잠시 냉전이데올로기의 광풍과 우리민족의 독립국가 건설에 대한 영향력 부족으로 남과 북은 서로 나뉘어 2013년 현재 분단 약 70여 년을 맞이하고 있으며, 동시에 해방 약 70여 년을 맞이하고 있다.

지금 현재 한반도는 1945년 소련군이 진주한 북한지역과 미군이 진주한 남한지역으로 나뉘는 지역분단[3]과 1948년 8월 15일 개인주의를

---

[1] 북한에서는 신라에 의한 삼국통일을 부인하고 통일신라를 후기신라로 표현하고 있다. 사회과학출판사, 『조선통사』 상, 평양: 평양종합인쇄공장, 1981, pp. 135~149 참조.

[2] 1943년 11월 1일에 서명된 카이로선언(일본국에 대한 영·미·중 3국 선언)에서 "조선 인민의 노예상태를 유의하여 조선을 자유롭게 적당한 시기에 독립시킬 것을 결정한다"고 한국의 독립을 약속하였고, 1945년 2월 11일에 서명된 얄타협정에서 구두로 한반도에 주둔한 일본군을 퇴치시키기 위해 38도선 이북은 소련군이, 이남은 미군이 진주한다라는 국제협정을 통하여 이미 한반도는 지역분단이 예고되었다. 그러나 예고된 지역분단을 우리민족의 자주적 역량과 미래예측 능력이 뛰어났더라면 우리 스스로 힘으로 예고된 지역분단을 극복하고 통일된 자주국가를 건설할 수 있었을 것인데 이를 극복하지 못한 것은 매우 안타까운 일이다.

[3] 1945년 연합국이 합의한 얄타회담을 중심으로 북쪽은 소련군이 진주하고 남쪽은 미군이 진주하여 38도선을 기준으로 남과 북으로 분단되어 자유로운 왕래가 불편하게 되었는데, 이를 지역적 분단이라고 부르고자 한다.

원칙으로 하고 예외적으로 집단주의를 인정하는 대한민국과 집단주의를 원칙으로 하고 예외적으로 개인주의를 인정한 조선민주주의인민공화국이 수립되어 정치적 분단[4]까지 초래되었다. 그리고 1950년 6월 25일에 일어난 한국전쟁을 통해서 민족분단[5]까지 초래되었고, 한반도는 현재 3중 분단상태에 놓여 있다고 본다. 그러나 우리민족은 위와 같은 3중 분단상태에 있음에도 불구하고 분단을 극복하고자 1972년 7·4남북공동성명, 1991년 남북기본합의서 채택과 발효(1992년),[6] 2000년 6·15남북공동선언, 2007년 10·4남북정상선언 등을 채택하여 분단극복을 위하여 꾸준히 노력하고 있다. 이러한 통일노력은 이중적 성격을 띠고 있어 "민족공조냐 국제공조냐"라는 국내외적 화두를 낳고 있으며, 이에 대한 논쟁 역시 활발히 진행되고 있다.

본서에서는 통일의 당위성에 대하여 역사적 관점, 혈연적 관점, 경제적 관점, 평화적 관점에서 기술하고자 한다.

그리하여 이제는 우리가 의도하지 않은 가운데 섬 아닌 섬으로 남한이 존재하여 해양국가시대 약 70여 년을 지내오고 있는데 그 기간 동안 발전국가모델을 바탕으로 산업화와 민주화를 동시에 이룩하여 현재 G20국가로 들어가는 영예를 안았다.[7] 그러나 현재 미국을 진앙

---

4) 1948년 8월 15일 대한민국이 수립되고 1948년 9월 9일 북한지역에 조선민주주의인민공화국이 수립되었는데 이를 정치적 분단이라고 부르고자 한다.

5) 1950년에 일어난 한국전쟁으로 인하여 수백만 명의 사상자가 나오고 약 천만 명의 이산가족이 발생되었으며, 이 과정에서 상호 적대감이 너무 깊어 지금도 적대의식이 한편으로 존재하고 있다. 이와 같은 적대감은 민족의 동질성 회복에 크게 장애가 되고 있다. 이를 본서에서는 민족분단이라고 부르고자 한다.

6) 남북장관급회담 제5차 회의에서 남북기본합의서는 채택되었으나, 발효는 남북장관급회담 제6차 회의에서 발효되었다.

7) G20정상회의가 2010년 11월에 남한에서 개최되었다. 그리고 개최기간동안 G20정상회의 의장국으로 세계경제발전 및 현안에 대해 논의하는 지위에 올랐다. 일부에서는 신자유주의의 폐해를 심화시킨다는 우려의 목소리가 있었다. 그러나 19세기말 세계체제

지로 하는 세계금융위기에 놓여 남한경제는 어려운 상황을 맞아 이를
극복하고자 많은 노력을 하고 있다. 이와 같은 노력이 더 큰 결실을
맺으려면 약 70여 년간 우리가 포기할 수밖에 없었던 대륙으로 진출
하여 북한을 넘어 만주, 몽고, 시베리아 및 중앙아시아로 진출하는 잃
어버린 대륙시대를 열어야 할 시점에 봉착되었다고 본다. 그리하여
국가발전 및 민족발전을 위해서는 해양국가와 대륙국가라는 지정학
적 위치를 잘 활용해야 할 시점에 와 있다고 보며, 이를 위해서는 과
거 10년 국민의 정부와 참여정부 때 이룩한 대북포용정책에 대하여
긍정적인 것은 과감하게 받아들이고 부정적인 것은 축소시키는 탄력
이 있는 대북한 인식이 필요하다.

　미국투자증권회사인 골드만삭스는 "남북한이 통일된 30~40년 안에
국민총생산이 프랑스, 독일, 일본 등 주요 G7국가를 추월할 것"이라고
전망했고, "남북한이 중국과 홍콩의 통합과정과 비슷한 점진적 단계
를 밟을 것"으로 전망하고 "적절한 정책이 뒷받침되면 통일비용은 충
분히 감당할 것"이라고 예상하였다.[8] 이와 같은 견해에 대해 당사자
인 우리들은 확신이 결여되어 있다. 그리고 한반도 현실은 2009년 박
왕자 사건으로 금강산 관광이 중지되었고 2010년 천안함 사건과 연평
도포격 사건으로 전쟁 일보 직전까지 갔다. 지금도 남북관계는 중단
되어 있거나 교착상태에 빠져 있다. 그래서 본서는 남북관계 긴장해소
와 후유증 없는 평화통일 달성을 위해 접근방법으로 3대원리[9]와 5대

　편입과정에서 식민지로 전락하였는데 2010년 G20정상회의 의장국으로 활동했다는 점
　은 민족주의 관점에서 볼 때 대단한 발전으로 볼 수 있다.
[8] 서울파이낸스, 2009년 9월 21일.
[9] 3대원리를 구체적으로 서술하면 첫째, 연방국가주의인데 국가형태는 단일국가, 연방
　국가로 구분할 수 있는데 국가-당체제에 입각하여 연방제통일국가를 지향한다는 뜻

원칙10)에 입각하여 남북한 갈등을 해소하기 위해 남북한 통일방안과 남북한 헌법 및 연방으로 통합한 연방국가들의 통합과정 및 통일헌법을 분석하여 첫째, 민족공동체통일방안의 수정 또는 보완으로 단계적 연방제통일방안을 제시하고자 한다. 둘째, 위와 같은 단계적 연방제 통일방안에 입각하여 제1단계 연합형 연방제, 제2단계 연방제, 제3단계 세부화된 연방제를 통한 단계적 연방국가론에 입각한 통일헌법을 제시하고자 한다.

그래서 본서는 단계적 연방제통일방안과 단계적 연방국가론에 입각한 통일헌법을 통해 첫째, 통일에 대한 두려움을 느끼고 있는 일부 국민들에게 통일의 두려움을 승화시키는데 기여하고자 하는 목표에 있다.11)

둘째, 단기적으로 한반도 평화와 안정을 이룩하는데 도움을 주고자

이다. 둘째, 권력분립주의인데 연방국가의 통치구조로 수평적 권력분립을 지향하여 입법부, 행정부, 사법부 등 연방국가의 통치권을 상호 견제와 균형을 통하여 통치구조를 구성한다는 뜻이다. 셋째, 법치주의인데 연방국가의 통치권력은 형식적 법치주의를 넘어 실질적 법치주의로 연방국가의 통치권을 행사하여야 한다는 뜻이다(최양근, 「남·북한 헌법의 비교분석과 통일헌법에 대한 연구」, 연세대학교 행정대학원 석사학위 논문, 2006, pp. 96~97 참조).

10) 5대원칙은 첫째, 단계적 통일원칙인데 무력통일, 흡수통일을 배제하고 평화통일을 이룩하여 점증적으로 통합성을 높이는 통일헌법을 지향한다는 뜻이다. 둘째, 중도적 통일의 원칙인데 남과 북의 어느 쪽에 치우치지 않고 객관적인 차원을 반영하여 이질성을 극복하고 동질성을 회복하겠다라는 뜻이다. 셋째, 실용주의적 통일의 원칙인데 남과 북이 상호 이득이 될 수 있는 통일헌법을 모색하자는 의도이다. 넷째, 다양성 수용의 원칙인데 남과 북 일방이 힘으로 제압하는 것을 지양하고 앞으로 있을 다양한 사회를 지향하고, 이질성 자체를 그대로 인정하는 바탕위에 통일을 지향한다는 의미이다. 다섯째, 통합의 원칙인데 남과 북이 이질적이지만 이질적인 가운데 통합의 필요성을 상호 인정하고 단시간이 아닌 장시간을 통하여 이질성을 극복하자는 뜻이다(최양근, 위의 논문, pp. 96~97 참조).

11) 통일의 필요성을 묻는 질문에 대해 통일이 매우 또는 약간 필요하다는 응답은 전체 응답자의 55.8%를 차지해, 반반이라는 응답(23.6%)과 별로 또는 전혀 필요없다는 응답(20.6%)보다 많았다. 정은미, 「통일인식과 대북인식의 일상화」, 『2009년 남북관계와 국민의식 일상 속의 통일: 세대, 지역, 젠더, 이념』, 서울: 서울대학교 통일평화연구소, 2009, p. 28 참조.

한다.

셋째, 장기적으로 한반도 평화와 안정을 바탕으로 남과 북이 서로 승리할 수 있는 평화통일의 로드맵을 제시하고자 한다.

그리하여 1945년 남북분단 이후 약 70여 년 해양시대로 남한이 민주화와 산업화를 이룩하였지만 한 단계 더 높은 국가와 민족발전을 위해서 잃어버린 대륙시대를 여는데 기여하고자 한다. 연구목적을 표시하면 〈그림 1−1〉과 같다.

〈그림 1−1〉 연구 목적의 수행체계도

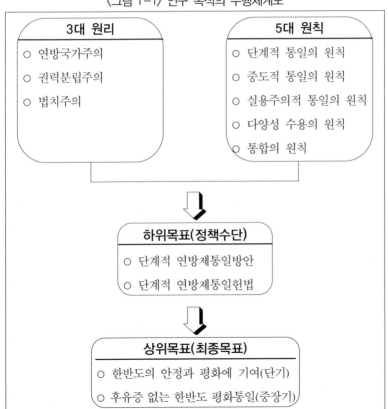

제2절 연구방법과 범위

1. 연구방법

헌법은 여러 법률 가운데 가장 최고의 규범성을 담고 있으며 또한 정치적 성격이 가장 강한 법이라 할 수 있다. 그러하기에 어떤 국가의 헌법도 그 나라의 정치사상, 경제사상, 사회질서 및 문화사상을 가장 추상적으로 담고 있는 그 국가의 법적 그릇이라고 본다. 그리하여 본서의 연구범위와 방법을 논의하기 전에 먼저 검토해야 할 몇 가지 문제점이 있는데 한국적 상황에서 북한연구의 객관성과 과학성을 유지할 수 있느냐 하는 것이다. 다른 말로 표현하면 남한에서 북한을 이해하는 데에는 지적 차원과 심리적 차원이 함께 개입된다는 것이다. 본서에서는 가급적 심리적 차원을 배제하고 연구방법론적으로 실증적 방법과 내재적 접근방법 및 내재적 비판적 접근방법[12] 그리고 학제간 연구방법(學際間 硏究方法, Interdisciplinary approach)을 혼용하고자 한다.

첫째, 실증적 접근방법인데 많은 북한관련 저술, 저서들과 논문들에서 나타나고 있는 현상으로 북한사회에 대한 연구를 막연한 심증과 예측에 기대어 분석하는 경우가 종종 나타나고 있다.[13] 본서에서는

---

[12] 최양근, 앞의 논문, pp. 5~6 참조.
[13] 과거에 비해서 많이 극복되었다고 판단한다. 그러나 아직도 이러한 경향은 존재한다.

통일부 및 북한에서 발행된 구체적 자료에 기반한 과학적 분석방법을 적용하고자 한다. 또한 분단의 이질성이 존재하였으나 통합성의 필요성 때문에 통일을 이뤄낸 외국사례를 보충적으로 적용하여 비교분석하고자 한다.

둘째, 내재적 접근방법과 내재적 비판적 접근방법을 사용하고자 한다. 내재적 접근방법은 북한을 알기 위하여 종종 우리가 범할 수 있는 우를 범하지 않기 위해 우리식 잣대와 스펙트럼으로 보지 않고 북한 입장에서 북한을 바라보려는 노력을 하였으며 외국헌법 역시 그 나라 입장에서 이해하기 위하여 노력하였다. 예를 들면 독일헌법, 1924년 소련헌법, 미국헌법, 유럽헌법(리스본조약)을 분석하는데 그 나라 입장에서 헌법을 이해하기 위하여 독일역사, 미국역사, 소련역사, 유럽통합역사를 심층적으로 접근하겠다.[14] 그리고 내재적 비판적 접근방법인데 평화통일헌법을 구상하려 하다 보면 북한에 대한 진면목이 본서에서 주장하고자 하는 의도에서 벗어난 부분이 있는데 이는 본서가 추구하는 3대원리와 5대원칙 각도에서 내용은 있는 그대로 보되, 비판할 것은 과감히 비판하고자 한다.

셋째, 학제간 연구방법(學際間 研究方法, Interdisciplinary approach)을 사용하고자 한다. 다른 지역분단이 2중분단이지만 한반도는 3중분단 상태이다. 그리하여 한반도의 평화통일과 통일헌법을 연구하는데 한 분야의 학문으로는 부족하다. 한반도의 분단이 민족내부문제와 국제적인 문제가 복합적으로 얽혀서 발생했듯이 통일문제도 민족내부

---

[14] 그 나라의 "법률속에는 그 나라의 역사가 담겨졌다. 그리고 그 나라의 법률은 그 나라의 역사성이 담겨져야 한다"라는 "사비니(v. Savigny) 등 역사법학파 입장"에서 북한을 포함한 각국 헌법들을 보고자 노력하였다.

의 역량이 가장 중요하지만 국제적인 이해관계를 해결해야 할 사항도 있다. 그래서 본서에서는 북한학, 법학, 역사학, 정치학, 경제학, 국제관계학 등 학제간 연구방법을 활용하고자 한다.

넷째, 서술방법은 문헌연구방법에 입각하여 접근가능한 자료를 중심으로 논문을 전개하였으며, 필요한 부분은 새터민이나 국내에 들어와 있는 각국의 현지인들의 인터뷰를 통하여 자료를 수집하였고 그 수집된 자료를 분석, 고찰하는 방법을 사용하였으며 필요에 따라 검증된 각종 언론보도도 참조하였다.

2. 연구범위 및 구성

본서의 구성을 살펴보면 다음과 같다. 본서는 총 7장으로 구성되어 있다. 우선 본서는 제1장에서 연구목적과 범위 및 선행연구를 살펴보고, 제2장에서 완전한 통일은 정치 군사적 통일과 더불어 경제적 통합이라는 관점에서 첫째, 정치학적 통합이론으로 연방주의, 기능주의, 신기능주의, 수렴론, 현실주의를 탐구하여 한반도 평화통일과 단계적 연방통일헌법을 구상하는데 있어서 적합한 이론으로 어떠한 이론이 있는가를 살펴보고자 한다. 둘째, 경제학적 통합이론으로 Balassa의 경제통합이론을 도입하고자 한다. 셋째, 국가형태론에서 연방국가를 주장하고자 하며 연방도 여러 형태15)가 있는데, 특히 Elazar의 연방국가론을 본서의 이론적 토대로 삼고자 한다. 제3장에서 통일의 형태와

---

15) 연방형태를 아주 세분화해 보면 이론적으로 약 380여 종류로 분류할 수 있다는 학자가 있는데, 크게 보면 2개로 분류해 볼 수 있다. 하나는 중앙집권연방과 다른 하나는 비중앙집권연방으로 나눈다.

통일방법에 따른 통일헌법의 방향을 연구하고자 통일형태의 종류로 무력통일, 흡수통일, 평화통일을 분석하고자 하며, 또한 분단국가의 재통합에 따른 통일헌법의 방향을 이해하고자 독일 통일역사 및 통일 형태, 동서독 분단시의 분단헌법 비교분석과 통일헌법에 대하여 분석을 시도하고자 한다. 그리고 한반도통일의 더 합당한 사례를 얻고자 비분단국가의 평화적 통합에 의한 통일헌법에 대한 분석을 통하여 한반도 통일헌법을 구상하는데 필요하다고 인정되어 미국, 소련, 유럽연합의 통일·통합의 역사 및 각국의 통일헌법의 내용을 분석하고자 한다. 제4장에서는 북한정부의 연방제통일방안이 어떠한 연방제통일인가를 알기 위하여 북한이 주장하는 고려민주연방공화국 창립방안이 Elazar가 주장하는 중앙집권적 연방제인지를 알고자 시도하였고, 남한입장에서는 연방제를 채택하더라도 소련과 같은 민주적 중앙집중제원리에 의한 의회정부제는 바람직한 연방제가 아니다라고 지적하고 싶다. 남한의 통일방안인 민족공동체통일방안 역시 남북대화와 통일기반을 조성하는데 일조를 하였지만 지금은 현실성이 떨어지는 통일방안이라는 것을 지적하고자 한다. 그리고 그에 대한 해답으로 시간이 장시간 걸릴 수 있지만 통일의 후유증이 적고 통일의 긍정적인 요소가 최대한 발휘될 수 있도록 하는데 필요하여 민족공동체통일방안을 수정하는 단계적 연방제통일방안을 제시하였다. 제5장에서는 현행 남북한 헌법의 비교분석을 통하여 남북한이 어느 정도 이질성이 있는지를 검토하기 위하여 남북한 헌법의 비교분석과 연방통일헌법 구상에서 예상되는 쟁점 10가지와 현실성을 높이기 위해서 연방통일헌법의 제정(성안)과정을 예상하여 이를 통해 한반도의 평화통일과 실현가능한 연방통일헌법을 구상하고자 하고자 한다. 그리고 제6장에

서는 위에서 제시한 단계적 연방제통일방안에 입각하여 연방제통일
헌법을 구체적, 단계적으로 연방국가의 권한을 강화시키는 통일의 헌
법을 제시하고자 한다. 그리하여 제1단계 연합형 연방제, 제2단계 연
방제, 제3단계 세부화된 연방제 통일헌법을 제시하고자 한다. 제7장
은 결론부분으로 한반도 통일형태는 평화통일이 되어야 하며, 국가형
태는 단일국가보다 연방국가를 지향하여야 하며 연방국가의 구성원
리는 연방국가주의, 권력분립주의, 법치주의라는 3대원리와 다양성
수용의 원칙, 실용주의적 통일의 원칙, 단계적 통일의 원칙, 중도적
통일의 원칙, 통합의 원칙이라는 5대원칙을 통해 통일은 단계적으로
Elazar의 비중앙집권연방국가로 나아가야 한다라고 주장하고자 한다.

제3절 기존연구의 검토

　남북한 통일헌법에 대한 연구는 타분야에 비해 상대적으로 미진하다. 이렇게 연구가 미진한 이유는 다음과 같이 몇 가지로 요약해 볼수 있다. 첫째는 그동안 북한자료 접근이 쉽지 않고 공개된 자료가 제한되어 있었다는 점이다. 통일부나 통일관련 연구기관에서 나온 대부분의 보고서나 연구결과는 상당부분 접근이 제한되어 연구자들이 연구를 하는데 어려움이 있었다는 것이다. 둘째는 통일헌법에 대한 연구는 헌법이란 "국가의 최고의 규범성과 정치성을 띠고 있기 때문에 남한과 북한의 정치, 경제, 사회, 문화 등 입체적 연구를 필요"로 하는데 특정한 부분만 연구하는 학문에 비하여 그만큼 어려움이 따르게 된다. 셋째는 남북한 통일방안에 대해 진전이 없기 때문에 통일방안과 밀접히 연계된 통일헌법문제도 자연히 큰 진전이 될 수 없었다. 넷째는 과거 국민의 정부, 참여정부 10년은 햇볕정책으로 통칭되는 대북포용정책을 추진하였는데 그 결과 북한에 대한 동질성을 새로 발견하기도 하였지만 이질성을 상당히 피부로 느끼는 양면성을 나타내었다고 본다. 그리하여 현실적 타당성을 가질 수 있는 통일헌법을 연구하기에는 상당한 중압감을 느끼고 있다고 생각한다.

　그렇지만 이러한 분단 속에서도 통일헌법에 대한 연구는 크게 두시기로 구분하여 분석할 수 있겠다. 첫 번째 시기는 1990년을 전후로 하여 소련 등 동구권이 패망하고 1989년 노태우 정부 때 만들어진 한민

족공동체통일방안은 그때까지 남한에서 논의된 통일방법에 대하여
체계적이면서 구체적으로 다룬 통일방안이었다. 그 후 김영삼 정부
때 민족공동체통일방안으로 일부 수정하여 남한정부의 공식적인 통
일방안이 되었다. 이에 근거하여 통일의 필요성과 통일헌법이 일부
학자들에 의하여 구체적으로 논의하게 되었다고 본다. 이때 주로 나
온 연구결과물들은 분단국가 통합사례에 대한 연구물16)이 많은데 이
와 같은 연구물들은 차후 통일헌법을 연구하는데 기초가 되는 자료를
제공해 주었다.17) 또 1987년 6월 항쟁을 전후로 하여 활발한 민족재통
일문제가 학생그룹과 재야인사18)단위에서 논의되었다. 당시 김낙중19)
은 통일의 필요성과 더불어 연방제통일론을 주장하기도 하였다. 이
시기에 민족공동체통일방안에 입각하여 통일의 이념, 정부형태, 국회
구성 등 입체적인 통일헌법이 나온 경우도 있었다.20) 박정원의 논문
을 구체적으로 살펴보면 남북한 통일헌법의 전제와 방향에서 남북한
통일방안의 비교분석을 통하여 남북한이 주장하는 각각의 통일국가
형태를 분석하였고, 당시 남북한헌법의 지도원리로 남한은 자유민주
주의원리, 자유민주주의체제로 분석하였으며, 북한은 사회주의원리,
우리식사회주의, 공산주의사회의 건설로 분석하였다. 남북한헌법의
체제로 남한은 권력분립주의, 사회적 시장경제, 다원적 개방사회, 북

16) 국토통일원, 『분단국가 통합이론 연구』, 서울: 국토통일원, 1986 ; 국토통일원, 『분단국
통합사례연구』, 1986 ; 국토통일원, 『국가연합 사례연구』, 서울: 국토통일원, 1986 ; 유
지호, 『예멘의 남북통일－평화통일의 매혹과 위험성』, 서울: 서문당, 1997.
17) 김철수 외, 『통일한국의 미래상』, 서울: 국토통일원, 1986.
18) 박도태, 『연방제통일론』, 서울: 정경숙, 1988.
19) 김낙중, 『민족통일을 위한 설계』, 서울: 도서출판 고려서당, 1988.
20) 박정원, 「남북한 통일헌법에 대한 연구－통일헌법의 기본질서와 내용을 중심으로」,
국민대학교 대학원 박사학위논문, 1996.

한은 민주주의중앙집권제, 사회주의계획경제, 폐쇄된 일원사회로 비교분석하였다. 그리고 통일과정과 통일헌법의 내용을 살펴보고자 독일 및 예멘의 통일과정과 통일헌법의 내용에 대하여 살펴보고 그 시사점을 토대로 남북한 통일헌법의 제정방향을 살펴보았는데 통일헌법의 이념으로 개방적 민족주의, 자유민주주의, 실질적 평등주의, 인간존중주의, 사회복지주의를 들었다. 그리고 통일헌법의 기본원리 및 기본질서의 최고원리로 인간의 존엄과 가치, 정치적 기본질서로써 참여민주주의 고양, 경제적 기본질서로써 사회적 시장경제체제, 사회문화기본질서로써 기본권 및 사회보장의 강화, 또한 국제적 기본질서로써의 국제평화질서를 주장하였다. 이와 같은 통일헌법의 이념과 기본질서, 기본원리를 토대로 통일헌법의 전문, 총강, 기본권, 통치구조로상·하양원제, 정당제도로 경쟁적 복수정당제도, 선거제도로 자유, 평등, 비밀, 직접선거를 주장하였다. 또한 사법제도로 법원, 헌법재판소, 검찰기관, 정부형태로 국가최고회의(대통령)제도 즉 집정제를 주장하였으며, 지방자치제도의 활성화를 또한 주장하였다. 그리고 경제제도로 사회적 시장경제질서를 주장하였다. 기타 헌법기관으로 선거관리위원회, 감사원 등을 필수요소로 보았으며, 헌법개정절차와 부칙을 통일헌법에 포함하여야 한다고 주장하였다. 박정원의 남북한 통일헌법에 대한 연구는 전형적으로 민족공동체통일방안에 입각하고 있다. 그러나 북한이 흡수통일되거나 남쪽에 의한 무력통일이 달성되어야 현실성을 가질 수 있다고 판단한다.

두 번째 시기는 6·15남북공동선언이 채택된 이후 통일헌법 연구는 과거보다 활발히 진행되었다. 구체적인 예로 강현철[21]은 기존 북한의 연방제통일방안이나 남한의 민족공동체통일방안이 현실적 타당성이 결여되었다고 주장하면서 대안으로 남북공동체 통일방안을 제시하고, 연합이나 연방이 아닌 남북공동체단계의 정부형태를 과도기적으로 인정하는 가운데, 시간이 흘러 양쪽체제가 수렴될 때 단일국가로 가자는 의견을 제시하면서 정부형태로는 이원정부제를 주장하였다. 공용득[22]은 북한연방제는 지나친 중앙집권적일 수 있고 또한 통일전선 전략으로 제시된 유사연방제라고 비판하면서 진정한 의미의 연방제는 연방헌법, 비중앙집권, 중앙정부와 지방정부의 권력균형 능을 추구하는 진정한 연방제로 나가야 한다는 연방제통일론을 암시하는 주장을 하였다.

통일헌법의 이념에 대해 논의하는 연구결과물[23]들도 상당수 나왔다. 기존 연구물들을 요약해보면 국민의 정부 이전의 연구물들을 연구주제별로 요약하면 분단국가들의 통합사례에 대한 자료수집 및 분석과 일부 민족공동체통일방안의 주핵심인 1민족, 1국가, 1체제, 1정부 체제에 입각한 통일헌법의 기본원리와 정부형태 및 국회구성방법에 대하여 체계화된 연구물도 있었다.

6·15공동선언 이후 논문들은 민족공동체통일방안을 일부 수정하는 통일방안을 토대로 정부형태를 논의하는 결과물과 통일헌법의 이념에 대해서 논의하는 연구결과물로 분류할 수 있겠다. 기존의 연구들은 앞에서 지적한 바와 같이 다음과 같은 한계들을 안고 있다. 첫째, 국민의 정부 이전의 연구물들은 무력통일이나 흡수통일을 전제하

---

21) 강현철, 『통일헌법연구』, 서울: 한국학술정보(주), 2006.
22) 공용득, 『북한연방제연구』, 서울: 청목출판사, 2004.
23) 박상림, 「한민족의 전통사상과 통일: 홍익화백제론에 관한 연구」, 건국대학교 대학원 정치외교학과 박사학위논문, 2008 ; 홍원식, 「통일헌법 이념에 관한 연구-백범(김구) 사상을 중심으로」, 국민대학교 대학원 법학과 박사학위논문, 2004.

고 연구가 진행되었다는 점이다. 둘째, 국민의 정부, 참여정부 10년
동안 연구물들을 종합하여 분석해 보면 통일이념이나 연방제통일의
필요성을 제기하는 수준에 머무르고 있다는 것이다. 셋째, 남북한이
통일하는데 있어서 분단국가들의 재통합 사례중심으로 머무르거나
남북한 현 상황만 분석을 하면 평화통일의 가능성을 찾기가 적절하지
않는 연구물이 될 수 있다. 그리하여 비분단통합국가들의 사례들을
연구할 필요가 있다. 그리고 비분단통합사례에 대한 체계적인 연구를
통해 한반도 평화통일에 기초한 통일헌법을 구상하는데 풍요롭고 알
차게 하는데 도움이 된다. 그러나 분단국가의 통합에 대한 연구 성과
물도 부족하지만 비분단국가의 통합에 대한 입체적 연구는 더 부족하
다. 넷째, 국가형태로 연방제통일론을 일부 주장하는 연구물24)도 있
다. 그러나 이와 같은 연구들은 남북한 현실을 반영하여 헌법의 기본
구성요소인 국가의 성격, 이념, 기본원리, 기본질서, 기본권, 통치구조
등을 입체적으로 조명하면서 연방국가를 전제로 한 연방헌법연구물
은 아직 나와 있지 않았다.

---

24) 서울대학교 통일평화연구소,『21세기 글로벌시대의 새로운 통일론의 모색: 연성복합
통일론』, 서울: 서울대학교 통일평화연구소, 2009 ; 김낙중, 앞의 책, 1988 ; 박도채, 앞
의 책, 1988 ; 공용득, 앞의 책, 2004. 그리고 조민외,『통일대계 탐색연구』, 서울: 통일
연구원, 2009에서 한반도통일국가형태로 연방제 통일방안을 일부 인정하거나 적극적
으로 연방제통일방안을 주장하였지만 연방제통일방안에 입각한 연방제통일헌법에 대
해서는 언급이 아직 없다.

제**2**장

평화통일과 연방통일헌법
구상의 이론적 배경

제1절 각 통합이론에 대한 분석

한반도 평화통일은 후유증 없는 평화통일이 되어야 한다. 이와 같은 목적을 위해 기초가 될 수 있는 이론 분석이 필요하다. 본서에서는 정치적 통합이론과 경제적 통합이론을 동시에 분석할 필요가 있다. 두 이론 간에는 동전의 앞면과 뒷면과의 관계가 있다고 판단하며 다시 말하면 상호보완성과 활용성이 있다는 점을 인정할 필요가 있다. 그리고 위에서 분석한 이론을 바탕으로 한반도 평화통일에 적합한 단계적 연방제통일방안을 구상하는데 도움이 되고, 단계적 연방제통일방안을 토대로 단계적 연방제 통일헌법을 연구하는데 필요하다. 그리고 Elazar의 연방국가론도 본서에서 주장하고 싶은 연방제 통일헌법을 구상하는데 극히 필수적이라 판단하여 정치적 통합이론 및 경제적 통합이론과 더불어 분석하고자 한다.

1. 정치적 통합이론

이제까지 정치적 통합이론을 주장하는 여러 학자들의 연구물을 취합해보면 정치적 통합이론으로 연방주의, 기능주의, 신기능주의, 수렴론으로 압축되어졌다.[1] 위 이론 중에서 수렴론을 제외한 연방주의,

---

[1] 수렴론외 정치적 통합이론은 2차세계대전이 끝나고 유럽통합 논의가 활성화되는 가운데 나온 학설들이다.

기능주의, 신기능주의 이론들은 2차세계대전 이후 유럽통합을 목표로
어떻게 접근하는 것이 유럽통합에 있어 현실성과 가능성을 가지고 있
는지를 탐구하는 이론들이다. 그렇지만 본서에서는 현실주의를 정치
적 통합이론의 하나로 첨가하여 분석하고자 한다.[2]

1) 연방주의

연방주의의 대표적인 학자로 Carl J. Friedrich 등을 들 수 있겠다. 이
들이 주장하는 내용을 함축적으로 표현하면 연방주의의 핵심은 국가
와 국가의 통합과정에 있어서 국가들 간의 기관통합이 선행되지 않으
면 안된다고 보는 태도이다. 다시 말하면 정치, 군사적 통합이 먼저
선행되면 나중에 자연히 후행적으로 경제통합, 사회통합, 문화통합이
이루어져 국가간의 통합을 이룰 수 있다는 주장이다.[3]

2) 기능주의

대표적인 기능주의를 주장하는 대표적인 학자로 David Mitrany 등을
들 수 있겠다. 이들이 주장하는 내용을 함축적으로 표현하면 연방주
의 통합론자와 달리 정책통합이 기관통합을 가져온다는 주장이다. 이
주장은 사회구성이론 중 순수한 통합적 사회이론에 기초한 전략이라
볼 수 있겠다. 구체적으로 말하면 경제정책 통합이 이루어지면 기관은
거기에 맞춰 자연히 또는 저절로 통합될 수밖에 없다는 견해이다. 이

---

2) 베트남 무력통일을 설명하기 위해서는 부득이 기존의 통설화된 정치적 통합이론이외
   의 국제관계론에서 통용되고 있는 현실주의를 차용하여 설명할 필요가 있다.
3) 양호민, 『남북연방론』, 서울: 국토통일원, 1986, pp. 339~382 참조.

들은 가장 기술적인 문제에서부터 기관통합의 필요가 생길 때마다 새로운 기구를 만들어나가면 자연히 정치, 군사적 통합을 이루어 낼 수 있다고 본다.[4]

3) 신기능주의

신기능주의의 대표적인 학자로 Ernst Haas와 Philippo Schmitter 등을 들 수 있겠다. 이들이 주장하는 내용을 요약해 보면 신기능주의는 연방주의와 기능주의의 절충적 입장에 서 있다. 이들은 높은 수준의 정책통합을 성취시키고 아울러 중간수준의 기관통합을 이룩하면 중간수준의 기관통합이 더 높은 수준의 경제통합을 이룩할 수 있고, 더 높은 수준의 경제통합은 다시 더 높은 기관통합을 이루어 결국 더 높은 공동체의식이 생길 수 있다는 주장이다. 신기능주의는 기능주의의 옷을 입은 연방주의라고 볼 수 있겠다. 신기능주의는 두 가지 점에서 기능주의 주장을 수정하고 있다. 첫째, 기능주의와는 달리 정치적으로 아주 중요한 분야를 고의로 택한다. 기능주의자들은 정치적 간섭을 회피할 수 있는 방법을 택하지만 신기능주의는 이 점에서 정치적 간섭에 대하여 좀 더 적극적이다. 다만 성급하게 연방적 기구를 요구하지 않는다는 점에서 연방주의와는 다르다고 볼 수 있겠다. 둘째, 신기능주의는 통합을 촉진하는 기구 창설을 의식적으로 시도한다. 그런 점에서 자연히 또는 저절로 기관통합 요구가 생겨나게 한다는 기능주의와는 다르다. 이들의 주장은 권력과 복지는 따로 떼어 내기 힘들고 비권력적 통합에만 국한하면 그 결과는 통합자체가 미미해져서 파급

---

4) 우제승, 「통합이론의 비교연구와 한국통일접근방법」, 앞의 책, 1986, pp. 72~94 참조.

효과가 별로 없기 때문에 직접 정치적 개입을 하여야 한다는 것이다. 다만 접근방법에 있어서는 법적, 제도적인 것보다 더 기능주의적으로 방법을 선택하겠다는 주장이다. 결론적으로 신기능주의는 제도적이며 형식적인 통합방법을 취하지 않고 기능적인 통합행위를 통하여 접근한다는 점에서는 기능주의식의 조각조각의 문제해결 대신 훨씬 더 제도화된 통합목표를 추구한다는 점에선 연방주의에 더 가깝다고 본다.5)

4) 수렴론

수렴론의 대표적인 학자로 Buckingham, J. Tinbargen. T.k. Galbraith, R. Aron, P. Sorokin 등을 들 수 있겠다. 이들이 주장하는 수렴론은 고도의 산업사회라는 공통점을 통해 공산권과 자유주의 체제가 수렴을 통하여 하나의 큰 세계평화체제로 나아갈 수 있다는 가정이 전제되어 있다. 그러한 가정하에서 세계문명이 분열에서 통일로 흐르고 있다고 볼 때 세계국가들이 이념과 체제는 다르지만 고도의 산업사회로 발전해 가는 과정에서 상호 충돌이나 파국을 피하고 평화공존하기 위해 국제협조를 적극화하려는 경향이 나타나고 있는 것이다. 1차세계대전부터 국제협조의 분위기는 크게 일어났지만 실패하고 결국 2차세계대전 후의 냉전체제를 극복하고 평화공존을 유지하기 위한 국제협조 경향은 더욱 고조되었다고 볼 수 있다. 고도의 산업사회를 향해 가는 동서 양진영이 어떠한 수렴과정을 겪어 단일한 산업사회를 낳을 것인가라는 가설을 연구하는 것이 바로 수렴이론이다.6)

---

5) 윤정석, 「기능적 접근과 분단국 통일문제」, 『분단국가 통합이론 연구』, 서울: 국토통일원, 1986, pp. 5~45 참조.
6) 김용구, 「서방측의 통합이론과 공산측의 합작전략과의 비교를 통한 대비책」, 앞의 책,

5) 현실주의

현실주의의 대표적인 학자로 구조적 현실주의 학자로는 루소와 월츠, 역사 혹은 실체적 현실주의 학자로 마키아벨리, 카, 자유주의 현실주의 학자로 홉스, 불 등을 들 수 있겠다. 그러나 현실주의를 크게 분류해 보면 고전적 현실주의와 신현실주의로 분류할 수 있겠는데 두 이론 다 국제관계를 설명하기 위하여 나온 이론이다. 국제정치체제는 무정부상태인데 무정부상태임에도 불구하고 평화가 유지되는 원인을 국제체제내의 힘의 배분상태가 균형상태일 때 평화가 유지되고 균형이 깨지면 전쟁이 발생한다는 학설로써 힘(power)을 강조하는 학설이다라고 볼 수 있다.[7] 이와 같은 논리를 분단국가에 적용하면 힘의 균형상태가 유지될 때 분단의 상황이 지속되고 힘의 균형상태가 깨질 때 통일을 위한 전쟁이 발생한다고 응용할 수 있다. 대표적인 분단국가 중에서 베트남통일이 힘의 균형상태를 깨뜨려서 즉 힘의 우월에 의한 통일전쟁을 통하여 분단을 해소하고 통일을 달성했다고 설명할 수 있다.

2. Balassa의 경제적 통합이론

경제통합은 정치적 통합이론을 보충할 수 있는 이론이다. 경제통합은 학자들의 관찰시각에 따라 그 개념이 각기 다르게 표현되어져 왔다. 첫째, 정치학적 시각인데 대표적인 학자로 G. Myrdal, R. Erbes, F. Perroux를 들 수 있겠다. 이들의 관점은 경제통합을 사회 · 경제적 이

1986, pp. 131~142 참조.
[7] 존 베일리스 · 스티브 스미스 편저, 하영선 외 옮김, 『세계정치론』, 서울: 을유문화사, 2005, pp. 152~172, pp. 194~215 참조.

상실현의 과정으로 보고 있다. 둘째, 근대경제학적 시각에서 경제통합을 보고 있는 J. Tinbergen, B. Balassa를 들 수 있겠다. 이들은 경제통합을 경제일반에 관련된 국가적 혹은 국제적 거래구조의 변화현상으로 파악하고자 했다. 셋째, 현실적 입장에서는 J. Viner, J.E. Meade를 들 수 있겠는데 이들은 경제통합을 근본적으로는 전통적 관세동맹의 영역에서 경제통합의 제형태를 관찰하고자 했다.[8] 본서에서는 B. Balassa가 바라보는 근대경제학적 시각에서 경제통합을 하나의 과정인 동시에 하나의 상태로 파악하고 경제단위간 차별 제거정도에 따라 경제통합을 자유무역지역, 관세동맹, 공동시장, 경제동맹, 완전한 경제통합 다섯 가지의 구분형태로 구분하는 경제통합에 입각하여 기술하고자 한다.[9]

1) 자유무역지대

경제통합에 참가한 각 국가 상호 간에는 상품이동에 대한 무역제한 조치를 철폐하여 경제통합에 참가한 국가의 역내에서는 자유무역을 보장한다. 그러나 역외의 비가맹국에 대해선 각국이 독자적으로 관세를 부과하는 형태의 경제통합을 자유무역지역이라고 한다. 구체적 예로써 유럽자유무역지역(EFTA) 및 북미자유무역지역(NAFTA) 등을 들수 있겠다.

---

8) 손병해, 『경제통합의 이해』, 서울: 법문사, 2002, p. 16 참조.

9) BELA BALASSA J.D., ph.D. *THE THEORY OF ECONOMY INTEGRATION*, HOMEWOOD ILLINOIS: RICHARD D. IRWIN, INC, 1961, p. 2 ; 손병해, 위의 책, 2002. pp. 26~27.

2) 관세동맹

경제통합의 한 형태로 자유무역지대보다 경제통합형태로 한 단계 강화된 통합형태가 관세동맹인데 관세무역은 자유무역지대에서 한걸음 더 나아가 대역외 공동관세를 부과하는 형태의 경제통합을 지칭한다. 즉, 관세동맹에서는 가맹국 상호 간에 상품의 자유 이동이 보장될 뿐 아니라 역외 비가맹국으로부터 수입에 대해서는 모든 회원국이 공통의 수입관세를 부과하게 된다. 구체적인 예로 2차세계대전 이후 베네룩스 관세동맹과 아프리카 지역에서 경제통합이 주로 관세동맹의 형태로 결성되어 왔다.

3) 공동시장

경제통합의 하나의 형태로 공동시장이 있는데, 공동시장은 관세동맹이 더 발전하여 역내제국 간 생산요소의 자유 등이 보장되는 경제통합을 의미한다. 공동시장이란 가맹국 상호 간에는 재화 뿐 아니라 노동, 자본과 같은 생산요소의 자유이동이 보장되며 역외 비가맹국에 대해서는 회원국이 공동의 관세를 도입하게 되는 경제통합의 형태이다. 구체적인 예로 EC와 중앙아메리카 공동시장(CACM), 카리브공동시장(CCM) 등이 있다.

4) 경제 및 화폐동맹

경제통합의 한 형태로 경제동맹이 있는데, 경제동맹이란 공동시장을 더욱 발전한 형태로 회원국간 상품 및 생산요소의 자유이동과 대

역외 공동관세외에도 가맹국 상호 간 경제정책의 협력 및 공동경제정책이 수행되는 형태의 통합을 말한다. 그리고 공동으로 통화정책과 재정정책을 실시할 수 있는 경제통합의 한 형태이서 공통의 화폐를 가질 수밖에 없고 공동의 중앙은행을 필수적으로 가지고 있어 화폐동맹이라고도 할 수 있다. 구체적인 예로 벨기에－룩셈부르크 경제동맹과 현재의 유럽연합(EU) 등을 들 수 있겠다.[10]

5) 완전한 경제통합

경제통합의 궁극의 목적은 동일한 경제체제에서 동일한 화폐로 공통의 통화정책과 재정정책을 펼칠 수 있는 단계를 완전한 경제통합이라고 할 수 있겠다. 이러한 완전한 경제통합은 가맹국 상호 간에 초국가적 기구를 설치하여 그 기구로 하여금 가맹국 사회, 경제정책을 조정 통합관리하는 형태의 통합을 의미하는데 경제통합 형태 중 가장 완벽한 통합유형이며, 각국은 사실상 하나의 단일경제로 통합되는 것을 전제로 하고 있다. 이와 같은 **완전한 경제통합은 각국의 국가주권이 포기되고 하나의 단일국가로 통합될 때 실현가능하며 그러한 의미에서 완전한 경제통합은 완전한 정치통합을 동시에 요구하는 통합의 형태라** 할 수 있겠다.

---

[10] 현재 유럽연합 회원국은 27개국인데 이 중 16개국만이 공동통화로 유로화를 사용하고 있고, 나머지 11개국은 자국화폐와 유로화를 동시에 사용하고 있으므로 아직 유럽연합은 완전한 경제통합인 화폐통합에 이르지 못하였다.

3. Elazar의 연방국가론

오늘날 연방주의는 통일성과 다양성을 평화적으로 조화시키는 국가통합형태로 널리 활용되고 있다. 세계 인구의 약 40%가 공식적으로 연방제를 채택한 정치체제에서 살고 있고 나머지 인구 중 3분의 1도 어떤 방식으로든 연방주의를 부분적으로 수용한 국가에서 살고 있다.[11] 대표적으로 미국, 캐나다, 멕시코, 브라질, 베네수엘라, 스위스, 독일, 구소련, 러시아, 인도, 파키스탄, 나이지리아, 이디오피아, 호주 등을 대표적인 사례로 들 수 있겠다. Elazar는 연방제의 필수적인 요소로 연방헌법, 비중앙집권, 권력의 지역적 배분 등을 주장[12]하고 있으며 연방국가를 크게 중앙집권 연방국, 비중앙집권 연방국 두 가지로 분류[13]하고 있다. 아래 기술에서는 연방국가와 혼동될 수 있는 국가연합과 연방국가의 동질성과 차이점을 기술한 연후에 Elazar가 주장하고 있는 연방제의 필수적인 요소들과 연방국가의 종류들에 대해서 기술하고자 한다.

1) 국가통합의 형태

국가통합을 구체적으로 살펴보면 국가연합, 단일국가, 연방국가로 분류할 수 있겠다. 상세히 기술하면 아래와 같다.[14]

---

[11] 공용득, 『북한연방제연구-중앙과 지방정부의 관계를 중심으로』, 서울: 청목출판사, 2004, p. 63 참조.

[12] DANIEL J. ELAZAR, *Exploring Federalism*, Alabama: The University of Alabama Press, 2006, pp. 154~168 참조.

[13] ELAZAR, Ibid, pp. 170~182 참조.

[14] 권영성, 『헌법학원론』, 서울: 법문사, 2010, pp. 109~111 참조.

(1) 국가연합

개별국가가 국가의 필요에 의하여 조약에 의해서 성립하는 주권국가들의 잠정적인 정치·군사적인 결합형태를 말한다. 사례를 들면 1815년 독일연합, 1866년 북독일연합, 1858년 이집트와 시리아간 통일아랍공화국, 1972년 아랍공화국연합, 1991년 소비에트사회주의공화국연방 붕괴 후 CIS(독립국가연합) 등을 들 수 있겠다.

(2) 단일국가

통치권을 중앙에 집중하여 통일시키는 집중적으로 주권이 하나로 된 국가를 말한다. 즉, 국가권력구조가 단층적으로 되어 있는 국가를 단일국가라 한다. 사례를 들면 한국, 북한, 일본, 중국, 프랑스, 이스라엘, 이라크, 이집트 등을 들 수 있겠다.

(3) 연방국가

연방국가란 통치구조가 중층적15)으로 되어있는 국가를 말한다. 그리고 연방국가는 통치권을 각 연방구성국가(州)에 분산시키는 분권주권에 입각하고, 분할된 연방구성국가가 결합하여 하나의 국가적 결합체를 구성하는 국가를 말한다. 사례를 들면 미국, 과거 소련, 호주, 스위스, 인도 등을 들 수 있다.

---

15) 연방국가는 연방구성국가를 기반으로 성립된 국가위의 상위국가라는 의미로 사용하였다. 그러나 단일국가는 지방자치단체를 기반으로 성립된 국가이기 때문에 국가위의 국가가 없으므로 단층적 구조라 표현하고자 한다.

2) 국가연합과 연방국가의 공통점과 차이점

(1) 국가연합과 연방국가의 공통점

연방국가와 국가연합은 모두 국가결합의 한 형태라는 점에서 공통성을 갖는다. 첫째, 양자는 구성국들이 서로 간에 있어서 어느 한 구성국을 중심으로 종속적인 지위에 있지 아니하며 상호 대등한 입장에서 결합한다는 것이다. 둘째, 구성국들은 결합의 근거와 당위성을 인권보장, 외교, 안보, 경제적 이익의 필요성에서 찾는다. 셋째, 구성국들은 각각 따로 성립하고 존재하는 것보다 공동체를 형성함으로써 더 나은 상태로 나아갈 수 있다는 신뢰와 믿음하에서 결합한다는 점이다.16)

(2) 국가연합과 연방국가의 차이점

국가연합과 연방국가의 차이점을 보면 다음과 같다. 첫째, 국가연합과 연방국가는 복수국가 결합시 주권을 상실한 여부에 따라 근본적인 차이가 있는데, 연방국가는 구성국들을 지배하는 상위권력을 새로운 단일주권이 형성되는데 국가연합은 구성국의 주권의 변동이 없다. 대외적 주권은 국가연합은 각 구성국들이지만 연방국가는 새로운 국가로 형성된 연방국가가 대외적 주권을 보유한다는 점이다. 둘째, 결합근거로 연방국가는 연방헌법이지만 국가연합은 각 구성국들 간의 조약이라는 점에서 다르다. 즉, 헌법은 국내법이지만 조약은 국제법이 적용된다는 점이다. 셋째, 주민들이 국적여부인데 연방국가는 구성국의 국민은 구성국 국적을 갖는 것이 아니고 연방국의 국민으로서

---

16) 국토통일원, 『국가연합사례연구』, 서울: 국토통일원, pp. 5~8 참조 ; 권영성, 『헌법학원론』, 서울: 법문사, 2010, pp. 109~110 참조.

공통의 국적을 갖는데 비해 국가연합은 국적이 구성국의 국적을 보유한다는 점이다. 넷째, 통치권에 있어서의 차이점인데 연방국가의 경우 원칙적으로 중앙정부가 대외적 통치권을 행사하고 구성국들은 대외적 통치권을 행사하지 못한다. 단, 예외적으로 조약 체결의 경우 연방의 구성국들이 연방정부의 동의를 얻어 타국과 조약을 체결하는 사례는 더러 있다. 그러나 국가연합의 경우 조약체결, 외교사절 파견접수, 선전포고 강화 등 대외적 통치권은 원칙적으로 구성국가들이 행사하고 국가연합은 연합을 형성하는 조약의 설정범위 내에서 특정사항에 관해서만 대외적 통치권을 행사한다. 다섯째, 구성국 상호 간의 무력충돌시 연방국가의 구성국 상호 간의 무력충돌은 내란이지만 국가연합의 구성국 상호 간의 무력충돌은 전쟁으로 보게 된다.[17]

3) Elazar 연방국가론

Elazar의 연방주의를 이해하기 위하여 위에서 언급한 연방국가의 필수요인들에 대한 설명과 연방국가의 분류에 대한 서술을 아래에서 설명하고자 한다.[18]

(1) 연방국가의 필수적인 요소

가. 연방헌법

연방제는 연방헌법을 통해 연방정부와 연방구성국에게 권력을 배분하는 방식으로 국가권력을 조직한다. 연방정부와 연방구성국들 중

---

17) 국토통일원, 『국가연합사례연구』, 서울: 국토통일원, pp. 8~9 참조 ; 권영성, 『헌법학원론』, 서울: 법문사, 2010, pp. 110~111 참조.
18) ELAZAR, Ibid, pp. 170~182 참조하였고, 공용득, 위의 책, pp. 44~57 참조하여 기술함.

어느 일방도 타방에게 권역을 부여받는 게 아니다. 양자의 권력은 연방헌법으로부터 유리하기 때문에 연방정부와 지역정부들은 그들의 고유권한을 통해 권력을 행사한다. 연방헌법은 정치제도상 연방정부와 연방구성국간의 권력분배와 그 변경사항에 대해서도 규정하고 있으며, 연방국가에 있어 연방의 관계는 연방을 위한 영구적인 협약에 의해서 성립되거나 확인되는데 이를 연방헌법에 규정한다. 법률적으로 볼 때 연방헌법은 치자와 피치자간의 계약일 뿐 아니라 연방구성국들을 구성하는 지역주민과 연방정부와 정치세력들 간의 계약이라 할 수 있겠다. 이러한 계약은 연방구성국들이 그들 자신의 지역적 헌법제정을 보유할 수 있도록 연방헌법에 규정하고 있다. 이와 같은 연방헌법을 Elazar는 연방국가의 필수적인 요소의 하나로 들고 있다.

나. 비중앙집권

연방제는 실질적으로 자치를 하고 있는 다수 연방구성국가들에게 사실상 국가권력을 배분하는 제도이다. 그리하여 연방국가는 연방정부와 다수의 연방구성국들 간의 국가권력의 배분을 보장하기 때문에 일원적 중앙집중보다는 비중앙집권을 형성해 나가는 정치체제라고 할 수 있겠다. 그러나 비중앙집권이라고 하는 것이 단일국가에서 말하고 있는 지방분권과는 별개의 개념이라 할 수 있다. 단일국가에서 말하고 있는 지방분권이란 중앙정부가 이양한 권력을 일방적인 결정에 의하여 처리할 수 있는 조건부적 권한 위임이라 할 수 있겠다.

다. 권력의 지역적 배분

연방국가의 필수적인 요인들 중 다른 하나는 지리적 기반에 입각한 권한과 권력의 내부적 분배이다. 미국에서는 영토적 민주주의라고 부른다. 그래서 연방제는 연방정부를 포함하여 두 개 이상의 지역수준의 정부조직을 가지고 있어야 한다. 즉 단일국가가 권력의 단층적 구조라면 연방국가는 중층적 권력구조형태라 볼 수 있겠다.

(2) 연방국가의 권력배분형태에 대한 분류

Elazar는 연방국가를 크게 중앙집권적 연방과 비중앙집권적 연방으로 분류하고 있다.

가. 중앙집권적 연방제

연방제를 실시하고 있는 국가들은 대등적 원칙하에서 연방정부와 연방구성국들 간의 국가권력을 균점하지만 그 구체적 양태는 연방국가의 역사적, 정치적 현실적 이유 때문에 다양하게 나타난다고 볼 수 있겠다. 그리하여 과거 사회주의 국가였던 구소련은 국가형태로 연방국가, 연방정부를 표방하여 15개의 연방구성국가들로 구성되어 있었다. 그러나 구소련은 소수민족들의 독립적 행정조직을 형식상 인정하고 있을 뿐 실질적으로 중앙의 단일 통제에 의한 중앙집권적 연방국가였다고 볼 수 있다. 인도도 단일국가에 가까운 중앙집권적 연방국가로 할 수 있겠다. 인도가 연방헌법을 제정할 당시에 인도, 파키스탄 분할과정에서 유혈충돌과 전쟁 등 국가적 위기에 직면하면서 강력한 중앙집권적 연방국가를 채택하였다.

나. 비중앙집권적 연방제

연방국가와 연방구성국들 간의 균형을 위해 지역정부 간의 인구격

차와 영토의 크기가 있음에도 불구하고 연방구성국들의 평등대표권을 부여하고 연방정부의 구성에 연방구성국 정부가 참여하고 관여할 수 있는 기회가 많은 국가들이 있는데 이들이 비중앙집권적 연방국가라 볼 수 있다. 구체적 예로써 미국,[19] 스위스, 독일과 같은 나라들을 들 수 있겠다. 이 국가들의 공통적 특징은 강한 중앙정부를 세우면서 주의 주권을 보장하고 있는데 즉 통일성과 다양성을 효율적 조합을 통해 연방국가가 운영되어지고 있다는 점에서 비중앙집권적 정치체제라고 볼 수 있겠다. Elazar는 〈그림 2-1〉에서와 같이 연방국가이지만 단일적으로 운영되는 국가로 구소련, 체코슬로바키아, 미얀마 등을 들고 있고 연방국가이면서 국가운영 형태도 연방적으로 즉, 비중앙집권적으로 운영될 수 있는 국가형태로 독일, 미국, 스위스 등을 들고 있으며, 단일국가이면서 운영 또한 단일국가 형태로 운영되고 있는 국가로 프랑스, 일본 등을 들고, 국가형태가 단일국가이지만 운영은 연방적으로 운영되고 있는 국가로 이스라엘, 뉴질랜드, 핀란드 등을 들고 있다. 이 가운데 국가형태가 연방적이지만 운영은 단일적으로 운영되고 있는 국가들을 중앙집권적 연방제로 분류하고, 국가형태도 연방국가이고 운영도 지역정부의 실질적인 권한과 참여를 보장하고 있는 국가들을 비중앙집권적 연방국가로 분류하고 있다고 본다.

---

[19] 미국 연방제는 크게 "이원적 연방주의를 거쳐 1930년 경제공황을 기점으로 협력적 연방제로 발전하였다"고 Elazar는 주장하였다. 그러나 2008년 리먼브라더스 사태 이후 수습과정에서 연방권한이 한층 강화되어 비중앙집권연방에서 중앙집권연방으로 한걸음 더 나아가는 과정에 있다고 본다.

〈그림 2-1〉 연방국가들과 단일국가들의 구조와 과정[20)]

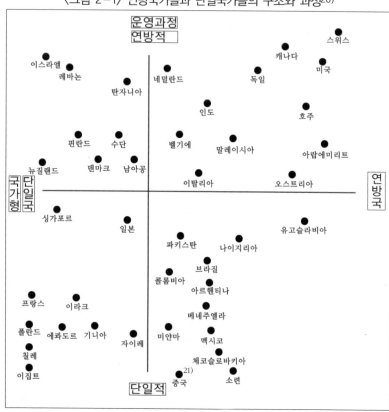

20) DANIEL J. ELAZAR, Ibid, p. 69 참조.
21) 중국은 Elazar분석에 의하면 현 상황에서 맞지 않다. 단일국가이나 광서 장족자치구,
티벳자치구, 신강 위구르 자치구, 요하 회족자치구, 내몽고자치구 등과 홍콩행정특별
구, 마카오행정특별구 등에서는 국가운영이 연방적으로 운영된 면이 있으나 연방국가
라고 보기는 무리한 측면이 있다고 판단한다.

제2절 각 통합이론이 평화통일과 연방통일헌법 구상에 주는 시사점

1. 정치적 통합이론이 주는 시사점

한반도 분단은 3중분단 즉, 정치적 분단, 지역적 분단, 민족적 분단을 띠고 있다. 분단기간은 약 70여 년이라는 세월이 흐르고 있다. 또한 한국전쟁 이후 남과 북이 보유하고 있는 화력은 한국전쟁 때보다 상상을 초월한다. 그러한 배경을 바탕으로 정치적 통합이론을 검토하고 한반도 평화통일을 달성할 수 있는 적정한 방법을 제시하는 이론을 살펴보고자 한다. 첫째, 연방주의는 한반도분단이 체제분단과 더불어 3중분단 상태를 가지고 있는 상태에서 정치적 결단을 통한 통합구조를 가진다는 것은 현실성이 결여된 이론이라고 판단하며, 연방주의를 적용하려면 한국전쟁이나 체제이질적 분단이 없는 상태라면 어느 정도 가능할 수 있겠으나 현실은 그와 정반대 상황이기 때문에 본서에서 주장하고자 하는 연방통일국가의 초기단계인 연합형 연방제에서는 연방주의 시각에서 통일을 접근하는 것은 적절하지 않다. 그러나 이질성이 극복되고 완전한 동질성이 회복된 연방통일국가의 마지막 단계인 세부화된 연방제에서는 신기능주의와 더불어 연방주의를 활용하면 체제통합에 효율성을 높일 수 있다고 본다. 둘째, 기능주의는 비정치적 분야의 교류를 통해서 정치적인 통합을 자연스럽게 달성할 수 있다는 주장인데 이 주장 역시 유럽통합과정을 통해서 비현실적이다라는 것이 어느 정도 나타나고 있다. 그리하여 유럽통합 역시 초창기 기능주의를 통하여 통합과정을 추구하다 지금은 신기능주의적 접근을 통하여 유럽헌법(리스본조약) 비준을 통하여 유럽의회, 유럽이사회, 이사회, 유럽위원회, 유럽중앙은행, 유럽경찰청 등 초국가적 기구를 만들어 통합을 가속화시키는 단계에 있다. 즉, 현재 유럽은 신기능주의에 입각한 통합과정을 추진하고 있디고 본다. 힌빈도 통일에 기능주의를 적용하면 통일연방헌법이 제정되기 이전에 남북한 이질성을 극복하기 위하여 일정한 시간동안은 기능주의적 접근이 효율성이 있다. 셋째, 신기능주의는 비정치적 분야의 교류와 더불어 즉 경제, 사회, 문화교류를 어느 정도 진척한 연후에 중간단계로써 중간통합기구를 만들어 비정치적 분야의 교류를 더 높은 상태로 이끌어내고 이 상태의 교류가 어느 정도 더 높은 협력단계로 진척되면 더 높은 통합기구를 만들어낸다는 이론인데 한반도 분단상태는 3중분단상태이기 때문에 비정치적 교류와 그 바탕하에 통합기구를 만들어내는 선순환구조로 나갈 수 있는 이론이라 할 것이다. 한반도 평화통일에 이를 적용하면 통일의 첫단계인 연합형 연방제를 실현하는데 필요한 이론이라고 생각하는 바이다. 넷째, 수렴론은 동서양체제가 병존할 때 동서양진영이 평화를 통한 통합을 고도산업화라는 공통점을 통해서 체제의 수렴적 통합을 이끌 수 있다는 주장이었지만 이제는 이 이론 역시 비현실적이었다라는 것이 사회주의권 등 동구권의 몰락을 통해 판명되었다. 그러나 수렴론을 한반도 분단극복이론으로 활용할 수 있다. 특히 경제통합에 타당한 이론적 근거가 될 수 있다. 다섯 번째, 현실주의는 위에서 언급한 바와 같이 힘에 의한 분단극복 방법인데 만약 한반도에서 제2차 한국전쟁이 발생한다면 남북한 정권은 물론 국민들도 회생불능한 상태로 빠질 수 있다. 그래서 한반도 통일에는 적용할 수 없는 이론이라 본다.

결론적으로 정치적 통합이론을 살펴보건데, 어느 한 주의가 분단과정을 극복하고 최종 완전한 통합과정에 이르는 데에는 하나의 이론만으로는 부족하다고 생각한다. 교류협력의 초기단계는 기능주의가 적정하다고 보며 교류협력이 어느 정도 이루어진 상태에서는 신기능주의적 접근이 필요하고 이질성이 극복되고 완전한 동질성이 회복되었을 때는 연방주의적 접근도 고려해 볼 수 있다. 그리고 경제통합을 위해서는 수렴론도 일정한 기여를 할 수 있다고 본다. 다시말하면 정치통합이론 중 현실주의를 제외한 나머지 이론들은 평화적인 방법으로 통일을 할 수만 있다면 통일연방헌법을 구상하는데 유익한 이론이라 할 수 있다.

2. Balassa의 경제통합이론이 주는 시사점

위에서 기술한 바와 같이 한반도는 3중분단 상태이기 때문에 무력통일이나 흡수통일을 통하여 통일이 달성하지 않는 한 경제통합형태는 Balassa가 말한 단계적이고 점진적인 경제통합과정을 통하여 완전한 경제통합을 달성할 수 있다고 본다. 본서에서 주장하고자 하는 단계적 연방제 통일헌법에서 통일이전은 Balassa의 경제통합이론 중 첫 단계인 자유무역지대를 완성하고 통일의 제1단계 연합형 연방제에서는 관세동맹, 공동시장, 공동화폐를 실현하고 제2단계 연방제에서는 남북한화폐를 없애고 연방단일화폐와 경제동맹을 완성해야 한다. 그리고 통일의 마지막 단계인 세부화된 연방제에서는 완전한 경제통합을 달성하여 연방국가 차원에서 화폐정책과 재정정책을 실현해야 한다. 그래서 평화적 경제통합 달성을 위해서는 단계적이고 점진적인 과정으로 경제통합을 이룩하는 절차를 밟는 게 현실적이고 합리적이라 판단하며, Balassa의 경제통합이론은 이러한 맥락에서 의의가 있다고 생각하는 바이다.

3. Elazar의 연방국가론이 주는 시사점

한반도 통일은 민족내부의 문제이며 동시에 국제적 문제를 안고 있기 때문에 매우 복잡하다. 더더욱 동서독 분단은 2중분단 상태에서 통일을 이룩하였지만, 한반도는 3중분단 상태이다. 그리하여 본서에서는 통일연방국가의 마지막 단계로 Elazar의 비중앙집권 연방을 목표로 하고 있지만 한번에 이를 달성할 수 없는 것이 우리의 상황이다. 그래서 본서에서는 편의상 통일연방국가를 달성하는데 3단계로 나누어 단계적 점진적 통일을 추구하고자 한다. 통일의 마지막 단계로 세부화된 연방제에서 Elazar의 비중앙집권 연방제를 목표로 하여 통일연방헌법을 구상하였다. 이와 같은 단계적이고 점진적인 통일을 달성하고자 하는데 Elazar가 주장하는 연방국가론은 통일연방헌법을 구상하는데 지도 역할을 할 수 있다.

4. 소결

한반도 평화통일을 위해서는 위에서 서술한 정치적 통합이론 중에서 초기에는 기능주의, 어느 정도 대화가 이루어진 현 상태에서 신기능주의적인 접근이 적절하다고 볼 수 있다. 그리고 마지막 단계에서 연방주의를 첨부해야 한다. 또한 경제적 통합이론으로써 Balassa의 경제적 통합이론이 지금 현 상황에서는 단계적이고 점진적인 접근방법을 체계적으로 제시하고 있어 적절한 경제통합이론이라고 할 것이다. 한반도 평화통일은 결국 정치적 통합과 경제적 통합이 완료가 되었을 때 진정한 의미의 평화통일이 달성되었다고 판단할 수 있을 것이다. 그리하여 정치적 통합과 경제적 통합이 완료된 한반도의 평화통일국가는 Elazar가 지향하고 싶은 연방국가로 가야한다고 판단한다. 즉, Elazar가 분류하고 있는 연방국가 중에서 중앙정부인 연방정부와 지역정부인 연방구성정부간에 권력이 균형을 이루는 비중앙집권 연방제 국가로 나아가야 된다. 그리하여 남과 북의 이질성을 인정하는 바탕에서 연방제를 선택하고 그 선택된 연방국가는 지역정부와 균형을 이루는 가운데 통일국가가 형성되어야 다양성을 효율적으로 활용할 수 있는 국가가 될 수 있을 것이다. 이를 나타내면 〈그림 2-2〉와 같다.

〈그림 2-2〉 한반도 통일의 과정과 최종목표 지향점

목표: 비중앙집권연방제

단계 이론	통일기반조성기 (교류협력단계)	통일1단계 (연합형 연방제)	통일2단계 (연방제)	통일3단계 (세부화된 연방제)
정치적 통합이론	전반부: 기능주의 후반부: 신기능주의	신기능주의 (수렴론)	신기능주의 (수렴론)	신기능주의(수렴론) 에 연방주의 가미
Balassa의 경제적 통합이론	자유무역지대	관세동맹 공동시장 연방화폐와 남북화폐 공동사용	남북한화폐 폐지 연방화폐만 사용 경제·화폐 동맹	완전한 통합 (제도통합) 재정정책과 통화정책 실시

제**3**장

각국의 통일·통합과정과
통일헌법 사례

통일의 형태로 크게 무력통일, 흡수통일, 평화통일로 분류해 볼 수 있겠다. 무력통일은 무력에 의한 통일로써 정치적 통합이론에 입각하여 볼 때는 현실주의에 기반을 두고 있고, 대표적 사례로 베트남통일을 들 수 있겠다. 흡수통일은 한쪽이 다른 쪽에 비해 심대하게 국력이 강한 경우 통일의 방안으로 본다. 대표적 사례로 독일통일을 들 수 있겠다. 평화통일은 주권국가 대 주권국가로써 대등한 만남으로 통일되는 방식이라 생각된다. 대표적 사례로 이미 세분화된 연방국가로 통일된 미국과 과거 사회주의권에서 대표적 사례로 소련연방의 통합과정을 들 수 있겠다. 또한 지금 현재 느슨한 형태의 유럽연방을 들 수 있겠는데, 아직은 통합국가라 칭할 수는 없다. 그러나 한반도 평화통일에 적용할 수 있다는 점에서 연구해 볼 가치가 있겠다.

본서에서는 통합사례에 대한 분석으로 분단국가에서 통일국가를 이룩한 독일, 예멘, 베트남 등을 들 수 있고, 비분단국가에서 통일국가를 이룩한 국가로 미국, 소련, 통일과정에 있는 유럽연합을 들 수 있는데, 본서에서 추구하고자 하는 3대원리인 연방국가주의, 권력분립주의, 법치주의와 5대원칙인 중도적 통일원칙, 다양성 수용원칙, 실용주의적 통일원칙, 단계적 통일원칙에 입각하여 단계적 연방제통일방안과 단계적 연방제통일헌법을 연구하고자 하는 목적이 있기 때문에 연방국가로 통일된 국가들의 통일헌법의 내용에 대한 분석이 중요하다. 독일, 미국, 소련, 유럽연합 등 헌법들의 내용분석을 토대로 후유증 없는 한반도 평화통일에 기여할 수 있는 헌법을 구상하는데 도움을 얻고자 한다.

본서의 전제조건은 통일의 방법으로써 평화통일과 연방국가에 입각한 헌법이라는 것을 전제로 두고 싶다. 이와 같은 헌법을 이해하는데 도움이 되고자 헌법에 대한 정의 및 일반이론에 대해서 서술하고 자 한다.

헌법에 대한 개념규정은 다양하다. 그러나 본서에서는 권영성의 헌법개념과 헌법학해설이론에 입각하여 위에서 언급한 통일헌법들을 분석하고자 한다. 헌법의 정의는 국민의 기본권 보장과 통치구조를 규정하는 국가의 기본법[1]이라 할 수 있다. 이러한 헌법은 헌법적 특질로 사실적 측면과 규범적 측면으로 분류할 수 있겠는데, 헌법의 사실적 특질로써는 정치성, 이념성, 역사성 등을 들 수 있고, 헌법의 규범적 특질로 최고법규성, 기본권보장규범성, 조직수권규범성, 권력제한규범성, 자기보장규범성 등을 들 수 있겠다. 헌법의 구조적 특질로써는 규범구조의 간결성, 미완성과 규범내용의 추상성, 불확정성, 개방성을 들 수 있겠다.[2]

그리고 헌법은 법규범의 일반적 특질과 법규범에서 볼 수 없는 헌법만의 고유한 기능을 수행하는데 그 기능은 크게 정치적 기능과 규범적 기능으로 분류해 볼 수 있겠다. 정치적 기능으로 국가구성적 기능, 국민적 합의기능, 공동체안정과 평화유지의 기능, 국민통합기능, 정치과정합리화기능 등을 들 수 있다. 그리고 규범적 기능으로 법질서창설기능, 기본권보장기능, 권력통제기능을 들 수 있겠다.[3]

레벤슈타인에 의하면 헌법을 **독창적 헌법**과 **모방적 헌법**으로 분류하고 있다. 독창적 헌법이란 외국헌법을 모방하지 아니한 헌법이고, 모방적 헌법은 외국의 기존헌법을 그 국가의 정치적 현실에 적합하게

---

1) 권영성, 『헌법학원론』, 서울: 법문사, 2010, p. 3.
2) 권영성, 위의 책, pp. 11~15.
3) 권영성, 위의 책, pp. 15~17 참조.

재구성한 헌법이라 규정하고 있다. 그리고 **헌법을 이해하는데 있어 가장 중요한 헌법해석 방법이 있는데 문리적(문법적) 해석, 논리적(체계적) 해석, 목적론적 해석, 역사적 해석** 등이 있다. 문리적(문법적) 해석이란 문법적 어학적 방법을 통하여 헌법조문의 진정한 의미내용을 명백히 하는 해석방법이다. 논리적(체계적) 해석은 헌법조문들을 각기 분리, 고립된 것으로서가 아니라 헌법전 또는 헌법질서 전체와의 논리적 관련성 등을 고려하면서 논리적 사유법칙에 따라 해석하는 방법이다. 목적론적 해석은 헌법제정의 목적이나 헌법에 내재하는 가치가 무엇인가를 찾아내어 개개의 헌법조문을 이것에 합치되도록 해석하는 방법이다. 역사적 해석은 헌법제정 당시의 상황이라든가 헌법제정자의 의도가 어떤 것이었는가를 탐구하여 그에 따라서 해석하는 방법이다.[4]

　본서에서는 위와 같은 사비니(v. Savigny)의 문리적 해석(문법적), 체계적 해석(논리적), 목적론적 해석, 역사적 해석이라는 4가지 해석 방법을 혼용하여 사용하고자 하며, 그리하여 후유증 없는 한반도통일에 이바지할 수 있는 통일헌법을 구상하는데 참고하고자 한다. **권영성은 헌법의 분석틀로 헌법의 기본원리, 헌법의 기본질서, 헌법의 기본제도, 기본권과 의무, 통치구조 등에 입각하여 헌법을 해석**하였으나, 본서에서는 **권영성의 분석틀에 국가형태와 국가성격, 헌법이념을** 첨가하고 헌법의 기본제도를 삭제하여 분석하고자 한다.[5]

....

[4] 권영성, 위의 책, pp. 24~28 참조.
[5] 권영성은 헌법을 해석하는 분석의 틀로 헌법의 기본원리, 헌법의 기본질서, 헌법의 기본제도, 기본권과 의무, 통치구조 등에 입각하여 헌법을 해석하였다. 그러나 본서에서는 권영성의 헌법의 분석틀에 따르되 본서에서 주장하고자 하는 3대원리와 5대원칙을 통해 각국의 헌법을 분석하여 통일연방헌법을 구상하는데 초점이 있다. 그래서 3대원리 중 연방국가주의에 충실하기 위하여 연방국가의 통일과정 및 통일헌법 중심으로

제1절 독일통일과정과 통일헌법의 방향

1. 독일통일과정

중세시대에 독일은 신성로마제국에 속하였다. 그러다가 독일연합과 북독일연합을 거쳐 1871년 비스마르크헌법으로 독립된 근세독일국가가 창설되었다. 그러나 제1차세계대전, 제2차세계대전을 일으켜 패배함으로써 1945년 서독은 미국, 영국, 프랑스에 의해 점령당하였고, 동독은 소련에 의해 분할점령되었다. 그리하여 1949년 미국, 영국, 프랑스에 의해서 점령된 지역은 서독으로, 소련에 의해 점령된 지역은 동독으로 각각 독립된 정부가 구성되어 분단상황을 맞이하였다. 그러나 동, 서독은 한반도와 달리 지역분단과 정치적 분단 즉, 2중분단을 가지고 있었지만 비정치적 부분 특히 경제교류는 끊이지 아니하고 확대되었다. 구체적 예를 들면 1951년 청산지불합의와 에너지공급 및 관련 용역대금 청산방법 합의 등을 들 수 있고, 1957년 영화상영권

분석하였다. 그리고 권력분립주의에 충실하고 사회주의국가의 헌법원리인 민주적 중앙집중제와 비교하여 설명하기 위해 권력분립주의는 통치구조의 구성원리이지만 헌법의 기본원리에 편입하여 설명하고자 한다. 또한 법치주의는 법치국가를 지향하느냐 여부가 중요하기 때문에 헌법의 기본원리에 포함하여 분석하고자 한다. 그래서 권영성은 헌법의 기본원리로 국민주권의 원리, 자유민주주의, 사회국가의 원리, 문화국가의 원리, 법치국가의 원리, 평화국가의 원리로 설명하고 있지만, 본서에서는 헌법의 기본원리로 국민주권의 원리, 권력분립의 원리, 법치국가의 원리, 사회국가의 원리 등으로 분석하고자 한다. 더불어 헌법의 기본제도는 연방헌법을 구상하는데 큰 도움이 되지 않는다고 판단하여 삭제하고자 하며, 대신 국가형태와 국가의 성격, 헌법의 이념을 비중을 높게 분석하고자 한다.

합의, 무역협정 합의 등을 들 수 있으며 1961년 무역협정 연장합의, 무역시 차량통행허가 합의, 통과무역 합의 등을 하였다. 그리고 이후 경제적 교류를 확대하였으며 1972년에는 교통조약6)을 체결하였고, 이를 바탕으로 1972년 빌리브란트 서독수상의 동방정책 추진으로 기본조약을 체결하였다.7) 그리하여 경제이외 사회, 문화, 신문 등 다양한 분야에 교류확대의 획기적인 전기를 마련하였다. 그리하여 동서독 안방에서 각각 상대방의 TV를 자유로이 시청하였으며 서독기자가 동독에 특파원으로 파견되어 상주하였고 동독기자 역시 서독에 특파원으로 파견하여 상주하였다. 이와 같은 동서독의 정치, 경제, 사회, 문화 전면교류가 활발히 이루어진 가운데 1985년 소련에서 고르바쵸프 등장이라는 국제적인 변수가 독일통일을 촉진시키는 결정적인 요인이 되었다고 본다. 그리하여 동구권에서 자유화 물결로 1989년 폴란드, 헝가리, 체코 등의 공산정권이 붕괴되고 이어서 동독 호네커 정권 역시 붕괴되었다. 1989년 가을혁명의 성공으로 통일논의가 활발히 전개되었다. 통일의 방식으로 당시 여당이었던 기민당은 서독기본법 제23조에 의한 편입방식으로 흡수통일을 주장하였으며, 당시 야당인 사회당은 서독기본법 제146조에 의한 헌법제정 후 통일을 주장하였다. 그리고 동서독 시민단체를 중심으로 선통일 후헌법제정에 의한 방식을 주

6) 전문을 포함 제33조로 구성된 교통조약은 양독인의 상대지역 방문을 완화하는 이외에도 철도통행, 화물운송, 국내선박이용, 자동차운행 및 해운 등 포괄적인 교통관계의 개선을 규정하고 있다. 그리하여 남·북한과 달리 1949년 정치적으로 각각 다른 정부가 구성되어 2중분단 상태를 초래하였지만 인적·물적교류가 끊기지 아니하고 상호교류가 적지만 계속되어 왔는데 1972년 교통조약의 체결로 동·서독 간 인적 물적 교류를 대폭 증진하는데 기여하였다(김세원 외, 『분단국 통합사례 연구』, 서울: 국토통일원, 1986, pp. 52~53 참조).
7) 김세원 외, 위의 책, pp. 5~58 참조.

장하였는데 1990년 3월 18일 동독선거에서 당시 서독여당이었던 기민당노선을 추구하는 동독 기민당이 다수당이 됨으로써 통일방식은 서독기본법 제23조에 의한 흡수통일방식으로 통일이 되었다. 그리하여 독일통일헌법은 통일조약에 의하여 서독기본법의 일부 개정방식으로 통일헌법을 선택하였으며, 서독입장에서 보면 제36차 헌법 개정방식이었다. 동서독통일은 기능주의 입장에서 경제교류를 분단이후 꾸준히 전개해오다가 1972년 기본조약에 의하여 경제분야뿐만 아니라 사회, 문화, 정치교류도 활발히 전개되어 왔다고 본다. 그리하여 동서독 국민 간에 상호 타방을 잘 이해하는 상태였다. 그러한 과정에서 외적인 국제정세의 변화로 동독이 붕괴되고 결국 급속한 통일방식을 선택하게 되었다고 본다.[8] 결국 정치적 통합과정에서 신기능주의를 도입하여 정치, 경제, 사회, 문화 전분야의 통합을 일시에 달성하는 흡수통일의 전형적인 예라고 볼 수 있겠다. 아래에서 분단된 동서독을 이해하는데 필수적이라고 판단하여 1973년에 제정된 동독헌법과 통일 직전 서독 제35차 헌법의 분석을 통해 동서독간의 정치, 경제, 사회, 문화의 차이점을 발견하고자 하며 통일방식에 따른 통일헌법을 분석하여 한반도의 평화통일의 시사점을 추출해보고자 한다.

2. 서독기본법

1949년 수립된 서독은 기본법을 제정하여 1990년 통일직전까지 35차 헌법개정을 하였다. 1990년 통일직전 제35차 개정헌법은 전문을 포함

---

[8] 장명봉, 『분단국가의 통일과 헌법－독일과 예멘의 통일사례와 헌법자료』, 서울: 국민대출판부, 2001, pp. 13~186 참조.

하여 제11장으로 구성되어 있고 조문은 146조로 되어 있다. 내용을 살펴보면 아래의 분석과 같다.

1) 국가형태

서독의 국가형태는 연방국가형태를 갖추고 1949년 기존의 나치헌법을 폐지하고 민주적 연방국가헌법을 제정하여 출발하였다. 그에 대한 헌법근거로 첫째, 전문에 기술되어 있는데, 바덴, 바이에른, 브레멘, 함부르크, 헷센, 니더작센, 노르트라인―베스트팔렌, 라인란트―팔츠, 슐레스비히―홀슈타인, 뷔르템베르크―바덴, 뷔르템베르크―호엔쫄레른 각 주의 독일국민은 과도기에 있어서 국가생활에 새로운 질서를 부여하기 위하여 헌법제정권력에 의하여 이 독일연방공화국 기본법을 제정한다. 위의 각 주의 독일국민들은 또한 참여가 거부된 독일인을 대신하여 행동하였다.9) 둘째, 독일연방공화국은 민주적·사회적 연방국가이다.10) 즉, 위에서 살펴보듯이 서독은 국가형태가 전문에서 언급한 11개주를 기반으로 한 연방국가임을 알 수 있다.

2) 국가의 성격(정당과 국가와 관계)

서독의 기본법상 국가와 당 관계는 복수정당제를 인정하면서 동시에 방어적 민주주의를 추구하는 제한적 국가―당체제11)를 유지하는

---

9) 서독기본법 전문 참조.
10) 서독기본법 제20조 제1항 참조.
11) 국가―당체제란 국가체제 내에 정치적 결사체로써 정권획득을 목적으로 창설된 경쟁적 복수정당제를 인정하는 체제를 국가―당체제라 본서에서는 부르고자 한다. 사회주의국가에서 당이 국가를 이끌어가는 당―국가체제라 한다면 국가―당체제는 국가 내

헌법이라 볼 수 있다. 구체적인 근거로 다음의 규정을 들 수 있겠다. 정당은 국민의 정치적 의사형성에 참여한다. 정당의 설립은 자유이다. 정당의 내부질서는 민주적 제원칙에 부합해야 한다. 정당은 그 자금의 출처와 사용에 관하여 그리고 그 재산에 관하여 공개적으로 보고해야 한다. 그 목적이나 지지자의 행태에 있어 자유민주적 기본질서를 침해하거나 폐지하려 하거나 또는 독일연방공화국의 존립을 위태롭게 하려고 하는 정당은 위헌이다. 위헌성의 문제에 관해서는 연방헌법재판소가 결정한다.[12]

3) 헌법의 기본원리

헌법의 기본원리[13]로 국민주권[14]의 원리, 권력분립[15]의 원리, 법치주의[16]의 원리, 사회국가[17]의 원리, 연방국가[18]의 원리를 들 수 있겠

에서 국가가 허용하는 한도의 정당들의 경쟁체제라 부를 수 있고, 사회주의국가에서의 당의 성격과 정반대로 볼 수 있겠다.

12) 서독기본법 제21조 참조.

13) 헌법의 이념적 기초가 되는 것이면서 헌법을 총체적으로 지배하는 지도원리를 의미한다(권영성, 헌법학원론, 서울: 법문사, 2010, p. 125 참조).

14) 국민주권이란 국가의 주권이 국민에게 있다는 입장을 말하며, 주권재민설이라고도 한다. 이는 근대초의 절대군주정에 대한 근대민주정의 대항적 이데올로기로서 주장되었다. 이하에서 국민주권론을 대표하는 학자는 알투지우스, 로크, 루소 등이 있다(법률신문사, 『신법률학사전』, 서울: 법률신문사, 1996, p. 202 참조).

15) 권력분립주의란 국가의 통치기구의 조직원리로, 국가작용을 입법권, 집행권으로, 또는 입법권, 사법권, 행정권의 3권으로 분립시켜 각 작용을 각기 다른 구성을 독립기관에 담당하게 하여, 기관 상호 간에 견제, 균형을 유지하도록 하여 국가권력의 집중과 남용을 방지함으로써 국민의 정치적 자유를 보장시키려는 자유주의적 통합조직원리를 말한다. 이처럼 전통적인 3권개념은 국가권력을 입법, 행정, 사법으로 나누나, Loewenstein 은 국가권력 동태적으로 파악하여 정책결정권, 정책집행권, 정책통제권으로 구분한다 (법률신문사, 위의 책, p. 229 참조).

16) 법치주의란 개인의 자유와 권리 등 기본권을 보장하기 위하여 법률로써 행정을 규제하여 자의를 막으려는 데에 근본취지가 있는 주의로서, 법률의 법규창조력, 법률의 우

는데 구체적으로 살펴보면 아래와 같다. 첫째, 독일연방공화국은 민
주적·사회적 연방국가이다19)라는 연방국가와 사회국가원리와 둘째,
모든 국가권력은 국민으로부터 나온다20)는 국민주권주의, 셋째, 국가
권력은 국민에 의해서 선거와 투표를 통해 행사되고 입법, 행정 및 사
법의 개별 기관을 통해 행사된다21)는 권력분립주의 및 넷째, 입법은
헌법적 질서에 구속되고, 행정 및 사법은 법률과 법에 구속된다22)는
법치주의원리로 헌법기본원리를 표현하고 있다.

4) 헌법의 기본질서

헌법의 기본질서23)로 정치적 질서로 자유민주적 기본질서,24) 경제

위, 법률의 유보를 그 주된 내용으로 가지고 있다(법률신문사, 위의 책, p. 555 참조).
17) 사회국가란 한마디로 사회정의의 이념을 헌법에 수용한 국가, 사회현상에 대하여 방
관적인 국가가 아니라 경제·사회·문화의 모든 영역에서 정의로운 사회질서의 형성을
위하여 사회현상에 관여하고 간섭하고 분배하고 조정하는 국가이며, 궁극적으로 국민
각자가 실제로 자유를 행사할 수 있는 그 실질적 조건을 마련해 줄 의무가 있는 국가
이다(헌재 2002. 12. 18[2002 헌마 52]). 권영성, 위의 책, pp. 139~140 재인용.
18) 연방국가란 다수국가의 통합에 의하여 형성된 연방조직의 국가를 말한다. 국가연합과
는 달라서 그 결합이 긴밀하여 구성국(지분국 또는 지부)은 국제법상 국가로서의 자격
을 잃고 연방국가만이 국가의 자격을 잃는다. 단일국가가 중앙집권주의에 입각하여
통치권도 원칙적으로 중앙정부만이 행사케 하고, 다만 좁은 범위의 지방행정에 있어
서만 이를 지방단체에 수권하여 행사케 하는데 대하여, 연방국가는 지방분권주의에
입각하여 통치권을 연방정부와 지방정부에다 분할하여 행사케 한다. 이 경우에 전국
에 걸쳐 통일을 요하는 사항이나 국가적 중대사항만을 연방정부가 관할하고, 그 밖의
일반사무는 지방정부가 관할한다. 연방국가는 그 구성국들이 서로 평등하다는 점에서
종속관계와 같은 불평등관계 결합과는 근본적으로 다르며, 결합된 조직체가 국제법상
완전한 국가라는 점에서 사실상 국가의 결합관계로 보기에는 적당치 않다. 연방국가
로 표방하는 나라에는 미국, 소련, 브라질, 나이지리아, 스위스, 유고, 캐나다, 독일, 인
도 등이 있다(법률신문사, 위의 책, p. 938 참조).
19) 서독기본법 제20조 제1항 참조.
20) 서독기본법 제20조 제2항 전문 참조.
21) 서독기본법 제20조 제2항 후문 참조.
22) 서독기본법 제20조 제3항 참조.

적 질서로 사회적 시장경제질서,25) 국제질서로 국제평화질서 등을 들 수 있겠는데 구체적으로 헌법적 근거를 살펴보면 다음과 같다.

첫째, 그 목적이나 지지자의 행태에 있어 자유민주적 기본질서를 침해하거나 폐제하려 하거나 또는 독일연방공화국의 존립을 위태롭게 하려고 하는 정당은 위헌이다. 위헌성의 문제에 관해서는 연방헌법재판소가 결정한다26)는 자유민주적 기본질서와 둘째, 토지, 천연자원 및 생산수단은 사회화를 목적으로 보상의 종류와 범위를 정한 법률에 의하여 공유재산 또는 다른 형태의 공동관리경제로 옮겨질 수 있다27)는 사회적 시장경제질서원리를 선언하고 있으며, 셋째, 국가간의 평화적 공동생활을 교란시키기 적합하고 교란할 의도로 행해지는 행동과 특히 침략전쟁 수행준비는 위헌이고, 이러한 행위는 처벌되어야 한다28)는 국제평화질서를 천명하고 있다.

23) 헌법의 기본질서란 헌법은 국가적 생활영역을 지배하고 규율하는 국가적 질서에 관한 기본원칙을 말한다. 헌법에 따라 형성되고 국가적 공동생활의 기본이 되는 정치. 경제 및 국제적 영역 등에 관한 질서를 기본적 헌법질서 또는 헌법의 기본질서라 한다(권영성, 위의 책, p. 152 참조).

24) 우리 헌법재판소는 "자유민주적 기본질서를 모든 폭력적 지배와 자의적 지배, 즉 반국가단체의 일인독재 내지 일당독재를 배제하고 다수의 의사에 의한 국민의 자치, 자유, 평등의 기본원칙에 의한 법치국가적 통치질서로 규정하였다." 헌재결 1990. 4. 2. [89 혼거 113], (권영성, 『헌법학원론』, 서울: 법문사. 1999, p. 153 재인용)

25) 사회적 시장경제질서란 사회국가라는 국가적 유형에 대응하는 경제질서이다. 사회적 시장경제질서라 함은 사유재산제의 보장과 자유경쟁을 기본원리로 하는 시장경제질서를 근간으로 하되, 사회복지, 사회정의, 경제민주화 등을 실현하기 위하여 부분적으로 사회주의적계획경제(통제경제)를 가미한 경제질서를 말한다(권영성, 위의 책, 2010, pp. 163~170 참조).

26) 서독기본법 제21조 제2항 참조.

27) 서독기본법 제15조 참조.

28) 서독기본법 제26조 제1항 참조.

5) 연방과 주와 관계

(1) 연방의 최고성에 관한 규정

서독기본법은 서독이 연방국가이기 때문에 연방국가에서 나타나는 연방의 최고성에 관한 규정을 두고 있다. 이를 살펴보면 다음과 같다.

첫째, 연방법률의 우위에 대한 조항으로 연방법률은 주법률에 우선한다.29)

둘째, 외교관계에 대한 규정으로, 외국과의 관계를 담당하는 것은 연방의 사항이다. 어느 주의 특별한 사정에 관계되는 조약체결시 체결 전에 적당한 시기에 해당 주의 의견을 청취하여야 한다. 주가 입법에 관한 권한을 갖는 때 주는 연방정부의 동의를 얻어 외국과 조약을 체결할 수 있다.30)

셋째, 연방강제에 관한 규정으로, 주가 기본법이나 그 밖의 연방법률에 따라 부과된 연방의무를 이행하지 아니한 때에는 연방정부는 연방상원의 동의를 얻어 연방강제의 방법으로 그 의무를 이행하기 위한 필요한 조치를 취할 수 있다. 연방강제의 집행을 위하여 연방정부나 그 수임자는 모든 주와 그 관청에 대하여 지시권을 가진다.31)

(2) 연방권한

서독은 연방국가이기 때문에 연방국가와 주와의 관계에서 역할분담이 필수적으로 대두될 수밖에 없다. 연방국가의 권한은 연방국가만

29) 서독기본법 제31조 참조.
30) 서독기본법 제32조 참조.
31) 서독기본법 제37조 참조.

이 가지는 **배타적 권한**과 원칙적으로 연방국가의 권한이나 연방국가
가 권한을 행사하지 아니할 때 주가 예외적으로 가지는 권한을 **경합
적 권한**이라 하는데 즉, 경합적 권한은 원칙적으로 연방국가의 권한
이나, 예외적으로 연방국가가 권한을 행사하지 아니할 때는 주권한이
된다. 이를 구체적으로 살펴보면 아래와 같다.

첫째, 배타적 권한으로 전속적 입법권한과 그 전속적 입법권한에
입각하여 전속적 입법사항이 있다. 연방의 전속적 입법의 영역에 있
어서는 주는 연방법률에서 명문으로서 위임되어 있을 경우 및 그 범
위 내에서만 입법의 권한을 가진다.[32] 전속적 입법사항을 세분하여
나열하면 다음과 같다.[33] 외교업무 및 국민보호를 포함한 방위(1호),
연방에서의 국적(2호), 이전의 자유, 여권제도, 입국 및 출국 그리고 범
죄인 인도(3호), 통화·화폐 및 조폐제도, 도량형과 시간의 결정(4호),
관세 및 통상구역의 통일·통상 및 항해협정, 화물교역의 자유, 관세
및 국경 보호를 포함한 외국과의 화물거래와 지불거래(5호), 연방철도
와 항공교통(6호), 우편과 전신제도(7호), 연방 및 연방 직할의 공법상
의 단체에 근무하는 자의 법률관계(8호), 영업상의 권리보호, 저작권
및 출판권(9호), 다음의 사항에 관한 연방과 주와의 협력(10호)의 구체
적 내용으로는 형사경찰, 자유민주적인 기본질서의 옹호, 연방 또는
주의 존립 및 안전의 옹호, 폭력의 행사에 의해 또는 폭력의 행사를
목적으로 하는 준비행위에 의해 독일연방공화국의 대외적 이익을 위
태롭게 하는 연방영역 내에서의 기도방지, 그리고 연방범죄수사국의
설립 및 국제적 범죄예방이다. 연방통계(11호).

---

32) 서독기본법 제71조 참조.
33) 서독기본법 제73조 참조.

둘째, 경합적 권한인데, 원칙적으로 연방정부가 입법권한을 가지고 있으나 예외적으로 연방정부가 입법을 하지 않을 때 주가 권한을 가진다. 구체적으로 살펴보면 다음과 같다.[34] 민법, 형법 및 형의 집행, 재판소의 구성, 재판절차, 변호사제도, 공증인제도, 및 법률상담(1호), 호적제도(2호), 결사·집회의 권리(3호), 외국인의 체재권 및 거주권리(4호), 무기법 및 폭발물법(4a호), 독일 문화재의 해외반출 금지(5호), 망명자 및 추방자에 관한 업무(6호), 공공 생활보호(7호), 주에서의 국적(8호), 전쟁손해 및 보상(9호), 전상자 및 전사자 유족에 대한 부양, 포로의 생활보호(10호), 전사자 묘지와 다른 전쟁희생자 및 폭력적 지배의 희생자 묘지(10a호), 경제법(광업, 공업, 에너지 경제, 수공업, 영업, 상업, 은행 및 증권거래소제도 및 사법상의 보험제도)(11호), 평화적 목적을 위한 핵에너지 생산 및 이용, 이 목적을 위해 사용되는 사실의 건립과 경영, 핵에너지 방출시 또는 전리 방사선에 의하여 일어나는 위험에 대한 보호 그리고 방사선 물질의 제거(11a호), 경영구조, 노동보호 및 직업소개를 포함한 노동법 및 실업보험을 포함한 사회보험(12호), 교육보조의 규제 및 학술적 연구의 조성(13호), 전속적 입법권한(제73조) 및 경합적 입법사항(제74조)에서 규정하는 사항의 범위 내에서 행하는 공용징수의 법(14호), 토지, 천연자원 및 생산수단의 공유 또는 기타의 형태로 공공경제에의 인도(15호), 경제적 권력의 남용방지(16호), 농업 및 임업생산의 촉진, 식량의 확보, 농업 및 임업생산물의 수출입, 원양어업과 연안어업 및 연안 보호(17호), 토지거래, 토지법, 농업상의 임차제도, 주거제도, 이주정착제도(18호), 인간과 가

---

34) 서독기본법 제74조 제1항 참조.

축에 공통된 그리고 전염성이 있는 질병에 대한 조치, 의료법 및 그 밖의 치료업의 허가, 약품, 약제 및 마약과 독약의 거래(19호), 병원의 경제적 안전과 병원관리규칙의 규제(19a호), 식량, 기호품, 생활필수품, 사료, 농·임업용의 종자 및 묘목거래의 보호, 식물의 병충해에 대한 보호 그리고 동물보호(20호), 원양과 근해항행 및 항로표식, 내수항행, 기상업무, 해수항로 및 일반운수에 이용되는 내수항로(21호), 도로교통, 자동차교통제도, 원거리 수송용 육로의 건설과 유지, 자동차에 의한 공로 이용료의 징수와 배분(22호), 연방철도가 아닌 산악철도 이외의 철도(23호), 오물제거, 대기정화 및 소음방지(24호).

셋째, 주권한(경합적 권한, 고유권한)은 연방정부가 행사하지 아니하는 경합적 권한과 연방정부에 부여되어 있지 않는 범위 내에서 입법권을 가진다. 자세히 살펴보면 다음과 같다. 하나, 주기능은 국가적 권능의 행사와 국가적 과제의 수행은 이 기본법이 다른 규정을 두지 아니하거나 허용하지 않는 한 주의 직무이다.[35] 둘, 주의 입법권과 그 권한은 주는 이 기본법이 연방에 대하여 입법권한을 부여하지 않는 범위 내에서 입법권을 가진다. 연방과 주의 관할권의 범위는 전속적 입법과 경합적 입법에 관한 기본법의 규정에 따라서 이를 구분한다.[36]

6) 기본권과 국민의 의무

기본권보장의 이념으로 인간의 존엄과 가치(제1조)를 주장하고 있으며 법 앞의 평등권(제3조)을 인정하고 있다. 그리고 자유권적 기본

---

35) 서독기본법 제30조 참조.
36) 서독기본법 제70조 참조.

권37)으로 생명과 신체의 자유(제2조 제2항)를 인정하고 있으며 사생
활의 비밀과 자유(제10조)와 주거의 자유(제13조), 거주이전의 자유
(제11조)를 보장하고 있다. 또한 정신적 자유권으로 종교의 자유와 양
심의 자유(제4조), 의견을 발표할 자유와 정보취득 및 보도의 자유(제
5조 제1항)와 학문과 예술의 자유(제5조 제3항), 집회 · 결사의 자유(제
8조 제1항, 제9조 제1, 2, 3항) 등을 인정하고 있다. 그리고 정치적 기
본권으로 선거권과 피선거권을 통한 참정권을 보장하고 있으며, 정당
설립 및 활동의 자유38)(제38조)를 인정하고 있다. 경제적 기본권으로
재산권과 상속권을 인정한 가운데 공공필요의 목적으로 공용수용을
허용(제14조)과 직업선택의 자유(제12조 제1항)를 보장하고 있다. 청
구권적 기본권으로 청원권(제17조), 재판청구권, 국가배상청구권(제34
조), 손실보상청구권(제6조) 등을 인정하고 있다. 그리고 서독기본법
상 나타난 사회적 기본권39)은 다음과 같다. 노동 3권(제9조 제3항), 혼

---

37) 자유권적 기본권이란 신체의 자유(사법작용에 대한 자유), 사회적, 경제적 자유, 정신
   적 자유, 정치적 자유로 나눌 수 있다. 신체의 자유는 신체의 불가침에 관한 개인적인
   권리이며, 이는 사법작용에서 주거, 이전의 자유, 직업선택의 자유, 주거의 자유, 사생
   활의 자유와 비밀, 통신의 자유, 재산권행사의 자유 등이 포함될 수 있을 것이다. 정신
   적 자유는 종교의 자유, 양심의 자유, 학문과 예술의 자유, 표현의 자유로 나눌 수 있
   다. 정치적 표현의 자유는 정당의 자유, 선거의 자유와 함께 정치적 자유로 불리워지
   고 있다(법률신문사, 『신법률학사전』, 서울: 법률신문사, 1996, p. 1145 참조).
38) 원칙적으로 정권을 획득할 목적으로 설립된 정당의 활동을 보장하고 있다는 점에서
   서독국가의 성격은 복수정당제도를 인정하는 국가−당체제라고 볼 수 있겠다. 그러나
   사회주의, 공산주의를 추구하는 정당은 연방헌법재판소의 판례를 통해 부인하는 방어
   적 민주주의이었다. 이런 점을 고려하면 **완전한 국가−당체제**라고 볼 수 없고, **제한
   적 국가−당체체**로 보아야 한다. 그러나 프랑스, 일본, 이탈리아, 스페인 등은 자유민
   주국가임에도 사회주의와 공산주의를 추구하는 정당을 인정하고 있어 이들 나라는 **완
   전한 국가−당체제**로 구분할 수 있겠다.
39) 사회적기본권이란 복리국가에서 국민이 그 인간다운 생활을 확보하기 위하여 필요한
   일정한 국가적 급부와 배제를 요구할 수 있는 국법상의 권리를 말한다. 우리헌법에 나
   타난 사회적 기본권은 헌법 제34조 제1항의 인간다운 생활권(생존권)을 그 목적조항
   으로 하고, 그 밖의 사회보장수급권(제34 2 내지 6), 교육을 받을 권리(헌31), 노동의

인 및 가족보호권(제6조 제1항), 자녀에 대한 양육권 및 교육시킬 권리와 의무(제6조 제2항), 모성보호권(제6조 제4항), 사생활보호권(제6조 제5항)을 인정하고 있다. 국민의 기본적 의무는 국민이 국가에 대하여 기본적으로 가지는 기본적인 의무를 말한다. 헌법상 나타나는 국민의 의무는 관세, 전매, 조세에 관한 입법(제105조), 세수입의 배분(제106조) 등 여러 곳에서 법률유보규정으로 국민의 납세의무를 규정하고 있으며 국방의무(제12a조 제1항 제2항)와 교육의 의무(제6조 제2, 3항)를 부과하고 있다.

7) 통치구조

서독은 정부형태 가운데 의원내각제도를 채택하였고 그 중에서 건설적 의원내각제를 정부형태로 삼았다. 즉, 의원내각제 중 건설적 의원내각제[40]를 채택하고 있다. 국회는 각 주를 대표하는 상원과 주민을 대표하는 하원으로 구성된 양원제로 구성되어 있는데 연방하원의 구성 및 선출(제38조) 및 연방상원의 구성 및 선출(제51조)을 규정하고 있다. 그리고 국회의 권한(제38조 - 제53a조)에 대해 휴가청구권,

----

권리(헌31), 노동 3권(헌33), 환경권(헌35), 노동의 권리(헌31), 노동 3권(헌33), 환경권(헌35), 보건권(헌36 ③) 등을 그 수단조항으로 하고 있다. 이러한 사회적기본권의 법적 성격에 관해서는 종래의 프로그램권리설과 최근에 등장한 법적 권리설이 대립하고 있고, 후자는 다시 추상적 권리설과 구체적 권리설로 갈리고 있다(법률신문사, 『신법률학사전』, 서울: 법률신문사, 1996, p. 696 참조).

40) 의원내각제는 크게 고전적 의원내각제와 건설적 의원내각제 및 수상권한이 강화된 의원내각제 등으로 나누어 볼 수 있겠다. 고전적 의원내각제의 대표적인 사례는 프랑스 제3, 4공화국을 들 수 있고, 건설적 의원내각제의 대표적인 사례는 서독을 들 수 있으며, 수상권한이 강화된 의원내각제는 영국을 들 수 있겠다. 건설적 의원내각제란 수상 해임 전 차기 수상이 정해지지 않고는 의회를 해산시킬 수 없기 때문에 정부가 상대적으로 고전적 의원내각제에 비해 안정성을 담보할 수 있다.

보수청구권, 대통령 탄핵소추권 등을 인정하고 있다. 대통령의 자격 및 선출과 임기(제58조)와 대통령의 권한 중 국제법상 대표권과 조약체결권(제59조), 연방재판관과 연방공무원 등의 임면권, 사면권(제60조), 그리고 대통령의 의무로 연방정부 또는 주정부 일원과 연방 또는 주입법기관의 일원이 될 수 없으며, 다른 유급직에 취임하거나 영업 또는 직업에 종사해서는 아니되며, 영리를 목적으로 기업의 간부 또는 감사에 소속되어서는 아니된다[41]는 의무가 부과되고 있다. 대통령에게 사고가 생겼을 때 또는 그 직무가 임기만료 전에 궐위된 경우에 연방상원의장이 대행한다(제57조)[42]는 대통령의 권한대행 규정을 두고 있다. 그리고 연방정부(내각)에 대해서 연방수상의 선출 및 연방의회의 해산(제63조) 규정을 두고 있으며, 연방수상의 권한으로 연방장관의 임명에 관한 권한(제64조), 책임 · 분담에 대한 권한(제65조), 신임결의안, 연방의회의 해산에 대한 권한(제68조) 등을 인정하고 있다.

사법권은 헌법재판소의 권한에 해당되는 것을 제외하고 법원에 있는데 법원의 구성 및 조직에 대해서 연방재판소, 연방행정재판소, 연방재정재판소, 연방노동재판소, 연방사회재판소(제95조 제1항)와 연방재판소의 권한(제96조)을 규정하고 있다. 연방헌법재판소는 연방재판관 및 그 밖의 구성원으로 조직을 하고 연방헌법재판소 및 그 재판관의 기본법상 지위와 임무의 수행이 침해되지 않도록 독립성을 보장하고 있으며, 결의는 출석한 대법관의 과반수로 결정한다는 의결정족수 규정(제115g조)을 두고 있다. 그리고 서독기본법상 헌법재판소의 권한은 구체적으로 살펴보면 다음과 같다.[43] 연방최고기관의 권리 ·

---

[41] 서독기본법 제55조 참조.
[42] 서독기본법 제57조 참조.

의무의 범위에 관한 분쟁 또는 이 기본법에 의하거나 다른 연방최고
기관의 직무규정에 의해 고유한 권리가 부여되어 있는 다른 관계기관
의 권리·의무의 범위에 관한 분쟁에 관한 기본법의 해석(1호), 연방
정부, 주정부 또는 연방의회 의원의 3분의 1의 청구에 의하여 연방법
률 또는 주법률의 기본법에 대한 형식적 및 실질적 일치여부, 그리고
주법이 기타 연방법과 일치 여부에 관한 의견의 상위 또는 의혹이 있
을 때(2호), 연방 및 주의 권리와 의무에 관하여, 특히 주에 의한 연방
법의 집행 및 연방감독의 행사에 있어서 의견의 상위가 있을 경우(3
호), 다른 소송방법이 있는 경우를 제외하고 연방과 주간에, 다른 주간
에 또는 한 주의 내부에 있어서 위의 경우 이외의 공법상의 소송(4호),
기본권 또는 저항권(제20조 제4항), 국민으로서 권리(제33조), 연방의
회선거(제38조), 특별재판소의 금지, 재판을 받을 권리(제101조), 피고
인의 기본권(제103조), 자유박탈의 경우 권리보호(제104조)에 포함되
어 있는 헌법소원(4a호), 어느 법률에 의하여 주헌법의 연방적 보장,
자치행정의 보장(제28조)에서 자치권이 침해당한 것을 이유로 하는
자치단체 및 자치단체연합체의 헌법소원, 단, 주의 법률에 의한 침해
의 경우에는 주의 헌법재판소에 소원을 신청할 수 없는 경우에 한한
다(4b호), 그밖에 헌법에 규정되어 있는 경우(5호) 등이다.

8) 연방과 주의 세수입 배분

서독은 연방국가이기 때문에 상대적으로 명확한 재정수입에 대한
분배원칙을 가지고 있다. 구체적으로 살펴보면 아래와 같다.

---

43) 서독기본법 제93조 제1항 참조.

첫째, 재정전매의 수익 및 다음 조세의 수입은 연방에 귀속한다.[44] 관세(1호), 제2항에 의하여 주에 귀속하지 아니하거나 배정액을 확정하는 원칙(제3항)에 의하여 연방 및 주에 공동으로 귀속하지 아니하거나 또는 배분액을 할당하기 위한 배분기준(제6항)에 의하여 자치단체(Gemeinde)에 귀속하지 아니하는 소비세(2호), 도로화물운송비(3호), 재산(유통)세, 보험세 및 환거래세(4호), 1회 한도의 재산세 및 부담조정을 수행하기 위하여 징수되는 조정과세(5호), 소득세 및 법인세에 대한 부가세(6호), 유럽공동체의 범위 내에서 과세(7호).

둘째, 다음 조세의 수입은 주에 귀속한다. 재산세(1호), 상속세(2호), 자동차세(3호), 제1항에 의하여 연방에 귀속하지 않거나 또는 제3항에 의하여 연방 및 주에 공동으로 귀속하지 아니하는 통행세(4호), 맥주세(5호), 도박장세(6호).

셋째, 소득세·법인세 및 거래세의 세입은, 소득세의 세입이 주로부터 자치단체에 대해 소득세의 수입에 대한 배당(제5항)이 자치단체에 귀속하지 않는 한 연방과 각 주에 공동으로 귀속한다(공동세). 소득세와 법인세의 세입에 대하여 연방과 각 주는 각각 2분의 1씩 균분한다. 거래세에 대한 연방과 각 주의 배당액은 연방상원의 동의가 필요한 연방법률로 정한다. 배당액의 확정에 있어서 다음 원칙이 적용된다. 현행 세수의 범위 내에서 연방과 각 주는 각각 필요한 지출을 감당하는데 동등한 권리를 갖는다. 이 경우 지출범위는 다년간의 재정계획을 고려하여 결정된다(1호). 연방과 각 주의 지출필요성은 상호 간에 관련됨으로써 적은 비용이 상계되고, 납세의무자의 과부담을 피하며,

----

44) 서독기본법 제106조 참조.

연방지역 내에서 생활관계이 일관성이 유지되어야 한다(2호).

넷째, 거래세에 대한 연방과 각 주의 배당액은 연방과 각 주의 세입과 지출관계가 본질적으로 다르게 변화되면 새로이 정해야 한다. 각 주에게 연방법률에 의해 추가지출이 부가되거나 세수가 감소되면, 연방상원의 동의가 필요한 연방법률에 의해 추가부담이 단기적으로 한정된 경우 연방의 재정할당으로 조정될 수 있다. 이 법률에는 이러한 재정할당의 측정원칙과 각 주에의 분할원칙이 규정되어야 한다.

다섯째, 자치단체는 주로부터 그 자치단체에 대하여 주민의 소득세 징수에 의하여 추진되는 소득세의 수입에 대한 배당을 받는다. 그 세목은 연방상원의 동의를 요하는 연방법률에 의하여 이를 정한다. 자치단체가 자치단체 배당금을 위한 징세율을 결정하도록 정할 수 있다.

여섯째, 실물세의 수입은 자치단체에 귀속하며, 지방소비세 및 사치세는 자치단체에 속하거나, 주입법이 정하는 비율에 따라 자치단체 연합체에 속한다. 자치단체에 권한이 부여되는 경우 법률이 정하는 범위 내에서 실물세의 징세율을 정할 수 있다. 주내에 자치단체가 존립하지 아니하는 경우에는 실물세와 지방소비세 및 사치세의 수입은 주에 귀속한다. 연방 및 주는 배당액에 따라 영업세의 수입에 참여할 수 있다. 그 배당액에 대한 세목은 연방상원의 동의를 요하는 연방법률로 정한다. 주입법이 정하는 비율에 따라 실물세와 소득세의 수입 중 자치단체 배분액은 할당을 위한 배분기준에 근거를 둘 수 있다.

일곱째, 공동조세의 총수입에 대한 주에의 배당액중 주입법이 정하는 배분비는 모두 자치단체 및 자치단체연합체에 귀속한다. 그밖에 주의 조세수입이 자치단체(자치단체연합체)에 주어질 것인지, 또한 어느 정도까지 주어질 것인지에 대한 것은 주입법이 정한다.

여덟째, 연방이 개개의 주 또는 자치단체(자치단체연합체)에 직접적으로 과잉지출 또는 과소수입(특별부담)의 원인이 되는 특별한 시설을 이들 주 또는 자치단체(자치단체연합회)에 두게 할 때에는 연방은 이들 주 또는 자치단체(자치단체연합체)에 이 특별부담을 부과하는 것이 정당하지 아니할 경우 및 그러한 한도에 있어서 필요한 조정을 행한다. 시설에 수반하여 이들 주 또는 자치단체(자치단체연합체)에 생기는 제3자의 보상 및 재정상의 이익은 상기 조정에 있어서 고려되어야 한다.

아홉째, 자치단체(자치단체연합체)의 수입 및 지출은 본 조의 의미에 있어서의 주의 수입 및 지출로 간주한다.[45]

3. 동독헌법

동독은 1949년 인민민주주의헌법을 마르크스레닌주의에 입각하여 채택하였다. 그리고 수차 개정을 통해 독일통일이전까지 효력을 유지하였던 헌법이 1974년 헌법이다. 내용을 살펴보면 아래와 같다.

1) 국가의 형태 및 국가의 성격(정당과 국가와의 관계)

동독은 국가의 형태로 단일국가이다. 그리고 국가의 성격인 정당과 국가와의 관계를 살펴보면 집권당인 사회주의행동당에 의해 주도되는 당-국가체제의 전형으로써 실질적인 복수정당제도를 거부하고 인민민주주의에 입각한 프롤레타리아 독재를 실현하기 위해서 사실

---

45) 서독기본법 제106조 참조.

상 1당지배체제국가인 당—국가체제였다.

2) 헌법이념

동독헌법은 대표적인 사회주의헌법으로써 헌법이념인 평등을 지향하고 있다. 그 헌법적 근거를 살펴보면 다음과 같다. 독일민주공화국의 모든 정치적 권력은 노동자가 행사한다. 인민은 사회주의사회 및 국가가 진력하고 있는 모든 활동의 중심이 된다. 사회주의적 생산의 빠른 발전속도, 능률향상, 과학적·기술적 진보 및 노동생산성 증대를 기반으로 한 인민의 물질적·문화적 생활수준의 지속적인 향상은 발전된 사회주의사회의 주요한 과제이다. 노동계급이 협동조합, 농민계급, 지식층 및 인민의 기타 계급과의 확고한 결속, 생산수단의 사회주의적 소유 그리고 발달된 과학적 지식에 의한 사회발전의 계획과 지도는 사회주의 사회질서의 불가침의 기초를 이룬다. 인간에 의한 인간의 착취는 영원히 제거된다. 인민의 손에서 만들어진 것은 인민의 소유물이다. "각자는 각기 능력에 따라서, 각자에게는 자기 업적에 따라서"라는 사회주의 원칙이 실현된다.[46]

3) 헌법의 기본원리

헌법의 기본원리로 인민주권원리, 집단주의원리, 사회주의법치주의 원리, 민주적 중앙집중제원리 등을 들 수 있겠는데 이에 대한 헌법적 근거는 아래와 같다.

[46] 1973년 동독헌법 제2조 참조.

(1) 인민주권원리

독일민주공화국은 노동자·농민의 사회주의국가이며, 노동자계급 및 마르크스·레닌주의 정당의 영도하에 있는 도시와 농촌 노동자의 정치조직이다[47]라는 규정에서 보듯 동독은 노동자, 농민이 중심이 된 인민주권의 원리를 선언하고 있으며, 즉, 프롤레타리아 독재원리를 나타내고 있다고 본다.

(2) 집단주의원리

노동계급이 협동조합, 농민계급, 지식층 및 인민의 기타 계급과의 확고한 결속, 생산수단의 사회주의적 소유 그리고 발달된 과학적 지식에 의한 사회발전의 계획과 지도는 사회주의 사회질서의 불가침의 기초를 이룬다.[48] 즉, 집단주의를 추구하고 있다는 것을 간접적으로 표현하고 있다고 본다.

(3) 사회주의법치주의원리

독일민주공화국은 모든 인민에게 그들의 권리 행사와 사회발전에의 참여를 보장하며, 사회주의적 합법성과 법적 안전을 보장한다[49]는 규정을 살펴보면 사회주의를 실현하기 위하여 법적 근거를 가지는 법치행정에 입각한 사회주의법치주의를 추구하고 있다고 본다.

[47] 1973년 동독헌법 제1조 제1항 참조.
[48] 1973년 동독헌법 제2조 제2항 참조.
[49] 1973년 동독헌법 제19조 참조.

(4) 민주적 중앙집중제원리

국가기관의 구조와 활동은 이 헌법에서 규정된 국가권력의 목적과 과업을 통해서 결정된다. 민주적 중앙집권주의의 기초위에 실현된 근로인민의 주권은 국가구조의 주요원칙이다.[50]

4) 헌법의 기본질서

헌법의 기본질서는 정치질서로 사회주의민주주의적 기본질서, 경제질서로 사회주의계획경제질서, 국제질서로 국제평화질서 등을 들수 있고, 이에 대한 헌법적 근거는 아래와 같다.

(1) 사회주의민주주의적 기본질서

공동결정 및 공동참여권은 인민들이 모든 권력기관을 민주적으로 선거하고, 그들의 관리·계획·사회생활의 형성에 협동하고, 인민들이 인민대표기관·대의원·국가 및 경제기관의 지도자들에게 그들의 소원과 그들의 요구를 표시하고, 인민들이 그들의 관심사와 제안을 사회·국가 및 경제기관과 공공시설에 게시하고 그리고 인민들이 인민투표에서 그들의 의사를 표명함으로써 보장된다.[51] 즉, 사회주의를 실현하되 민주적 선거를 바탕으로 하겠다는 사회주의민주주의적 기본질서를 나타내고 있다.

---

50) 1973년 동독헌법 제47조 참조.
51) 1973년 동독헌법 제21조 제2항 참조.

(2) 사회주의계획경제질서

독일민주공화국의 국민경제는 생산수단의 사회적 공유에 기초를 둔다. 국민경제는 사회주의적 생산관계 및 사회주의 경제통합목표에 기초를 둔 사회주의적 경제법칙에 따라 발전한다. 독일민주공화국의 국민경제는 사회주의 질서의 강화, 인민의 물질적 및 문화적 욕구충족의 개선 그리고 인민들의 인격함양과 사회주의 사회관계의 발전에 기여한다. 독일민주공화국에서는 국민경제와 더불어 모든 다른 사회분야에 관리 및 계획의 원칙이 적용된다. 독일민주공화국의 국민경제는 사회주의계획경제이다. 사회발전의 기초문제에 대한 중앙의 관리 및 계획은 지방국가기관과 기업의 독자적 책임 및 노동자의 주도적 활동과 결합된다.[52] 즉, 사회주의계획경제질서를 선언하고 있다.

(3) 국제평화질서

일반적으로 승인되고, 평화와 제민족 간의 평화적인 협력에 이바지하는 국제법상의 제법규는 국가와 모든 인민을 구속한다. 독일민주공화국은 침략정책을 실시하지 아니하며 또한 병력을 타국민의 평화에 반하여 투입하지 아니한다.[53] 즉, 헌법상 국제평화주의를 추구하겠다는 의지의 표현이다.

5) 기본권과 의무

기본권의 이념과 포괄적 기본권으로 사회주의 합법성, 인민의 자유

---

52) 1973년 동독헌법 제9조 참조.
53) 1973년 동독헌법 제8조 참조.

와 존엄에 관한 규정(제19조)과 자유와 인격의 불가침 규정(제30조)을
두고 있다. 그리고 법앞의 평등(제20조)을 보장하고 있다. 자유권적
기본권으로 거주이전의 자유(제32조), 통신비밀의 불가침(제31조), 표
현의 자유(제27조), 집회의 자유(제28조), 결사의 자유(제29조), 양심과
신앙의 자유(제20조)를 보장하고 있다. 그리고 정치적 기본권으로 선
거권 및 피선거권 등 참정권(제22조)을 인정하고 있으나, 정당설립 및
활동에 대한 권리는 인정하지 않고 있다. 그리하여 동독국가의 성격
은 당-국가체제[54]임을 알 수 있겠다. 경제적 기본권으로 동독은 사
회주의국가이기에 원칙적으로 국유재산과 협동재산이 원칙이고 극히
예외적으로 개인재산을 두고 있는 전형적인 사회주의국가의 재산권
소유형태를 헌법상 나타나고 있다. 살펴보면 다음과 같은데 사회주의
재산에 관한 규정(제10조), 개인재산에 관한 규정(제11조), 인민재산에
관한 규정(제12조), 조합의 소유에 관한 규정(제13조), 사적 사업의 한
계에 관한 규정(제14조)을 두고 있다. 청구권적 기본권으로 소원권 및
청원권, 재판청구권, 국가배상청구권, 국가보상청구권 등을 들 수 있
겠는데, 청원권에 관한 규정(제103조), 재판청구권(제94조 제2항)에 대
한 규정, 국가배상청구권에 대한 규정(제104조), 국가보상청구권에 대
한 규정(제16조) 등을 두고 있다. 사회적 기본권으로 인간다운 생활
권리, 노동의 권리, 노동 3권, 교육을 받을 권리, 혼인 및 가족. 모성보
호에 대한 보건권 등으로 분류할 수 있다. 그러나 동독헌법의 특징으
로 노동 3권에 대한 규정으로 없다. 이는 사회주의국가의 성격 하나

[54] 당-국가체제란 집권당이 바뀌지 않으며, 정권획득을 목적으로 하는 경쟁이 될 수 있
는 다른 정당을 인정하지 않는다. 그래서 집권당의 정책이 국가의 정책이 될 수밖에
없고 당이 국가를 영도하는 구조이다. 동독은 사회주의행동당이 집권당이었는데 1989
년 가을혁명까지 실질적으로 집권당의 변화가 없었다.

로 해방된 인민들이 구축한 국가로 보기 때문에 지배자와 피지배자가 동일시하는 법적논리로 노동 3권에 대한 규정이 없는 것 같다. 그래서 노동 3권을 제외한 사회적기본권에 대한 구체적으로 헌법상 근거 규정을 들면 휴가권(제34조), 사회보장권(제35조), 노동의 권리와 직업선택의 권리(제24조), 동일노동과 동일임금을 받을 권리(제24조), 교육을 받을 권리(제25조), 혼인, 모성, 가족보호권(제38조) 등을 보장하고 있다. 그리고 국민의 기본적 의무로 납세의 의무(제9조 제4항), 국방 및 조국수호의 의무(제23조), 교육을 받게 할 의무(제26조), 근로의 의무(제24조 제2항) 등을 부과하고 있다.

6) 통치구조

정부형태는 민주적 중앙집중제원리(제47조)에 의한 의회정부제의 형태로 구성되었다. 인민의회의 선출 및 구성(제54조, 제55조)에 대해서 규정하고 있다. 인민의회의 권한으로 주요인사의 선임 및 소환권(제50조), 조약과 협정의 비준권(제51조) 등을 두고 있다. 국가평의회는 의장, 부의장, 의원, 서기로 구성되는데 최초의 인민의회회의에서 5년 임기로 선출된다.(제67조), 국가평의회의 임무 및 기능은 헌법과 법률 및 인민의회의 의결에 의해 위임되는 사항(제66조), 외교대표의 임명 및 소환, 계급 및 칭호부여(제71조), 선거공고권(제72조), 국방과 안보문제에 대한 원칙적 결의(제73조), 사법활동의 합헌성과 합법성 감독, 대사권과 특사권(제74조) 등이다. 각료회의의 구성은 인민의회에서 선출되는데 임기는 5년이다(제79조). 각료회의는 인민의회의 기구로 독일민주공화국의 내각이다(제76조). 각료회의의 권한으로 국내외정책 과제를 작성하며 인민의회의 법률 및 초안을 제출(제77조)하

고 장관 기타 중앙국가기관과 지역위원회의 활동을 지도 · 조정 · 감독
(제78조)한다. 그 밖의 통치기관으로 법원과 지방자치단체기관인 인
민대표기관(제81조 – 제85조) 등이 있다.

7) 헌법개정

헌법은 독일민주공화국 인민의회에 의하여 헌법의 문구를 명백히
개정 또는 보충하는 법률을 통하여서민 개정될 수 있다.[55]

4. 독일통일헌법

독일통일의 방법으로 통일직전 3가지 방법이 논의되었는데 첫째,
제23조에 의한 통일방법,[56] 둘째, 제146조에 의한 통일방법,[57] 셋째,
제3의 설[58] 등이 활발히 논의되었다. 제23조 통일방법은 동독을 서독
에 편입하는 방법으로 서독헌법의 동독에 적용시키는 완전한 흡수통
일방법이고 제146조에 의한 통일방법은 동서독헌법을 모두 폐기하고

---

55) 동독헌법 제106조 참조.
56) 당시 동서독집권당인 기민당에 의해서 주장되었다. 제23조에 의한 통일의 방법이란
   서독에 의한 동독을 흡수통일 하자는 주장이다. 즉, 서독 11개주에 단일국가로 유지된
   동독을 5개주로 주를 편성하여 서독에 편입시키자는 의견이었고, 이 주장에 따라 동
   서독 통일은 이루어졌다. 그리하여 서독헌법을 기초로 통일이 이루어졌고 통일헌법은
   서독입장에서 보면 제36차 서독헌법개정에 해당된다.
57) 당시 야당인 동서독사회당에 의해서 주장되었다. 먼저 통일이전에 통일헌법을 제정하
   여 동서독이 동등한 입장에서 새로 제정된 통일헌법에 의하여 통일하자는 내용이었
   다. 그렇지만 통일직전 동독총선에서 동독 기민당이 다수당이 됨으로 이 주장은 힘을
   얻지 못하였다.
58) 시민사회단체에 의해서 주장된 통일방법이었다. 제3설이란 먼저 동서독이 통일을 하
   고 통일 후 통일헌법을 제정하자는 의견이었으나, 이 역시 동독 기민당이 동독 다수당
   이 됨으로써 힘을 얻지 못하였다.

독일통일헌법을 제정하여 통일하자는 주장이었다. 그리고 제3의 설이란 상황이 급박하니 먼저 정치적으로 통일한 후 나중에 헌법을 제정하자는 논의였다. 그러나 동독의 총선거를 통하여 제23조에 의한 통일방법을 주장하는 동독 기민당이 집권당이 되면서 흡수통일로 나가게 되었다.

결과론적으로 동서독의 통일은 서독에 의한 동독의 흡수통일이기 때문에 기본적으로 서독헌법의 동독전체 적용이라 볼 수 있다. 그러나 국가조약에 의하여 동독헌법을 서독헌법에 준하도록 개정하였고, 통일조약에 의하여 서독헌법을 변화된 상황에 맞게 개정하도록 하였는데 이 조약에 의하여 1990년 10월 3일 통일조약의 발효와 동시에 기본법 일부를 개정하였는데 이것이 제36차 기본법개정인과 동시에 독일의 첫 통일헌법이라 볼 수 있다. 이를 구체적으로 살펴보면 첫째, 전문규정으로 통합유럽 및 세계평화인식, 신5개주[59]의 명시 및 통일의 완성 선언 둘째, 제51조 제2항의 규정으로 각 주의 연방상원에서의 의결권수 조정(기본은 3, 주민 2백만 이상 주는 4, 6백만 이상 주는 5, 7백만 이상 주는 6, 셋째, 제146조 규정으로 전독일국민에 기본법적용 명시, 기본법의 유효기간 넷째, 기본법의 적용범위에 관한 제23조 규정인데 이를 삭제하였다. 다섯째, 제135a조 2항의 규정으로 동독과 독일제국의 연관성이 있음을 규정하였다. 여섯째, 제143조의 규정으로 기본법의 통일조약 관련 효력을 제한하는 규정을 삽입하였다.[60]

---

[59] 동독은 국가형태가 연방국가가 아닌 단일국가로 유지되었는데 동독을 통일 후 5개주로 분류, 기존의 11개주에서 16개주로 독일연방통일국가를 유지하는 연방국가형태로 통일하였다.

[60] 장명봉, 『분단국가의 통일과 헌법―독일과 예멘의 통일사례와 헌법자료』, 서울: 국민대출판부, 2001, pp. 49-88 참조.

5. 서독기본법과 동독헌법 및 독일통일헌법이 연방통일헌법 구상에 주는 시사점

위에서 서독기본법, 동독헌법, 독일통일헌법을 살펴보았다. 그리하여 살펴본 내용을 세분화하여 비교분석해보면 국가형태는 서독기본법은 연방국가, 동독헌법은 단일국가이었고, 독일통일헌법은 서독에 의한 동독의 흡수통일의 결과 연방국가이다. 정부형태는 서독은 건설적 내각책임제, 동독은 민주적 중앙집중제원리에 의한 의회정부제, 독일통일헌법은 건설적 내각책임제이고 국가이념으로 서독은 자유와 공동체정신, 동독은 평등과 집단주의, 독일통일헌법은 자유와 공동체정신이다. 헌법의 기본원리로 서독은 국민주권주의, 권력분립주의, 법치주의, 사회국가원리 등이고, 동독은 인민주권원리, 민주적 중앙집중제원리, 사회주의 법치주의원리이며, 독일통일헌법은 서독과 또한 같다. 헌법의 기본질서로 서독은 자유민주적 기본질서, 사회적 시장경제질서, 국제평화주의, 동독은 집단주의, 중앙집권적 계획경제질서, 국제평화주의이며, 독일통일헌법은 서독과 또한 같다. 기본권은 크게 자유권적 기본권, 청구권적 기본권, 참정권적 기본권, 사회권적 기본권으로 분류할 수 있는데 서독은 자유권적 기본권과 사회권적 기본권 중에서 자유권적 기본권 중심의 헌법이고 동독은 사회권적 기본권 중심의 헌법임을 위 분석을 통하여 알 수 있었다. 독일통일헌법 또한 흡수통일의 결과로 자유권적 기본권 중심의 기본권 보장이다. 통치구조를 보면 서독은 연방의회, 연방상원을 가진 양원제 입법부와 대통령, 내각, 법원, 헌법재판소 등이 있으며 동독은 인민의회, 국가평의회, 각료회의, 법원 등으로 통치구조를 형성하였다. 통치구조의 기본원리로

서독은 권력분립주의를 선택하였으나 동독은 민주적 중앙집중제원리에 의한 의회제정부형태를 선택했다고 볼 수 있다. 독일통일헌법은 흡수통일의 결과로 서독기본법과 같다.

국가의 성격을 분류해 보면 서독은 제한적 국가-당체제, 동독은 당-국가체제, 통일헌법은 국가-당체제이다. 그리하여 이를 나타내면 〈표 3-1〉과 같다.

그래서 한반도 평화통일에 동서독통일방법이 과연 현실적인가 생각해 볼 때, 동서독은 지역적분단, 정치적분단 즉, **2중분단 상태**에서 꾸준히 양쪽이 경제적, 사회문화적 교류가 지속되어 오다가 세계정세가 동서독통일을 달성하도록 분위기가 조성되자 민족분단까지 가지 않았던 결과로 서독에 의한 흡수통일을 달성할 수 있었고, 그 결과 서독기본법을 동독전체까지 확장하여 적용하는 경우가 되었다. 흡수통일의 결과 아직도 경제적, 심리적 갈등을 겪고 있다고 본다.[61] 그러나 흡수통일에 의한 통일방식을 한반도 분단극복의 방법으로 고려해 볼 때, **첫째**, 한반도는 지금 현재 3중분단 상태까지가 있고, **둘째**, 한반도를 둘러싸고 이해대립으로 인한 복잡한 국제정세, **셋째**, 남북한 경제력 또한 한반도의 흡수통일을 달성할 수 있는 분위기가 아니다. 그렇

---

[61] "전국경제인연합회는 1990년 독일 통일 이후 20년간 구 동독 지역의 재건을 위해 약 2조 유로, 우리 돈으로 3,000조원이 투입된 것으로 집계되었다. 그리고 한반도 흡수통일시 독일이 지출한 3,000조원을 넘어서 최소 3,500조원이 들어갈 것으로 예측하였다 (『연합뉴스』, 2010. 9. 14 참조). 또한 독일은 1972년 기본조약체결이후 1990년까지 약 600억 달러를 동독에 투입하였다. 즉, 연평균 32억 달러를 투입하였다(임동원, 『피스메이커』, 서울: 중앙북스, 2008, p. 730 참조). 그리고 동서독 인구비율은 1:4이다. 즉, 서독인 4명이 동독인 1명을 지원하는 구조이다. 그러나 아직도 동독주민들 중에는 2등 국민으로 통일독일에서 대접받고 있다고 생각하는 주민들이 많다. 이를 종합해 볼 때 한반도 통일시 동서독 흡수통일방식을 주장하는 것은 남북한 경제력 등을 살펴볼 때 문제가 있다.

지만 한반도의 평화통일을 전제로 한 단계적 연방제에 의한 통일헌법
을 고려해 볼 때, 본서에서 주장하고자 하는 서독기본법은 제2단계 연
방제통일헌법과 특히 제3단계 세부화된 연방제통일헌법을 구상하는
데 다음과 같은 시사점을 주고 있다. **첫째**, 연방국가와 주와의 관계,
둘째, 연방재정과 주재정의 분배문제, **셋째**, 연방국가가 사회권적 기
본권 보장을 명시하고 있는데 이는 미국헌법과 대비된다.[62] **넷째**, 동
독헌법은 통치기구 구성원칙이 민주적 중앙집중제원리에 입각하여

〈표 3-1〉 동서독헌법의 비교분석

분류 비교항목	서독기본법	동독헌법	독일통일헌법
국가형태	연방국가	단일국가	연방국가
정부형태	건설적 내각책임제	민주적중앙집중제원리에 의한 의회정부제	건설적 내각책임제
국가의 이념	자유와 공동체정신	평등과 집단주의	자유와 공동체정신
헌법의 원리	국민주권주의, 권력분립주의, 법치주의, 사회국가 등	인민주권주의, 민주적 중앙집중제원리, 사회주의 법치국가 지향 등	국민주권주의, 권력분립주의, 법치주의, 사회국가 등
헌법의 기본질서	자유민주적 기본질서, 사회적 시장경제질서, 국제평화질서	집단주의, 중앙집권적 계획경제질서, 국제평화질서	자유민주적 기본질서, 사회적 시장경제질서, 국제평화질서
기본권	자유권적 기본권중심	사회적 기본권중심	자유권적 기본권중심
통치구조	연방의회, 연방상원(양원제), 대통령, 내각, 법원, 헌법재판소 등	인민의회(단원제), 국가평의회, 각료회의, 법원 등	연방의회, 연방상원(양원제), 대통령, 내각, 법원, 헌법재판소 등
국가의 성격 (국가와 당과 관계)	제한적 국가-당체제 (복수당제)	당-국가체제 (사실상 단일정당)	국가-당체제 (복수정당제)

----

[62] 미국헌법은 연방헌법상 직접적으로 연방헌법이 열거조항이 아닌 예시규정임을 나타
내면서 사회적 기본권 보장도 경시하지 아니한다는 간접적으로 암시하고 있다.

정부형태가 민주적 중앙집중제원리에 의한 의회정부임을 명시하고
있다. 이러한 통치기구 구성원리는 본서에서 주장하는 3대원리 중 권
력분립원리에 반한다. 그래서 동독헌법을 반면교사로 하여 연방통일
헌법은 제정헌법부터 철저한 3권분립에 입각한 입법부, 행정부, 사법
부로 구성하여야 할 것이다.

제2절 미국통일과정과 통일헌법

1. 미국통일과정

아메리카대륙이 문명사회에서 의미를 가지게 된 것은 1492년 콜럼 버스가 아메리카대륙에 발을 디딘 다음부터였다. 그리하여 영국령 식민지들이 발전하게 될 수 있는 계기가 되었다고 본다. 1620년 9월 35명의 개신교 신도들이 런던에서 온 메이플라워호에 올랐다. 배에는 이미 66명의 비신도들이 타고 있었다. 그 배는 신대륙으로 출항하였다. 1620년 11월 2달 동안의 어려운 항해 끝에 메이플라워호는 보스턴 남동쪽 플리머스에 도착하였다. 그리하여 본격적으로 미국에 영국령 식민지가 개척되는 계기가 되었다.[63] 이와 같이 종교적 또는 비종교적 꿈을 안고 정착하여 미국 내에 13개 주가 건설되었다. 그리고 1760년에 영국과 프랑스 인디언 연합부대와의 7년전쟁을 하였다. 영국이 승리한 후 영국의회가 식민지를 적극적으로 운영하는데 경비조달을 위해 세금징수를 위한 법률을 제정하자 개별 식민지로 있었던 13개 주가 이에 대항하였다. 결국 식민지에 대한 영국의회의 결정을 전면적으로 부정하였으며 영국제품의 수입금지와 영국에 대한 수출의 금지를 선언하는 제1차 대륙회의가 개최되었다. 1775년 5월 10일 필라델피아에서 제2차 대륙회의가 개최되었는데 13개 주 연합군을 조직하고

63) 이주영, 『미국사』, 서울: 대한교과서주식회사, 2005, pp. 9~66 참조.

조지워싱턴을 사령관으로 임명하였다. 그리고 유럽의 국가와 독자적인 외교관계를 수립하고 외교사절을 파견하였으며 전쟁에 필요한 지폐를 발행할 것을 결정하였다. 그리하여 독립전쟁이 시작되었으며 1776년 4월 제3차 대륙회의에서는 각 식민지에 헌법제정을 권고하여 각 주는 주민의 대표로 구성하는 의회의 권한을 중점적으로 부여하는 헌법을 채택하게 이르렀다. 그리하여 필라델피아에서 1776년 7월 4일 독립선언을 선포하여 13주는 완전한 주권국이 되게 되었다. 독립을 선언하고 독립전쟁 기간 중 연합의 필요성으로 1776년 11월 15일에서 열린 대륙회의에서 북미연합규약을 승인하였으며, 1781년 3월 1일 13개 주의 비준을 거쳐 북미연합규약은 효력을 발생하여 미합중국 연합이 탄생되게 되었다.[64] **미합중국연합정부**의 권한은 전쟁을 선포하고 평화조약을 체결할 권한, 외국과의 조약을 체결하고 대사를 임명하는 외교권, 전시에 대륙군 및 해군조직권 및 동 병력에 대한 통솔과 육군, 해군 간부를 임명하는(육군의 경우 대령 이하는 군대를 보낸 주에서 계급을 미리 결정하여 대륙군에 합류시켰음) 국방에 관한 권한을 가졌다. 다만 중앙정부는 징병권은 없었고 각 주에 필요한 병력과 병참지원을 요청할 권한만 보유하였으며, 평화시 대륙군을 유지할 수 없도록 규정했다가 1784년 6월 1개 연대 규모의 평화시 상설 대륙군을 창설하였다. 경제에 관한 권한으로는 조폐권, 신용증권 발행권을 가졌으며 외국과의 통상조약을 통해서 각 주의 무역, 관세 등에 대한 간접규제가 가능했으나 전국적인 통상증진이나 조절을 위한 통상규제권은 없었다. 또한 각 주에 중앙정부 운영에 필요한 기금을 요청할

---

64) 장명봉, 『국가연합사례연구』, 서울: 국토통일원, 1986, pp. 5~20 참조.

수 있는 권한이 있었다(중앙정부는 재정을 확보할 수 있는 징세권이 없었음). 인디안 관련 업무 관장에 관한 권한으로는 무역 규제와 영토 분쟁 등이 있었고 무역규제와 영토 분쟁 등에 관하여는 13개주에 속하지 않는 서부지역도 중앙정부의 관할에 있었다. 그 외 도량형 규정 결정, 우편 업무 관장 및 각 주의 분쟁을 중재하는 권한을 가졌다.

지방정부(13개 주정부)의 권한은 13개 주는 주권, 자유, 독립, 사법, 입법, 행정의 모든 권한을 가졌고, 각 주는 징세, 조폐, 부역, 관세 등 상업에 관한 모든 업무를 관장하고, 각 주의회는 전시에 연합정부의 요청이 있을 경우 징집과 병참지원 규모 결정하였으며, 전투시 사상자로 인한 결원이 발생할 경우 각 주는 처음 할당된 병력규모를 유지하도록 결원을 보충할 의무도 지고 있었다. 각 주는 평화시 육군과 해군을 보유하지 못하나 지역방위 및 치안을 위한 민병대(militia)는 항상 유지할 수 있으며, 주경계를 침범받지 않는 한 의회의 동의없이 전쟁에 가담할 권리가 없었다. 다만 인디안이 침공한 경우 등 긴급한 위험 발생시 의회와 상의할 시간적 여유가 없을 때에는 예외로 하였다. 또한 각 주는 상호 동맹을 맺거나 외국과 조약이나 동맹을 맺지 못하였다.[65] 그러나 국가연합은 의회만 인정하고 행정부[66]나 사법부[67]를 인

---

[65] 법무부, 『독일과 미국의 연방제』, 서울: 법무부, 2000, pp. 601~627 참조.

[66] 연합의회에는 의장이 있었으나, 실질적인 권한이 없고 의회는 법을 만들 수 있었으나 이를 집행할 상설기구인 중앙정부 기능이 거의 없었다. 연합의회가 휴회 중일 때 주연합위원회에서 업무를 대행하고 주연합위원회는 13개 주의회가 각각 임명한 13명의 의원으로 구성되는데 임기 1년의 의장이 주관하였는데 이 기관이 연합정부 내에서 중앙행정부에 가까운 기구였다.

[67] 분쟁중재기관에 연합정부소속 재판관은 없었고, 주간의 분쟁이 있을 때, 의회 내 관련 각 주에서 합의지명된 재판관으로 임시법원을 구성하고 합의가 이루어지지 않는 경우는 연합의회가 임의로 13개 주로부터 3명씩의 배심원을 지명하면 분쟁관련주는 연합의회가 지명한 배심원 39명 중에서 각각 13명씩을 배제하고 남은 13명 중에서 연합의회는 7명 이상 9명 이하로 임시법원을 설립하여 분쟁을 중재하도록 하였다.

정하지 않았고, 각 주마다 화폐발행권을 가지고 있으면서 국가연합 역시 화폐발행권을 가지고 있어 인플레이션과 물가폭등으로 농민과 상인들 간에 대립과 외부적으로 캐나다에 주둔하고 있는 영국군 및 당시 미국 내 인디언들 침입에 적절히 대응하지 못하였다.[68] 그리하여 미국 내에서 국가연합보다 강한 결속력이 필요하였다. 그래서 탄생된 국가가 미합중국 연방국가이다. 아래에서는 미합중국연방헌법에 대해 분석하고자 한다. 그래서 한반도 평화통일에 시사점을 얻고자 한다.

2. 미국헌법

미국헌법은 1787년에 제정되었는데 제정 당시 전문을 포함 7개조문으로 제정되었다. 그러나 그 후 여러 차례 수정절차를 거쳐 수정헌법 제27개조로 구성된 헌법이 미국헌법이다. 수정헌법을 크게 4단계로 분류할 수 있다. 제1기는 수정제1조에서 수정제12조, 제2기는 수정제13조에서 수정제15조, 제3기는 수정제16조에서 수정제22조, 제4기는 수정제24조에서 수정제27조로 수정헌법을 통하여 미국헌법이 현실에 맞게 개정절차를 거쳐 오늘의 세부화된 연방헌법에 이르게 되었다.[69] 이를 구체적으로 살펴보면 아래와 같다.

1) 국가의 형태

미국의 국가형태는 단층제 단일국가가 아니라 중층제 연방국가이다.

---

68) 이주영, 『미국사』, 서울: (주)대한교과서, 2005, pp. 86~88 참조.
69) 윤명선, 『미국입헌정부론』, 서울: 경희대출판부, 2008, pp. 748~763 참조.

2) 국가의 성격

당이 국가를 선도해가는 당–국가체제가 아닌 국가 내에서 정치적 의사를 결집시켜 나가는 정당구조형태로 존재하기 때문에 국가–당체제라 볼 수 있다. 복수정당제를 보장한다는 명문의 규정은 없으나, 사회주의와 공산주의를 추구하는 정당을 배제하는 가운데 정당설립의 자유와 활동을 보장하는 구조로 되어 있다. 그래서 미국의 국가성격은 **제한적 국가–당체제**라고 분류할 수 있겠다.

3) 국가의 이념

국가의 이념은 자유와 평등 중에서 자유를 강조하는 자유민주주의 이념에 충실한 국가라 볼 수 있을 것이다. 즉, 사비니(v. Savigny)의 문리적 해석, 체계론적 해석, 목적론적 해석, 연혁적 해석을 통해 미국헌법을 종합적으로 분석해 보면 간접적으로 자유를 강조하는 자유민주질서에 입각한 국가이다.

4) 연방과 주간의 관계 및 주 상호 간의 관계

미국은 중층제 국가형태이기 때문에 연방국가와 주와의 관계 및 주 상호 간의 관계를 설정할 수밖에 없는 국가구조이다. 즉 국가위에 국가가 존재하고 국가와 국가의 관계가 존재하는 구조이기 때문에 연방과 주와의 관계나 주 상호 간의 관계 설정이 매우 중요하다고 볼 수 있다.

(1) 연방·주간의 관계

연방과 주와의 관계에서 연방국가의 특징인 국가의 중층적 구조를 가지는 가운데 연방국가가 연방구성국가들보다 우월적 지위라는 것을 강조할 수밖에 없는데 연방정부의 최고성과 연방정부의 책무성으로 나타난다. 이를 구체적으로 살펴보면 아래와 같다.

가. 연방정부의 최고성

연방정부의 최고성을 나타내는 헌법규정을 살펴보면 아래와 같다.[70]

첫째, 본 헌법에 준거하여 제정되는 합중국 법률 그리고 합중국의 권한에 의하여 체결되었거나 체결될 모든 조약은 이 나라의 최고법률이며, 모든 주의 법관은, 어느 주의 헌법이나 법률 중에 이에 배치되는 규정이 있을지라도 이에 구속된다.

둘째, 상기한 상원의원 및 하원의원, 각 주의회 의원, 합중국 및 각 주의 모든 행정관 및 사법관은 선서 또는 확약에 의하여 본 헌법을 받들 의무가 있다. 다만, 합중국의 어떠한 관직 또는 위임에 의한 공직에도 그 자격요건으로서 종교상의 자격은 요구되지 아니한다.

나. 연방국가의 의무

연방정부의 책무는 연방정부의 권한으로 다음과 같은 권한 즉, 주가 가지지 않는 권한을 들 수 있고, 본 헌법이 제정되기 전에 계약된 모든 책무와 체결된 모든 계약은 본 헌법하에서도 연합규약하에서와 마찬가지로 합중국에 대하여 효력을 가진다.[71]

다. 연방의회의 신주편입권

연방의회는 신주를 연방에 가입시킬 수 있다. 다만, 어떠한 주의 관

----

70) 미국헌법 제6조 제2항, 제3항 참조.
71) 미국헌법 제6조 제1항 참조.

할구역에서도 신주를 형성하거나 설치할 수 없다. 또 관계 각주의 주의회와 연방의회의 동의 없이는 2개 이상의 주 또는 주의 일부를 합병하여 신주를 형성할 수 없다.[72]

라. 연방의회의 연방재산 처분권 및 규칙 · 규정 제정권

연방의회는 합중국 속령 또는 합중국에 속하는 그밖의 재산을 처분하고 이에 관한 모든 필요한 규칙 및 규정을 제정하는 권한을 가진다. 다만, 이 헌법의 어떠한 조항도 합중국 또는 어느 주의 권리를 훼손하는 것으로 해석하여서는 아니된다.[73]

마. 연방의 주보호의무

합중국은 이 연방내의 모든 주에 공화정체를 보장하며, 각 주를 침략으로부터 보호하며, 또 각 주의 주의회 또는 행정부(주의회를 소집할 수 없을 때)의 요구가 있을 때에는 주내의 폭동으로부터 각주를 보호한다.[74]

(2) 주와 인민이 보유하는 권한

본 헌법에 의하여 합중국에 위임되지 아니하였거나, 각 주에게 금지되지 아니한 권한들은 각 주나 인민이 보유한다.[75]

---

72) 미국헌법 제4조 제3절 제1항 참조.
73) 미국헌법 제4조 제3절 제2항 참조.
74) 미국헌법 제4조 제4절 참조.
75) 미국헌법 수정 제10조 참조.

(3) 주 상호 간의 관계

가. 각 주의 다른 주에 대한 신뢰의무 및 연방의회의 권한

각 주는 다른 주의 공법률, 기록 및 사법절차에 대하여 충분한 신뢰와 비용을 가져야 한다. 연방의회는 이러한 공법률, 기록 및 사법절차를 증명하는 방법과 그것들의 효력을 일반법률로써 규정할 수 있다.[76]

나. 각 주의 시민의 다른 주에서 권리

각 주의 시민은 다른 어느 주에 있어서도 그 주의 시민이 향유하는 모든 특권 및 면책권을 가진다.[77]

다. 범죄인 인도의무

첫째, 어느 주에서 반역죄, 중죄 또는 그 밖의 범죄로 인하여 고발된 자가 도피하여 재판을 면하고, 다른 주에서 발견된 경우 범인이 도피해 나온 주의 행정당국의 요구에 의하여 그 범인은 그 범죄에 대한 재판관할권이 있는 주로 인도되어야 한다.[78] 둘째, 어느 주에서 그 주의 법률에 의하여 사역 또는 노역을 당하도록 되어 있는 자가 다른 주로 도피한 경우에, 다른 주의 어떠한 법률 또는 규정에 의하여서도 그 사역 또는 노역의 의무는 해제되지 아니하며, 그 자는 그 사역 또는 노역을 요구할 권리를 가진 당사자의 청구에 따라 인도되어야 한다.[79]

---

76) 미국헌법 제4조 제1절 참조.
77) 미국헌법 제4조 제2절 제1항 참조.
78) 미국헌법 제4조 제2절 제2항 참조.
79) 미국헌법 제4조 제2절 제3항 참조.

(4) 주에 금지된 권한

주에 금지된 권한이 있는데 이를 구체적으로 살펴보면 아래와 같다.[80]

첫째, 어느 주라도 조약, 동맹 또는 연합을 체결하거나, 나포면허장을 수여하거나, 화폐를 주조하거나, 신용증권을 발행하거나, 금화 및 은화 이외의 것으로서 채무지불의 법정수단으로 삼거나, 사권박탈법, 소급처벌법 또는 계약상의 채무에 해를 주는 법률 등을 제정하거나, 또는 귀족의 칭호를 수여할 수 없다.

둘째, 어느 주라도 연방의회의 동의 없이는 수입품 또는 수출품에 대하여 검사법의 시행상 절대 필요한 경우를 제외하고는 공과금 또는 관세를 부과하지 못한다. 어느 주에서나 수입품 또는 수출품에 부과하는 모든 공과금이나 관세의 순수입은 합중국국고의 용도에 제공하여야 한다. 또한 연방의회는 이런 종류의 모든 주법들을 개정하고 통제할 수 있다.

셋째, 어느 주라도 연방의회의 동의 없이는 톤세를 부과하고, 평화시에 군대나 군함을 보유하고, 다른 주나 외국과 협정이나 맹약을 체결할 수 없으며, 실제로 침공당하고 있거나, 지체할 수 없을 만큼 급박한 위험에 처해 있지 아니하고는 교전할 수 없다.

5) 헌법의 기본원리

미국헌법의 기본원리로 국민주권주의, 권력분립주의, 법치주의를 들 수 있겠다. 이를 미국헌법에서 구체적으로 찾아보면 아래와 같다.

---

[80] 미국헌법 제1조 제10절 제1항, 제2항, 제3항 참조.

(1) 국민주권주의

첫째 하원선거를 들 수 있겠는데 하원은 각 주의 주민이 2년마다 선출하는 의원으로 구성하며, 각 주의 선거인은 주의회의 의원수가 가장 많은 일원의 선거인에게 요구되는 자격요건을 구비하여야 한다. 누구든지 연령이 25세에 미달한 자, 합중국 시민으로서의 기간이 7년이 되지 아니한 자, 그리고 선거 당시에 선출되는 주의 주민이 아닌 자는 하원의원이 될 수 없다.[81]

둘째, 상원선거를 들 수 있겠는데 상원은 각 주의회에서 선출한 6년 임기의 상원의원 2명씩으로 구성되며[82], 각 상원의원은 1표의 투표권을 가진다. 상원의원들이 제1회 선거의 결과로 당선되어 회합하면 즉시로 의원총수를 가능한 한 동수의 3개 부류로 나눈다. 제1부류의 의원은 2년 만기로 제2부류의 의원은 4년 만기로, 그리고 제3부류의 의원은 6년 만기로 그 의석을 비워야 한다. 이렇게 하여 상원의원 총수의 3분의 1이 2년마다 개선될 수 있게 한다. 그리고 어느 주에 있어서나 주의회의 휴회 중에 사직 또는 그밖의 원인으로 상원의원의 결원이 생길 때에는, 그 주의 행정부는 다음 회기의 주의회가 결원의 보충을 할 때까지 잠정적으로 상원의원을 임명할 수 있다. 연령이 30세 미달하거나, 합중국시민으로서의 기간이 9년이 되지 아니하거나, 또는 선거 당시 선출되는 주의 주민이 아닌 자는 상원의원이 될 수 없다.[83]

셋째, 흑인의 투표권을 들 수 있겠는데 합중국시민의 투표권은 인

---

81) 미국헌법 제1조 제2절 제1항, 제2항 참조.
82) 미국헌법 제17조(수정헌법)에 의하면 상원의원 선거는 주의회에서 선출한 방식에서 주 주민들의 직접선거로 바뀌었다.
83) 미국헌법 제1조 제3절 제1항, 제2항, 제3항 참조.

종, 피부색 또는 과거의 예속 상태로 해서 합중국이나 주에 의하여 거부되거나 제한되지 아니한다. 연방의회는 적절한 입법에 의하여 본 조의 규정을 시행할 권한을 가진다.[84]

넷째, 여성의 선거권을 들 수 있겠는데 합중국시민의 투표권은 성별로 해서 합중국이나 주에 의하여 거부 또는 제한되지 아니한다. 연방의회는 적절한 입법에 의하여 본 조를 시행할 권한을 가진다.[85]

다섯째, 만 18세 이상인 시민의 선거권을 예로써 들 수 있겠는데 구체적으로 살펴보면 아래와 같다. 연령 만 18세 이상의 합중국시민의 투표권은 연령을 이유로 하여 합중국 또는 주에 의하여 거부되거나 제한되지 아니한다.[86] 즉, 모든 권력은 국민으로부터 나오기 때문에 주권자인 국민의 선거권과 피선거권을 규정하는 조항이라고 본다.

(2) 권력분립주의

미국헌법제정시 철저한 권력분립을 추구하여 독재로 흐르지 못하도록 몽테스키외의 3권분립에 입각하여 견제와 균형 원리를 달성하도록 입법부, 사법부, 행정부로 권력분립을 추구하였다. 헌법상 근거를 보면 아래와 같다.

첫째, 입법부를 들 수 있겠는데, 이 헌법에 의하여 부여되는 모든 입법권한은 합중국연방의회에 속하며, 연방의회는 상원과 하원으로 구성한다.[87]

---

84) 미국헌법 수정제15조 참조.
85) 미국헌법 수정제19조 참조.
86) 미국헌법 수정제26조 참조.
87) 미국헌법 제1조 제1절 참조.

둘째, 행정부를 들 수 있겠는데, 행정권은 아메리카합중국 대통령에게 속한다.[88]

셋째, 사법부를 들 수 있겠는데, 합중국의 사법권은 1개의 연방대법원에 그리고 연방의회가 수시로 제정 설치하는 하급법원들에 속한다.[89]

(3) 법치주의

법치주의의 헌법적 근거를 살펴보면 아래와 같다.

첫째, 상원의원과 하원의원을 선거할 시기, 장소 및 방법은 각 주에서 그 주의회가 정한다. 그러나 연방의회는 언제든지 법률에 의하여 그러한 규정을 제정 또는 개정할 수 있다. 다만, 상원의원의 선거 장소에 관하여는 예외로 한다.[90] 둘째, 세입 징수에 관한 모든 법률안은 먼저 하원에서 제안되어야 한다. 다만, 상원은 이에 대해 다른 법안에서와 같이 마찬가지로 수정안을 발의하거나 수정을 가하여 동의할 수 있다.[91] 셋째, 위에 기술한 권한들과 이 헌법이 합중국 정부 또는 그 부처 또는 그 관리에게 부여한 모든 기타 권한을 행사하는데 필요하고 적절한 모든 법률을 제정한다.[92] 넷째, 인 법률을 제정한다.[93] 즉, 연방국가 행정에서 법치행정을 하겠다는 의사표시를 헌법 곳곳에서 나타나고 있다. 이는 법치주의를 추구하겠다는 의사표시로 판단할 수 있을 것이다.

---

88) 미국헌법 제2조 제1절 제1항 참조.
89) 미국헌법 제3조 제1절 참조.
90) 미국헌법 제1조 제4절 제1항 참조.
91) 미국헌법 제1조 제7절 제1항 참조.
92) 미국헌법 제1조 제8절 제18항 참조.
93) 미국헌법 제1조 제8절 제4항 참조.

6) 헌법의 기본질서

미국헌법에는 명문으로 정치질서로 자유민주적 기본질서, 경제질서
로 자본주의적 자유시장경제질서,[94] 국제질서로 국제평화주의 등이
나타나 있지 않다. 즉, v. Savigny의 해석방법 중 문리적 해석으로는
미국헌법의 기본질서를 알아낼 수 없었다. 그러나 목적론적 해석, 연
혁적 해석, 체계적 해석을 통해 미국헌법은 정치질서로 자유민주적
기본질서, 경제질서로 시장경제질서, 국제질서로 국제평화주의 등으
로 본서에서는 분석하였다.

7) 기본권

미국은 미국헌법제정시 통치구조 및 권한에 대해서는 철저한 견제
와 균형의 원리를 도입한 권력분립주의에 입각하여 헌법을 제정하였
지만 기본권에 대해서는 언급이 거의 없었다. 그리하여 연방주의자와
반연방주의자간의 치열한 논쟁 속에 수정헌법을 통하여 10개조문을
기본권조항으로 추가하였다.[95] 미국에서 일명 미국식 권리장전이라
부른다. 본서에서는 미국의 권리장전에 해당된 기본권뿐만 아니라 그
후에 채택된 수정헌법으로 기본권 조항을 포괄적이고 입체적으로 분
석하고자 한다. 평등권(수정제14조 제1절)과 자유권적 기본권으로 인
신보호 영장제도(제1조 제9절 제2항) 수행 및 체포영장제도(수정제4

---

[94] 자본주의적 자유시장경제질서에 가까운 경제질서로 본다.
[95] 미국헌법 제정당시 기본권 조항이 없어 연방주의자들은 연방권한을 강화시키기 위하
여 기본권조항을 헌법에 규정하는 것을 반대하였으나 반연방주의자들은 독재를 우려
하여 기본권 조항을 차후 수정헌법으로 10개 조문을 규정하였고, 이후 시대상황에 따
라 계속 수정헌법을 통해 기본권 조항은 증가되었다.

조) 규정하고 있다. 형사사건에서의 제권리에 대해서는 누구라도 대배심에 의한 고발 또는 기소가 있지 아니하는 한, 사형에 해당하는 죄 또는 파렴치죄에 관하여 심리를 받지 아니한다(수정 제5조)는 규정을 두고 있다. 그리고 사생활 자유권으로 주거의 자유(수정 제3조), 정신적 자유권으로 종교의 자유와 언론·출판·집회의 자유(수정 제1조), 경제적 기본권으로 재산권 보장(수정 제5조) 등을 보장하고 있으며 청구권적 기본권으로 재판청구권(수정 제6조), 배심원에 의해 심리를 받을 권리(수정 제7조), 국가보상청구권(수정 제5조)을 인정하고 있다. 그러나 사회적 기본권은 구체적으로 헌법상 나타나지 않고 있다. 하지만 본 헌법에 특정 권리를 열거한 사실이 인민이 보유하는 그 밖의 여러 권리를 부인하거나 경시하는 것으로 해석되어서는 아니된다[96]는 포괄적 규정을 통하여 미국헌법이 열거규정이 아닌 예시규정임을 암시하면서 간접적으로 사회적 기본권을 보장하고 있다고 본다.

국민에게 기본적 의무로 납세의 의무(제1조 제8절 제1항)와 국방의 의무(제1조 제8절 제12항 제13항)를 부과하고 있다.

8) 통치기구

미국의 정부형태는 미국헌법에 의하면 입법부, 행정부, 사법부에 입각하여 견제와 균형의 원리를 달성할 수 있도록 몽테스키외의 권력분립이론에 입각한 순수한 대통령제를 가진 국가라고 볼 수 있겠다. 레벤슈타인이 분류한 헌법이론에 입각하면 창조적 헌법이고, 규범적 헌법의 대표적 예라 볼 수 있다. 입법부의 분석은 입법부의 구성, 연

---

[96] 미국헌법 수정 제9조 참조.

방의회의 권한, 연방의회의 금지된 사항, 선출 및 자격 등으로 분류할
수 있겠다. 입법부는 주민들 대표하는 하원과 주를 대표하는 상원으
로 구성된 양원제이다(제1조 제1절). 그리고 연방의회에 대한 권한으
로 법률제정 등(제1조 제8절) 18가지를 헌법상 규정되어 있다. 그리고
연방의회의 금지된 사항(제1조 제9절)에 대해 규정하고 있으며 연방
하원의 선출 및 자격(제1조 제2절 제1, 2항)에서 25세 미달하거나, 합
중국 시민으로서의 기간이 7년 미만인 경우, 선거당시 선출되는 주 주
민이 아닌 경우 연방하원이 될 수 없다. 연방상원의 선출과 자격(제1
조 제3절 제1, 2, 3항)에서 나이가 30세미달거나, 미국시민권을 취득
한 기간이 9년 미만이거나, 선거당시 선출되는 주 주민이 아닌 경우
상원의원이 될 수 없다. 행정부로 행정부수장은 대통령(제2조 제1절
제1항 제1문)에 속하는 순수한 의미의 대통령제를 선택하고 있다. 대
통령의 임기는 4년으로 동일한 임기의 부통령(제2조 제1절 제1항 제2
문)과 함께 같은 방법으로 선출된다. 대통령과 부통령은 러닝메이트로
선거인단 선거에 의해서 선출된다(제2조 제1절 제2, 3항). 대통령이
면직되거나 사망하거나 사직하거나 업무능력을 상실한 경우(제2조 제
1항 제6항)는 부통령에게 대통령의 업무가 귀속된다. 대통령의 권한
으로 상원의 권고와 동의를 얻어 조약을 체결하는 권한, 육·해군의
최고사령관, 상원의 휴회중에 생기는 모든 결원을 임명할 수 있는 권
한 등이 있다(제2조 제2절 제1, 2, 3항). 즉, 대통령은 미합중국을 대표
하는 국가원수이며 군을 대표하는 최고사령관이고 행정부 수반임을
나타내고 있다. 미국은 법원에 일체의 사법권을 부여하고 있다. 그리
고 사법의 귀속(제3조 제1절), 연방사법권이 미치는 범위(제3조 제2절
제1항), 재판의 관할과 배심제도(제3조 제2절 제3항), 반역죄 성립요건

과 유죄선고요건(제3조 제3절 제1항), 반역죄 형벌선고권자 및 연좌제 (제3조 제3절 제2항), 재산몰수 금지 등을 규정하고 있다.

9) 헌법개정절차

연방의회는 각원의 의원의 3분의 2가 본헌법에 대한 수정의 필요성 을 인정할 때에는 헌법수정을 발의하여야 하며, 또는 각 주중 3분의 2 이상의 주의회의 요청이 있을 때에는 수정발의를 위한 헌법회의를 소집하여야 한다. 어느 경우에 있어서나 수정은 연방의회가 제의하는 비준의 두 방법 중의 어느 하나에 따라, 4분의 3의 주의 주의회에 의 하여 비준되거나, 또는 4분의 3의 주의 주헌법회의에 의하여 비준되 는 때에는 사실상 본헌법의 일부로서 효력을 발생한다. 다만, 1808년 이전에 이루어지는 수정은 어떠한 방법으로도 제1조 제9절 제1항[97] 및 제4항[98])에 변경을 가져올 수 없다. 어느 주도 그 주의 동의 없이는 상원에서의 동등한 투표권을 박탈당하지 아니한다.[99]

10) 연방과 주의 세수입 분배

연방은 합중국의 채무를 지불하고, 공동 방위와 일반 복지를 위하 여 조세, 관세, 공과금 및 소비세를 부과·징수한다. 다만 관세, 공과

[97] 연방의회는 기존 각주 중 어느 주가 허용함이 적당하다고 인정하는 사람들의 이주 또 는 입국을 1808년 이전에는 금지하지 못한다. 다만, 이러한 사람들의 입국에 대하여 1인당 10달러를 초과하지 아니하는 한도 내에서 입국세를 부과할 수 있다.
[98] 인두세나 그밖의 직접세는 인구조사 또는 산정에 비례하지 아니하는 한 이를 부과하 지 못한다.
[99] 미국헌법 제5조 참조.

금 및 소비세는 합중국 전역을 통하여 획일적이어야 한다.100) 그리고
어느 주라도 연방의회의 동의 없이는 톤세를 부과할 수 없다.101) 미국
헌법상 명문규정으로 연방과 주 세수입 분배문제에 대해서는 서독연
방헌법처럼 명문으로 나타나 있지 않다. 이는 헌법으로 규정하고 있
는 것이 아니고 법률로 규정하고 있지 않나 판단한다.

3. 미국헌법이 연방통일헌법 구상에 주는 시사점

앞에서 분석했던 결과를 요약해 보면 다음과 같다. 국가의 형태는
연방제에서 세부화된 연방제로 단계적으로 통합의 강도를 높여 가는
형태를 띤 연방제국가102)이다. 국가의 이념은 자유와 평등 중에서 자
유를 강조하는 헌법정신을 뚜렷이 나타내고 있다고 볼 수 있다.103) 국
가의 성격은 제한적 국가―당체제로써 경쟁적 복수정당제를 인정하
고 있다. 헌법의 기본원리로는 국민주권주의, 권력분립주의, 법치주의
에 입각하고 있다.

헌법의 기본질서는 헌법규정상 명백히 나타내는 규정은 없으나 헌
법을 사비니(v. Savigny)의 체계론적 해석에 입각하여 볼 때, 자유민주
적 기본질서, 자본주의적 자유시장경제질서, 국제평화주의를 나타내
고 있다. 기본권은 청구권적 기본권, 참정권적 기본권 바탕하에 자유

---

100) 미국헌법 제1조 제8절 제1항 참조.
101) 미국헌법 제1조 제10절 제3항 참조.
102) 2008년 리만브라더스 사태 이후 이와 같은 경향은 강화되고 있는 추세로 보인다.
103) 기본권을 크게 나누면 인간의 욕구 중 자유를 보장하는 자유권적 기본권과 평등을
    보장하는 사회권적 기본권으로 분류해 볼 수 있는데, 미국헌법은 위에서 살펴보듯 자
    유권적 기본권이 압도적으로 보장된 국가임을 알 수 있다.

권적 중심의 기본권에 입각한 기본권 보장을 두고 있다. 통치구조로 권력분립주의, 법치주의, 국민주권주의에 입각하여 국민을 대표하는 하원과 주를 대표하는 상원으로 구성된 입법부인 연방의회(양원제)와 대통령, 연방법원으로 구성되어 있다. 정부형태는 의원내각제, 의회정부제, 대통령제 중 순수한 의미의 대통령제를 가지고 있으며 레벤슈타인의 분류에 의하면 독창적인 의미의 헌법의 대표적인 표상이라 생각하는 바이다.104) 헌법개정절차로는 연방상, 하의원의 각 2/3 이상의 찬성으로 헌법개정을 발의하거나, 또는 각 주 중 2/3 이상의 주의회 요청이 있을 때, 각 주의 승인절차에 따라 주의회 또는 주헌법회의에서 통과시켜야 하는 이중적 구조를 가지고 있는데 이는 연방국가의 특징이 반영된 헌법개정절차라 하겠다. 이를 알기 쉽게 요약해 보면 〈표 3-2〉와 같다.

미국헌법은 제정당시 7개조문으로 출발하였지만 그 후 변화되는 내외적인 변수에 적응하기 위하여 수정헌법을 통하여 여러 차례 개정절차를 밟아 오늘의 미국헌법인 세부화된 연방제헌법을 가지고 있다. 미국의 통일은 분단국가에서 통합국가를 이룩한 통일이 아니고 13개 주가 별개로 각각 독립국가를 이루다가 경제적·국방상 통합의 필요성을 느껴 통합한 **비분단국가의 대표적인 통합사례**라 할 것이다. 그래서 단계적 연방제에 입각한 한반도의 평화통일에 적용해 본다면 본서에서 주장하고자 하는 제1단계 연합형 연방헌법에서 한국의 특수상황을 고려해 가면서 연방헌법을 구상하여야 하는데 미국헌법을 통해

---

104) 레벤슈타인은 헌법을 분류할 때 모방적 헌법과 독창적 헌법으로 나누고 있으며, 헌법 규범의 강도에 따라 명목적 헌법, 장식적 헌법, 규범적 헌법으로 분류하고 있다. 레벤슈타인의 기준에 따르면 미국헌법은 독창적 헌법이며 동시에 규범적 헌법이다.

다음과 같은 시사점을 얻을 수 있다. **첫째**, 국가형태로써 연방국가로 통합하는데 다양성수용의 원칙을 적용하는데 의미있는 국가형태이다. 또한 **둘째**, 연방국가와 주와의 권한배분관계 및 **셋째**, 미국헌법상 나타나는 정부형태인 대통령제는 남한이나 북한이나 권위적인 정부형태를 가지는 정치문화이기 때문에 내각제보다는 대통령제를 구상할 때 연구해 볼만한 가치가 있다.105)

〈표 3-2〉 미국헌법의 분석

분류 비교항목	미국헌법의 분석
국가의 형태	세부화된 연방제 국가
국가의 이념	자유와 공동체정신
국가의 성격	국가-당체제
헌법의 기본원리	국민주권주의, 권력분립주의, 법치주의 등
헌법의 기본질서	자유민주적 기본질서, 자본주의적 자유시장경제질서, 국제평화주의
기본권	자유권중심의 기본권
통치구조	연방의회(양원제), 대통령, 연방법원 등
정부형태	순수한 대통령제
헌법개정	연방상하의회 각 2/3 이상의 찬성을 통한 헌법개정발의 또는 각 주의 2/3 이상의 찬성이 있을 때, 3/4 이상의 주의회나 주헌법회의에서 최종 승인

---

105) 지금 국회에서 헌법개정이 논의되고 있는데 남북한통일까지 염두에 두고 정부형태로 프랑스와 같은 이원집정부제를 일부에서 주장하고 있다.

제3절 소련 통일 과정과 1924년 소련헌법

1. 통일과정

소비에트사회주의공화국연방(소련)은 슬라브족이 중심인 다민족국가이다.[106] 소련의 영토를 크게 나누면 산림지역, 초원지대, 그리고 우랄산맥을 넘어 시베리아·연해주로 나누어 볼 수 있겠다. 소련의 국가영토는 로마노프왕조, 알렉산드르 2세[107] 때 이미 외연을 형성하였다. 그리하여 짜르 알렉산드르 2세는 1865년부터 1876년까지의 시기에 중앙아시아의 대표적인 국가인 코칸트, 부하라, 히바 등 봉건국가를 점령하여 중앙아시아를 러시아의 손에 넣었고, 1880년대는 투르크멘까지 병합하였고, 1895년에는 영국과의 조약을 통해 아프가니스탄과의 국경을 확정할 수 있었고, 이미 점령된 시베리아를 개척하기 시작하였고 1860년에는 베이징 조약을 통하여 연해주를 획득하였다. 그리하여 로마노프왕조의 영토는 서쪽으로 발틱해 연안 3국인 에스토니아, 라트비아, 리투아니아, 백러시아, 우크라이나, 폴란드 일부, 남

---

106) 역사학자에 따라 소련 역사를 러시아소비에트사회주의연방공화국 이전, 이후로 크게 두개로 분류하는 학자도 있고, 슬라브족이 초원지대를 장악하기 시작한 이후 계속적 관점에서 즉, 하나의 관점에서 소련역사를 바라보는 학자도 있다. 본서에서는 후자입장에서 소련형성과정을 설명하고자 한다. 그리고 소련통합과정의 기술에 대해서(김학준, 『러시아사』, 서울: 대한교과서주식회사, 2000, pp. 135~260 ; 김학준, 『러시아혁명사』, 서울: 문학과 지성사, 1999, pp. 232~879) 참조하였다.

107) 알렉산드르 2세는 1855년부터 1881년까지 약 26년간 러시아를 통치하였고, 1881년에 인민주의자에 의해 암살당하였다.

쪽으로 투르케스탄 등 현 중앙아시아 전체와 동쪽으로 시베리아 및 연해주. 알래스카까지 포함하였다.[108] 즉, 알래스카를 제외하면 소련의 영토와 거의 같다고 볼 수 있겠다. 그러나 영토확장이 대부분 침략전쟁을 통해 완성되어 평화적이고 자발적인 통합으로 확장된 영토가 아니기에 순수한 의미에서 하나의 통합국가로 보기 어렵다고 본다. 즉, 1910년 일본에 의한 조선왕조가 강제병합되어 대한제국이 일본의 식민지로 편입되듯 식민지확장으로 판단하여야 한다고 본다. 다시 말하면 1945년 일본패망으로 한반도, 만주, 대만, 중국 일부, 버어마 등 일본영토로 강제로 병합된 지역이 해방을 맞이하였는데 이는 일본 입장에서 볼 때는 국가분할로 볼 수 있겠지만 일본을 제외한 나머지 국가에서는 식민지로부터 해방으로 보아야 당연하듯이 1917년 2월 혁명으로 그동안 강제병합으로 억눌려 있던 로마노프왕조 지배지역이 분할되는 것은 러시아지역을 제외한 나머지 지역입장에서는 해방으로 보아야 한다고 본다.[109] 그리하여 소련의 통합과정을 비분단국가의 통합과정의 관점에서 서술하고자 한다. 소련의 핵심국가는 러시아이기 때문에 러시아 혁명역사를 간추려 기술하고자 한다. 러시아 로마노프왕조의 이념적 기반이 짜리즘인데 짜리즘은 크게 전제왕권, 슬라브주의, 러시아정교 3개로 압축할 수 있겠다.[110] 이런 이념적 기반은

---

108) 알래스카는 1867년에 720만 달러에 재정난을 해소하기 위해 미국에 매각하였다.

109) 로마노프왕조 해체로 로마노프 지배지역이 1917년 2월 혁명 영향으로 여러 국가로 분리 독립되었다. 그러나 1917년 10월 혁명이후 러시아소비에트사회주의연방공화국이 성립되었고 이후 1924년 연방설립에 대한 조약을 통해 소비에트사회주의연방공화국 (소련)이 탄생되었는데 이는 분할된 국가가 통일되는 것으로 보아서는 아니된다고 판단한다. 지금 한민족이 일본과 통합한다고 가정할 때 한민족과 일본이 재통일로 보아서는 아니되듯 소련통합과정도 분단국가의 재통일로 보아서는 무리가 있다고 본다. 소련통합과정은 비분단국가의 새로운 통합으로 보아야 할 것이다. 그리고 본서에서는 소련의 통합과정을 비분단국가의 통합과정으로 기술하고자 한다.

1789년 프랑스대혁명 이념인 자유, 평등, 박애의 입장에서 볼 때 농민, 노동자, 혁신적 지식인들 입장에서는 커다란 모순으로 보였다. 이와 같은 모순을 해결하기 위하여 나폴레옹전쟁 후 러시아가 전쟁에서 승리를 하였지만 개인주의를 기반으로 한 자유물결이 러시아에도 전파되기 시작하였다. 그리하여 1825년 젊은 장교들이 중심이 되어 데카브리스트반란을 일으켰으나 실패하였다. 그 후 러시아의 모순을 해결하고자 1840년대 겔르첼, 발렌스키, 바쿠닌 등이 러시아의 모순을 체계적으로 지적하기 시작하였고 1860년대는 체르니셰프스키, 라보로프 등이 러시아 모순 해결을 하기 위한 대안으로 농촌개혁을 주장하면서 개혁의 선두자로 농민의 중요성을 주장하였다. 이와 같은 운동들이 결집되어 1870년대에 「젬리아 이 볼리아」 단체를 조직하여 '나로드니키기운동'(인민속으로)을 통해 토지를 귀족에서 농민으로 분배하고자 하였으나 농민들의 소극적인 동조로 철저히 실패하였다. 그 후 「젬리아 이 볼리아」 당은 인민의지의 당과 흑토재분배의 당으로 1879년 6월에 분당하였다. 그 후 트카초프 등 직업혁명가에 의해서 러시아의 봉건적 모순을 해결하고자 꾸준히 노력하였고, 이들의 주장핵심은 혁명에서 주관적 조건에 해당하는 인민의지를 강조하였다. 이들의 주장은 1880년대부터 러시아에 도입된 맑스·엥겔스사상을 기반으로 러시아 모순을 해결하고자 하는 플레하노프, 레닌 등에 영향을 미쳤고 특히 레닌의 당조직이론에 영향을 미쳤다.[111] 그리하여 레닌은 혁명에서

110) 러시아혁명은 짜리즘을 부인하는 것인데, 아이러니하게도 소련헌법과 소련정치문화를 살펴 분석해보면
전제왕권 대신 공산당, 러시아정교 대신 공산주의로 대체되었다. 그러나 권위주의와 중앙집권화는 유사점이 있다. 그래서 소련식 공산주의가 러시아에서 성공을 거둔 것도 권위주의 문화적 토양도 한 몫 하지 않았나 본다.
111) 인민의지의 당에 영향을 지대하게 미친 트카초프는 혁명에서 가장 필요로 한 것은

필요로 한 객관적 조건(맑스 · 엥겔스사상)과 주관적 조건(인민의 의지)을 동시에 고려하는 입장을 취하였다. 러일전쟁의 패배에 대한 실망한 일부 국민들과 러시아 개혁주의자들에 의하여 1905년 '피의 일요일 사건'이 일어났는데 이때 노동자 · 병사소비에트가 처음으로 등장하였고, 1914년에 일어난 세계1차대전에 대한 피로감으로 1917년 2월 혁명이 일어나 로마노프왕조가 멸망하고 러시아제국은 해체되어 수십 개 국가로 독립되었다. 그리하여 러시아에서는 임시정부가 들어서게 되었고, 임시정부112)의 제3기 때 멘셰비키파인 카렌스키가 임시정부 수반을 맡고 있었는데 1917년 4월에 국외에서 러시아로 입국한 볼셰비키파인 레닌은 강력히 노동자, 농민중심의 사회주의혁명을 하여야 한다고 주장하여 왔는데 이 주장이 받아들여져 1917년 10월 혁명이 일어났다. 그리하여 1917년 짜르정치체제의 붕괴 후 그 전 임시정부가 약속한 헌법제정을 하라는 요구에 볼셰비키는 썩 마음에 내키지 않았으나, 이 요구에 응하기 위하여 1917년 11월 25일 선거를 실시하였다. 그러나 선거결과는 사회혁명당 410석(사회혁명당 우파 370석, 사회혁명당 좌파 40석), 카데트 17석, 멘셰비키 16석, 볼셰비키는 전체 의석 770석 가운데 175석을 얻었다. 그리하여 볼셰비키와 사회혁명당 좌파가 연합전선을 형성한다 해도 215석에 지나지 않았다. 1918년 1월

혁명하겠다는 인민들의 의지이고 또 혁명을 끝까지 수행하겠다는 직업혁명가의 중요성을 강조하였다. 이와 같은 직업혁명가의 중요성에 대해서 레닌도 혁명성공여부에 크게 영향을 미친다는 점을 인정하였고 레닌 역시 직업혁명가로서 충실한 사람들 중의 한 사람이었다고 본다(김학준, 『러시아사』, 서울: 대한교과서주식회사, 2000, pp. 115~197 참조).

112) 1917년 2월 혁명이후 1917년 10월 볼셰비키 혁명이전까지 임시정부를 제3기로 구분해 볼 수 있다. 제1, 2기 수반은 르보프이고 제3기 임시정부 수반은 멘셰비키파인 카렌스키였다(김학준, 위의 책, 2000, pp. 182~202 참조).

18일에 제헌의회가 열리자 사회혁명당 우파와 카데트 등 반볼셰비키 세력은 소비에트 체제를 거부하고 나섰다.[113] 레닌과 볼셰비키는 권력을 이양할 생각이 없어 무력으로 의회를 해산하는 길을 선택하였다. 그리고 전러시아 '노·병소비에트'[114] 대회를 개최하여 권력을 소비에트 건설에 반대하는 세력을 추방하고 1918년 러시아소비에트사회주의연방공화국헌법을 제정하였다. 헌법의 핵심은 레닌의 당이론에서 이미 입증된 민주적 중앙집중제원리와 당요직과 국가직 겸직을 통한 당-국가체제 및 정부형태로 민주적 중앙집중제원리에 의한 의회정부제(회의제정부제)였다. 러시아소비에트사회주의연방공화국의 권력을 장악한 이후 러시아의 영향을 받아 백러시아, 우크라이나, 그루지아, 아제르바이잔, 아르메니아 등에서 소비에트사회주의공화국이 등장하게 되었다. 그 후 협상과 대화를 통해 통합을 계속 모색해 오다가 레닌은 사망하였다. 그리고 레닌 사후 1924년 '소연방설립에 관한 조약'을 맺어 러시아소비에트사회주의연방공화국, 백러시아소비에트공화국, 우크라이나소비에트공화국, 그루지아·아제르바이잔·아르메니아소비에트공화국 4개 국가가 통합하여 제정안 헌법이 1924년 소비에트공화국연방헌법이다. 1924년 소련헌법은 당시 통합의 주세력이 러시아소비에트사회주의연방공화국이었기에 1918년 러시아사회주의연방공화국헌법을 거의 내용면에서 유사하게 담고 있다. 이후 1936년 스탈린헌법에서 구체적으로 기본권이 헌법에 들어갔고, 1977년 헌법(발달된 사회주의헌법, 브레즈네프 헌법)에서 더 구체적으로 기본권이 헌법상 확대되었다. 이후 1985년 고르바초프 등장이후 많은 개혁

---

113) 김학준, 위의 책, p. 206 참조.
114) '노동자·병사 소비에트'의 약칭이다.

이 단행되었는데 1990년에 마지막 헌법개정이 이루어졌다.[115] 아래에
서는 소비에트사회주의공화국연방(소련)의 최초인 즉, 제헌헌법인
1924년 소련헌법에 한하여 분석하고자 한다.

2. 1924년 소련헌법

소련의 제헌헌법은 1924년 헌법이다. 1924년 헌법은 1918년 러시아
소비에트사회주의연방공화국헌법과 그 기본적 구조에서 같은 것이
다. 소비에트사회주의공화국연방헌법은 「소연방 형성에 대한 조약」
을 러시아, 우크라이나, 백러시아, 그루지아·아제르바이잔·아르메니
아 등 소연방초기 4개 가입국가들의 소비에트대회에서 승인을 거친
뒤 제정된 헌법으로써 제2편 제11장 제72조로 구성되어 있다.[116] 이를

115) 1985년 고르바초프 등장 이후 1986년 제27차 소련공산당 당대회를 통해 권력을 강화
하였고, 1987년 경쟁심을 불어 넣기 위해서 선거개혁을 통해 복수후보, 비밀투표제를
도입하였고, 제19차 소련 전연방 당대회를 개최하여 대통령제를 도입하였다. 그리고
1989년 2월에 인민대의원선거를 실시하였는데 공산당후보가 다수 탈락하였다. 1989
년 3월에 보수파를 제거하고, 1989년 4월에 인민의회를 출범하였으며, 1990년 3월에
는 당개혁에 나서 지방당선거에서 단일후보가 아닌 복수후보와 소유권을 인정하는
개혁을 단행하였다. 그리고 1990년 4월에 대통령에 당선되었으나, 소련 구성국 중 독
립을 주장하는 에스토니아 등 발틱 3국을 포함 6개국을 독립을 허용하고 나머지 러시
아를 포함 9개국이 '신연방설립에 관한 조약'을 맺어 1924년에 맺은 '소련연방 설립에
관한 조약'보다 비중앙집권화된 연방을 형성하려 했지만, 일부 보수파를 중심으로 반
대가 심하였고 보수파는 공안기관을 중심으로 쿠데타를 1991년 8월 19일에 일으켰다.
쿠데타는 실패하고 1991년 8월 29일 소련최고회의에서 공산당활동이 중지되었으며,
결국 1991년 12월 26일 옐친에게 핵가방을 고르바초프가 넘기었다. 그리하여 소련은
약 70여 년 만에 해체되었다(김학준, 앞의 책, pp. 445~474 참조).
116) 학자에 따라서는 1924년 소련헌법에 대해 기본권보장과 의무가 결핍되어 있고, 소련
연방설립에 관한 조약이 헌법내용을 구성하고 있기에 국가연합이 아닌가라는 의문을
표시하는 학자들이 있고, 연방국가라는 학자들도 있다. 본서에서 분석하여 본 결과에
의하면 국가연합이 결코 아닌 이미 강력한 중앙집권형 연방국가를 나타내고 있는 연
방헌법이라고 판단하여 본서에서는 후자입장에서 기술하였다.

구체적으로 살펴보면 아래와 같다.

1) 국가의 이념: 평등

소비에트연방공화국은 1918년 러시아헌법을 바탕으로 제정되었다. 그리하여 러시아헌법에서 나타나는 평등이념을 실천하기 위한 규정들이 곳곳에서 사회주의를 지향하는 헌법[117]이라 규정할 수 있겠다.

2) 국가의 성격

국가의 성격 역시 1918년 러시아헌법이 당−국가체제를 지향하고 있는데, 이를 바탕으로 제정된 헌법이다 보니 당−국가체제[118]를 헌법상 구체적으로 나타나 있지 않지만 실질적으로 지향하고 있는 헌법

----

[117] 소비에트제공화국의 건설 이래 세계는 두 진영 즉 자본주의 진영과 사회주의 진영으로 분리하였다. 자본주의 진영에서는 민족간의 적의와 불평등, 식민지적 착취제도와 반동적 애국주의, 민족적 억압과 제국주의적 압제와 탄압이 존재하고, 이 편 사회주의 진영에는 상호신뢰와 평화, 민족적 자유와 평등, 국민들 간의 평화적 공존과 동포애적 협력이 존재한다(1924년 소련헌법 제1편 소비에트 구성에 관한 선언의 일부분을 인용함).

[118] 이미 소련의 통합과정에서 서술하였듯이 러시아소비에트사회주의연방공화국의 형성 과정에서 1918년 2월혁명 이후 임시정부에 부과되었지만 성과가 없었던 제헌헌법제정을 볼세비키가 10월혁명 성공 이후 제헌헌법을 만들기 위해 제헌의회선거를 하였지만 그 결과는 볼세비키와 사회혁명당 좌파를 포함하더라도 소수에 불과하였다. 그래서 레닌 등 볼세비키는 제헌의회를 해산하고 소비에트를 기반으로 1918년 러시아소비에트사회주의연방공화국헌법을 제정하였는데 소비에트는 이미 레닌 등 볼세비키와 트로츠키 등 멘세비키에 의해 장악이 되어 있었다. 즉, 러시아소비에트사회주의연방공화국 지도부는 레닌이 러시아공산당총서기와 수상을 겸임하였고, 인민위원부 위원 즉 장관들 역시 러시아공산당 출신이 다수를 이루고 있었다. 이러한 흐름 속에서 1924년 소련이 탄생되었기에 소련공산당출신들이 겸직을 통해 국가조직의 주요요직을 장악하여 당−국가체제는 소련출범과 동시에 형성되었다. 1924년 소련출범 당시 레닌이 사망하였기에 당 서기장을 스탈린, 국가원수는 레닌의 강력한 추종자인 칼리닌, 수상은 류코프가 담당하였고 장관급들 역시 절대다수가 소련공산당 당원이었다.

이라 볼 수 있겠다.

3) 국가의 설립근거 및 국가의 형태

국가의 설립근거로 국가통합조약을 바탕으로 이루어져 있고 국가의 형태는 강력한 중앙집권 연방국가를 지향하고 있다. 구체적으로 살펴보면 아래와 같다.

첫째, 공화국상호간에 있어서 이주에 관한 전연방입법과 이민자본의 설정[119]을 구체적으로 살펴보면 다음과 같다. 소연방의 재판소구성과 재판수속 및 민사와 형사입법에 관한 원칙확립(1호), 노동에 관한 기본법제정(2호), 국민교육에 관한 일반원칙확립(3호), 국민의 건강보전에 관한 일반적 시설(4호), 도량형 제도 수립(5호), 전연방적 통계작성(6호), 외국인의 권리에 관계있는 소연방의 국적에 관한 기본적 입법(7호), 소연방의 전영역에 관한 대사면권(8호), 소연방을 구성하는 제공화국의 소베-트대회와 중앙집행위원회의 결의로써 본법에 위반되는 것을 취소(9호), 소연방을 구성하는 제공화국상호간에 있어서의 분쟁문제의 해결(10호) 등이다.

둘째, 소연방중앙집행위원회간부회는 연방의 인민위원회의와 각 인민위원부 및 연방을 구성한 제공화국의 중앙집행위원회와 인민위원회의 결정을 정지하고 또 취소할 권리를 유한다.[120]

셋째, 소연방중앙집행위원회간부회는 연방을 구성한 제공화국소베-트대회의 결정을 정지할 권리를 유한다. 단, 사후 이 결정을 그 심

---

[119] 1924년 소련헌법 제1조 (하)항 참조.
[120] 1924년 소련헌법 제31조 참조.

의와 승인을 얻기 위하여 소연방중앙집행위원회에 제출할 것임[121]

넷째, 소연방중앙집행위원회간부회는 일방연방인민위원회의 및 연방간부와의 간의 상호관계에 관한 제문제를 조정한다.[122]

다섯째, 소연방인민위원회는 연방의 각 인민위원부와 연방을 구성한 제공화국의 중앙집행위원회 및 간부회에 의하여 제출되는 명령과 결정을 심의한다.[123]

여섯째, 소연방을 구성한 제공화국의 최고권력기관과 동연방의 최고권력기관과의 상호관계는 본헌법으로서 이를 정한다.[124]

일곱째, 소연방구성제공화국의 최고국민경제회의와 농무, 공급, 재무, 노동, 노농검사, 각 인민위원부는 연방구성제공화국의 중앙집행위원회와 인민위원회의를 예속하고 또 연방의 해당인민위원부의 명령에 의하여 행동한다.[125]

4) 소연방과 연방구성국과의 관계

1924년 첫 소련통일헌법을 살펴보면 연방의 특징인 중층적 국가구조를 한눈에 볼 수 있다. 그리하여 연방국가와 연방구성국가간에 관계설정이 중요한데 이를 자세히 헌법상 살펴보면 아래와 같다.

....

121) 1924년 소련헌법 제32조 참조.
122) 1924년 소련헌법 제35조 참조.
123) 1924년 소련헌법 제39조 참조.
124) 1924년 소련헌법 제65조 참조.
125) 1924년 소련헌법 제68조 참조.

(1) 소연방의 권한

소비에트사회주의공화국연방(이하 소연방이라 약칭한다)을 대표하는 최고기관은 아래의 권한이 있다.[126]

하나, 국제관계에 있어서의 연방의 대표, 일절의 외교사무처리, 타국가와의 정치상과 기타조약의 체결

둘, 소연방국가의 변경과 및 연방을 구성하는 제공화국간의 국경변경에 관한 제문제의 조정

셋, 신공화국의 소연방가입에 관한 조약체결

넷, 선전과 강화

다섯, 소연방의 외채와 내채에 관한 계약과 및 연방을 구성하는 제공화국의 외채와 내채의 모집허가

여섯, 국제조약의 비준

일곱, 외국무역의 관리와 공급과 국내상업제도의 수립

여덟, 소연방의 전국민경제의 기초와 일반계획의 확립전 연방적 의의를 가진 공업부분과 각개의 공업적기업의 결정, 전연방적 또는 소연방을 구성하는 제공화국의 이름으로 하는 권리계약의 체결

아홉, 운수와 우편전신사무의 지도

열, 소연방의 군대편성과 지도

열하나, 소연방의 단일재정계획과 동연방을 구성하는 제공화국의 예산을 포괄하는 단일국가예산의 승인, 전연방적 조세와 수입의 결정 및 소연방을 구성하는 제공화국예산편성을 위하는 조세 및 수입에서의 공제금액과 이에 대한 부가금액의 결정, 소연방을 구성하는 제공

---

126) 1924년 소련헌법 제1조 참조.

화국예산편성을 위하는 보충적 조세와 과금의 인가

열둘, 단일화폐 및 신용제도의 수립

열셋, 소연방의 전영역에 있어서의 토지의 정리와 이용 및 지중매장물, 삼림과 수역의 이용에 관한 일반원칙의 확립

열넷, 공화국상호간에 있어서 이주에 관한 전연방입법과 이민자본의 설정

(2) 소련연방국가와 구성공화국과의 관계

첫째, 소연방을 구성한 제공화국의 주권은 본 헌법에 규정한 범위 내에 있어서 또 연방의 권한에 속하는 제사항에 관해서만 제한된다. 제한된 범위 외에는 소연방을 구성하는 각 공화국은 독립해서 그 국가권력을 행사한다. 소연방은 연방을 구성한 제공화국의 주권을 옹호한다.[127]

둘째, 소연방을 구성한 제공화국은 자유로이 연방을 탈퇴할 권리를 보유한다.[128]

셋째, 소연방을 구성한 제공화국은 본 헌법에 준거하여 그 헌법을 개정할 것[129]

넷째, 소연방을 구성한 제공화국이 영토는 해당공화국의 동의없이는 이를 변경하지 못한다. 본 법 제4조를 개정하고 제한 또는 배제할려면 소연방을 구성한 모든 공화국의 동의를 요한다.[130]

---

127) 1924년 소련헌법 제3조 참조.
128) 1924년 소련헌법 제4조 참조.
129) 1924년 소련헌법 제5조 참조.
130) 1924년 소련헌법 제6조 참조.

다섯째, 소연방을 구성한 제공화국인민을 위하여 단일한 연방의 국적을 발한다.[131]

5) 헌법의 기본원리와 헌법의 기본질서

소비에트제공화국의 건설이후 세계의 국가는 두 진영 즉, 자본주의의 진영과 사회주의의 진영으로 분리되었다. 저편 자본주의의 진영에 있어서는 민족간의 적의와 불평등 식민지적 착취제도와 반동적 애국주의, 민족적 억압 및 침략제국주의적 압제와 강압이 존재하고 이편 사회주의의 진영에 있어서는 상호적 신뢰와 평화, 민족적 자유와 평등, 국민간의 평화적 공존과 동포적협력이 존재한다. 자본주의의 세계가 민족의 자유스러운 발전과 타인을 착취하는 제도와 혼용하야 민족문제를 해결하려고 하는 수십 년간의 기도는 효과없음이 판명되어 민족의 갈등은 더욱 날로 증대하여 자본주의 존재 자체를 위협함에 이르러 유산계급은 민족간의 협력을 원활히 하는데 무력하다는 것이 명백해졌다.

소연방의 진영에 있어서만 즉, 인민의 대다수를 귀합한 **무산계급의 독재**하에서만 민족압박을 근본으로부터 타파하고 민족간에 상호신뢰의 사태를 창성하야 동포적 협력의 기초를 설정함이 가능한 것이 명백하여졌다.

그래서 소비에트제공화국은 내외에 있어서 전세계 제국주의자의 침공을 제어할 수 있고 또 소비에트제공화국은 내외에 있어서 전세계 제국주의자의 공략을 배제할 수 있고 또 소비에트제공화국은 능히 국내의 쟁론을 청산하고 자국의 존재를 보장하야 **평화적 경제건설**에 착수할 수 있었다.

그러나 수년간의 전쟁은 흔적을 남기지 않을 수 없었다. 전쟁의 유산으로 남기어진 황폐한 전원, 휴지한 공장, 파괴된 생산력과 고갈한 경제재원은 경제건설에 대한 각 공화국 개개의 노력을 불충분하게 만들었다. 각국 공화국의 분립적 존재 밑에서는 국민경제의 부흥은 불가능한 것이 명백하여졌다. 지방에 있어서 국제정국의 불안정 또 새로운 공략의 위험은 소비에트공화국으로 하여금 자본주의적 포위에 조우하야 단일전선을 결성치 않으면 안되게 되었다. 결국 **계급적 성질**상 국제적인 소연방권력의 조직 그 자체는 소비에트공화국의 **노동대중으로 하여금 한 사회주의적 집단을 구성하는 노선으로 지향**시켰다.

이 모든 사태는 소연방제공화국의 대외적 안전, 국내의 경제적 번영과 국민의 민족적 발전의 자유를 확보할 수 있는 한 연방을 구성하기를 강요하는 것이다.

최근 **소비에트대회**를 개최하여 만장일치로써 소비에트사회주의공화국연방의 구성에 관한 결정을 채용한 소비에트제공화국 **국민의 의사**는 본연방이 평등한 국민의 임의적 결합인 것, 각 공화국은 자유로 연방으로부터 탈퇴의 권리가 보장되어진 것임이 존재하고 또 장래 건설이 되어질 수 있는 일절의 사회주의 소비에트공화국은 자유로 본연방에 가입할 수 있는 것, 새로운 연방국은 1917년 수립된 국민의 평화적 공존과 동포적 협력인 원칙의 영예있는 성과인 것과 본 연방국가는 세계자본주의에 대항하기 위하여 의존하기에 족한 성벽이고 또 모든 **근로자로 하여금 한 세계적 사회주의 소비에트공화국을 구성시킬** 새로운 결정적 일보인 것이 확실하다.[132)]

위에서 살펴보듯이 소연방은 헌법의 기본원리로 인민주권주의(소연방 구성에 관한 선언 참조), 민주적 중앙집중제 원리(제37조-제42조 참조), 프롤레타리아 독재원리(소연방구성에 관한 선언 참조)를 선언하고 있음을 유추할 수 있다. 그리고 헌법의 기본질서로 정치질서로 사회주의적 민주주의 질서(소연방 구성에 관한 선언 참조), 경제질서로 계획경제, 국제질서로 제한적 국제평화주의(소연방 구성에 관한 선언 참조)를 선언하고 있다고 본서에서는 분석하였다.

6) 기본권

기본권에 관한 직접적 언급이 헌법상 없다. 그러나 피압박자 해방 등 착취자로부터 노동자, 농민을 해방시킨다는 문구로 보아 포괄적, 간접적 방식으로 기본권을 인정하고 있다고 생각한다. 헌법상 구체적으로 기본권은 1936년 개정된 스탈린헌법에서 등장하고 1977년 높은 단계의 사회주의헌법(브레즈네프헌법)에서 상세히 규정하고 있다.

7) 통치기구

1924년 소련헌법은 1918년 러시아소비에트사회주의연방공화국 헌법을 기초로 하여 구성되었기 때문에 통치기구 기본원리로써 민주적 중앙집중제원리를 채택하였다. 그리하여 정부형태는 민주적 중앙집중제원리에 의한 의회정부제 형태를 띠고 있다. 소련중앙정부의 구체적인 통치기구는 소련최고권력기관인 소비에트대회(제8조-제12조), 소비에트대회에서 선출된 대표자들에 의해 선출된 연방회의(연방하

---

132) 1924년 소연방헌법 제1편 소연방 구성에 관한 선언 참조.

원)와 중앙집행위원회에서 추천하고 이를 소비에트대회에서 승인을 받아 성립되는 민족회의(연방상원)로 구성된 중앙집행위원회(제13조 – 제28조)133) 또한 폐회 중 중앙집행위원회 기능을 담당하는 중앙집행위원회 간부회(제29조 – 제36조)가134) 있다. 그리고 민주적 중앙집중제 원리에 의해서 중앙집행위원회에서 선출되는 인민위원회(제37조 – 제42조)135)와 인민위원회 내부의 규칙으로 구성되는 각 인민위원부136) (제49조 – 제63조) 및 사법부에 해당하는 연방최고재판소(제43조 – 제48조), 연방검사 등과 연방구성공화국의 권한 및 연방구성공화국의 조직에 대해 규정(제64조 – 제69조)하고 있다. 결론적으로 연방구성공화국의 통치기구는 소비에트대회, 중앙집행위원회, 중앙집행위원회 간부회, 인민위원회, 각 인민위원부 등과 연방을 구성하고 있는 공화국의 권한과 조직으로 구성되었다. 이를 더 구체적으로 서술하면 아래와 같다.

(1) 소비에트 대회

가. 지위

소베트대회는 소연방의 최고권력기관이다. 단, 소베트대회의 폐회 중은 연방회의와 민족사회로 된 소연방중앙집행위원회로써 최고권력기관으로 한다.137)

---

133) 1977년 소련헌법에서는 최고회의라는 명칭을 사용하였다.
134) 1977년 소련헌법에서는 최고회의간부회의라는 명칭을 사용하였다.
135) 1977년 소련헌법에서는 각료회의라는 명칭을 사용하였다.
136) 남한헌법의 행정 각 부에 해당한다.
137) 1924년 소련헌법 제8조 참조.

나. 구성과 선출

첫째, 소연방소베트대회는 선거인 2만 5천 인에 1인의 비례에 의한다. 시소베트와 시적거주지소베트의 대표자 및 주민 12만 5천 인에 1인의 비례에 의한 촌소베트대표자로써 이를 조직한다.[138]

둘째, **소연방소베트대회에 대한 대표자**는 소연방을 구성한 제공화국으로서 지방과 주의 구획을 갖지 않는 국가의 소베트대회에 있어서 직접으로, 소연방을 구성한 제공화국으로 지방과 주의 구별을 가지고 있는 국가에 있어서는 지방과 주의 소베트대회에 있어서, 아제르바이잔, 그루지야와 아르메니아의 소베트사회주의공화국은 소베트대회에 있어서 또는 지방과 주에 합동된 또는 합동되지 않은 자치공화국은 자치주의 소베트대회에 있어서 선거된다.[139]

다. 회기

소연방의 운영 소베트대회는 2년에 1회 동연방중앙집행위원회가 이를 소집한다. 임시소베트대회는 소연방중앙집행위원회의 결의 또는 연방회의, 민족회의 또는 동연방중 1공화국의 요구에 따라 동연방중앙집행위원회가 이를 소집한다.[140]

(2) 중앙집행위원회

가. 조직

첫째, 소연방중앙집행위원회는 연방회의와 민족회의로서 이를 조

---

138) 1924년 소련헌법 제9조 참조.
139) 1924년 소련헌법 제10조 참조.
140) 1924년 소련헌법 제11조 참조.

직한다.[141] 둘째, 소연방소베트대회는 동연방을 구성한 공화국의 대표자 중에서 각공화국의 인구에 비례하여 동연방회의를 선임한다.[142] 셋째, 민족회의는 소연방을 구성한 제공화국과 자치소베트사회주의 공화국 5명씩의 대표자와 제자치주 각 1명씩의 대표자로써 이를 구성한다. 민족회의의 조직은 전체로 소연방소베트대회에 의하여 승인될 것으로 한다.[143]

나. 권한

소비에트연방공화국 중앙집행위원회 권한을 살펴보면 다음과 같다.

첫째, 연방회의와 민족회의는 소연방중앙집행위원회 간부회의와 동인민위원회의, 동연방의 각 인민위원부와 동연방을 구성한 제공화국중앙집행위원회에 의하여 제의된 또는 연방회의와 민족회의에서 의하여 발의된 일절의 명령, 법전과 결정을 심의한다.[144] 둘째, 소연방중앙집행위원회는 법전, 명령, 결정과 규정을 발포하고 동연방의 입법과 행정을 통일하고 또 동연방중앙집행위원회 간부회의와 인민위원회의 행정의 범위를 정한다.[145] 셋째, 명령 또는 결정으로서 소연방의 정치적 및 경제적 생활의 일반적 규범을 정한 것과 동연방국가기관의 현재의 관행에 근본적 변경을 가하는 것은 모두 이를 동연방중앙집행위원회의 심의와 승인을 거치기 위하여 제출함을 요한다.[146]

....

[141] 1924년 소련헌법 제13조 참조.
[142] 1924년 소련헌법 제14조 참조.
[143] 1924년 소련헌법 제15조 참조.
[144] 1924년 소련헌법 제16조 참조.
[145] 1924년 소련헌법 제17조 참조.

넷째, 중앙집행위원회에서 발한 모든 명령, 결정과 규정은 소연방의 전영역에 있어서 곧 이를 시행하기를 요한다.[147]

다섯째, 소연방중앙집행위원회는 동연방중앙집행위원회간부회 동연방을 구성한 제공화국의 소베트대회와 동중앙집행위원회 또는 동연방의 영역 내에 있는 다른 권력기관의 발포한 명령결정과 규정을 정지 또는 이를 취소할 권리를 유한다.[148]

(3) 중앙집행위원회 간부회

가. 지위 및 권한

중앙집행위원회 간부회의 지위 및 권한을 살펴보면 아래와 같다.

첫째, 소연방중앙집행위원회 간부회는 동연방중앙집행위원회의 폐회중 입법 집행 및 행정에 관한 동연방의 최고기관임.[149] 둘째, 소연방중앙집행위원회간부회는 일절의 권력기관에 의한 동연방헌법의 적용과 동연방소베트대회와 중앙집행위원회결정의 집행을 감독한다.[150] 셋째, 소연방중앙집행위원회간부회는 동연방의 인민위원회원 각인민위원회과 및 동연방을 구성한 제공화국의 중앙집행위원회와 인민위원회의 결정을 정지하고 또 취소할 권리를 유한다.[151] 넷째, 소연방중앙집행위원회 간부회는 동연방을 구성한 제공화국 소베트대회의 결정을 정지할 권리를 유한다. 단, 사후 이 결정을 그 심의와 승인을 얻

---

146) 1924년 소련헌법 제18조 참조.
147) 1924년 소련헌법 제19조 참조.
148) 1924년 소련헌법 제20조 참조.
149) 1924년 소련헌법 제29조 참조.
150) 1924년 소련헌법 제30조 참조.
151) 1924년 소련헌법 제31조 참조.

기 위하여 소연방중앙집행위원회에 제출할 것임.[152) 다섯째, 소연방 중앙집행위원회 간부회는 명령, 결정과 규정을 발포하고 또 소연방 인민위원회 및 동연방각인민위원부, 동연방을 구성한 제공화국중앙 집행위원회, 동간부회 및 기타권력기관의 제출하는 명령안 및 결정안 을 심의하고 이를 승인한다.[153)

나. 의무 및 책임

소연방중앙집행위원회간부회는 동연방중앙집행위원회에 대하여 책 임을 진다.[154)

(4) 인민위원회의

가. 지위 및 구성

소연방인민위원회의는 동연방중앙집행위원회의 집행 및 행정기관 이고 동연방중앙위원회에 의하여 아래의 구성으로써 조직한다. 구체 적으로 예를 들면 다음과 같다.[155) 인민위원회의 의장 겸 노동국방회 의 의장, 의장대리(복수), 국가계획위원회의장, 외무인민위원, 육해군 인민위원, 외국무역인민위원, 교통인민위원, 수군인민위원, 노농검사 인민위원, 최고국민경제회의의장, 농무인민위원, 노동인민위원, 공급 인민위원, 재무인민위원. 즉 **인민위원회 의장이 수상이고, 각 인민위원 들은 내각구성원이다. 그리고 각 인민위원부는 행정각부에 해당한다.**

---

152) 1924년 소련헌법 제32조 참조.
153) 1924년 소련헌법 제33조 참조.
154) 1924년 소련헌법 제36조 참조.
155) 1924년 소련헌법 제37조 참조.

나. 권한과 책임

첫째, 소연방인민위원회의는 동연방중앙집행위원회에 의하여 부여된 권한의 범위 내에 있어서 또 동연방인민위원회의 관제에 의하여 동연방전영역에 관하여 집행의 의무있는 명령과 결정을 발포한다.[156] 둘째, 소연방인민위원회는 동연방의 각 인민위원부와 동연방을 구성한 제공화국의 중앙집행위원회 및 동간부회에 의하여 제출되는 명령과 결정을 심의한다.[157] 소연방인민위원회의는 그 일절의 사무에 관하여 동연방중앙집행위원회와 동간부회에 대하여 책임을 진다.[158]

(5) 소연방최고재판소

가. 권한

소연방의 영역 내에 있어서 혁명의 정의를 옹호하기 위하여 동연방중앙집행위원회의 밑에서 아래의 권한을 가진 최고재판소를 설치한다.

첫째, 전연방적 법률문제에 개하여 소연방을 구성한 제공화국최고재판소에 지도적 해택을 부여할 것. 둘째, 소연방을 구성한 제공화국최고재판소의 판결 또는 선고가 전연방적 법률에 위반되고 또는 타공화국의 이익에 저촉되는 경우, 동연방최고재판소검사의 제의에 기하여 이를 심리하고 또 동연방중앙집행위원회에 대하여 이의를 제출할 것. 셋째, 소연방중앙집행위원회의 요구에 기하여 동연방을 구성한 제공화국의 각종결정이 헌법상적법인가 아닌가에 관한 의견을 구신할 것. 넷째, 소연방을 구성한 자치공화국상호 간에 있어서의 재판소의

---

156) 1924년 소련헌법 제38조 참조.
157) 1924년 소련헌법 제39조 참조.
158) 1924년 소련헌법 제40조 참조.

쟁의를 해결할 것. 다섯째, 자금상의 범죄에 인한 소연방의 최고관리
에서 대하여도 고발사건을 심리할 것.[159)]

나. 구성

소연방최고재판소는 아래와 같이 구성한다.

첫째, 소연방최고재판소 전원회의 둘째, 소연방최고재판소민사부
및 형사부 셋째, 군사부 넷째, 운수부사무부[160)] 등이다.

(6) 소연방 인민위원부

가. 권한

소연방인민위원회의 소관의 행정각부를 직접 관장하기 위하여 인
민위원부 관제에 따라 행동한다.[161)] 즉 내각에 해당하는 인민위원회
에서 결정난 것을 행정각부에 해당하는 인민위원부에서 구체적으로
집행하는 구조이기에 인민위원회[162)]는 내각에 해당하고, 인민위원부
는 행정각부에 해당한다.

나. 구성

첫째, 소연방인민위원부는 이를[163)] 소연방공통인민위원부와 전연
방에 대하여 단일한 것을 다루는 소연방합동인민위원부로 구성한다.

---

159) 1924년 소련헌법 제43조 참조.
160) 1924년 소련헌법 제44조 참조.
161) 1924년 소련헌법 제49조 참조.
162) 북한의 통치기구에 비유하면 인민위원회는 내각에 해당하고, 남한에 비유하면 국무
위원회에 대응한다고 볼 수 있겠다. 그리고 인민위원부는 북한에 비유하면 각부(현
재 37개부)에 해당하고, 남한에 비유하면 행정각부에 대응하는 개념이다.
163) 1924년 소련헌법 제50조 참조.

둘째, 소연방공통인민위원부라 함은 인민위원부를 말한다. 구체적으로 살펴보면 다음과 같다. 외국인민위원부, 육해군인민위원부, 외국무역 인민위원부, 교통인민위원부, 수군인민위원부, 우편전신인민위원부.[164] 셋째, 소연방합동인민위원부라 함은 아래의 인민위원부를 말한다.

최고국민경제회의, 농무인민위원부, 노동인민위원부, 공급인민위원 부, 위의 대표는 입법수속으로써 승인된 특별규정에 의하여 행동한 다.[165]

다. 책임

소연방합동국가정치부의 행동이 적법이냐 아니냐는 동연방중앙집 행위원회가 정한 규정에 의하여 동연방최고재판소 검사가 이를 감시 한다.[166]

(7) 소연방구성의 제공화국

가. 지위

소연방을 구성한 제공화국의 영역 내에 있어서의 최고권력기관은 소베트대회이다. 단, 소베트대회의 폐회중에는 당해공화국의 중앙집 행위원회로써 최고권력으로 한다.[167]

나. 중앙집행위원회 및 동간부회의 구성과 권한

첫째, 소연방을 구성한 제공화국의 최고권력기관과 동연방의 최고

164) 1924년 소련헌법 제51조 참조.
165) 1924년 소련헌법 제52조 참조.
166) 1924년 소련헌법 제8조 참조.
167) 1924년 소련헌법 제64조 참조.

권력기관과의 상호관계는 본헌법으로서 이를 정한다.168) 둘째, 소연방 구성제공화국의 중앙집행위원회는 동회원중에서 간부회를 선임한다. 중앙집행위원회 폐회중은 동간부회로써 최고권력기관으로 한다.169)

다. 인민위원회

소연방구성제공화국의 중앙집행위원회는 인민위원회의 의장, 동대리, 국가계획위원회의 의장, 최고국민경제회의 의장, 농무, 재무, 공급, 노동, 사법, 노농검사, 교육, 보건, 사회보장의 각 인민위원과 동연방을 구성하는 제공화국의 **중앙집행위원회의 결정**에 의하여 평의회 또는 표결권을 가진 동연방의 외무, 육해군, 외국무역, 교통, 수군, 우편전신의 각 인민위원부대표자로서 그 집행기관인 **인민위원회를 구성한다.**170) 즉, 민주적 중앙집중제원리에 의한 정부형태가 소련을 구성하고 있는 제공화국통치기구를 구성하고 있다. 구체적으로 표현하면 **의회인 중앙집행위원회**에서 **집행기관인 인민위원회**를 결정하는 구조이다.

8) 소연방의 국장, 국기와 수도171)

첫째, 소연방의 국장은 양광중에서 표시되고 또 보리이삭에 둘러싸인 지구의 우에 낫과 망치를 배치하고 연방구성공화국에 있어서의 일

---

168) 1924년 소련헌법 제65조 참조.
169) 1924년 소련헌법 제66조 참조.
170) 1924년 소련헌법 제67조 참조.
171) 일반적으로 사회주의국가의 헌법에 국장, 국기와 수도 등이 표현되고 있는데 북한도 북한임시헌법이후 줄 곧 국장, 국기와 수도 규정을 두고 있다. 이는 북한헌법이 임시헌법부터 소련헌법의 영향을 받았다는 증거의 하나로 볼 수 있는 조항들이라 할 것이다.

반적으로 사용되고 있는 언어로서 만국의 프로레타리아여 단결하라라는 문구를 삽입한다. 국장의 상부에는 오광의 성을 배한다.[172] 둘째, 소연방의 국기는 적 또는 홍지포에 기장 즉, 상육에 금색의 낫과 망치 그 상부에 금색으로 둘러 적색의 오각의 성을 배한 것으로 한다. 넓이는 길이의 2분의 1로 한다.[173] 셋째, 소연방의 수도는 모스크바이다.[174]

3. 1924년 소련헌법이 연방통일헌법 구상에 주는 시사점

앞에서 검토한 1924년 소련헌법에 대해 정리하여 요약해보면 다음과 같다고 할 수 있겠다. 국가이념으로는 1918년 러시아소비에트연방공화국헌법을 차용하는 헌법이기 때문에 헌법상 명문규정은 없으나 사비니(v. Savigny)의 체계론적 해석과 연혁적 해석, 문리적 해석, 목적론적 해석을 종합하여 해석해 본다면 맑스−레닌사상에 입각한 평등을 추구하는 이념지향적 헌법이라고 볼 수 있다. 국가형태로는 단일국가에 기초를 둔 중층적 연방국가이며 국가의 성격은 헌법규정상 명문규정은 없으나 당−국가체제를 지향하고 있는 헌법이라 판단할 수 있겠다.[175] 헌법의 기본원리로는 인민주권원리, 민주적 중앙집중

---

172) 1924년 소련헌법 제70조 참조.
173) 1924년 소련헌법 제71조 참조.
174) 1924년 소련헌법 제72조 참조.
175) 북한도 사실상 당−국가체제였으나, 헌법상 명문으로 규정한 것은 1992년 4월 9일 최고인민회의 제9기 3차회의에서 수정된 1992년 헌법(우리식 사회주의헌법)에서 규정한 "제11조 조선민주주의인민공화국은 조선로동당의 령도밑에 모든 활동을 진행한

제원리, 사회주의 법치주의원리를 내재하고 있는 헌법이다. 헌법의 기본질서로 사회주의민주주의 기본질서, 계획경제질서, 국제평화주의를 명문규정에는 없으나, 사비니(v. Savigny)의 목적론적 해석, 연혁적 해석, 체계론적 해석에 의해 살펴보면 잠재적으로 내포하고 있는 헌법이다.[176) 기본권에 대해서는 전혀 명문규정상 없으나 1918년 러시아소비에트연방공화국헌법과 1936년 스탈린헌법을 통해 살펴볼 때 헌법상 기본권을 보장하고 있지 아니하나 법률상 보장하는 형태를 내포하고 있으며 기본권은 사회적기본권 중심의 기본권관을 나타내고 있다고 추론해 볼 수 있다.[177) 통치구조로 소비에트대회, 소비에트대표자, 연방회의(하원)와 민족회의(상원)로 구성된 중앙집행위원회, 중앙집행위원회간부회, 인민위원부, 재판소 및 검사(검찰소) 등으로 구성되어 있으며 통치구조의 기본원리는 민주적중앙집중제원리에 의한 의회정부제 형태이다. 국가의 성격은 당-국가체제 사실상 일당주의를 띠고 있다.[178) 이를 나타내면 〈표 3-3〉과 같다.

다'로 북한의 국가성격을 당-국가체제임을 헌법상 명문화했다. 1924년 소련제헌헌법이 비록 북한헌법처럼 명문규정이 없더라도 겸직을 통한 당-국가체제임을 이미 앞에서 논증하였다.

176) 자본주의 국가들과는 투쟁을 명시하고 있으나, 사회주의국가들과는 평화를 추구하겠다는 것을 1924년 소련헌법 "제1편 소연방구성에 관한 선언"에 명시적으로 나와 있다. 본서에서는 제한적 국제평화주의를 표현한 헌법으로 규정하고자 한다.

177) 미국 제헌헌법도 헌법제정 당시에는 전혀 기본권에 대해 언급이 없었다. 그러다가 나중에 기본권 보장조항 제10개조문을 출발로 수정헌법을 통해 계속 확대되고 있다. 미국이 제헌헌법상 기본권을 헌법에 규정하지 않았다고 법률에서 마저도 기본권을 전혀 보장하지 않았다고 판단할 수는 없듯이 1924년 소련제헌헌법도 그런 시각으로 봐야 한다고 본다.

178) 1918년 러시아소비에트연방공화국에서 선거를 통해 의원들이 선출되었으나 공산당이 소수당으로 되자 의회를 해산하고 소비에트대회를 통해 모든 권력을 소비에트대회로 귀속시켰다. 이를 통해 살펴보면 사실상 공산당이외에는 당을 인정하지 않는 당-국가체제가 소비에트사회주의공화국연방의 최초헌법인 1924년 헌법에서도 명문상 규정은 없으나 직접적으로 착취없는 사회를 지향한다고 언급하고 있는 것으로 보

1924년 소련헌법을 통해서 연방국가에 의한 전제하에 한반도 평화통일의 시사점을 얻을 수 있다면 북한이 주장하고 있는 고려민주연방공화국 창립방안에 의하면 최고민족회의를 통해 연방상설위원회를 구성하여 통일을 달성하자고 주장하고 있다. 위와 같은 연방형성의 모델이 1924년 소련헌법에서 찾을 수 있다. **첫째**, 북한이 주장하고 있는 **최고민족회의**는 1924년 헌법에 의하면 **소비에트대회**에 비교될 수 있고 **연방상설위원회**는 행정부로써 **인민위원회**와 각 인민위원부에 비교될 수 있다. **둘째**, 북한의 고려민주연방제 창립방안은 실질적인 권력분립을 부인하고 민주적 중앙집중제원리에 의한 의회정부제형태로 나갈 수 있는 경향을 나타내 보인다.[179] 그와 같은 근거가 1924년 소련헌법을 연구함으로써 북한의 연방제 성격 및 귀착점을 우리가 살펴본다는 점에서 1924년 소련헌법을 연구해 볼 만한 가치가 있다고 판단한다. **셋째**, 만약 연방제라는 명칭이 같다고 1924년 소련헌법을 모델로 한반도 평화통일을 이룩한다면 우리가 바라지 않는 중앙집권적 연방국가 및 국가의 성격이 당-국가체제와 정부형태가 민주적 집중제원리에 의한 의회정부제(회의제)로 나갈 수 있는 경향이 있어 1924년 소련헌법은 한반도 평화통일에 입각한 연방국가헌법을 구상하는데 반면교사 될 수 있다고 본다.

아 사실상 반영되고 있다고 추론해 볼 수 있겠다.

[179] 최고민족회의를 남북한 동수의 대표와 적당한 해외동포들로 구성하여 최고민족회의에서 연방상설위원회라는 집행기구를 만들자고 주장하고 있다. 이는 정부 구성원리로 민주적 중앙집중제원리를 내포하고 있다고 할 수 있겠다.

〈표 3-3〉 1924년 소련헌법 분석

구분 비교사항	1924년 소련헌법
국가의 이념	맑스-레닌사상, 평등(집단주의)
국가의 형태	연방제
국가의 성격	당-국가체제
헌법의 기본원리	인민주권주의의 원리, 민주적 중앙집중제원리, 사회주의법치주의 지향
헌법의 기본질서	사회주의민주주의적 기본질서, 계획경제질서, 제한적 국제평화질서
기본권	사회적 기본권중심의 기본권 (착취, 해방, 사회주의, 억압이 없는 등 평등을 지향한 용어)
통치구조	소비에트대회, 중앙집행위원회(양원제: 하원-연방회의, 상원-민족회의), 중앙집행위원회간부회의, 인민위원회의, 각 인민위원부, 재판소 및 검찰소 등
국가의 성격	당-국가체제(사실상 일당주의)

제4절 유럽통합과정과 유럽헌법 (리스본조약)

1. 유럽통합과정

제1차 세계대전과 제2차 세계대전을 거치면서 미국이 세계의 리더 국가로 등장하게 되었다. 제2차 세계대전 이전까지 세계무대에서 발언권이 강했던 유럽 특히 프랑스, 독일 등이 미국의 정치, 경제적 힘에 대항하기 위해서 유럽을 하나로 묶는 공동체의 필요성이 대두되었다. 그리하여 유럽을 하나로 묶는 공동체의 방법론으로 연방주의와 기능주의의 대립이 있었는데 초창기에 연방주의[180]가 우세하였으나 점차 세력을 잃고 기능주의[181]에 의한 통합방법을 선택하게 되었다. 그리하여 제1차, 제2차 세계대전을 거치면서 유럽의 양대국이었던 독일, 프랑스의 적대감을 해소하고 유대감을 높이면서 유럽을 더욱 더 확고히 하고자 하였다. 그 이론적 배경은 기능주의였다. 1950년 5월 9일 로베르슈망(Robert Schuman) 프랑스 외무부장관이 기자회견을 통해 석탄 및 철광산업을 초국가적인 기구를 통해 공동 관리하자는 슈망선언을 발표하는 계기를 통해 영국을 제외한 독일, 이탈리아 및 네덜란드, 벨기에, 룩셈부르크 6개국이 1952년 8월 유럽석탄철강공동체(ECSC)를 정식으로 발족하였다. ECSC가 성공적으로 작동하게 되자

---

[180] 연방주의란 정치적 통합이론의 하나로써 제2장에서 구체적 설명을 하였다.
[181] 기능주의도 정치적 통합과정의 하나의 이론으로써 제2장에서 구체적으로 설명하였다.

1957년 3월 로마에서 관세동맹, 경제 및 화폐동맹과 회원국간 상품, 사람, 서비스 및 자본의 자유이동을 이룩함으로써 공동의 경제, 산업, 사회, 재무 및 재정정책을 지닌 단일시장을 형성하려는 목적의 공동체인 유럽경제공동체(EEC) 및 공동에너지 시장의 창설, 핵 원료의 균형 공급 보장, 핵 에너지의 안전 및 인간과 환경의 보호를 위한 특별계획 등을 추진하려는 목적의 공동체인 유럽원자력공동체(EURATOM) 창설조약에 서명이 이루어지게 되었다.

1967년 7월 1일에 "유럽공동체의 단일이사회 및 단일집행위 설립에 관한 조약"의 발효에 따라 집행부를 유럽이사회, 각료이사회, 유럽집행위원회, 유럽의회 등으로 단일화하였다. 그리하여 단일기관이 각 공동체의 업무를 모두 관장하게 되고 공동예산제도를 실시함으로써 유럽석탄철강공동체(ECSC), 유럽경제공동체(EEC), 유럽원자력공동체(EURATOM)는 단일공동체가 되었는데 이를 유럽공동체(EC)라 한다.

유럽공동체(EC)는 유럽공동체 기본이념을 달성하기 위해 관세동맹, 공동시장 및 공동농업정책을 우선적으로 추진하였고, 영내에 환율안정 구상을 발전시켜 1979년 3월에 유럽통화제도를 발족하였다. 이어 1986년에는 유럽공동체 회원국이 12개국으로 확대되었고 유럽공동체 회원국 12개국은 1991년 12월에 유럽연합조약(마스트리히트조약)을 확정하고 국내의 비준절차를 거쳐 1993년 11월 유럽연합(EU)을 출범시켰다. 그리하여 유럽연합(EU)은 유럽공동체(EC)를 한층 발전시킴과 동시에 공동외교와 공동안보정책을 시행함으로써 실질적인 정치통합을 이루고 공동내무법무협력까지 포함하는 공동체로 확대되었다. 1995년에는 회원국이 15개국으로 확대되었으며 2002년 1월에 유럽연합 회원국 중 12개국이 참가한 유럽 단일통화가 도입되었고 유럽중앙은행을

설립하여 부분적으로 화폐통합에 성공하였다. 2000년에는 유럽기본권
헌장을 채택하였는데 1951년 채택된 유럽인권협약과 유럽사회헌장의
권리보장을 그대로 수용 계수하는 형태였다. 2002년 2월 28일에 유럽
헌법제정회의를 개최하여 유럽헌법조약의 초안을 채택하였고, 2004년
에 유럽헌법조약을 로마에서 유럽 회원국 정상들이 서명함으로써 성
립되었으나, 각 회원국의 비준과정에서 저항에 부딪혔다. 특히 네덜란
드, 프랑스 국민투표에서 부결되는 사태를 초래하였다.182) 그리하여
유럽헌법조약은 발효되지 못하고 난항을 겪다가 유럽헌법조약을 약간
수정하여 포르투갈 리스본에서 채택하여 각 국가들의 비준을 거쳐 발
효된 것이 리스본조약이다. 유럽연합(EU)은 이제까지 유럽공동체(EC)
와 공동외교안보정책, 공동내무법무정책으로 3기둥으로 유지되었는
데 리스본조약의 발효로 3기둥체제183)가 막을 내리고 하나로 통합되
는 계기를 마련하였다. 유럽연합은 이제는 초국가성(연방국가)을 명
확히 나타내고 있는 연합형 연방제에 가까운 상태라 할 수 있다.184)
아래에서 유럽연합을 법적으로 보장해 주는 리스본조약을 검토하고

182) Derek W. Urwin, 번역 노명환, 『유럽통합사』, 서울: 대한교과서주식회사, 1994 ; 박인수 외 7인, 『유럽헌법연구』 I , 대구: 영남대학교출판부, 2006 참조.
183) 3기둥체제란 유럽공동체(EC), 공동외교안보, 공동내무법무 체제를 말한다.
184) 유럽연합이 명칭은 국가연합이나 실질적으로 여러 면에 있어서 초국가적 특징(연방국가적 특징)을 가지고 있는데 구체적으로 살펴보면 다음과 같다. 첫째, 독자적인 유럽연합법질서의 형성과 발전, 둘째, 유럽연합법의 직접적 효력발생과 강제적 구속력, 셋째, 독자적인 사법체제의 형성과 발전, 넷째, 회원국 정부들로부터 독립된 초국가적 기구와 제도의 발전, 다섯째, 초국가적 정책결정체제의 발전, 여섯째, 유럽연합의 공동정책의 발전과 확대 일곱째, 독립된 자율적 예산체제의 형성과 발전을 통한 재정의 자율성, 여덟째, 단일화폐의 운영, 아홉째 초국가적 기구들에 의한 법률제정과 정책결정은 회원국 정부를 구속, 열째, 유럽연합의 존립여부와 회원국들의 가입과 탈퇴는 초국가적 기구들의 협력에 의하여 가능(전학선, 「유럽연합의 국가성여부와 법적 성격」, 『유럽헌법연구』 I , 대구: 영남대학교출판부, 2008, p. 91 참조).

자 한다. 그리고 리스본조약 본문 내용은 크게 유럽연합조약, 유럽연합운영에 관한 조약으로 구성되어 있으며, 그 이외에 여러 협정서 및 의정서로 법적 토대를 구축하고 있다. 이 중에서 유럽연합을 법적으로 뒷받침하고 있는 대표적인 조약인 유럽연합조약과 유럽운영에 관한 조약을 분석하여 한반도 평화통일과 연방통일헌법 구상에 아이디어를 얻고자 한다.

2. 리스본조약

위에서 언급했듯이 아래에서는 유럽연합조약과 유럽운영에 관한 조약을 토대로 유럽연합은 공동목표를 실현하기 위해 권한의 배분의 원칙에 따라 배타적 권한과 공유적 권한, 지원·조정권한을 가지고 있다. 그리고 이와 같은 권한을 행사하기 위해 통치구조(기구)를 가지고 있는데 이에 대해서 조약 내용을 근거로 살펴보고자 한다.

1) EU의 공동목표

유럽연합창설의 공동목표를 구체적으로 예를 들면 아래와 같다.[185]

첫째, 연합의 목표는 평화, 그 가치 및 인민의 복지를 증진하는 것이다.

둘째, 연합은 역외국경의 통제, 망명, 이민 및 범죄의 예방과 대응에 관한 적절한 조치를 취함으로써 사람의 자유이동이 보장되는 시민들에게 역내국경이 없는 자유, 안전 및 사법지대를 제공한다.

셋째, 연합은 역내시장을 설립한다. 연합은 균형이 잡힌 경제성장

---

185) 유럽연합조약 제3조 참조.

및 물가안정을 기초로 하는 유럽의 지속가능한 발전, 완전고용 및 사회진보를 목표로 하는 고도의 경쟁력을 가지는 사회적 시장 경제, 또한 고도의 환경보호 및 환경의 질적 수준의 개선을 목표로 노력한다. 연합은 과학기술의 진보를 증진한다. 연합은 사회적 배제와 차별에 대항하고, 사회적 정의와 보호, 남녀평등, 세대간 연대 및 아동의 권리 보호를 증진한다. 연합은 경제적, 사회적·영토적 결속 및 회원국 간 연대를 증진한다. 연합은 그 풍부한 문화적 및 언어적 다양성을 존중하고, 유럽의 문화유산의 보호와 발전을 확보한다.

넷째, 연합은 유로를 통화로 하는 경제통화동맹을 설립한다.

다섯째, 다른 세계와의 관계에 있어 연합은 연합의 가치와 이익을 유지·증진하고, 연합 시민들의 보호에 기여한다. 연합은 평화, 안전, 지구의 지속가능한 발전, 인민들 간 연대와 상호 존중, 자유롭고 공정한 무역, 빈곤의 타파 및 특히 아동의 권리를 포함한 인권의 보호에 기여한다. 또한 연합은 국제연합헌장의 제원칙의 준수를 포함한 국제법의 엄격한 존중과 발전에도 기여한다.

여섯째, 연합은 제조약에서 연합에게 양도된 권한을 행사함으로써 적절한 수단에 의해 그 목표를 추구한다.

2) EU의 활동에 대한 법적 근거

유럽연합은 유럽연합회원국가와 별개의 법인격186)을 부여받고 있고 또 유럽연합회원국가들이 가지고 있지 않는 배타적인 권한과 공유적 권한을 가지고 있다. 그러기에 그러한 권한을 행사하려면 구체

------

186) 유럽연합조약 제47조에는 "연합은 법인격을 가진다"라고 되어 있다.

적인 근거가 필요하게 되는데 이러한 활동의 법적인 근거를 들면 아래와 같다.[187]

첫째, 본조약은 연합의 운영에 대해 정하고, 연합의 관할권의 분야, 구분 및 행사에 관한 세칙을 정한다.

둘째, 조약 및 유럽연합조약은 연합의 기초가 되는 조약이다. 양조약은 법적으로 동일한 가치를 가지며, "제조약"[188]이라고 부른다.

셋째, 제조약의 의정서 및 부속서는 제조약의 필요불가결한 구성부분이다.[189]

즉, 위에서 살펴보듯이 유럽연합의 법적근거는 유럽연합조약과 유럽연합운영에 관한 조약, 기타 제조약의 의정서 및 부속서이다.

3) EU와 EU 구성국과의 관계

유럽연합과 가입 회원국간에는 권한이 분배되어 있는데 권한부여 원칙에 따라 권한배분 원칙, 보충성의 원칙, 비례의 원칙 등이 적용되어 권한을 행사하고 있는데 구체적으로 살펴보면 다음과 같다.[190] 첫째, 연합의 권한의 한계는 권한부여의 원칙에 의해 규율된다. 연합의 권한의 행사는 보충성 및 비례의 원칙에 의해 규율된다. 둘째, 권한부여의 원칙에 따라 연합은 제조약에서 정한 목표를 실현하기 위하여

---

187) 유럽연합의 운영에 관한 조약 제1조 참조.
188) 제조약이란 리스본 조약의 핵심조약인 유럽연합조약과 유럽연합의 운영에 관한 조약을 말한다. 그리고 유럽연합조약과 유럽연합의 운영에 관한 조약이외에 유럽연합 공통의 목적을 위해 필요로 한 의정서 및 부속서를 말한다. 의정서는 36개, 부속서는 2개, 선언은 50개로 구성되어 있다(박인수, 「EU헌법의 주요내용과 특징」, 『유럽헌법연구』 I, 대구: 영남대학교출판부, 2008, p. 12 참조).
189) 유럽연합조약 제51조.
190) 유럽연합조약 제5조 참조.

제조약에서 회원국이 연합에게 양도한 권한의 범위 내에서만 행동한다. 제조약에서 연합에게 양도하고 있지 않은 권한은 회원국에게 남아 있다. 셋째, 보충성원칙에 따라 연합은 그 배타적 권한에 속하고 있지 않은 분야에서는 제안된 조치의 목표가 회원국에 의해서는 중앙, 지역 및 지방의 어떤 차원에서도 충분하게 달성될 수 없고, 오히려 제안된 조치의 규모 또는 효과를 이유로 연합 차원에서 보다 효과적으로 달성될 수 있는 경우에는 그 범위에 한하여 개입한다. 연합의 기관은 보충성 및 비례원칙의 적용에 관한 의정서에 규정된 바에 따라 보충성원칙을 적용한다. 회원국 국내의회는 동 의정서에 규정된 절차에 따라 보충성원칙의 준수를 보장한다. 넷째, 비례원칙에 따라 연합 조치의 내용 및 형식은 제조약의 목적을 달성하는데 필요한 한도를 넘을 수 없다. 연합의 기관은 보충성 및 비례원칙의 적용에 관한 의정서에 규정된 바에 따라 비례원칙을 적용한다.

(1) EU의 배타적 권한

유럽연합은 특정 분야에 대해 배타적 권한을 부여하고 있는 때는 연합만이 법적으로 구속력 있는 행위를 제정하고 채택할 수 있다. 다만 회원국은 연합으로부터 그에 대하여 수권을 받은 때 혹은 연합의 (입법)행위를 시행하기 위해서만 행동할 수 있다.[191] 이러한 배타적 권한의 원칙에서 유럽연합만이 가지고 있는 내용으로 아래와 같은 권한들이 있다.[192] 첫째, 관세동맹, 둘째, 역내시장을 운영하는데 필요한 경쟁규칙의 결정, 셋째, 유로를 통화로 하는 회원국들을 위한 통화

191) 유럽연합의 운영에 관한 조약 제2조 제1항 참조.
192) 유럽연합의 운영에 관한 조약 제3조 참조.

정책 넷째, 공동어업정책의 범위 내 해양생물자원의 보전, 다섯째, 공동통상정책, 여섯째, 게다가 연합은 국제협정의 체결이 연합의 법률에서 정해져 있을 때, 연합이 그 자신의 내부 권한을 행사할 수 있도록 국제협정의 체결이 필요한 때, 또는 국제협정의 체결이 공동규칙을 해하거나 혹은 그 효력이 미치는 범위를 변경할 가능성이 있을 때는 국제협정을 체결할 배타적 권한이 있다.

(2) EU의 공유적 권한

제조약이 연합에게 특정 분야에 대하여 회원국과 공유권한을 부여하고 있는 때에는 연합 및 회원국은 이 분야에 대하여 법적으로 구속력 있는 행위를 제정하고 채택할 수 있다. 회원국은 연합이 그 권한을 행사하지 않은 경우에 한하여 자신의 권한을 행사한다.[193] 회원국은 연합이 자신의 권한을 행사하지 않는다고 결정한 경우에 한하여 자신의 권한을 새롭게 행사한다.[194] 위에서 언급한 공유권한으로 아래와 같은 권한을 유럽연합과 가입 회원국가들이 공유하고 있는데, 구체적으로 살펴보면 다음과 같다.[195]

첫째, 연합은 자신에게 제조약이 유럽연합의 배타적 권한(제3조) 및 유럽연합의 조정·지원·보충에 대한 권한(제6조)에 열거되어 있는 분야 이외에서 권한을 부여하고 있는 때에는 그 권한을 회원국과 공유한다.

둘째, 연합과 회원국간 공유권한은 아래의 주요 분야에 적용된다.

---

[193] 유럽연합은 공유적 권한으로 원칙적으로 유럽연합에게 권한이 있지만 유럽연합이 권한을 행사하지 아니할 때 회원국가가 권한을 행사하는 것을 말한다.
[194] 유럽연합의 운영에 관한 조약 제2조 제2항 참조.
[195] 유럽연합의 운영에 관한 조약 제4조 참조.

역내시장(a호), 본조약에 정의된 제측면에 관한 사회정책(b호), 경제적, 사회적 및 영토적 결속 (c호), 농업 및 어업, 단 해양생물자원의 보존은 제외한다 (d호), 환경 (e호), 소비자보호(f호), 운송 (g호), 유럽횡단네트워크(h호), 에너지 (i호), 자유, 안전 및 사법지대 (j호), 본조약에 정의된 제측면에 관한 공중위생 분야에서의 공동안전관심사항(k호) 등이다. 셋째, 연구, 기술개발 및 우주항공 분야에서 연합은 조치를 강구할 권한, 특히 계획을 수립하고, 실행할 권한이 있다. 단, 이 권한의 행사는 회원국이 자신의 권한을 행사하는 것을 방해할 수 없다. 넷째, 개발협력 및 인도적 지원 분야에서 연합은 조치를 강구하고, 공동정책을 실시할 권한이 있다. 단, 이 권한의 행사는 회원국이 자신의 권한을 행사하는 것을 방해할 수 없다.

(3) 지원·조정·보충 등에 대한 권한

제조약에 의해 규정된 특정 분야 및 조건에 있어 연합은 회원국의 조치를 지원하고 조정하며, 또는 보충하기 위한 조치를 실시할 권한이 있다.196) 단, 이 분야에서의 연합의 권한은 회원국의 권한을 대체할 수 없다. 이 분야에 관한 제조약이 규정에 기초하여 채택된 법적으로 구속력 있는 연합의 행위는 회원국의 법률 혹은 규정의 조화를 포함할 수 없다.197) 이와 같이 유럽연합은 보충, 지원, 조정의 권한을 가지고 있는데 이를 구체적으로 나열하면 다음과 같다.198) 하나, 사람의

---

196) 유럽연합은 아직 배타적 권한, 공유적 권한, 지원·조정·보충에 대한 권한 크게 3개로 나누는데, 위에서 지적하듯이 미래에 공유적 권한을 넘어 지원·조정·보충에 대한 권한을 유럽연합이 행사하게 된다면 본서에서 주장하고 싶은 제3단계 세부화된 연방제에 거의 이르렀다고 판단할 수 있을 것이다.

197) 유럽연합의 운영에 관한 조약 제2조 제5항 참조.

건강보호 및 증진, 둘, 산업, 셋, 문화, 넷, 여행, 다섯, 일반교육, 직업교육, 청년 및 스포츠, 여섯, 시민보호, 일곱, 행정협력 등이다.

4) 유럽연합 시민권 취득 및 권리

유럽연합 내 구성회원국가의 국민들은 유럽연합 시민권이 자동으로 부여되고 아래와 같은 권리와 의무를 가지게 된다. 구체적으로 살펴보면 다음과 같다.[199] 첫째, 연합의 시민권을 제정한다. 회원국의 국적을 보유하고 있는 모든 국민은 연합의 시민권을 취득한다. 연합의 시민권은 회원국 국적을 보완하는 성격을 가지며, 이를 대신하지 않는다. 둘째, 모든 연합시민은 제조약에 규정된 권리와 의무가 있다.

특히 다음과 같은 권리가 있다. 회원국의 영토 내에서 자유롭게 이동하고 거주할 권리(a호), 회원국의 국민과 동등한 조건 하에 유럽의회 및 그들이 거주하고 있는 회원국의 지방선거에서의 선거권과 피선거권(b호), 국적 소유 회원국이 대표부를 설치하고 있지 않은 제3국의 영토에서 거주하는 모든 연합시민도 당해 회원국의 국적을 갖는 자와 동일한 조건으로 외교적, 영사적 대표부에 의한 보호를 받을 수 있는 권리(c호), 유럽의회 청원권, 유럽옴부즈맨 요청권 및 제조약상 모든 언어로 연합의 기관 및 기구에 질의하고 같은 언어로 회신을 받을 권리(d호) 등이다. 셋째, 유럽연합은 2007년 12월 12일 스트라스부르에서 채택된 2000년 12월 7일자 유럽연합 기본권헌장과 제조약은 법적으로 동등한 가치가 있다.[200] 즉, 유럽연합 시민권자는 누구나 유럽연

<hr>

198) 유럽연합의 운영에 관한 조약 제6조 참조.
199) 유럽연합의 운영에 관한 조약 제20조 참조.
200) 유럽연합조약 제6조 1항 참조. 비준과정에서 무산된 유럽연합헌법조약에는 본문에

합 기본권헌장과 제조약에서 보장한 여러 권리를 향유할 수 있는 권리를 가지고 있다고 본다.

5) 통치기구

위에서 언급된 유럽연합의 권한행사와 유럽시민권자들의 권리를 보호하기 위해서 필요한 기관들을 두고 있다. 유럽의회(유럽연합조약 제14조 제1,2,3,4항, 유럽연합운영에관한조약 제223조－제236조), 유럽이사회(유럽연합조약 제15조), 이사회(유럽연합조약 제16조, 제26조 제2항), 유럽위원회(유럽연합조약 제17조), 연합공동외교안보정책고위대표(유럽연합조약 제18조 제1항, 제27조, 제36조), 유럽연합사법재판소(유럽연합조약 제19조, 유럽연합운영에관한조약 제251조－제281조), 유럽중앙은행(유럽연합운영에관한조약 제282조－제284조), 자문기구로 경제사회위원회와 지역위원회(유럽연합운영에관한조례 제300조), 회계감사원(유럽연합운영에관한 조약 제285조－제287조), 유럽방위청(유럽연합조약 제42조－제45조)과 유럽경찰청을 두고 있다. 이해의 편의를 위해 유럽연합의 기구와 운영을 구체적으로 살펴보면 아래와 같다.

(1) 유럽의회

첫째, 유럽의회 권한으로는 유럽의회는 이사회와 연대하여 법률을 제정하고, 예산을 수립한다. 유럽의회는 제조약에 따라 정치적 감독

규정되었으나, 리스본조약에서는 본문에 규정되지 않았지만 본문에 규정된 것과 마찬가지로 시민권이 있는 사람들에게 기본권조약을 제조약과 마찬가지로 보호하고 있다.

임무 및 심의 기능을 행사한다. 유럽의회는 위원회의 위원장을 선출한다.[201] 둘째, 유럽의회 선출방법대해서는 유럽의회는 연합시민들의 대표로 구성된다. 그 대표의 수는 750명을 넘지 못한다. 시민들의 대표는 각 회원국별로 최소 6명으로 구성되는 체담적 비례제도로 선출된다. 어떤 회원국의 의석도 96석을 넘을 수 없다. 유럽이사회는 전단에 규정된 제 원칙을 존중하면서 유럽의회의 구성에 관한 결정을 유럽의회의 제안과 그 동의에 의거하여 전원일치로 제정한다.[202] 셋째, 유럽의회 의원의 임기와 투표는 유럽의회의 의원은 임기 5년이고, 보통, 직접, 자유 및 비밀선거에 의해 선출된다.[203] 넷째, 유럽의회 임원에 대해서는 유럽의회는 그 의원 중에서 의장과 임원을 선출한다.[204] 다섯째, 유럽의회의 공동안보외교정책담당대표에 대하여서 다음과 같은 권한이 있다.[205]

연합 외교안보정책고위대표는 공동외교안보정책 및 공동안보방위정책의 가장 중요한 측면 및 기본적 선택사항에 대해 유럽의회와 정기적으로 협의하고, 이 분야에서 정책의 전개 상황에 대해 유럽의회에 보고한다. 고위대표는 유럽의회의 의견이 충분히 고려되도록 보장한다. 유럽의회에서의 보고를 위한 특별대표가 임명될 수 있다(a호), 유럽의회는 이사회 및 고위대표에게 질문 또는 권고를 행할 수 있다. 유럽의회는 년 2회 공동안보방위정책을 포함한 공동외교안보정책의 실시의 진전에 대해 심의한다(b호) 등이다.

....

201) 유럽연합조약 제14조 1항 참조.
202) 유럽연합조약 제14조 2항 참조.
203) 유럽연합조약 제14조 3항 참조.
204) 유럽연합조약 제14조 4항 참조.
205) 유럽연합조약 제36조 참조.

(2) 유럽이사회

유럽정상들이 모여 유럽연합을 이끌어 가는데 자세한 내용은 아래와 같다.206)

첫째, 유럽이사회는 연합에 대해 그 발전에 필요한 자극을 주고, 일반적인 정책 목표 및 그를 위한 우선순위를 정한다. 일반적인 정책 목표 및 그를 위한 우선순위를 정한다. 유럽이사회는 입법 기능을 행사할 수 없다. 둘째, 유럽이사회의 구성207)은 회원국의 국가원수 또는 정부 수반과 유럽이사회 의장 및 위원회의 위원상으로 구성된다. 연합 외교안보정책고위대표도 그 활동에 참가한다. 셋째, 모임은 유럽이사회는 여섯 달에 두 번씩 의장에 의해 소집된다. 의제에 따라 필요하다면, 유럽이사회의 위원들은 각료 한명, 또한 위원회 위원장의 경우에는 위원회 위원 한명의 보좌를 받도록 결정할 수 있다. 사정에 따라 필요하다면, 의장은 유럽이사회의 특별회의를 소집한다. 넷째, 의사결정방법은 제조약에서 달리 규정하고 있지 않다면, 유럽이사회의 결정은 컨센서스에 의해 채택된다. 다섯째, 상임의장 선출 및 해임은 유럽이사회는 가중다수결로 2년 6개월 임기의 의장을 선출한다. 그 임기는 한 번의 연임이 가능하다. 비리 또는 중대한 과실이 있는 경우, 유럽이사회는 동일한 절차에 따라 의장을 해임할 수 있다. 여섯째, 유럽이사회의 의장의 권한은 다음과 같다. 유럽이사회의 업무를

206) 유럽연합조약 제15조 참조.
207) 유럽이사회는 회원국의 국가원수 또는 정부수반과 유럽이사회의 의장 및 위원장으로 구성되고 유럽연합 외교안보 정책고위대표, 유럽연합위원회 위원장도 활동에 참여할 수 있다. 통일예멘헌법에 있는 대통령평의회와 유사한 기구라고 사료되며, 의장은 소집권만 아직 있으나 의장의 권한이 강화되면 대통령평의회 의장에 비유할 수 있다고 판단한다.

주재하고 추진한다(a호), 위원회의 위원장과 협력하여 또 일반직무이
사회의 업무에 의거하여 그 준비와 계속성을 보장한다(b호), 유럽이사
회 내에서 결속과 컨센서스가 촉진되도록 노력한다(c호), 유럽이사회
의 매 회의 후 유럽의회에 보고서를 제출한다(d호) 등이다. 유럽이사
회 의장은 그 수준 및 그 능력 내에서 연합 외교 안보정책고위대표의
권한을 해함이 없이 공동외교안보정책과 관련한 문제에 관한 연합의
대외적 대표성을 보장한다. 그러나 유럽이사회 의장은 개별 국가의 지
시를 수행할 수 없다.

일곱째, 공동외교안보에 대한 권한으로 다음과 같은 권한이 있다.[208]
유럽이사회는 연합의 전략적 이익을 결정하고, 방위정책과 관련한 문
제를 포함한 연합이 공동외교안보정책의 목표 및 일반적 방침을 정한
다. 유럽이사회는 필요한 결정을 제정한다. 국제정세에 비추어 필요
한 경우, 유럽이사회 의장은 당해 정세에 직면하여 연합 정책의 전략
적 계획을 수립하기 위하여 유럽이사회의 임시회의를 소집한다.

(3) 각료이사회

이사회의 권한, 의결방법, 이사회 편성방식 등을 살펴보면 아래와
같다.[209]

첫째, 각료이사회 권한으로는 다음과 같은 것들이 있다. 유럽의회
와 연대하여 법률을 제정하고, 예산을 수립한다. 이사회는 제조약에
규정된 바에 따라 정책의 수립 및 조정기능을 수행한다. 둘째, 유럽이
사회 구성은 이사회는 각 회원국 당 한명의 각료급 대표로 구성된다.

---

208) 유럽연합조약 제26조 1항 참조.
209) 유럽연합조약 제16조 ,제26조 2항, 제27조1항 참조.

해당대표는 자신이 대표하는 회원국의 정부를 구속하는 행동을 할 수 있고, 투표권을 행사한다. 셋째, 이사회 의결방법은 제조약에서 달리 규정하고 있지 않다면, 이사회는 가중다수결로 결정한다. 넷째, 2014년부터 가중다수결로 인정되기 위해서는 이사회의 위원 중 적어도 15인 이상으로서 55% 이상의 다수여야 하고, 또 그 위원들에 의해 대표되는 회원국이 연합의 인구 가운데 적어도 65%가 되어야 한다. 가중다수결의 성립을 저지할 수 있는 봉쇄표는 적어도 4명의 이사회 위원을 필요로 하고, 이를 흠결한 경우에는 가중다수결에 이르렀다고 볼 수 없다. 다섯째, 이사회는 다양한 편성방식으로 구성된다. 그 편성에 관한 목록은 유럽연합운영조약 가중다수결(제236조)에 따라 채택된다. 일반직무이사회는 다양한 편성방식으로 구성되어 있는 이사회 작업의 일관성을 보장한다. 이사회는 유럽이사회의장 및 위원회와 연대하여 유럽이사회의 회의를 준비하고, 그 회의가 지속되도록 보장한다. 외무이사회는 유럽이사회의 전략적 방침에 따라 연합의 대외적 행동을 마련하고, 연합의 행동의 일관성을 보장한다. 여섯째, 회원국 정부의 상설대표부는 이사회의 작업을 준비할 책임이 있다. 일곱째, 이사회의 회의 및 표결시에 이사회는 법률안에 대해 성의 또는 표결할 때는 공개회의를 연다. 이 목적을 위하여 이사회의 각 회의는 2부로, 즉 연합의 입법행위에 관한 심의를 하는 회의와, 입법행위와 관련이 없는 회의로 구분된다.

그리고 여덟째, 이사회의장 역임방식은 이사회의 편성방식상 의장직은 외무이사회를 제외하고 유럽연합운영조약 가중다수결(제236조)에 따라 정해진 조건에 일치하여 균등순환방식으로 이사회에서 회원국의 대표에 의해 수행된다. 아홉째, 이사회는 유럽이사회가 정한 일반적 방침 및 전략적 계획에 의거하여 공동외교안보정책을 형성하고, 이 정책을 수립하고 실시하기 위한 필요한 결정을 채택한다. 이사회 및 연합 외교안보정책고위대표는 연합 행동의 통일성, 일관성 및 유효성을 확보한다.210) 열 번째, 외무이사회 의장인 연합 외교안보정책 고위대표는 자신의 제안을 통하여 공동외교안보정책의 결정에 기여하고, 유럽이사회 및 이사회가 제정한 결정의 실시를 확보한다.211)

(4) 유럽위원회

유럽위원회는 일종의 행정부역할을 하는데 구체적으로 살펴보면 다음과 같다.212)

첫째, 위원회의 권한으로 다음과 같은 것이 있다. 위원회는 연합의 일반적 이익을 촉진하고, 이 목적을 위하여 적절한 주도권을 행사한다. 위원회는 제조약의 적용 및 제조약에 따라 제 기관에 의해 채택된 조치의 적용을 확보한다. 위원회는 유럽연합 사법재판소의 감독하에 연합법의 적용을 감시한다. 위원회는 예산안을 집행하고, 제반 계획을 관리한다. 위원회는 제조약에 규정된 바에 따라 조정·집행·관리 기능을 행사한다. 공동외교안보정책 및 제조약에 규정된 기타 경우를 제외하고, 위원회는 연합의 외교적 대표권을 행사한다. 위원회는 연합의 조직 간 합의를 도출하기 위하여 연합의 연간 및 다년간계획을 준비한다(a호), 제조약이 특별하게 규정하고 있지 않는 한 연합의 입법행위는 오직 위원회의 제안에 의해서만 제정될 수 있다. 기타의 행

---

210) 유럽연합조약 제26조 제2항 참조.
211) 유럽연합조약 제27조 제1항 참조.
212) 유럽연합조약 제17조 참조.

위는 제조약에 규정되어 있는 경우에만 위원회의 제안에 의하여 제정된다(b호).

둘째, 위원회 임기와 선출은 위원회의 임기는 5년이다. 위원회의 위원은 독립성에 의심의 여지가 없는 인물 가운데 종합적인 능력과 유럽에 대한 기여도에 기초하여 선출된다. 위원회는 완전히 독립하여 그 임무를 수행한다. 제18조 제2항을 침해함이 없이 정부, 기타 기관, 조직 또는 기타 부서로부터 지시를 구하지도 받지도 않는다. 위원회는 그 직무 또는 임무의 수행에 적합하지 않는 어떤 행동도 삼간다.

셋째, 위원회위원의 구성 및 자격은 다음과 같다.

리스본조약 발효 일자와 2014년 10월 31일과의 사이에 임명된 위원회는 그 위원장 및 위원회의 부위원장의 1인이기도 한 외교안보정책고위대표를 포함하여 각 회원국 당 1명의 국민으로 구성된다(a호), 전원일치로 행동하는 유럽이사회가 그 수를 변경하는 결정을 하지 않는 한 2014년 11월 1일부터 위원회는 그 위원장 및 외교안보정책고위대표를 포함하여 회원국 수의 3분의 2에 상당하는 수의 위원으로 구성된다(b호). 위원회 위원은 회원국 간 동등한 순환방식에 따라 회원국의 국민 중에서 회원국 전체 인구 및 지리적 분포를 반영하여 선출된다. 이 제도는 유럽이사회가 유럽연합운영조약 유럽이사회가 전원일치로 정하는 편성제(제244조)에 따라 전원일치로 정한다.

넷째, 위원회 위원장의 권한은 다음과 같다. 위원회가 그 임무를 수행하도록 방침을 정하고(a호), 위원회의 행동의 범위 내에서 일관성, 효율성 및 집단지도체제를 보장하기 위하여 위원회의 내부조직에 대하여 결정하고(b호), 외교안보정책고위대표를 제외한 기타 복수의 부위원장을 위원회의 위원 중에서 임명한다(c호). 위원회의 위원은 위원

장이 요청하는 경우 그 직을 사퇴한다. 연합 외교안보정책고위대표는
위원장이 요청하는 경우 그 직을 사퇴한다.

다섯째, 위원회 위원장 선출방식은 유럽이사회는 유럽의회의 선거
결과를 고려하고 또 적절한 협의 후 가중다수결로 위원회의 위원장
후보자 한명을 제안한다. 이 후보자는 유럽의회에 의해 재적의원의
과반수로 선출된다. 만약 이 후보자가 과반수를 획득하지 못한 경우,
유럽이사회는 가중다수결로 1개월 이내 동일한 절차에 따라 유럽의회
에 의해 선출된 새로운 후보자 한 명을 제안한다. 이사회는 선출된 위
원장과 공동 합의하여 위원회의 위원으로 임명하고자 제안하는 다른
인물의 명부를 채택한다. 이 인물들은 회원국의 제안에 기하여 선출
된다. 위원장, 외교안보정책고위대표 및 위원회의 기타 위원은 일괄
하여 유럽의회의 신임투표에 구속된다. 이 신임에 의거하여 위원회는
유럽이사회에 의해 가중다수결로 임명된다.

여섯째, 위원회의 유럽의회에 대한 책임은 위원회는 일괄하여 유럽
의회에 대하여 책임을 진다. 유럽의회는 유럽운영조약 제234조에 따
라 위원회에 대한 불신임안을 채택할 수 있다. 불신임안이 채택되었
을 때 위원회 위원은 일괄 사퇴해야 하고, 또 연합 외교안보정책고위
대표는 위원회의 범위 내에서 행사하는 직무에서 사퇴해야 한다.

(5) 연합공동외교안보정책고위대표

첫째, 연합공동외교안보정책고위대표[213] 선출방식은 다음과 같은
데 즉, 유럽이사회는 위원회 위원장의 동의를 얻어 연합외교안보정책

---

213) 유럽헌법조약에서는 유럽외교부장관이라는 명칭을 사용하였다.

고위대표를 가중다수결로 임명한다. 유럽이사회는 연합 외교안보정 책고위대표의 임기를 동일한 절차에 따라 종료시킬 수 있다.[214] 둘째, 연합외교안보정책고위대표의 의무 및 권한은 공동외교안보정책 및 공동안보방위정책의 가장 중요한 측면 및 기본적 선택사항에 대해 유 럽의회와 정기적으로 협의하고, 이 분야에서 정책의 전개 상황에 대 해 유럽의회에 보고한다. 고위대표는 유럽의회의 의견이 충분히 고려 되도록 보장한다. 유럽의회에서의 보고를 위한 특별대표가 임명될 수 있다.[215]

(6) 유럽연합사법재판소

유럽연합은 독자적인 사법재판소를 가지고 있는데 이를 구체적으 로 조직과 권한을 살펴보면 다음과 같다.[216] 첫째, 유럽연합 내에서 사법부기능을 하는데 종류로는 유럽연합사법재판소는 사법재판소, 일반재판소 및 전문재판소를 포함한다. 권한은 유럽연합사법재판소 는 제조약의 해석 및 적용시 법의 존중을 확보한다. 회원국은 연합법 이 미치는 분야에서 효과적인 법적 보호를 확보하기 위하여 충분한 소송제도를 마련한다. 둘째, 사법재판소의 구성은 각 회원국당 한 명 의 재판관으로 구성된다. 사법재판소는 법무관의 보좌를 받는다. 일반 재판소는 각 회원국당 한 명의 재판관으로 구성된다. 사법재판소의 재판관과 법무관 및 일반재판소의 재판관은 그 독립성에 의심의 여지 가 없고, 또한 유럽연합운영조약 의무이행을 하지 않는 회원국에 대

---

214) 유럽연합조약 제18조 1항 참조.
215) 유럽연합조약 제36조 1단 참조.
216) 유럽연합조약 제19조 참조.

한 제재조치(제253조) 및 일반재판소와 사법재판소에 대한 규정(제254조)에 규정된 조건을 만족하는 인물이 선출된다. 이 인물들은 회원국 정부의 공동 합의에 의해 6년의 임기로 임명된다. 퇴직하는 재판관 및 법무관은 재선임될 수 있다.

셋째, 사법재판소의 권한은 아래와 같다. 유럽연합 사법재판소는 제조약에 따라 회원국, 기관 또는 법인 또는 자연인에 의해 제기된 소송을 심리한다(a호). 연합법의 해석 또는 제 기관에 의해 제정된 행위의 유효성에 대하여 회원국의 법원 또는 재판소의 부탁에 대해 선결적 판결을 내린다(b호), 제조약에 규정된 기타의 경우에 대해 심리한다(c호).

(7) 유럽중앙은행

유럽연합은 공동의 통화정책을 수립하기 위해서 유럽중앙은행을 수립하였는데 구체적으로 살펴보면 아래와 같다.[217)

첫째, 유럽중앙은행의 구성과 역할은, 유럽중앙은행 및 회원국 국내중앙은행은 유럽중앙은행제도를 형성한다. 유럽중앙은행 및 유로를 통화로 하는 회원국의 국내중앙은행은 유로제도를 형성하고, 연합의 통화정책을 수행한다. 둘째, 유럽중앙은행제도는 유럽중앙은행의 의결기관의 규율을 받는다. 유럽중앙은행제도의 우선적 목표는 물가의 안전성을 확보하는 것이다. 이 목표를 침해하지 않는 범위 내에서 유럽중앙은행제도는 연합의 목표를 실현하는데 기여하기 위하여 연합에서의 일반경제정책을 지원한다. 셋째, 유럽중앙은행은 법인격을

---

217) 유럽연합의 운영에 관한 조약 제282조 참조.

지닌다. 유럽중앙은행만이 유로의 발행을 허가할 권한이 있다. 유럽중앙은행은 독립적으로 그 권한을 행사하고, 또 그 자금을 관리한다. 연합의 기관, 조직 및 기타부서 및 회원국 정부는 그 독립성을 존중한다. 넷째, 유럽중앙은행은 유럽중앙은행의 목표, 직무, 의무, 운영, 기관독립 등(제127조 내지 제133조 및 제138조)에 따라, 또한 유럽중앙은행제도 및 유럽중앙은행정관에 따라 그 임무의 수행에 필요한 조치를 취한다. 이 조항들에 따라 유로를 통화로 하지 않는 회원국 및 그 국내중앙은행은 동화 분야에서 자신의 권한을 행사한다. 다섯째, 자신의 권한이 미치는 분야에서 유럽중앙은행은 연합의 행위를 위한 모든 법안 및 회원국 차원의 모든 법안에 대해 자문하고 의견 표명을 할 수 있다.

(8) 자문기구

이상 위에서 살펴본 기관들 이외에 자문기구들이 있다. 대표적인 자문기구로 경제사회위원회, 지역위원회 등이 있는데 이 기구들의 구체적인 내용은 다음과 같다.[218] 첫째, 유럽의회, 이사회 및 위원회는 자문적 기능을 가지는 경제사회위원회 및 지역위원회의 보좌를 받는다. 둘째, 경제사회위원회는 사용자와 노동자조직의 대표 및 시민사회의 기타 대표, 특히 사회, 시민적, 직업적 및 문화적 분야의 대표로 구성된다. 셋째, 지역위원회는 지역 또는 지방단체에서 선거에 의거하여 대표권을 가지거나 또는 선출된 의회에 대하여 정치적으로 책임을 지는 지역 및 지방단체의 대표로 구성된다. 넷째, 경제사회위원회

218) 유럽연합의 운영에 관한 조약 제300조 참조.

및 지역위원회의 위원은 어떠한 지시에도 구속되지 아니한다. 동 위원은 연합의 일반적 이익을 위하여 전적으로 독립하여 직무를 수행한다. 다섯째, 두 위원회의 구성방법에 관하여 연합에서 경제적, 사회적 및 인구적 변동을 고려하기 위하여 이사회가 정기적인 간격으로 재검토한다. 이사회는 이 목적을 위하여 위원회의 제안에 의거하여 결정을 제정한다.

(9) 회계감사원

유럽연합의 재무회계의 투명성을 높이기 위해서 회계감사원을 두고 있다. 구체적인 내용을 살펴보면 다음과 같다.[219] 회계감사원은 연합의 회계감사를 실시한다(a호), 회계감사원은 각 회원국당 1명이 국민으로 구성된다. 그 위원은 연합의 일반적 이익을 위하여 완전히 독립하여 자신의 임무를 수행한다(b호).

(10) 기타

기타 조직으로 유럽방위청과 유럽검찰국을 들 수 있다.[220] 그리고 유럽경찰청을 두고 있다.

6) 유럽연합재정

유럽연합이 배타적 권한, 공유적 권한 및 조정·지원·보충 등의 권한을 행사하기 위해서는 재정이 확보되고 집행되어야 하는데 이를 구

---

219) 유럽연합의 운영에 관한 조약 제285조 참조.
220) 유럽연합조약 제86조 참조.

체적으로 살펴보면 아래와 같다.[221] 첫째, 연합의 모든 수입 및 지출
은 각 회계연도마다 작성하는 개산서 및 예산에 명기된다. 연합의 연
간 예산은 예산에 대한 특별입법절차(제314조)에 따라 유럽의회 및 이
사회가 정하며 예산의 수입과 지출은 균형을 이루어야 한다.

둘째, 예산에 명시된 지출은 예산에 대한 일반입법절차(제322조)에
언급된 규칙에 따라 회계연도에 한하여 승인된다. 셋째, 예산에 명시
된 지출의 집행은 연합의 조치 및 예산에 대한 일반입법절차(제322조)
에 언급된 규칙에 따른 당해 지출의 집행을 위한 법적 기초를 제공하
는 법적으로 구속력을 가지는 연합의 행위의 사전 제정을 필요로 한
다. 단, 당해 규칙이 예외를 정하고 있는 경우에는 이에 한하지 않는
다. 넷째, 예산 질서를 유지하기 위하여 연합은 행위에 수반하는 지출
이 그 독자 재원의 범위 내에서 또 다년간 재정계획(제312조)에 언급
된 다년간 재정계획을 준수하면서 자금을 조달할 수 있다는 확신을
제공하지 않고서는 예산에 현저하게 영향을 미칠 수 있는 어떠한 행
위도 제정할 수 없다. 다섯째, 예산은 건전한 재정운영원칙에 따라 집
행된다. 회원국은 예산에 명시된 자금이 이 원칙에 따라 사용되는 것
을 보장하기 위하여 연합과 협력한다. 여섯째, 연합 및 회원국은 유럽
연합의 재정에 영향을 미치는 기망행위 등 방지(제325조)에 따라 사기
및 연합의 재정이익에 영향을 미치는 불법행위와 싸운다.

7) 제조약 개정절차

국가에서 헌법이 있고 개정절차가 있듯이, 유럽연합의 설립 및 활

---

[221] 유럽연합의 운영에 관한 조약 제310조 참조.

동에 대한 근거 조약에 대해서도 시대의 변천에 맞게 활동하기 위해서 수정절차가 있는데 수정절차는 크게 일반개정절차와 약식개정절차(유럽연합조약 제48조)로 나누고 있다.[222]

3. 유럽연합헌법(리스본조약)이 연방통일헌법 구상에 주는 시사점

앞에서 살펴보듯 유럽연합의 목표는 평화 및 인민의 복지를 증진하고 역내 시장을 설립하며 유로를 통화로 하는 경제통화동맹을 달성하고 다른 세계와의 관계에서 유럽연합의 가치와 이익을 유지, 증진하며 연합시민들의 보호에 기여하는 것에 목표하고 있다. 유럽연합과 가입회원국간에는 **권한배분의 원칙**[223]에 따라 **배타적 권한**으로 관세동맹, 역내시장을 운영하는데 필요한 경쟁규칙의 결정, 유로를 통화로 하는 회원들을 위한 통화정책, 공동어업정책의 범위 내에서 해양, 생물자원 보존, 공동통상정책 등을 배타적 권한으로 가지고 있다. **공유적 권한**[224]으로 역내시장, 본조약에 정의된 제측면에 관한 사회정책, 경제 · 사회적 및 영토적 결속, 농업 및 어업, 단 해양생물자원의 보존은 제외한다. 환경, 소비자보호, 운송, 유럽횡단네트워크, 에너지, 자유, 안전 및 사법지대, 본 조약에 정의된 제측면에 의한 공중위생

----

222) 유럽연합조약 제48조 참조.
223) 권한배분의 원칙이란 유럽연합과 연합회원들 간에 권한을 나누어 각각 권한을 가지는 것을 말한다. 이 원칙에 의하여 유럽연합만이 가지는 권한을 배타적 권한이라 한다.
224) 공유적 권한이란 유럽연합과 연합회원들 간에 공동으로 권한을 가지는 것을 말한다. 아직 유럽연합이 초국가성(연방국가)을 가지고 있으나 완전한 연방국가가 아니므로 보충성원칙이 적용되어 유럽연합이 공유적 권한을 행사한다.

분야에서의 공동안전 관심사항 그리고 **보충, 지원, 조정에 관한 권한**225)으로 사람의 건강보호 및 증진, 산업, 문화, 여행, 일반교육, 직업교육, 청년 및 스포츠, 시민보호, 행정협력 등을 가지고 있다. 이와 같은 유럽연합의 공동목표와 배타적 권한, 공유적 권한, 조정, 지원 권한을 행사하기 위해 일종의 **통치구조(기구)**를 필요로 하는데 유럽의회, 유럽이사회, 각료이사회, 유럽위원회(집행위원회), 유럽사법재판소, 유럽중앙은행, 회계 감사원, 유럽방위청, 유럽경찰청, 경제사회위원회, 지역자문위원회 등이 있다. 그리고 리스본조약의 통과로 **유럽이사회 상임의장(유럽연방대통령), 유럽외교정책고위대표(유럽외무부장관)**가 활동하고 있다.226) 즉 상임의장은 권한은 약하나 일종의 유럽연방대통령으로 비유될 수 있고 유럽외교정책고위대표는 유럽외무부장관으로 비유할 수 있으며 유럽위원회는 행정부로 비유될 수 있겠다. 그리고 유럽사법재판소는 법원으로 활동하고 있다고 볼 수 있다. 유럽중앙은행은 국가의 중앙은행으로 볼 수 있겠다. 리스본조약의 분석을 통해 한반도 평화통일에 의한 연방통일헌법을 구상해 보는데 **첫째**, 유럽은 연합이라는 말만 사용하지 약하지만 이미 초국가성(연방국가)을 가진 낮은 단계 연방이다. 그리고 본서에서 주장하고자 하는 통일의 초기단계인 연합형 연방제와 유사하다. **둘째**, 이 점에서 한반도통일이 평화통일에 의한 단계적 연방국가로 통일이 된다면 연방통일헌법을 구상하는데 있어서 본서에서 주장하는 제1단계 연합형 연방

---

225) 조정 · 지원 · 보충 권한이란 원칙적으로 유럽연합 회원국들이 권한을 가지고 있다. 그러나 유럽연합 회원국가가 권한을 행사하는 어려움이 있을 때 유럽연합이 지원, 조정, 보충할 수 있다.

226) 비준과정에서 실패하였지만, 유럽헌법조약에서는 **유럽이사회 상임의장**을 **연방대통령**이라는 명칭을 사용하였고, **유럽외교정책고위대표**는 **유럽외무부장관**이라는 명칭을 사용하였다(유럽연합헌법조약과 리스본조약을 비교하기 바람).

제 헌법내용을 추출하는데 아주 유익한 자료를 얻을 수 있다. 그리고 **셋째**, 유럽방위청, 유럽경찰청은 통일초기연방국가의 통치기구에 필요하다. 그래서 연합형 연방헌법 구상에 중요한 의미를 주고 있다. **넷째**, 연방통일국가와 남북한지역정부의 권한배분에 있어 유럽연합 사례를 창조적으로 응용할 필요가 있다. 왜냐하면 본서에서 한반도 평화통일은 확정적 통일이 아니라 단계적 통일이며, 통합기간은 단기적이 아니고 장기적으로 보아야 한다고 주장하고 싶다. 그러한 점에서 유럽연합통합과정은 장기적이고 단계적이라고 판단하여 유익한 연구라고 생각한다.

제5절 한반도 평화통일에 주는 시사점

한반도 평화통일에 주는 시사점을 얻고자 분단의 정도, 통일의 유형, 통일의 기간, 통일의 후유증 여부, 정치적 통합이론, Balassa의 경제적통합이론, Elazar의 비중앙집권연방여부, 통합의 정도, 통일헌법의 체제분류를 통해 한반도의 통일에 주는 시사점을 얻고자 한다.

1. 분단의 정도

위에서 살펴보았듯이 독일은 지역분단, 정치적 분단을 가진 2중분단 상태에서 흡수통일을 하였고, 미국, 소련, 유럽연합 등은 비분단국가의 통합이므로 통합이전 분단이 없었다.

2. 통일 유형

통일의 유형은 크게 무력통일, 흡수통일, 평화통일 3가지로 나눌 수 있겠다. 동·서독 통일은 서독에 의한 동독을 흡수통합하는 방식이었고, 미국, 소련은 평화통일이었고 유럽연합은 평화통일의 과정에 있다고 본다. 본서에서 분석을 하지 않은 베트남통일이 현실주의(힘)에 의한 무력통일의 대표적인 사례이다.

3. 통일기간

독일통일은 기능주의에 의한 교류, 협력을 진행해 오다 1989년 가을혁명을 통해 대내외적인 통일분위기를 살리기 위해 신기능주의에 입각한 통일을 달성하였다. 그리하여 통일기간은 단기적이라고 판단하며, 미국은 장기적인 통합과정을 거쳤다. 소련은 단기적 중기라고 생각하는 바이다. 그리고 유럽연합은 장기적인 통합과정을 거쳤고 앞으로 더 많은 시간이 완전한 통일까지 가는데 필요하다.

4. 통합 후 후유증 여부

독일통일은 단기적 통일이다 보니 경제적, 사회적 문제가 아직도 통일 후 20년이 흘렀지만 아직도 존재하고 있다. 미국,[227] 소련은 후유증이 거의 없었다고 판단하며, 유럽연합은 후유증이 아직까지는 없었는데 장래에는 어떻게 전개될지 주목된다. 그리고 본인의 예상은 심각한 후유증은 없을 것으로 예상한다.

5. 정치적 통합이론

독일은 기능주의에서 신기능주의에 입각한 통일을 하였고 미국, 소련은 신기능주의에 입각한 통합과정을 거쳤다. 유럽연합은 기능주의

---

227) 미국 제16대 에이브러햄 링컨 대통령 당시 남북전쟁으로 일시적인 혼란이 있었다. 그러나 혼란은 잠시 더 단단한 통합구조가 완성되어 강력한 현재의 미국을 만들었다고 본다.

에서 신기능주의 통합과정을 밟고 있다.

6. Balassa의 경제적통합이론

Balassa의 경제적통합이론은 단계적 통합이론으로써 제1단계 자유무역지대, 제2단계 관세동맹, 제3단계 공동시장, 제4단계 경제동맹 및 통화동맹, 제5단계 완전한 통합단계로 설정하였다. 독일의 통합과정을 살펴보면 제1단계 자유무역지대에서 제5단계 완전한 통합단계로 급격한 경제통합을 시도하였다. 미국, 소련은 단계적 과정을 거쳐 완전한 경제통합을 달성한 국가라 할 수 있다. 유럽연합은 Balassa의 경제적통합이론에 충실한 통합과정을 거치고 있다. 제1단계 자유무역지대, 제2단계 관세동맹, 제3단계 공동시장 단계를 거쳐 제4단계 경제동맹 및 통화동맹에 있다.[228]

7. Elazar의 비중앙집권연방 여부

독일, 미국은 Elazar의 연방국가분류에 따르면 비중앙집권연방이라 볼 수 있고, 1924년 소련헌법은 강력한 중앙집권연방제를 내포하고 있으나 기본권과 의무에 대한 보장이 결여되어 있어 본서에서 주장하고자 하는 제2단계 연방제에 가깝다고 할 수 있다.[229] 유럽연합은 본서에서 주장하고자 하는 제1단계인 연합형 연방제 단계에 있다고 본다.

[228] 유럽연합회원국은 28개국이지만 유로화라는 단일화폐를 사용하는 나라는 현재 17개국이다. 아직 유럽은 완전한 화폐동맹에 이르렀다고 판단하기에는 시기상조이다.
[229] Elazar의 분류에 따르면 1924년 소련헌법도 중앙집권연방의 사례이다. 그리고 1936년 스탈린헌법은 더욱더 강력한 중앙집권연방국가이다.

8. 통합의 정도

독일은 교류·협력단계에서 바로 단계적 통합과정을 거치지 않고 본서에서 주장하는 제3단계인 세부화된 연방제로 통합되어 있다고 판단하며, 미국은 본서에서 주장하고 싶은 제2단계 연방제를 거쳐 제3단계인 세부화된 연방제에 있다고 하겠다. 그리고 1924년 소련헌법은 제2단계인 연방제 국가로 통합을 시작하여 1936년 스탈린헌법 이후 제3단계인 세부화된 강력한 중앙집권연방제까지 통합을 이루었으나 내적인 문제로 1991년 12월 26일 해체되었다. 유럽연합은 현단계에서는 본서에서 주장하고 싶은 제1단계인 연합형 연방제 단계에 있다고 본다.

9. 통일헌법의 체제분류

독일, 미국은 자유민주주의헌법이며, 1924년 소련헌법은 사회주의를 지향하는 헌법이다. 유럽연합은 자유민주주의 헌법을 지향하고 있으나 유럽의회의 공산당이 허용되어 활동하고 있다. 이해의 편의를 위해 통합사례국가들에 대한 비교분석을 통해 표현하면 〈표 3-4〉와 같다.

〈표 3-4〉 통일사례 국가들에 대한 비교분석

국가 / 비교항목	독일	미국	소련	유럽연합
분단의 정도	2중분단	없음	없음	없음
통일유형	흡수통일	평화통일	평화통일	평화통일 추구중
통일기간	단기	장기 (4단계)	단기적 중기[230]	장기

후유증여부	있다 (경제적, 사회적 문제)	거의 없다 (남북전쟁 제외)	없다	없다
정치적통합 이론	기능주의 →신기능주의	신기능주의	신기능주의	기능주의 →신기능주의
Balassa 경제적통합 이론	자유무역지대 →완전한통합	단계적 과정을 거 쳐 완전한 통합	처음부터 완전한 화폐 및 경제통합	자유무역지대 →관세동맹, →공동시장, →화폐동맹
Elazar비중앙 집권 연방여부(국 가형태)	비중잉집권언 방	비중앙집권연방	중앙집권연방제	(준)연합형 연방제
통합의 정도	세부화된 연방제	세부화된 연방	연방제	(준)연합형 연방
통일헌법의 체제분류	자유민주주의 헌법	자유민주주의 헌법	사회주의 헌법	자유민주주의 헌법지향(공 산당허용)

10. 소결: 후유증 없는 한반도 통일에 주는 시사점

후유증 없는 한반도 통일에 주는 시사점을 추출해 보면 다음과 같다.
첫째, 통일의 유형은 무력통일, 흡수통일, 평화통일이 있는데 한반
도 통일은 후유증이 없으려면 미국, 소련, 유럽연합처럼 평화통일이
어야 한다. **둘째**, 통일기간은 유럽연합, 미국처럼 단기적 과정이 아닌
장기적 과정을 택하여야 한다. **셋째**, 통일과정으로 일괄적 통일보다

230) 1924년 소련제정헌법은 1918년 러시아소비에트연방공화국헌법을 그대로 수용하는 형
태를 취하였다. 일부 학자에 따라서는 1924년 소련헌법을 국가연합이 아닌가하는 의
문을 제기하는 학자가 있으나 본인의 연구결과에 의하면 본서에서 주장하고 싶은 제
2단계 연방제에 해당하는 헌법이라고 생각하는 바이다. 그리고 1936년 스탈린헌법에
의하여 기본권까지 보장된 세부화된 강력한 중앙집권연방제로 나아가서 통일시간을
단기로 볼 수 있고 중기로도 해석할 수 있다고 하겠다.

단계적 통일이어야 한다. **넷째**, 통일 후 통일후유증이 없어야 한다는 것이다. 이를 위해서는 정치적 통합이론으로 신기능주의와 경제적 통합이론으로 단계별 통합과정을 거쳐야 한다는 것이다. Elazar의 국가형태의 분류로 볼 때 비중앙집권적 연방제로 가야 한다는 것이다. **다섯째**, 국가의 성격은 당－국가체제(사실상 일당지배체제)보다는 완전한 국가－당체제(복수정당체제)이어야 한다는 것이다.[231] **결론적으로** 압축하여 표현하면 단계적 연방제 통일과정을 거쳐야 하며, 통일의 종착점으로 세부화된 비중앙집권 연방제국가가 최종 통일국가의 목표이어야 한다는 것이다.

---

231) 미국, 서독 등은 국가의 성격을 제한적 국가－당체제로 볼 수 있다. 그리고 유럽연합의 프랑스, 스페인, 이탈리아 등 일부국가는 공산당까지 인정하므로 완전한 국가－당체제이지만 나머지 유럽연합의 국가들은 제한적 국가－당체제로 구분할 수 있다.

제**4**장

남북한 통일방안과 단계적
연방제통일방안 구상

제1절 남북한 통일방안의 비교분석

남북한은 각각 자기 각도에서 분단을 해소하기 위해서 대내외 상황이 변화할 때마다 자기입장에서 통일을 달성하기 위하여 나름대로 통일정책과 통일방안을 내놓았다. 아래에서는 구체적으로 어떠한 통일방안을 내놓았는지를 개괄적으로 살펴보고자하며, 현 통일방안에 대해서 집중적으로 내용을 분석하고자 한다.[1]

1. 남북한 통일방안의 전개과정

1) 남한의 통일정책의 변화 과정

남한의 경우는 유엔 감시하의 남북한 자유총선거실시론(이승만 정권)→유엔 감시하의 남북한 자유총선거실시론(민주당 정권)→유엔감시하의 남북한 자유총선거실시론(＝선경제건설 후통일정책: 3공화국 박정희 정권)→공정한 선거관리와 감시하의 토착인구비례에 의한 남북한 자유총선거 실시론(＝선평화 후통일정책: 제4공화국 박정희 정권)→민족화합민주통일방안(전두환 정권)→한민족공동체통일방안(노

---

[1] 이명박 정부가 들어와서 이렇다 할 통일정책이 빈약하였으나, 2010년 8월 15일 8・15 경축사에서 남북한 통일정책에 해당될 수 있는 3단계 구상을 밝혔는데 제1단계 평화공동체, 제2단계 경제공동체, 제3단계 민족공동체를 달성하여야 한민족의 미래가 있다고 주장하였고, 통일세에 대한 언급도 있었다. 그러나 아직까지 더 구체적인 통일정책이 나오지 않아 본서에서 참고하고자 했으나 할 수가 없었다.

태우 정권)→한민족공동체를 위한 3단계통일방안(＝민족공동체통일
방안: 김영삼 정권)→대북3불원칙에 의한 햇볕정책(＝대북포용정책: 김
대중 정권)→한반도 평화증진과 동북아경제중심국가건설의 '평화번영
정책'(노무현 정권)으로 통일정책을 실행해오고 있다. 그러나 남한의
통일정책 변화는 명칭상 정권과 더불어 생기고 정권과 함께 사라져
버리는 통일방안으로 나타나고 있다.[2]

2) 북한의 통일정책의 변화 과정

북한의 경우는 김일성 − 김정일 장기집권과 절대권력에 의해 민주
기지노선(1940년대)→위장평화의 무력투쟁노선(1950년대)→과도기적
남북연방제(1960년대)→5대강령하의 고려연방공화국제(1970년대)→3대
선결조건과 10대시정방침에 의한 고려민주연방공화국 통일방안(1980
년대)→조국통일 5대방침과 민족대단결10대강령에 의한 고려민주연
방공화국 통일방안(1990년대)으로 통일정책을 변화시켜 오고 있다.
북한의 통일정책 변화는 본질적으로 '선남조선혁명 후공산화통일 노
선'의 대남혁명전략에서 나온 것이다. 그래서 북한은 사실상 알맹이
없는 통일방안을 겉으로 내세우면서 실제로 선전적 차원에서 연방제
안을 주장하고 있다. 이 보다 더 큰 문제는 북한의 통일정책이 대남통
일혁명노선에 따른 연방제의 틀 속에서 실질적인 내용의 변화없이 장
기집권과 절대권력의 세습에 의해 계승되고 있다는 점에 있다.[3]

2) 윤황, 「한반도분단의 해결을 위한 남·북한 외교의 접근방안 모색」, 서병철 편저,
『분단 극복을 위한 초석−한국과 독일의 분단과 통일』, 서울: 도서출판 매봉, 2003,
pp. 356~362 참조.

3) 이서행 등, 통일부 통일교육원, 이서행, 『남북한의 통일정책과 통일방안 비교』, 서울:
상지피앤아이, 2006, pp. 118~119 참조.

2. 민족공동체통일방안과 고려민주연방공화국 창립방안 비교분석

현 남한의 통일정책은 김대중 정부의 대북포용정책과 노무현 정부의 평화번영정책, 박근혜 정부의 한반도 신뢰프로세스 역시 김영삼 정부 때 세운 민족공동체통일방안에 입각하여 대북정책을 펴 나가고 있다고 판단한다. 북한 역시 김정일 정권, 김정은 정권의 통일정책은 1972년에 합의된 자주평화민족대단결이라는 조국통일3대원칙과 1980년 제6차 노동당대회에서 발표된 고려민주연방공화국창립방안과 1993년에 발표된 조국통일을 위한 전민족대단결을 위한 10대강령에 입각한 가운데 통일정책을 펴고 있다고 판단한다. 그래서 남한의 통일방안인 민족공동체통일방안과 북한의 통일방안인 고려민주연방공화국 창립방안에 대하여 그 내용을 살펴보고 비교분석하고자 한다.[4]

1) 통일방안

남한에서 체계적이며 종합적인 통일방안은 제5공화국시기에 와서 처음으로 '민족화합민주통일방안', 제6공화국에서는 '한민족공동체통일방안'으로 제시되었지만, 「문민정부」에 들어와서 '민족공동체통일방안'이 제시되었다. 이를 토대로 하여 「국민의 정부」와 「참여정부」는 대북포용정책과 평화번영정책을 추진했다. 그리고 박근혜 정부의 한반도 신뢰프로세스 역시 크게 보아 민족공동체 통일방안에 입각하여 대

---

[4] 통일방안, 통일철학과 원칙, 통일과정, 과도체제, 통일국가의 실현, 통일국가의 형태와 기구, 통일미래상, 통일의 주체 등을(이서행 등, 위의 책, 2006, pp. 123~129) 참조하였다.

북정책을 추진하고 있다고 본다. 북한은 1960년 8월 '남북연방제안'이 제시된 이후 1973년 6월에는 '고려연방공화국 방안'으로, 그리고 1980년 10월 '고려민주연방공화국 창립방안'으로 확정되었지만 언제 어떻게 상황변화를 가져올지는 미지수이다.

2) 통일철학과 원칙

남한은 자유민주주의와 자주 · 평화 · 민주원칙인데, 북한은 주체사상과 자주 · 평화 · 민족대단결을 내세우고 있다.

동구공산권과 구소련의 붕괴는 자유민주주의 승리를 확인하게 되었다. 남북 간 약 70여 년 이상의 경쟁도 한국의 대북 우위로 역시 경쟁시대가 끝난 것이다. 이제 이 지구상에서 상반된 이념의 실험적 경쟁은 종언된 것이다. 오늘날 자유민주주의는 세계사에서 큰 흐름이며 인류가 지향해야 할 보편적 가치로서 어떠한 희생을 치르더라도 반드시 수호한다는 결의를 다지기 위한 통일의 철학으로 인정되고 있다. 그러나 북한은 이른바 통일을 '전국적 범위에서 주체사상의 일색화'를 목표로 하고 있다.

북한에서 주체사상은 유일지도사상이며, 주체사상을 김일성이 창시한 혁명과 건설의 가장 정확한 맑스-레닌주의적 지도사상이라고 규정하고 있다. 2013년 북한헌법 제3조에서는 주체사상을 '사람 중심의 세계관이며 인민대중의 자주성을 실현하기 위한 혁명사상인 주체사상'으로 명시하고 있다. 이것은 주체사상이 북한의 주체적 사상으로 정착되었음을 강변하나 그 근원은 역시 맑스-레닌주의를 모태로 하고 있는 것이다. 남북한 통일방안에서도 이념적 대립관계가 명백하게 제시되고 있다.

3) 통일과정

남한은 점진적으로 3단계 통일과정을 제시하고 있다.

첫째, 제1단계인 '화해·협력단계'는 남북 간의 적대와 불신을 줄이기 위해 상호협력의 장을 열어가는 단계이며 이 단계에서 남북한은 분야별로 교류와 협력을 활성화해 나가야 한다. 즉, 이 단계는 '남북기본합의서'를 규범으로 하여 남북한이 각기 현존하는 두 체제와 두 정부를 그대로 유지하면서 분단상태를 평화적으로 관리하는 단계이다.

둘째, 제2단계인 연합단계는 화해·협력단계에서 구축된 상호신뢰를 바탕으로 남북 간의 교류와 협력이 더욱 활발해지고 제도화되는 단계이다.

이 과정에서 남북 간의 냉전구조와 대결의식은 서서히 사라질 것이며, 남북한은 상호 신뢰를 더욱 다지면서 평화정착과 민족의 동질화를 촉진시켜 나갈 것이다. 즉 남북한이 2체제, 2정부하에서 통일 지향적인 협력관계를 통해 통합과정을 관리해 나가는 단계이다.

셋째, 1민족 1국가의 통일조국 완성단계는 남북연합단계에서 마련된 통일헌법에 따라 남북 자유총선거를 실시하여 통일국회를 구성하고 통일정부를 수립하여 1민족 1국가의 통일조국을 완성하는 단계이다. 그러나 북한은 통일과정에 대해서 남한처럼 단계적으로 확실하게 제시하고 있지 않으나 고려민주연방공화국 창립방안에 의하면 3단계 과정으로 유추할 수 있는 내용이 제시되고 있다. 연방제가 실시되기 위해서는 앞서 '자주적 평화통일을 위한 선결조건'이 해결되어야 한다는 것이며, 선결조건이 해결된 다음에 남북연방제가 실시되고, 그 다음 10대 시정방침에 따라 실질적인 통합을 이룩한다는 것이다. 즉, 남한이 민족통일의 과정을 거쳐 국가통일로 가는 과정을 밟고 있다면 북한은 국가통일을 먼저 이룩한 다음에 민족통일의 실질적 작업을 하자는 것이다.

4) 과도체제

과도체제로서 남한은 남북연합을 제시하고 있다. 이 단계는 정치적 통합을 위한 예비단계로서 남북이 공동으로 구성하는 기구에서 정치적 통일, 즉 국가통일을 위한 여러 방법을 논의하게 되며 남북연합에 어떤 기구를 두어 어떤 일을 할 것인가를 남북 간의 합의에 의해 결정하게 된다. 또한 남북정상회의와 남북각료회의를 상설화하여 남북 간 공동의 이익을 조절해 나가며 민족적 이질화를 해소해 나간다. 그리고 무엇보다도 중요한 것은 남북의회 대표가 모여 통일헌법을 마련하는 것이다.

그러나 북한은 연방제 실시와 통일의 완성이 '제도통일'을 구분, 실질적 통일을 뒤로 미루고 있다. 1980년대 방안에서는 연방제 실시가 통일의 완성형태라고 했으나, 1991년 신년사에서는 '제도통일'이라는 완전한 통일을 사실상 따로 상정하고 있어, 연방제 통일은 다시 「느슨한 연방제」 즉, 과도적 단계로 후퇴하고 있다고 할 수 있다.

5) 통일국가의 실현

남한은 통일헌법의 제정과 이 헌법에 따라 남북한 총선거를 실시, 완전한 통일 민주국가를 수립하자는 것이다. 남북한 자유총선거는 대한민국 정부가 1950년대부터 추구해온 일관성 있는 핵심 통일절차이다. 총선거 통일은 7천만 민족 모두를 통일의 주체로 하고 있는 것이 특징이다. 그러나 북한은 초기에는 총선거 방식을 주장하다가 철회하고 지금은 연석회의 방식에 의해 정치협상을 내세우고 있다. 이런 방식은 남북한이 대등한 입장에서 통일을 논의할 수 있으며, 연방제 통일을 보장받을 수 있다. 통일을 위한 총선거를 실시할 경우, 남한에 의해 흡수통일 될 것은 불을 보듯 뻔하기 때문이다.

6) 통일국가의 형태와 기구

남한은 1민족, 1국가, 1체제, 1정부의 완전한 통일국가를 내세우고 있다. 그러나 북한은 1민족, 1국가, 2제도, 2정부의 연방국가(2체제유지)를 내세우고 있다. 통일국가의 기구에 대해서 남한은 통일정부, 통일국회(양원제), 북한은 최고민족연방회의, 연방상설위원회 등을 주장하고 있다.

7) 통일미래상

남한은 자유·복지·인간존엄성이 보장되는 선진 민주국가로, 북한은 로동당 규약 전문이나 헌법에서 주체사상화와 사회주의사회 건설을 표방하고 있는 것으로 보아 비록 고려민주연방제 창립방안에서는 통일의 미래상에 대한 제시가 없다고 하더라도 공산화 통일을 이상적인 미래상으로 하고 있음은 분명한 것이다.[5]

5) 고려민주연방제 창립방안에서는 1국가, 2체제를 인정하고 외교권과 군사권을 연방이 가지는 통일을 밝히고 있지만 제도통일은 후대에 맡기자고 주장하고 있다. 그 후 1991년도 신년사에서 김일성은 느슨한 연방제를 주장하면서 외교권과 군사권도 남북한이 동시에 각각 갖는 토대위에서 연방제를 하자고 주장하고 있다. 이를 분석해 보면 제3단계로 나누어 볼 수 있겠다. 제1단계는 느슨한 연방제, 제2단계 고려민주연방공화국 창립방안, 제3단계 제도 통일을 포함한 완전한 통일단계로 구분할 수 있겠다.

8) 통일의 주체

남한은 민족구성원 모두로 보고 있으나 북한은 프롤레타리아(무산) 계급이 중심이 되고 있다고 하겠다. 이와 같이 남북한 통일방안의 차이는 좀처럼 좁혀지기 어려운 깊은 골을 가지고 있다. 문제는 남북한이 다같이 적화통일과 흡수통일의 공포에서 벗어나지 못하고 있다는 점이다. 이것을 나타내면 〈표 4-1〉과 같다.

〈표 4-1〉 남한의 민족공동체 통일방안과 북한의 고려민주연방제통일방안의 비교6)

구분	민족공동체통일방안(남한)	고려민주연방제통일방안(북한)
통일원칙	자주, 평화, 민주	자주, 평화, 민족대단결
선결조건	대남적화통일포기, 상호신뢰회복, 자유·인권보장, UN동시가입, 교차승인, 국제핵안전협정준수	국가보안법폐지, 평화협정, 불가침선언, 주한미군철수, 군축, 민족통일전선형성, 남북개방과 왕래
과도체제	남북연합 (1민족, 2국가, 2체제, 2정부)	없음(낮은단계연방제) (1민족, 1국가, 2제도, 2지역정부)
과도기구	남북정상회의, 남북각료회의, 남북공동사무국, 남북평의회	고려연방제창립준비위원회 (민족통일전선)
통일국가 실현절차	남북평의회→통일헌법기초→민주적방법·절차→총선실시→통일정부·통일국회수립	연석회의(민족통일협상회의) 방식으로 연방제실현방법 협의결정(남북한당국·정당 사회단체참여)
통일국가 기구	통일정부와 양원제로 이뤄진 국회	최고민족연방회의, 연방상설위원회
통일국가 정책기조	민주공화체제, 민족구성원 모두의 복지증진, 민족의 항구적인 안전보장, 세계평화 기여, 각국과 선린 우호관계 유지	10대 시정방침
통일국가 미래상	자유·인권이 보장되는 단일국가시장체제로 번영, 발전하는 국가 정의로운 복지국가	연방정부지도 밑에 남과 북의 지역정부가 독자적 정책을 실시하는 연방국가

6) 윤황, 『북한의 연방제 통일방안에 관한 분석과 대책』, 2005 연구보고서, 서울: 치안정책연구소, 2005. 12, p. 49.

통일주체	남북한정부	남북한 제정당. 사회단체 대표
접근방법	기능주의 접근(경제교류 우선) 민족통합강조	신기능주의(정치 군사문제 우선) 국가 통합 강조7)

3. 6 · 15공동선언과 10 · 4남북정상공동선언의 내용과 역사적 의의

2000년 6 · 15공동선언 후 양 정상의 모습(김대중 정부시 청와대 제공)

---

7) 연방주의로 표현하는 것이 더 타당하지 않을까 생각한다.

1) 6·15공동선언의 내용과 역사적 의의

(1) 6·15공동선언의 내용

1998년 집권한 김대중 정부는 점진적이고, 단계적인 접근으로 남북관계를 개선해 나가기 위해 대북정책의 3원칙을 밝힌다. 대북정책의 3원칙은 평화를 파괴하는 일체의 무력도발을 허용하지 않으며, 흡수통일을 배제하며 남북한 화해와 협력을 추진한다는 것 등을 내용으로 하고 있었다. 그리고 이러한 대북정책의 3대원칙을 실현하기 위해서 안보와 화해협력의 병행추진, 평화공존과 평화교류의 우선 실현, 북한의 변화여건 조성, 남북 상호 공동이익의 도모, 남북당사자 해결 원칙에 입각한 국제적 지지 확보, 국민적 합의에 기초한 대북정책 추진 등 6개항의 구체적인 정책기조를 제시하였다. 또한 남북 간의 평화와 화해를 정착하고 교류 협력을 효율적으로 추진하기 위해 '정경분리'원칙과 '상호주의' 등 남북관계를 개선하기 위한 접근방식의 2대 원칙을 제시함으로써 새로운 남북관계 해결을 위한 대북화해협력을 위해 햇볕정책(대북 포용정책)을 설정하였다.[8] 그리하여 기존의 대북정책과 달리 남북의 신뢰회복을 위하여 일관성 있는 대북정책을 추진한 결과 6·15정상회담을 이끌어내었다.

6·15공동선언의 주내용은 통일의 원칙과 방법, 그리고 인도적 문제와 교류협력 및 당국간 대화에 관한 내용으로 이루어졌다. 남과 북의 정상들은 자주 통일원칙(1항), 통일방안 공통성 인정(2항), 이산가족문제와 비전향 장기수문제 등 인도적 문제의 조속한 해결(3항), 남

---

8) 통일부,『평화와 화해와 협력을 위한 대북정책과 남북현안에 대한 입장』, 서울: 통일부, 1999, pp. 11~14를 공용득 지음,『북한연방제연구』, 서울: 청목출판사, 2004, p. 224에서 재인용.

북협력, 교류의 활성화를 통한 신뢰구축(4항), 합의사항 실천을 위한 당국간 대화 개최(5항), 그리고 김정일 국방위원장의 서울 방문 등을 합의하였다.9) 이 중에서 통일과 직접 관련된 항목은 2항이라고 볼 수 있다. 북한에서는 6 · 15남북공동선언 제2항에 대해서 아래와 같이 보고 있는 것 같다. "낮은 단계의 련방제는 위대한 수령님께서 1980년대의 말엽에 남조선의 문익환목사를 만나신 자리에서 밝혀 주시였고, 그 후 1991년 신년사와 전민족대단결10대강령에서 천명해 주시였다. 위대한 수령님께서는 1989년 3월에 평양을 방문한 남조선의 문익환목사를 만나주시고 고려민주련방공화국창립방안의 현실적이며 합리적인 통일방안에 대하여 가르쳐 주시면서 조국통일은 련방제방식에 의하여 실현되여야 하며 련방제에 의한 통일은 남과 북이 잘 토론하여 단번에 실현시킬 수도 있고 점차적인 방법으로 실현시킬 수 있다고 하시였다. 위대한 수령님께서는 1991년 신년사에서 북과 남에 서로 다른 두 제도가 존재하고 있는 우리나라의 실정에서 조국통일은 누가 누구를 먹거나 누구에게 먹히우지 않는 원칙에서 하나의 민족, 하나의 국가, 두개 제도, 두개정부에 기초한 련방제방식으로 실현되여야 한다고 밝혀 주시였다. 위대한 수령님께서는 고려민주련방공화국창립방안에 대한 민족적 합의를 보다 쉽게 이루기 위하여 잠정적으로는 련방공화국의 지역자치정부에 더 많은 권한을 부여하며 장차로는 중앙정부의 기능을 더욱더 높여 나가는 방향에서 련방제통일을 점차적으로 완성하여야 한다고 하시였다. 위대한 수령님께서는 전민족대단결10대강령에서 북과 남이 서로 상대방의 제도와 사상을 그대로 인정

---

9) 고유환, 「6 · 15남북공동선언의 이행과 과제: 남측 시각」, 장동진 편, 『한반도통일론』, 서울: 연세대학교행정대학원, p. 83.

하고 용납하는 기초우에서 공존, 공영, 공리를 도모하며, 우선 북과 남이 할 수 있는 것부터 해나가면서 나라의 평화통일을 지향해 나가야 한다고 밝혀 주시었다."[10] 2000년 10월 6일 「고려민주연방공화국창립방안 제시 20돐 기념 평양시보고회」에서 안경호는 다음과 같이 말하였다. "우리의 낮은 단계의 련방제안은 '하나의 민족, 하나의 국가, 두 개 제도, 두 개 정부'의 원칙에 기초하되 북과 남에 존재하는 두 개 정부가 정치, 군사, 외교권을 비롯한 현재의 기능과 권한을 그대로 가지게 하고 그 위에 민족통일기구를 내오는 방법으로 북남관계를 민족공동의 리익에 맞게 통일적으로 조정해 나가는 것을 기본 내용으로 하고 있습니다"[11]라고 보고하였다. 본서에서는 남측의 연합제안과 북측의 낮은단계 연방의 공통점[12]과 차이점[13]에 대해서 구체적으로 살펴보면 다음과 같다.

가. 공통점

첫째, 통일방안의 명칭이란 차원에서 볼 때, 남한의 연합제와 북한의 연방제는 모두 넓은 의미의 '연방'을 의미한다는 공통성을 가지고 있다. 물론 연방의 좁은 의미로는 연합국가만을 의미한다. 더구나 일반적으로 남한에서는 영어의 'confederation'을 국가연합으로, 'federation'을 연방국가로 번역하고 있지만, 북한에서는 'confederation'을 '연방국

---

10) 신병철, 『조국통일문제 100문 100답』, 평양: 평양출판사, 2003, pp. 168~169 참조.

11) 조선중앙방송, 2000년 10월 6일.

12) 윤황, 『북한의 연방제 통일방안에 관한 분석과 대책』, 서울: 치안정책연구소, 2005, pp. 53~54. ; 윤황, 「북한의 『낮은단계의 연방제안』 분석을 통한 남한의 연합제안과의 비교접근」, 서울: 평화연구소, 『통일문제연구』 통권 41호, 2004, pp. 249~251 참조.

13) 윤황, 위의 책, 2005, pp. 53~54 ; 윤황, 위의 논문, pp. 249~251 참조.

가'로 번역하고 있기 때문에 영어의 'confederation' 의미라는 공통성도 찾을 수 있다. 이와 관련하여 남측의 연합제안과 북한의 낮은 단계 연방제안은 내정·외교·군사권이 없는 중앙정부가 사실상 상설협의체로서 이름만 다를 뿐 남북연합과 같은 의미를 갖고 있다.

둘째, 통일원칙으로 볼 때, 남측의 연합제안과 북측의 연방제안(낮은 단계·높은 단계)에서는 1974년 남북공동성명을 통해 남과 북이 합의했던 조국통일3대원칙(자주·평화·민족대단결) 중 자주와 평화의 원칙이라는 점에 공통점이 존재하고 있다. 그래서 '6·15남북공동선언'의 제1항에서 '자주'의 원칙, 제2항에서 '평화(통일)'의 원칙을 전제로 한 남측의 연합제안과 북측의 낮은 단계의 연방제안에 공통점이 있다고 인정하는 통일논의에 대한 합의를 이룰 수가 있었다고 본다.

셋째, 성격이란 측면에서 볼 때, 남한의 연합제안과 북한의 낮은 단계의 연방제의 과도적·잠정적 단계로서 '1민족, 2제도(체제), 2정부'라는 공통된 특성을 가지고 있다. 그리고 남한의 연합제안과 북한의 높은 단계 연방제안(고려민주연방공화국 창설방안)은 '1민족, 2지역자치정부, 2제도'라는 점에서 공통성을 가지고 있다. 이는 남과 북이 당장 현실적으로 쉽게 통일을 달성하기가 어렵기 때문에, 완전한 통일국가 수립의 과도적, 단계적, 중간적 단계를 설정하고 있다는 것을 말한다.

넷째, 기능의 차원에서 볼 때, 남한의 연합제안과 북한의 낮은 단계 연방제안은 공존공영, 상호흡수배제, 상호 인정과 존중, 민족공동의 이익추구, 전쟁재발 방지 등에서 기능상 공통성을 가지고 있다. 또한 남한의 연합제안과 북한의 높은 단계 연방제안(고려민주연방공화국 창설방안)도 남북 간 상호교류·협력 및 민족경제활성화(경제, 과학, 문화, 교육, 교통, 통신 등)를 추구하고 있다는 점에서 기능상 공통성을 갖고 있다. 이는 남과 북이 먼저 평화공존과 교류·협력·민족동질성 회복단계를 기반으로 하여 장차 제도적 통일의 기반을 구축하려는 의지가 일치하고 있다는 점을 말한다. 이 점에서 '6·15남북공동선언'의 3항과 4항이 합의될 수 있는 근거가 되었고, 6·15공동선언 이후 남과 북은 남북장관급회담, 국방장관회담, 외무장관회담, 경협실무접촉 및 경협추진위원회, 전력협력 및 임진강공동수방실무협의, 남북적십자회담 등에 나올 수 있었다고 본다. 이와 관련하여 남북한간 회담과 접촉을 통해 협의체를 구성해 접근하려는 방식도 유사성을 가지고 있다고 볼 수 있다.

다섯째, 통일국가의 형태라는 측면에서 볼 때, 남측의 연합제안과 북측의 낮은 단계·높은 단계의 연방제안에서는 통일국가의 형태 중 외형적으로 '1민족 1국가'의 형태를 취하고 있다는 점에서 공통성을 지니고 있다. 그리고 남한의 연합제안(특히 김영삼 문민정부의 연합제안)과 북한의 낮은단계 연방제안에서 2체제 2정부의 형태를 유지하고, 내정, 외교, 군사권 등을 남북이 각각 보유·행사한다는 구상이 서로 유사성을 가지고 있다.

나. 차이점

이와 같은 공통점에도 불구하고, 남한의 연합제안과 북한의 낮은 단계 연방제안의 차이점은 다음과 같이 정리될 수 있다.

첫째, 통일방안의 명칭이란 차원에서 볼 때, 남과 북은 통일방안에서 연합(confederation)과 연방(federation)의 용어 사용상 기본적인 차이점을 가지고 있다.

둘째, 통일원칙의 측면에서 볼 때, 남한의 연합제안과 북한의 낮은 단계. 높은 단계의 연방제안에서는 통일원칙 중 남한이 '민주'원칙을, 북한이 '민족대단결'원칙을 포함하여 강조하고 있다는 점이 서로 다른 면을 보여주고 있다. 즉 남측의 통일방안에서 제시된 3대통일원칙은 '자주·평화·민주'인데 비해, 북한의 통일방안에서 3대통일원칙은 '자주·평화·민족대단결'을 채택하고 있다.

셋째, 기능의 측면에서 볼 때, 남한의 연합제안과 북한의 낮은. 높은 단계의 연방제는 '주한미군철수, 정전협정에서 북·미 간의 평화협정 대체, 민족연합군의 조직과 감군' 등이라는 북측의 주장과 서로 다르게 나타나고 있다는 점에서 그 차이점을 찾을 수 있다.

넷째, 기구의 차원에서 볼 때, 남한의 연합제안과 북한의 낮은·높은 단계의 연방제안은 기구의 구성상 그 차이가 존재하고 있다. 남측의 연합제안에서는 '남북(연합)정상회의, 남북(연합)평의회' 등을 내세우고 있고, 북측의 높은 단계의 연방제안에서는 '최고민족회의'와 '연방상설회의'를 두고 있다는 점에서 서로 각각 다르게 나타나고 있다. 이 점에서 북한의 낮은 단계의 연방제안이 연방정부의 존재를 인정한다는 점에서 남한의 연합제안과 어느 정도 차이점을 보이고 있다.

다섯째, 통일국가의 형태란 측면에서 볼 때, 남측의 연합제안과 북측의 낮은 단계. 높은 단계 연방제안은 통일국가의 형태 중 '1국가형태'의 내용에서는 북측의 '1연방국가', 남측의 '1국가'와 서로 다른 형태를 설정하고 있다. 즉 '1국가형태'라는 외형상 모습이 같다고 볼 수 있지만, 그 본질적 내용에서는 북측이 '1연방국가'를 내세우고 있기 때문에 남측과 약간 다르다. 그리고 남한의 연합제안에서는 '1체제, 1(중앙)정부'이지만, 북한의 연방제안에서는 '1연방중앙정부-2지역자치정부, 2제도(체제)'를 추구하고 있다는 점에서 서로 차이점이 존재한다.

위에서 기술한 내용을 나타내면 〈표 4-2〉와 같다.

〈표 4-2〉 남한의 연합제안과 북한의 연방제안 비교[14]

구분	남한의 연합제안	북한의 연방제안	
		낮은 단계의 연방제안	높은 단계의 연방제안
통일방안의 명칭	3단계통일방안	고려민주연방공화국 창립방안	고려민주연방공화국 창립방안
통일원칙	자주 · 평화 · 민주	자주 · 평화 · 민족대단결	자주 · 평화 · 민족대단결
통일철학	자유민주주의	주체사상	주체사상
성격	과도단계(1민족, 1연합, 2국가, 2체제, 2정부)	잠정적 · 점차적 단계(1민족, 1국가, 2제도, 2지역자치정부)	완성단계(1민족, 1연방국가, 1통일연방정부-2지역자치정부, 2제도)
기능(조정역할)	남북의 공존공영 상호 인정과 존중 상호 협력과 교류 민족(경제)공동의 이익추구 전쟁재발의 방지	상호 간의 흡수배제, 상호 간의 공존 · 공영 · 공리 추구, 상호 간의 인정과 존중, 민족공동의 이익 조정, 긴장상태의 완화와 전쟁위험의 제거(특히 주한미군 철수, 평화협정체결)	자주성 견지 및 자주정책 실시, 민주주의 실현, 경제적 합작과 교류, 과학 · 문화 · 교육의 교류 · 협력, 교통 · 통신의 자유로운 이용, 근로대중의 생활 안정 도모, 민족연합군의 조직과 감군, 해외동포의 권익 옹호, 대외활동의 통일적 조절, 평화애호적 대외정책의 수행
기구	최고의사결정기구: 남북(연합)정상회의, 남북연합(공동)사무국 집행기구: 남북(연합)각료회의, 남북연합위원회	연방(민족)통일기구	최고민족연방회의 연방상설위원회
통일국가 형태	1민족, 1국가, 1체제, 1(중앙)정부		1민족, 1연방국가(고려민주연방공화국, 통일중립국가), 1연방중앙정부-2지역자치정부, 2제도

14) 윤황, 「북한의 『낮은 단계의 연방제안』 분석을 통한 남한의 연합제안과의 비교접근」, 위의 책, 2004, p. 249참조.

(2) 역사적 의의

2000년 6·15공동선언은 남과 북이 각각 자기 입장에서 통일을 생각하고 한반도 평화와 안정을 생각하는 차원에 머무르다 남과 북이 한반도 평화와 통일 문제에 대해 서로 수렴하는 상태를 확인하였다는 점에서 역사적 큰 의미가 있겠다. 그리하여 우리 민족끼리 한반도 평화와 통일을 논의할 수 있는 첫 단추를 평화적으로 끼었다는 점에서 또한 역사적 의미가 있다고 볼 수가 있겠다. 북한이 바라본 6·15공동선언에 대한 역사적 의의는 다음과 같이 표현하고 있다. "첫째, 조국통일의 확고한 이정표를 마련하였다. 둘째, 새 세기에 우리민족끼리 나라의 통일문제를 자주적으로 해결하기 위한 대강을 마련하고 그 실현을 위한 투쟁을 힘있게 벌릴 수 있게 되었다. 셋째, 세계의 모든 나라, 진보적 인류가 이 공동선언을 적극적으로 지지하고 련대성을 보여 줌으로써 우리의 조국통일위업을 더 빨리 실현할 수 있는 유리한 국제적환경을 마련하였다는데 있다. 그리하여 6·15북남공동선언은 전세계적인 호응과 지지을 받았으며, 하루빨리 북과 남, 우리 민족이 자체의 힘으로 조국통일을 실현해야 한다는 것을 선포한 력사적인 선언이었다"[15]라고 주장하고 있다. 그러나 분단 약 70여 년을 맞이하는 가운데 그 동안 각각 다른 체제와 이념하에 서로 존재하다 보니 통일방안에서 유사성을 서로 확인하였지만 아직도 차이점이 발견된다.

---

15) 신병철, 『조국통일문제 100문 100답』, 평양: 평양출판사, 2003, pp. 162~165 참조.

2) 2007년 10 · 4남북정상공동선언의 내용과 후속조치 및 역사적 의의

노무현 대통령과 김정일 위원장 10 · 4정상선언을 서명하는 장면(동아일보 제공)

(1) 2007년 10 · 4남북정상공동선언의 합의사항과 후속조치 및 현 상황16)

가. 제1항 합의사항 및 후속조치

가) 합의사항

남과 북은 6 · 15공동선언을 고수하고 적극 구현해 나간다. 남과 북은 우리민족끼리 정신에 따라 통일문제를 자주적으로 해결해 나가며 민족의 존엄과 이익을 중시하고 모든 것을 이에 지향시켜 나가기로 하였다. 남과 북은 6 · 15공동선언을 변함없이 이행해 나가려는 의지를 반영하여 6월 15일을 기념하는 방안을 강구하기로 하였다(10 · 4정

---

16) 본 자료는 2007년 10월 4일에 합의된 원문으로써 통일부에서 직접 입수한 자료이고, 그 후 후속조치에 대한 원문은 노무현 재단에서 입수한 자료이다.

상공동선언 제1항).

나) 후속조치 및 현 상황

2007년 10월 4일 남북정상이 합의한 후속조치로 2007년 11월 16일 남한총리 한덕수와 북한총리 김영일이 제1차 남북총리회담 합의서를 채택하였다. 그리하여 위에서 남북정상 간 합의한 내용에 대해 총리회담합의서 제1조에서 아래와 같이 합의하였다.

남과 북은 6·15공동선언의 우리민족끼리 정신에 따라 남북관계를 상호 존중과 신뢰의 관계로 확고히 전환시키며 통일지향적으로 발전시켜 나가기 위한 조치들을 적극 취해나가기로 하였다(제1조). 세부사항으로 남과 북은 매년 6월 15일을 화해와 평화번영, 통일의 시대를 열어나가는 민족공동의 기념일로 하기 위해 각기 내부절차를 거쳐 필요한 조치를 취하기로 하였다(제1조 제1항). 남과 북은 내년 6·15공동선언 발표 8주년 기념 남북공동행사를 당국과 민간의 참가하에 서울에서 진행하기로 하였다(제1조 제2항). 남과 북은 남북관계를 통일지향적으로 발전시켜 나가기 위하여 각기 법률·제도적 장치들을 정비해 나가는 문제 등을 협의해 나가기로 하였다(제1조 제3항). 남과 북은 양측 의회를 비롯한 각 분야의 대화와 접촉을 활성화해 나가며 쌍방 당국은 남북국회회담을 적극 지원하기로 하였다(제1조 제4항).

나. 제2항 합의사항 및 후속조치
가) 합의사항

남과 북은 사상과 제도의 차이를 초월하여 남북관계를 상호존중과 신뢰 관계로 확고히 전화시켜 나가기로 하였다. 남과 북은 내부문제에 간섭하지 않으며 남북관계 문제들을 화해와 협력, 통일에 부합되게 해결해 나가기로 하였다. 남과 북은 남북관계를 통일 지향적으로 발전시켜 나가기 위하여 법률적·제도적 장치들을 정비해 나가기로 하였다. 남과 북은 남북관계 확대와 발전을 위한 문제들을 민족의 염원에 맞게 해결하기 위해 양측 의회 등 각 분야의 대화와 접촉을 적극 추진해 나가기로 하였다(10·4정상공동선언 제2항).

나) 후속조치 및 현 상황

10·4정상선언 이후 남북한 의회의 대화와 접촉은 없고 남북관계를 통일시켜 나가기 위한 법률적 제도적 장치 또한 활동이 정지되어 있는 상태이다.

다. 제3항 합의사항과 후속조치

가) 합의사항

남과 북은 군사적 적대관계를 종식시키고 한반도에서 긴장완화와 평화를 보장하기 위해 긴밀히 협력하기로 하였다. 남과 북은 서로 적대시하지 않고 군사적 긴장을 완화하며 분쟁문제들을 대화와 협상을 통하여 해결하기로 하였다. 남과 북은 한반도에서 어떤 전쟁도 반대하며 불가침의무를 확고히 준수하기로 하였다. 남과 북은 서해에서의 우발적 충돌방지를 위해 공동어로수역을 지정하고 이 수역을 평화수역으로 만들기 위한 방안과 각종 협력사업에 대한 군사적 보장조치 문제 등 군사적 신뢰구축조치를 협의하기 위하여 남측 국방부 장관과 북측 인민무력부 부장 간 회담을 금년 11월중에 평양에서 개최하기로 하였다(10·4정상공동선언 제3항).

나) 후속조치 및 현 상황

2007년 11월 16일에 합의한 남북총리회담합의서에 남과 북은 서해지역의 평화와 공동의 이익을 위하여 서해평화협력특별지대를 설치하기로 하였다(제2조). 세부사항으로 남과 북은 서해상에서 공동어로 및 민간선박의 운항과 해상수송을 보장하기 위하여 서해상의 일정한 수역을 평화수역으로 지정하고 관리해 나가기로 하였다(제2조 제1항). 남과 북은 평화수역과 공동어로구역의 대상지역과 범위를 호혜의 정신에 따라 별도로 협의하여 확정하고 2008년 상반기안으로 공동어로사업에 착수하기로 하였다(제2조 제2항). 남과 북은 공동어로구역의 효율적 운영과 수산분야에서의 협력문제를 12월중 서해평화협력특별지대추진위원회 산하의 분과위원회를 통해 협의 해결하기로 하였다(제2조 제3항). 남과 북은 장관급을 위원장으로 하는 서해평화협력특별지대추진위원회를 구성하기로 하고 서해평화협력특별지대추진위원회 구성·운영에 관한 합의서를 채택하였다(제2조 제10항). 남과 북은 서해평화협력특별지대추진위원회 제1차 회의를 12월중 개성에서 개최하기로 하였다(제2조 제11항)로 합의하였다. 그리고 **2007년 11월 29일 남한 국방부장관 김장수와 북한 인민무력부장 김일철 사이에 회담의 결과로 합의서가 채택되었다.** 쌍방은 군사적 적대관계를 종식시키고 긴장완화와 평화를 보장하기 위한 실제적인 조치를 취하기로 하였다(제1항). 쌍방은 전쟁을 반대하고 불가침의무를 확고히 준수하기 위한 군사적 조치들을 취하기로 하였다(제2항). 쌍방은 서해해상에서 충돌을 방지하고 평화를 보장하기 위한 실제적인 대책을 취하기로 하였다(제3항). 쌍방은 현 정정체제를 종식시키고 항구적인 평화체제를 구축해 나가기 위해 군사적으로 상호 협력하기로 하였다(제4항). 쌍방은 남북교류협력사업을 군사적으로 보장하기 위한 조치들을 취하기로 하였다(제5항). 쌍방은 본 합의서의 이행을 위한 협의기구들을 정상적으로 가동하기로 하였다(제6항). 본 합의서는 쌍방 국방부장관이 서명하여 발효에 필요한 절차를 거쳐 문본을 교환한 날부터 효력을 발생한다(제7항). 그러나 서해평화지대의 핵심인 공동어로와 평화수역을 결정하는데 있어 결정적인 NLL에 대한 문제로 구체적인 합의를 못하고 실무진에게 다시 미루는 사태를 초래하였다. 공동어로 및 평화수역을 결정하는데 기준점을 「NLL기준 등거리·등면적」을 주장하여 남북한 의견을 노출하였다. 현 상태는 NLL을 두고 2010년에 발생한 천안함 사건과 연평도포격 사건으로 남북한 대화마저 중단된 상태이다. 그리고 서해평화협력특별지대의 구체적인 내용은 공동어로구역 설정, 평화수역 설정, 경제특구 건설과 해주항 활용, 민간선박의 해주직항로 통과, 한강하구 공동이용 등이다.17)

라. 제4항 합의사항 및 후속조치
가) 합의사항

남과 북은 현 정전체제를 종식시키고 항구적인 평화체제를 구축해 나가야 한다는데 인식을 같이하고 직접 관련된 3자 또는 4자 정상들이 한반도지역에서 만나 종전을 선언하는 문제를 추진하기 위해 협력해 나가기로 하였다. 남과 북은 한반도 핵문제 해결을 위해 6자회담 「9·19공동성명」과 「2·13합의」가 순조롭게 이행되도록 공동으로 노력하기로 하였다(10·4정상공동선언 제4항).

---

17) 김만복, 「전쟁의 바다 서해를 평화. 번영의 바다로」, 임동원·백낙청 외, 『다시 한반도 의 길을 묻다』, 서울: 삼인, 2010, pp. 62~74 참조.

나) 후속조치 및 현 상황

남과 북은 현 전쟁상태를 종식시키고 항구적인 평화체제를 구축하기 위해 종전선언문제를 협력하기로 하였고 한반도 비핵화 해결을 위해 6자회담을 통한 공동노력을 하기로 하였지만 남북한 대치상태로 아직 중단된 상태이다.

마. 제5항 합의사항 및 후속조치

가) 합의사항

남과 북은 민족경제의 균형적 발전과 공동의 번영을 위해 경제협력사업을 공리공영과 유무상통의 원칙에서 적극 활성화하고 지속적으로 확대 발전시켜 나가기로 하였다. 남과 북은 경제협력을 위한 투자를 장려하고 기반시설 확충과 자원개발을 적극 추진하며 민족내부협력사업의 특수성에 맞게 각종 우대조건과 특혜를 우선적으로 부여하기로 하였다. 남과 북은 해주지역과 주변해역을 포괄하는 「서해평화협력특별지대」를 설치하고 공동어로구역과 평화수역 설정, 경제특구 건설과 해주항 활용, 민간선박의 해주직항로 통과, 한강하구 공동이용 등을 적극 추진해 나가기로 하였다. 남과 북은 개성공업지구 1단계 건설을 빠른 시일 안에 완공하고 2단계 개발에 착수하며 문산-봉동간 철도화물수송을 시작하고, 통행·통신·통관 문제를 비롯한 제반 제도적 보장조치들을 조속히 완비해 나가기로 하였다. 남과 북은 개성-신의주 철도와 개성-평양 고속도로를 공동으로 이용하기 위해 개보수 문제를 협의, 추진해 가기로 하였다. 남과 북은 안변과 남포에 조선협력단지를 건설하며 농업, 보건의료, 환경보호 등 여러 분야에서의 협력사업을 진행해 나가기로 하였다. 남과 북은 남북 경제협력사업의 원활한 추진을 위해 현재의 「남북경제협력추진위원회」를 부총리급 「남북경제협력공동위원회」로 격상하기로 하였다(10·4정상 공동선언 제5항).

나) 후속조치 및 현 상황

2007년 11월 16일에 합의한 남북한총리합의서에서 남과 북은 민족경제의 균형적 발전과 공동번영을 위한 경제협력을 적극 추진하기로 하였다(제3조). 세부사항으로 개성, 평양 고속도로 개보수를 위한 실무접촉과 개성, 신의주 철도 개보수 등 도로 및 철도협력(제1항), 안변과 남포에 조선협력단지 건설(제2항), 개성공단 활성화(제3항), 자원개발, 농업, 보건의료 등 분야별 협력(제4항), 남북경제협력공동위원회 구성·운영(제5항)을 합의하였다. 이 중에서 남북경제협력공동위원회 제1차 회의가 개최되어 2007년 12월 16일에 남한대표 재정경제부장관 권오균, 북한대표 내각부총리 전승훈이 남북경제협력공동위원회 제1차 회의 합의서를 이끌어 내었다. 그리하여 개성−평양 고속도로와 개성 −신의주철도 개보수 등 철도 및 도로의 공동이용과 물류유통의 활성화를 통한 「남북도로분과위원회」, 안변과 남포지역에서의 조선협력단지 건설과 민간선박의 해주직항로 이용문제 등의 협력하기 위한 「남북 조선 및 해운협력분과위원회」, 개성공단 활성화 촉진을 위한 「개성공단협력분과위원회」, 지하자원 등 자원개발협력문제를 해결 협의하기 위한 「남북자원협력분과위원회」, 농업 및 수산 분야 협력문제를 협의하기 위한 「남북수산협력분과위원회」, 보건의료 및 환경보호분야 협력사업을 추진하기 위한 「남북보건의료·환경보호협력분과위원회」, 남북경제협력사업과 관련한 출입, 체류, 통신, 통관, 청산결제, 상사중재 등 투자환경 조성 및 제도적 보장문제들을 협의 추진하기 위한 「남북경제협력제도분과위원회」 등 8개 분과위원회를 남북경제협력공동위원회 산하에 두기로 합의하였다. 그러나 현 지금 대부분 분과위원회 구성도 못하고 중단된 상태이다. 그러나 이 중 실천된 것은 「남북경제협력추진위원회」를 부총리급 「남북경제협력공동위원회」로 격상시킨 것과 서해평화협력특별지대 구성·운영에 관한 합의서 채택과 서해평화협력특별지대 추진위원회 제1차 회의를 2007년 12월 29일에 개최하여 해주, 경제 특구건설을 개성공업지구와의 연계를 통해 점차 발전시키기 위해서 「해주경제특구분과위원회」, 해주항을 민족공동의 이익에 부합되게 개발하고 활용하기 위해 「해주항개발협력분과위원회」, 남과 북은 남북장성급군사회담에서 공동어로구역과 평화수역이 설정되는 데에 따라 공동어로를 실시하기 위한 「공동어로분과위원회」, 한강하구를 단계적으로 공동개발하기 위한 「한강하구협력분과위원회」 등 4개분과위원회를 개최하기로 합의한 것이다. 그러나 남북관계의 긴장상태로 인하여 아직 개최되지 못하고 중단된 상태이다.

바. 제6항 합의사항 및 후속조치

가) 합의사항

남과 북은 민족의 유구한 역사와 우수한 문화를 빛내기 위해 역사, 언어, 교육, 과학기술, 문화예술, 체육 등 사회문화 분야의 교류와 협력을 발전시켜 나가기로 하였다. 남과 북은 2008년 북경 올림픽경기대회에 남북응원단이 경의선 열차를 처음으로 이용하여 참가하기로 하였다(10·4정상공동선언 제6항).

나) 후속조치 및 현 상황

2007년 11월 16일에 합의한 남북총리회담합의서에 의하면 남과 북은 역사, 언어, 교육, 문화예술, 과학기술, 체육 등 사회문화분야의 교류와 협력을 발전시키기 위한 조치를 취하기로 하였다(제4조). 세부적 사항으로 남과 북은 장관급을 위원장으로 하는 「남북사회문화협력추진위원회」를 구성하기로 하고 역사유적과 사료발굴 및 보존, 「겨레말큰사전」 공동편찬, 교육기자재와 학교시설 현대화, 공동문화행사, 과학기술인력양성, 고학기술협력센터 건설, 기상정보교환 및 관측장비 지원, 2008년 베이징올림픽경기대회 공동응원을 비롯한 사회문화협력사업들을 추진하기로 하였다(제4조 제1항). 남과 북은 백두산과 개성 관광사업이 원만히 진행될 수 있도록 적극 협력하며 서울─백두산 직항로 개설을 위한 실무접촉을 12월초에 개성에서 진행하기로 하였다(제4조 제2항). 남과 북은 2008년 베이징올림픽경기대회에 남북응원단이 경의선 열차를 이용하여 참가하는 문제와 관련한 실무접촉을 12월 중에 진행하기로 하였다(제4조 제3항). 남과 북은 「남북사회문화협력추진위원회」를 거쳐 2008년 상반기중에 개최하고, 기상정보교환과 관측장비지원 등 기상협력을 위한 실무접촉을 금년 12월 중에 진행하기로 하였다(제4조 제4항). 현 상태는 남북총리회담에서 합의한 내용이 지지부진하거나 중단된 상태이다.

사. 제7항 합의사항 및 후속조치
가) 합의사항

남과 북은 인도주의 협력사업을 적극 추진해 나가기로 하였다. 남과 북은 흩어진 가족과 친척들의 상봉을 확대하며 영상 편지 교환사업을 추진하기로 하였다. 이를 위해 금강산면회소가 완공되는데 따라 쌍방대표를 상주시키고 흩어진 가족과 친척의 상봉을 상시적으로 진행하기로 하였다. 남과 북은 자연재해를 비롯하여 재난이 발생하는 경우 동포애와 인도주의, 상부상조의 원칙에 따라 적극 협력해 나가기로 하였다(10·4정상공동선언 제7항).

나) 후속조치 및 현 상황

2007년 10·4정상선언 이후 열린 남북총리회담에서 합의한 내용은 다음과 같다.

남과 북은 민족의 화해와 단합을 도모하는 견지에서 인도주의분야의 협력사업을 적극 추진하기로 하였다(제5조). 제5조의 세부사항으로 남과 북은 12월 7일 금강산면회소의 쌍방 사무소 준공식을 진행하며 2008년 새해를 맞으며 흩어진 가족과 친척들의 영상편지를 시범적으로 교환하기로 하였다(제5조 제1항). 남과 북은 11월 28일부터 30일까지 금강산에서 제9차 남북적십자회담을 개최하고 흩어진 가족과 친척들의 상봉확대 및 상시상봉, 쌍방 대표들의 금강산면회소 상주, 전쟁시기와 그 이후 소식을 알 수 없는 사람들의 문제 등을 협의하기로 하였다(제5조 제2항). 그리고 남과 북은 자연재해가 발생하는 경우 상호 통보 및 피해확대 방지를 위한 조치를 신속히 취하며 동포애와 상부상조의 원칙에서 피해복구 등에 적극 협력하기로 하였다(제6조). 이 중에서 실천된 것은 2010년 신의주 홍수 피해로 인도적 지원과 2010년 금강산 이산가족 상봉 등 극히 일부만이 실천되었고 신의주 피해의 지원은 남북대결상태로 인하여 이마저도 중단된 상태이다. 그리고 나머지는 시작도 못한 중단된 상태이다.

아. 제8항 합의사항 및 후속조치

가) 합의사항

남과 북은 국제무대에서 민족의 이익과 해외 동포들의 권리와 이익을 위한 협력을 강화해 나가기로 하였다. 남과 북은 이 선언의 이행을 위하여 남북총리회담을 개최하기로 하고, 제1차회의를 금년 11월 중 서울에서 갖기로 하였다. 남과 북은 남북관계 발전을 위해 정상들이 수시로 만나 현안문세들을 협의하기로 하였다(10·4정상공동선언 제8항).

나) 후속조치 및 현 상황

11월 16일에 합의한 남북총리회담 이후 후속 총리회담과 남북정상의 만남은 중단된 상태이다.

(2) 2007년 10·4남북정상공동선언의 역사적 의의

"대한민국 노무현 대통령과 조선민주주의인민공화국 김정일 국방위원장 사이의 합의에 따라 노무현 대통령이 2007년 10월 2일부터 4일까지 평양을 방문하였다. 방문기간 중 역사적인 상봉과 회담들이 있었다. 상봉과 회담에서는 6·15공동선언의 정신을 재확인하고 남북관계발전과 한반도 평화, 민족공동의 번영과 통일을 실현하는데 따른 제반 문제들을 허심탄회하게 협의하였다. 쌍방은 우리민족끼리 뜻과 힘을 합치면 민족번영의 시대, 자주통일의 새시대를 열어 나갈 수 있다는 확신을 표면하면서 6·15공동선언에 기초하여 남북관계를 확대, 발전시켜 나가기 위하여 다음과 같이 선언한다"라고 10·4남북공동선언의 전문에 나와 있다. 여기에서 중요한 내용은 부칙 1조에 표현하고 있는 남과 북은 이 선언의 이행을 위하여 남북총리회담을 개최하

기로 하고, 제1차회의를 금년 11월 중 서울에서 갖기로 하였다라는 내용과 부칙 2조에 남과 북은 남북관계 발전을 위해 정상들이 수시로 만나 현안문제들을 협의하기로 하였다. 그리고 공동선언 내용과 별개로 남과 북의 국회회담을 개최하기로 합의한 것이라 할 것이다. 이것은 남한이 추구하고 있는 민족공동체통일방안은 제1단계로 교류·협력단계, 제2단계로 남북연합단계, 제3단계로 통일국가단계이다. 이 중 제2단계인 남북연합단계로 접어들 수 있는 뜻깊은 남과 북의 정상간의 합의내용이라 볼 수 있다.[18] 또한 남북대치 상황을 경제적 문제로 풀기 위한 시도였다. 그리고 남북한 정치, 경제, 사회, 문화 등 전면적 교류를 활성화시킬 수 있는 포괄적 합의사항을 담고 있다. 다시말하면 6·15정상회담은 남북 간 현안문제에 대한 총론이고 10·4정상선언은 총론을 풀기 위한 각론으로 볼 수 있겠다.

4. 연방통일헌법 구상에 주는 시사점

남북한 통일의 원칙은 남한의 민족공동체통일방안에 대한 통일원칙은 자유, 평화, 민주이지만, 북한의 고려민주연방제통일방안의 통일원칙은 자주, 평화, 민족대단결이고, 남북한의 통일의 선결조건으로 남한은 선결조건으로 대남적화통일 포기, 상호신뢰회복, 자유·인권보장, 국제핵안전협정준수이고, 북한의 선결조건으로 국가보안법폐지, 평화협정, 불가침선언, 주한미군철수, 군축, 민족통일전선 형성,

---

[18] 민족공동체통일방안 중 제2단계 남북연합은 남북연합헌장, 남북정상회담, 남북각료회의, 남북평의회, 남북공동사무국으로 조직이 구성되어 있는데 이 중 남북정상회담과 남북각료회의, 남북평의회 구성을 문서상으로나마 합의된 것으로 추론할 수 있을 것이다.

남북개방과 왕래이다. 그리고 과도체제에 대해 남한은 1민족, 2국가, 2체제, 2정부의 남북연합이며, 북한은 과도체제가 없고 1민족, 1국가, 2제도, 2지역정부의 높은 단계 연방제이다. 남북한의 통일국가 실현 절차는 남한은 남북평의회－통일헌법기초－민주적 방법, 절차, 총선 실시－통일정부, 통일국회수립이며, 북한은 연석회의(민족통일협상회의) 방식으로 연방제 실현방법협의 결정(남북한당국, 정당, 사회단체 참여) 절차이다. 즉, 많은 차이점이 존재함을 알 수 있다. 남북한 동일국가기구는 남한의 통일국가기구로 통일정부와 양원제로 이뤄진 국회이며, 북한은 최고민족연방회의 연방상설위원회이다. 통일국가 정책기조면에서 남한의 통일국가 정책기조는 민주공화체제, 민족구성원 모두의 복지증진, 민족의 항구적인 안전보장, 세계평화 기여, 각국과 선린 우호관계 유지이며, 북한은 10대 시정방침19)이다. 또한, 통일

<hr />

19) 첫째, 고려민주연방공화국은 국가활동의 모든 분야에서 자주성을 확고히 견지하며 자주적인 정책을 실시. 둘째, 고려민주연방공화국은 나라의 전 지역과 사회의 모든 분야에 걸쳐 민주주의를 실시하며 민족의 대단결을 도모. 셋째, 고려민주연방공화국은 북과 남사이의 경제적 합작과 교류를 실시하며 민족경제의 자립적 발전을 보장. 넷째, 고려민주연방공화국은 과학, 문화, 교육분야에서 북과 남사이의 교류와 협조를 실현하며 나라의 과학기술과 민족문화예술, 민족교육을 통일적으로 발전. 다섯째, 고려민주연방공화국은 북과 남사이의 끊어졌던 교통과 체신을 연결하며 전국적 범위에서 교통, 체신수단의 자유로운 이용을 보장. 여섯째, 고려민주연방공화국은 노동자, 농민을 비롯한 근로대중과 전체 인민들의 생활안정을 도모하며 그들의 복리를 계통적으로 증진. 일곱째, 고려민주연방공화국은 북과 남사이의 군사적 대치상태를 해소하고 민족연합군을 조직하며 외래침략으로부터 민족을 보위하여야 함. 여덟째, 고려민주연방공화국은 해외에 있는 모든 조선동포들의 민족적 권리와 이익을 옹호하고 보호하여야 함. 아홉째, 고려민주연방공화국은 북과 남이 통일이전에 다른 나라들과 맺은 대외관계를 올바로 처리하며 두 지역정부의 대외활동을 통일적으로 조절하여야 함. 열째, 고려민주연방공화국은 북과 남이 통일이전에 다른 나라들과 맺은 대외관계를 올바로 처리하며 두 지역정부의 대외활동을 통일적으로 조절하여야 함. 열한번째, 고려민주연방공화국은 전 민족을 대표하는 통일국가로 세계 모든 나라들과 우호관계를 발전시키며 평화애호적인 대외정책을 실시하여야 함(김일성, 『김일성저작집』 제35권, 평양: 조선로동당출판사, 1987, pp. 337~356 참고).

국가 미래상은 남한의 통일국가 미래상은 자유, 인권이 보장되는 단일국가 시장체제로 번영, 발전하는 국가, 정의로운 복지국가이며, 북한은 연방정부지도 밑에 남과 북의 지역정부가 독자적 정책을 실시하는 연방국가이다. 그리고 통일주체에 대해서는 남한의 통일주체는 남북한 정부이며, 북한은 남북한 제정당, 사회단체 대표이다. 끝으로 통합의 접근방법으로 남한의 접근방법은 기능주의 접근(경제교류 우선), 민족통합강조이며, 북한은 연방주의(정치 군사문제 우선), 국가통합을 강조한다.

그래서 남북한통일방안이 주는 통일이 주는 시사점을 살펴본다면 통일방안에서 통일의 가능성을 타진해 보면 통일은 거의 불가능하거나 아니면 무력통일이나 흡수통일밖에 없는 것처럼 보인다. 그러나 본서 서론에서 살펴보았듯이 무력통일은 한국전쟁시보다 남북한 모두 수백 배의 화력을 가지고 있어 누가 승리를 하더라도 민족은 회생할 수 없는 재생불능한 상태로 처하게 될 것이 명백하다고 본다. 그리고 흡수통일 역시 동서독의 통일과정을 살펴보았듯이 경제적, 사회적, 심리적 후유증을 남기고 있으며 남한은 과거 서독이 누리던 경제력을 확보하지도 못했고 **동서독은 2중분단 상태**이었지만, **한반도는 3중분단 상태**이기 때문에 현실적으로도 불가능하다. 그래서 어렵고 힘들지만 **장기적인 시간**이 요한다. 그리고 통일과정은 **단계적**이고 통일국가의 미래상은 **다양성 수용의 원칙상 단일국가**보다는 **연방국가**가 통일의 유연성 확보면에서 유리하다. 그래서 단계적 연방제 통일국가로 나아가야 하며, **국가의 성격은 당-국가체제**가 아닌 **국가-당체제**가 보장되면서 Elazar의 **비중앙집권연방**을 통일의 **최종단계**로 보고 통일을 이룩해야만 한다고 주장하고 싶다.

제2절 민족공동체 통일방안의 대안적 통일방안

한국의 해방은 연합국의 승리로 1945년 8월 15일 찾아왔지만 우리 민족의 힘만으로 해방을 쟁취하지 않아 38도선을 기준으로 이북은 소련군이 진주하고 이남은 미군이 진주하여 그때부터 분단의 서곡은 시작되었다고 본다. 1945년 12월에 모스크바 3상회의[20]를 통해서 한국을 일시적으로 신탁통치한 후 완전한 독립을 보장해 주자는 안이 채택되어 한국 내에서는 친탁과 반탁세력 간에 내부적 분열이 초래되어 내부적으로도 분단의 씨앗이 뿌려졌다. 그 후 미소공동위원회가 서울에서 1946년 열려 신탁통치에 대해서 회의를 진행하였지만 미소 간에 반탁인사들의 참여여부를 놓고 대립을 하다가 결론에 이르지 못하고 제1차 미소공동위원회는 막을 내리고 말았다. 또한 우여곡절 속에서 제2차 미소공동위원회가 개최되었지만 역시 미소 간 의견이 해소되지 못하고 결국 신탁통치에 대해서 합의를 보지 못하고 결렬되어 민족통일은 우리민족끼리 단결하여 나아가는 방법밖에 없었다.[21]

----

[20] 모스크바 3상회의에서 미국이 먼저 한국에 신탁통치를 한시적으로 한 후 완전한 독립을 시키자고 제안하였는데 소련이 이를 이의를 달지 않고 받아들였다고 한다(정용욱, 『존 하지와 미군 점령통치 3년』, 서울: 도서출판 중심, 2003, pp. 53~96 참조).

[21] 중국공산당이 중국대륙을 통일해 나가는데 불안을 느낀 미군은 미국무부 신탁통치 방안에 대해서 하지 등 미국군인들은 신탁통치를 처음부터 반대하다가, 1946년 제1차 미소공동위원회가 결렬되자 미국무부에서는 한국에 파병된 하지 등 미군정청에 강하게 신탁통치안이 실현되도록 압력을 미군에 넣어 제2차 미소공동위원회가 열렸으나 결국 무산되었고, 중국공산당의 대륙통일을 기정사실화하고 있던 미군은 냉전을 대비하고자 이승만등 반탁세력을 후원하기에 이르렀다(정용욱, 위의 책, 2003, pp. 39~52, pp. 213~246 참조).

그리하여 김구와 김규식 등 일부 민족주의자들은 평양에서 1948년 4월에 열린 남북 제정당, 사회단체연석회의에서 민족분단을 막기 위해서 노력하였지만 그들의 노력은 결실을 보지 못하고 결국 남쪽은 1948년 8월 15일에 대한민국으로 북쪽은 1948년 9월 9일 조선민주주의 인민공화국으로 각각 분열된 채 각기 다른 정부를 세웠다. 그렇지만 대한민국은 분단해소를 위해 민족공동체통일방안을 가지고 부단히 노력해 오고 있다. 그러나 현재 민족공동체통일방안은 공헌과 한계를 가지고 있다. 그래서 국내 · 외변수의 변화를 반영하는 대안적 통일방안들이 나왔는데 이들의 주장을 살펴보고 난 후 본서에서 주장하고자 하는 단계적 연방제 통일헌법의 근거가 되는 단계적 연방제통일방안을 제시하고자 한다.

1. 민족공동체통일방안의 공헌과 한계

민족공동체통일방안은 자주 · 평화 · 민주 통일원칙을 제시하고 통일과정을 화해협력단계, 남북연합단계, 통일국가완성단계로 설정하였다. 그리하여 1단계에서는 남북기본합의서에 의해서 2단계는 남북연합헌장, 3단계는 통일헌법에 의해서 법적 기초를 이룩하여 한반도의 통일을 달성한다는 기저를 깔고 있는 통일방안이라 할 수 있다. 1989년 한민족공동체통일방안이 제정된 이래 약 20여 년을 남북관계에서 교류협력의 물꼬를 트는 역할을 하였으나 그동안 내외변수가 많이 변하였다. 특히 2000년 6 · 15남북공동선언, 2007년 10 · 4남북정상회담 등 여러 내적 변수와 더불어 외적 변수가 변화되었는데 이를 반영하는 데는 미비한 점이 있다고 본다. 그래서 민족공동체통일방안에 대한 공헌과 한계에 대해 분석해 보고자 한다. 민족공동체통일방안은 통일을 생각하는데 있어서 매우 중요하고도 획기적인 전환을 담고 있어 다음과 같은 공헌이 있다.

첫째로, 적대적인 분단을 전제로 한 선전적 통일론에서 벗어나 남북한의 현실을 반영하면서 장기적인 통일론을 본격적으로 제시했다는 큰 의의가 있다.

둘째로, 민족공동체통일방안은 상대방의 현실적 존재를 인정하는 틀 위에서 실현가능한 통일방안으로서의 성격을 갖는다. 탈냉전의 세계사적 전환을 배경으로 남북한은 상대를 '흡수'에서 '공존'의 대상으로 시각을 전환할 필요성을 인지하게 되었고 그에 기반한 새로운 구상이 만들어졌던 것이다. 냉전시대에 제시된 통일방안들은 외형적으로 상대방의 존재를 인정하는 듯한 인상을 주면서도 실질적으로는 상대방을 흡수의 대상으로 삼고자 하였다. 남북의 통일방안은 각기 상대방에게 자신의 입장을 천명하고 반응을 끌어내려는 의도를 담고 있었던 것이다.

셋째로, 이와 관련된 것으로 통일의 단계론이 구체화된 것이 중요하다. 특히 민족공동체와 남북연합 구성안이 주목할 만한 것이다. 민족공동체는 정치공동체를 실현하기 이전의 단계, 내지 영역으로서 사회문화경제적 영역에서의 공동체를 지칭하는 것이었다.[22]

한계로 민족공동체통일방안은 위와 같은 의의에도 불구하고 현재의 상황에서 보면 몇 가지 한계점도 분명하다. 우선, 기능론적이고 점진적인 사고로 인해 적극적인 통일론으로서의 역할보다는 현상을 유

22) 박명규 외, 『21세기 글로벌시대의 새로운 통일론의 모색: 연성복합통일론』, 서울: 서울대학교 통일평화연구소, 2009, pp. 42~43 참조.

지하고 교류협력에만 치중하는 결과를 가져온 측면이 있다. 둘째, '민족공동체'를 중시하는 논리는 이질성을 어떻게 포괄할 것인가에 대한 적절한 설명이 없다. 셋째, 과연 현재 시기에 있어서 '1민족' 지향의 설득력과 유용성이 얼마나 확보될 수 있는가에 대해서도 다시 고려해보아야 한다. 넷째, 생활세계 영역의 '통합'을 충분히 포괄하지 못하고 있다. 다섯째, 통일방안을 단계적으로 실현해 나가기 위해서는 변화하는 통일환경에 조응하는 구체적 이행 전략에 대한 논의가 활성화되어야 할 것이다. '교류협력'은 1단계에서 머무는 것이 아니라 2·3단계인 남북연합단계와 통일국가에 까지 계속되어야 할 '내용'임에도 1단계로 한정한 '제도적 틀'로 개념화되어 있는 것도 개념상의 문제로 지적할 수 있다.23)

2. 새로 제기된 통일방안에 대한 분석

위에서 살펴본 민족공동체통일방안이 아직도 장점이 있다. 그러나 그동안 변화된 내·외변수를 담기에는 한계가 있다고 인정하여 제기된 통일방안들이 있다. 대표적으로 김대중 3단계 통일론, 남북공동체통일방안(강현철), 복합연성통일방안(서울대학교통일평화연구소), 연방제통일방안(조민) 등이 있다.

1) 김대중 3단계 통일론

김대중 3단계 통일론은 70년대 구상기를 거쳐 80년대 발전기, 90년

---

23) 박명규 외, 위의 책, pp. 43~44 참조.

대 완성기로 구분할 수 있겠는데 90년대 제기된 김대중 3단계 통일론
을 구체적으로 살펴보면 자주, 평화, 민주의 원칙과 통일의 단계로 제
1단계 남북연합단계, 제2단계 연방단계, 제3단계 완전통일단계로 구
분하였다. 제1단계인 남북연합단계를 구체적으로 살펴보면 남과 북은
독립국가로써 주권과 모든 권한을 보유한 채 협력기구를 제도화시킨
다. 그 제도화된 기구들을 세분화하면 남북연합정상회의, 남북연합회
의, 남북연합각료회의로 구분할 수 있으며, 연합기구 임무는 평화공
존, 평화교류, 평화통일이라는 3대 행동강령을 실천하는 기구들이다.
제2단계 연방단계에서는 연방정부는 외교, 국방, 중요한 내정권을 보
유하는 것을 목적으로 하고 통치기구로 연방대통령과 연방의회를 구
성하며 남과 북에는 지역자치정부를 둔다. 제3단계 완전통일단계에서
는 단일국가 또는 세분화된 연방을 실현하고 통일국가이념과 체제는
민주주의, 시장경제, 사회복지, 도덕적 선진국, 평화주의를 내세우고
있다. 김대중의 3단계 통일론의 역사적 의미를 살펴보면 통일방안의
체계화, 구체화를 통한 완성을 나타내고 있다는데 하나의 의미가 있
다고 할 것이다.[24] 그러나 김대중의 3단계 통일론에서는 정치통합에
대한 이론적 배경과 경제통합에 대한 이론적 배경이 결핍되어 있으
며, 통치기구로 연방대통령과 연방의회를 필요하다는 견해를 발표하
고 있으나 연방의회의 구성에 대해 단원제인지 양원제인지 명확하지
않으며, 기본권에 대한 보장을 어떻게 할 것인지 즉, 연방정부와 지역
자치정부 간의 권한배분을 어떻게 할 것인지가 나타나 있지 않다는
한계가 있다.

....

[24] 아태평화재단, 『김대중의 3단계 통일론-남북연합을 중심으로』, 서울: 아태평화출판
     사, 1995, pp. 280~297 참조.

2) 남북공동체통일방안

민족공동체통일방안에 대한 한계를 극복하고자 제기된 또 하나의 통일방안이 남북공동체통일방안이라고 할 수 있겠다. 남북공동체통일방안의 내용을 살펴보면 민족공동체통일방안의 제2단계 국가연합론과 북한의 고려민주연방제통일방안으로써 남북이 각각 주장하는 제도적 장치이긴 하나, 남북 간의 일방적 이해와 논리만을 앞세우고 있다는 점에서 그 적용 가능성에 의문을 제기하고 화해와 협력시대를 거친 남북이 통일로 가는 과정으로써의 중간단계 과정을 총칭하여 남북공동체라고 칭하고 이와 같은 남북공동체는 국가연합도 북한이 주장하는 연방제도 아니면서 완전한 통일을 이룩하기 위한 중간단계로써 필요하다고 판단하여 남북공동체헌법을 제안하고 남북공동체의 통치구조로써 남북공동체의 의회, 남북공동체의 행정부(집행부), 남북공동체 재판소(법원)의 구성을 반드시 이루어져야 한다고 주장하고 있다. 남북공동체 의회에서 완전한 통일헌법을 제정하여 완전한 통일국가로 나아가는 것이 현실적이다라고 주장하고 있다.

남북공동체통일방안은 교류협력단계, 남북공동체단계, 1민족, 1국가, 1체제인 완전한 통일단계로 통일과정을 바라보고 있다.[25] 남북공동체통일방안은 그동안 제기된 국내외변수를 어느 정도 반영한 통일방안이라고 판단하나 어떻게 남북공동체인 준통일단계를 이룩할 것인지 현실적 방안이 결핍되어 있다라고 판단하며, 기본권 보장을 남북한 현존하는 정부와 남북공동체정부간에 어떻게 권한 분배를 할 것인지에 대한 구체적인 것들이 또한 결핍되어 있다고 본다.

---

25) 강현철, 『통일헌법 연구』, 서울: 한국학술정보(주), 2006, pp. 181~194 참조.

3) 복합연성통일방안

　민족공동체통일방안이 지금의 시점에서 보면 몇 가지 보완작업이 불가피하다고 주장한다. 이유로써 한반도 안팎으로 엄청난 변화가 진행된 남북교류협력의 20년을 새롭게 반영할 필요가 있다는 문제의식을 지니고 있다. 그리하여 복합연성통일론을 통해 보완해야 할 몇 가지 점을 주장하고 있다. 첫째, 통일개념을 유연하게 할 필요가 있다. 둘째, 최종적인 통일국가상노 전통적인 의미로써 단일국가상을 넘어설 유연성을 확보할 필요성이 있다. 셋째, 교류협력진전과 남북연합 단계로의 이행의 상관관계에 대해 새로운 검토와 보완이 필요하다. 넷째, 통일의 문제를 한국사회의 장기적 발전전략과 연관시키는 것 역시 중요한 과제이다. 다섯째, 통일방안은 예상치 못한 일이 국내외적으로 초래되었을 경우에도 적절한 전략적 가이드라인이 될 수 있는 것이어야 한다.

　이와 같은 몇 가지 문제점들을 제기하면서 민족공동체통일방안에 보완의 필요성을 주장하고 있다. 복합연성통일론은 새로운 상황, 시대적 조건에 부합하는 통일원리로써 다음과 같은 몇 가지를 강조하는 특징을 갖는다. 첫째, 통일방식에서나 통일과정에서나 연성성을 중시한다. 둘째, 네트워크형 통합을 강조한다. 셋째, 통일의 최종상태에 대해서도 매우 개방적이고 복합적인 체제를 강조한다.

　그리하여 연성복합통일론은 사회문화적 통합과 경제적 통합, 그리고 정치군사적 통합의 세 축을 기본적으로 중시한다. 사회문화적 통합은 민족공동체로 표현되는 바와 같이 동질적인 민족으로서의 상호교류, 문화적 공유, 동류의식의 회복을 통한 공동체적 결합을 지향한다. 정치군사적 통합은 현재 적대적인 관계를 유지하고 있는 남한과 북한이 새로운 정치적, 군사적 관계를 설정하게 되는 정치과정에 대응한다. 경제적 통합은 남과 북의 경제적 협력, 시장통합 내지 공동의 경제이익의 창출을 통한 경제공동체 형성을 지향하는 것이다. 또한 연성복합의 통일론은 현재 기본합의서가 정의하고 있는 남북한 특수관계론의 논리, 즉, 남북한이 지닌 이중성, 모순성, 갈등관계를 인정한 위에서의 통일론이다. 적대적이면서도 상호 포용적이고 별개의 국가성을 지니고 있으면서도 서로를 국가로 인정하지 않는 일견 모순적이고 상치되는 속성을 수용하면서 이를 넘어설 수 있는 통합의 틀, 논리를 구상하려 한다. 정치적인 복합국가, 국가연합이나 연방제 원리, 네트워크형 통합이론 등이 연성복합의 통일론과 관련하여 적극적으로 고려할 수 있는 맥락도 여기에 있다26)고 주장하고 있다. 그러나 연성복합통일방안 역시 민족공동체통일방안의 한계점을 지적하고 그 한계를 극복하기 위해 노력하고 있는 과정에 있으나 아직은 구체성이 결여되어 있다. 향후 지속적인 연구의 성과물이 나올 것으로 예측되나 현재까지는 막연하고 추상적인 단계에 있다.

4) 연방제통일방안

연방제통일방안은 남한의 민족공동체통일방안과 북한의 연방제통일방안이 서로 대립되어 왔다고 주장하면서 남한의 민족공동체통일방안은 국가체제의 통합을 배제한 점에서 한계를 지니며 북한의 연방

---

26) 박명규 외, 『21세기 글로벌시대의 새로운 통일론의 모색: 연성복합통일론』, 서울: 서울대학교 통일평화연구소, 2009, pp. 5~25 참조.

제통일방안은 초기의 적극적 공세적 통일론에서 점차 수세적, 방어적 논리로 바뀌면서 사실상 통일을 거부하는 체제보존의 반통일론으로 전락하였다고 주장한다. 그리고 연방제통일방안은 민족공동체통일방안의 2단계인 남북연합은 민족공동체통일방안에 따른 과도적 통일체라고 할 수 있으나 남북한 현실과 미래전망에 비추어볼 때 실현가능성이 높지 않다라고 주장하면서 한반도다연방제[27] 국가형태의 통일형태가 가장 바람직한 통일방안이며 추진가능하다고 주장하고 있다. 실천전략으로 코리아연방공화국 창립은 헌법을 통해서만 가능하다. 이제 통일헌법을 마련할 시점이다. 먼저 남한에서 헌법개정이 이루어져야 하며 헌법개정을 통해 코리아연방제 국가를 합의하고 그 다음 통일과정에서 북한주민들의 동의와 동참을 구하는 방식이다. 연방제 통일국가헌법은 통일국가에서 북한통치엘리트의 미래를 보장할 뿐만 아니라 북한 주민의 자주성과 자존심을 존중하는 통합 방식이라는 점에서 북한 통치엘리트층과 일반주민들과의 호응과 지지를 기대할 수 있다. 이 경우 통일은 북한 주민의 자발적 의사에 의한 합의통일이자 합류통일 방식으로 이루어진다. 헌법개정은 현 단계에서 통일코리아 즉, 코리아연방공화국의 연방제 국가형태의 원칙과 기본방향을 규정하는 수준이 합당하다.[28] 조민의 연방제통일방안 즉, 코리아공화국연

----

[27] 조민은 코리아연방국은 지리적 문화전통적 교통권 및 경제권을 기준으로 8도 내지 13도 지방정부로 구성될 수 있다고 주장하면서 북한전체를 하나의 정치체제로 끌어안는 통합방식은 위험하며 또 다시 쪼개질 가능성이 크다고 주장하고 있다. 더욱이 남한의 과도한 주도방식은 엄청난 부담을 안고 북한의 주민의 반발을 초래하기 쉽다고 주장하면서 연방제통일방식이지만 남과 북 각각 독립적인 두개의 국가를 상정하는 연방제는 문제가 있다라고 주장하면서 지난 대선 때 이회창 후보가 주장했던 남한만의 강소국연방제를 실현시키고 그 바탕하에 북한도 하나의 정부로 연방제로 가입하는 방식이 아닌 여러 개의 북한지역정부를 상정하는 다연방제통합방안이라 할 수 있겠다.

[28] 조민 외, 『통일대계 탐색연구』, 서울: 통일연구원, 2009, pp. 3~39 참조.

방제는 일시에 북한을 한 개의 지역정부로 연방제 가입주체로 인정하지 않고 여러 개의 지역정부형태로 북한을 통일하여야 한다는 점에서 이회창 후보의 선거공약인 남한만의 강소국연방제방안을 북한까지 확대 적용시켜 통일하려는 의도가 담겨 있다. 만약 그와 같은 방식의 통일이 이루어지면 통일이후 통합과정의 안정성을 확보할 수 있다는 장점을 내포하고 있으나, 현실적으로 북한이 붕괴되거나 아니면 서독이 동독을 통합 흡수하여 통일되는 흡수통일이 되지 아니하면 실현가능성이 희박하다는 단점이 있다. 그리고 북한이 붕괴 또는 흡수통일되지 아니한다면 무력통일을 시도하여 다연방제국가를 달성하든가 아니면 영구분단으로 고착화시킬 수 있는 단점 또한 내포되어 있다. 어떻든 민족공동체통일방안의 한계점을 극복해보려는 노력은 높이 평가할 만하다.

제3절 단계적 연방제통일방안 구상

1. 개요

본서에서 주장하는 단계적 연방제통일방안은 기존 남한의 통일방안인 민족공동체통일방안을 일정한 부분 계승하고 있다. 첫째, 통일이라는 당위성은 20세기뿐만 아니라 21세기 한반도의 평화와 안정 나아가 평화통일이라는 중요한 목표점을 공유하고 있으며 둘째, 점진적인 통일접근 방법을 여전히 유효하게 인정하고 있다는 점이다. 셋째, 민족공동체통일방안이 단계론적 통일을 주장하고 있는데 본서에서 주장하고 있는 단계론적 연방제통일방안 역시 단계론적 시각에 입각하고 있다. 그러나 많은 연구가들에 의해서 위의 설명에서 제시하였던 민족공동체통일방안은 그동안 1989년 남한의 공식적 통일방안으로써 대두된 이후 약 20여 년간 남한정부의 공식적인 통일방안으로 확립되어 남북교류협력의 좌표로써 공헌도 많았지만 20년 동안 걸쳐서 변화된 내·외변수를 담지 못하는 한계를 바탕으로 본서 역시 문제의식을 가지고 출발하였다. 민족공동체통일방안이 제1단계 교류협력단계 제2단계 남북연합단계 제3단계 1민족 1국가 1체제라는 완전한 통일단계로 설정되어 있는데 남북교류협력을 통해서 북한에 대한 동질성도 많이 확인하였지만 이질성 또한 많이 발견한 이중성을 가지게 되었다라고 판단한다. 현 시점에서 북한은 무력으로 통일하든가 아니면 북한정권이 스스로 동독처럼 붕괴되어 와해가 된다면 민족공동체 통일방안에 입각한 통일을 실현할 수 있지만 그러하기에는 한국전쟁 이라는 민족분단을 겪어 3중분단에 놓인 한반도와 한국전쟁과 비유할 수 없을 정도로 양체제가 가지고 있는 무력을 상상해 보면 무력통일 은 속빈강정이 될 확률이 너무나 높아 과연 통일 이후 통일의 주체로 써 한민족이 재생할 수 있는가라는 의문에 봉착할 수밖에 없다. 그리 고 흡수통일 역시 남한보다 몇 백배 앞섰던 경제력을 가진 서독에 의 한 동독의 흡수통일이었지만 통일 후 경제적 심리적 후유증을 생각해 볼 때 바람직한 통일방법이라 생각하지 아니한다.[29] 그래서 단계적 통일방안은 평화통일을 전제로 출발하고 싶다. 그리고 통일과정은 완 결적 통일이 아닌 단계적이며 점진적이고 장기적 시각으로 접근해야 한다는 것이다. 그러나 **목표 및 합의가 중요하다고 하더라도 합의된 사항이 남북상호 당국자 간 실천이 없다면 합의내용은 공허한 메아리** 에 불과할 것이다. 이제까지 남북은 1972년 7·4남북공동성명과 1991년 에 채택된 남북기본합의서 및 부속합의서, 1992년 한반도비핵화공동 선언을 합의하였다. 나아가 2000년 6·15공동선언을 채택하였으며 2007년 10월 4일에 남북정상공동선언을 합의하는 등 한반도 평화와 안정 나아가 장기적으로 평화통일을 이룩하기 위하여 남북 당국자 간

---

[29] 서독이 1972년의 기본조약 이후 통일이 될 때까지 각종 명목으로 동독에 지원한 총 자금규모는 약 600억 달러로서 연평균 32억 달러에 달한다. 우리의 경우 지난 13년간 (95~2007) 정부차원에서 13억 5,000만 달러, 민간차원에서 6억 4,000만 달러로 총 20억 달러 상당의 식량, 비료, 의약품 등을 북한에 지원했다. 연평균 1억 5,000만 달러 규모 로서 서독의 경우에 비하면 1/21에 불과하며 이는 국민 1인당 연 3~4달러에 불과한 액 수일 뿐이다. 이를 두고 일부 반북, 보수세력은 '퍼주기'라고 주장하며 정부를 공격해 왔던 것이다(임동원, 『피스메이커─남북관계와 북핵문제 20년』, 서울: (주)중앙북스, 2008, pp. 730~732 참조).

에 의미있는 합의가 있었다. 그러나 합의된 내용이 진정성과 지속성을 가지고 실천하는 데는 매우 미흡한 상태라고 판단한다. 그리하여 본서에서는 **남북합의이행위원회**를 구성하여 그동안 합의한 사항을 실천하는 것이 단기적으로는 한반도의 평화와 안정, 그리고 장기적으로는 한반도의 후유증 없는 평화통일에 기여할 것이라고 보아 **남북연합의 성격을 띠면서 동시에 이행과 실천을 담보하는 남북합의이행위원회라는 기구**를 제안하고자 한다. 이행과 실천의 중요성에 대해서 아래에서 6·15정상회담 당시 김대중 전대통령과 김정일 위원장간의 실천과 이행의 중요성에 대해 이야기하는 내용을 소개하고자 한다.
"김대중 전대통령: 자주·평화·민족대단결의 원칙을 제시한 7·4남북 공동성명이 나온 지 어느덧 28년이 지났습니다. 남북관계의 발전방법을 완벽하게 제시한 남북기본합의서가 채택된 지도 8년이 지났습니다. 하지만 아무것도 **실천된 것**이 없습니다. 이제 김 위원장과 저에게는 이미 정해진 원칙과 방법에 따라 **실천하는 일**만 남았습니다. 우리 둘이 합심해서 **구체적인 실천**으로 **겨레에게 희망과 믿음**을 줍시다. 남북장관급회담, 경제공동위원회, 군사공동위원회 등을 개최하고 이산가족 상봉과 다방면의 교류협력을 실현합시다. 그리고 김 위원장의 서울방문을 정식으로 초청합니다. 여론조사 결과를 보면 김 위원장이 서울에 와야 한다는 여론이 81%나 됩니다. 조만간 서울은 꼭 한번 방문해 주시기를 바랍니다. 제 나이 이제 일흔여섯입니다. 대통령 임기는 2년 8개월 남았습니다. 30~40년 동안 숱하게 감옥살이를 하고 죽을 고비까지 넘기면서 나름대로 민족의 화해와 통일을 위해 최선을 다하여 살아왔습니다. 그 뜻을 2년 8개월 사이에 김 위원장과 함께 꼭 이뤄보고 싶습니다. 그리고 다음에 어떤 정부가 들어서더라도 그 길을 바꾸지 못하도록 단단히 해두고 싶습니다. 그게 나의 소원입니다."

"김정일 위원장: 지난번 보내주신 친서를 전달받고 또 임동원 특사의 자세한 설명을 듣고 많은 도움을 받았는데, 오늘 다시 대통령의 자세한 설명을 듣고 나니 대통령께서 무엇을 구상하시는지 더욱 잘 알게 되었습니다. 훌륭한 설명에 다시 한번 감사드립니다. 남북이 그동안 **여러 문건에 합의**했는데 **하나도 실천된 것이 없다**는데 **동의한다**"면서 1994년 7월 무산된 남북정상회담에 대해 언급하다가 김일성 주석의 사망경위로 화제를 옮겨갔다.[30) 또 다른 장소와 시간에서 김정일 위원장과 당시 정상회담을 준비하기 위해 정상회담을 하기 위한 예비회담을 가졌던 임동원 특사와 김정일 위원장과의 대화 내용에서도 합의문건에 대한 실천과 이행을 강조하는 대화가 있다.[31)

　이행과 실천을 담보하고 점진적이고 단계적인 통일달성을 위하여 기존 남북한 통일방안을 대체하기 위한 단계적 연방제통일방안을 제시하고자 한다. **단계적 연방제통일방안은 3단계로 구성된다.** 제1단계 통일기반조성교류협력단계, 제2단계 〈전기〉 남북합의이행위원회와

30) 임동원, 위의 책, pp. 96~97 참조.
31) "김정일 위원장: 무엇보다 김 대통령의 말씀을 많이 듣고 싶어요. 격식없이, 허심탄회하게 많은 이야기를 나누면 좋겠습니다. 뭐, 격식 갖춘 이야기야 김영남 상임위원장과 하시면 되겠지요. 그리고 첫 만남에서 많은 것을 **합의**하려 하기보다는 **실천**할 수 있는 것만 합의하도록 합시다. 첫술에 배부르랴라는 말도 있지 않습니까. 과거의 좋은 남북합의문건이 세 개나 있지 않습니까?(7 · 4남북공동성명, 남북기본합의서, 비핵화공동선언을 말하는 것이다) 근데 **제대로 실천된 것**이 하나도 없어요. 본질은 하나도 달라진 것이 없는데 비슷한 내용의 합의문건만 자꾸 만들 필요가 뭐 있겠습니까. 이미 **합의한 것을 실천하는 것**이 중요하지요. 이번 만남에서는 희망적인 선언 수준의 간단한 합의문건을 내면 될 겁니다. 그리고 그런 건 미리 작성해 둘 성질의 것이 아니지요. 그런 건 정상회담 마치고 작성하면 돼요. 그리고 단계적으로 **하나씩 합의하고 이행**해나가면 되는 겁니다. 정상회담 개최 소식을 들은 중국 지도자들은 어떻게 갑자기 그런 결정을 하게 되었느냐며 엄청 놀랍니다. 주변국들 너무 놀라게 하지 말고 차분히 하나하나씩 해나갑시다."(임동원, 위의 책, 2008, pp. 60~61참조)

〈전기〉 평화통일완성교류협력단계, 제3단계 〈후기〉 남북합의이행위원
회와 〈후기〉 평화통일완성교류협력단계로 구성된다.

2. 통일원칙

단계적 연방제통일방안의 통일원칙은 자주, 평화, 민주, 민족대단
결32)을 주장하고 싶다. 자주, 평화, 민족대단결은 1972년 남북합의에
의한 통일원칙이기 때문에 기존 합의를 이행한다는 차원에서 필요하
다. 그리고 민주원칙은 남한에서 4·19혁명, 반유신투쟁, 5·18민중항
쟁, 87년 6월 항쟁 등을 통하여 형식적 민주주의와 실질적 민주주의를
확립하기 위하여 무수한 사망자와 희생자가 나왔다. 민주원칙은 남북
한 통일에 있어서도 꼭 필요한 원칙이라고 하겠다.

3. 정치적 통합이론과 경제적 통합이론

남북한통합은 궁극적으로 정치적 통합과 경제적 통합이 달성될 때
완전한 통일이 되었다라고 판단한다. 그래서 정치적 통합이론과 경제
적 통합이론을 살펴볼 필요가 있다. 첫째, 정치적 통합이론으로 수렴
론, 연방주의, 기능주의, 신기능주의, 현실주의가 있지만 통일이전에
는 남북한 동질성을 회복하기 위하여 일정한 기간 기능주의가 필요하
고 통일의 초기단계부터 신기능주의에 입각한 정치적 통합을 추구해
야 한다. 그리고 통일의 마지막단계에서는 행정통합의 세분화와 경제

---

32) 민족대단결원칙은 배타적 민족주의에 기반을 두어서는 아니 될 것이다. 열린민족주의
에 기반을 두어야 한다.

통합의 속도를 필요로 하기에 연방주의적 시각이 필요하다. 또한 수렴론적 시각도 남북한의 평화통일에 이바지할 것이다. 둘째, 경제통합이 되었을 때 완전한 의미의 통일로 볼 수 있기 때문에 Balassa의 단계적 경제통합이론에 입각하여 통일이전 자유무역지대, 통일초기 관세동맹, 공동시장, 통일중기에 경제동맹 및 화폐통합, 통일 마지막단계에서 완전한 경제통합을 목표로 경제통합 역시 단계적으로 가야 한다는 것이다.

4. 국가형태와 국가성격 및 이념

첫째, 국가형태는 단일국가가 가장 이상적인 통합국가이지만 현실적으로 단일국가 통일은 위에서 언급한 무력통일 또는 흡수통일이 아니고는 불가능하다 판단되어 연방제통일을 주장하고 싶다. Elazar는 연방제의 필수요건으로 연방헌법, 비중앙집권, 권력의 지역적 배분을 들었고 연방제의 종류를 크게 중앙집권연방, 비중앙집권연방제로 분류하였는데 본서에서는 Elazar가 주장하는 연방의 필수요건을 갖춘 가운데 미국, 스위스, 독일 등 비중앙집권연방제에 해당하는 비중앙집권연방제로 나아가야 한다는 것이다. 둘째, 국가의 성격은 당-국가체제가 아니고 국가-당체제 즉, 경쟁적 복수정당제로 가야 한다는 것이다. 셋째, 국가이념은 자유와 평등이 조화된 복지국가를 달성하기 위해 자유권적 기본권과 사회권적 기본권의 조화를 목표로 가야 한다는 것이다.

5. 기구와 임무

1) 〈전기〉 남북합의이행위원회

본서에서 주장하는 **제1단계인 통일기반조성교류협력단계**는 노태우 정부부터 노무현 정부까지 이미 실시되고 있다. 그리고 지금은 제2단계로 넘어가야 할 시기에 직면하였다고 본다.[33] **제2단계 〈전기〉 남북합의이행위원회**의 역할은 **첫째**, 남북정상을 공동위원장으로 하는 남북합의이행위원회를 설립하고, 그 속에 이제까지 남북 간 합의는 했지만 이행하지 못하여 남북의 진정한 한반도의 평화와 안정과 한반도의 평화통일을 조성하는데 남북합의가 제역할을 하지 못하고 있다. 그래서 남북합의사항에 대한 실천을 확보하기 위해서 남북합의이행위원회를 구성하여야 한다. 그 하부조직으로 7·4공동성명이행위원회, 남북기본합의서이행위원회, 비핵화공동선언이행위원회, 6·15공동선언이행위원회, 10·4남북정상선언이행위원회, 연방헌법제정위원회 등을 설립을 제안하고자 한다. 그리하여 이제까지 남북이 합의한 사항들을 정기적으로 점검하여 실천하는 노력과 동시에 통일연방헌법을 준비하는 노력이 필요하다고 본다. 그리고 **둘째**, 남북교류협력 역시 완전한 통일이 될 때까지 끝까지 지속할 필요가 있다고 판단하여 〈전기〉 평화통일완성교류협력단계를 설정하고 지속적인 경제, 사회, 문화, 체육 등 다방면의 교류가 있어야 한다. 전기 남북합의이행위원회는 남북정상이 공동위원장을 맡고 아래와 같은 하부기구를 운영해

---

[33] 이제는 과거 합의한 내용을 구체적으로 어떻게 실천할 것인가가 앞으로 남북관계의 교류협력 및 평화통일에 절대적인 변수로 작용할 것이라 할 것이다.

야 한다.

(1) 7·4남북성명이행위원회의 임무

7·4남북성명이행위원회는 1972년 남·북한 간에 맺었던 7·4남북
공동성명을 남·북한 신뢰회복과 교류협력 및 한반도 평화안정 및 후
유증 없는 통일을 위하여 전혀 이행을 하지 않는 부분이나 이행을 했더
라도 이행중단된 부분과 미비된 부분을 완성하기 위하여 노력하여야
할 것이다. 아래에서는 7·4남북공동성명의 내용을 기술하고자 한다.

최근 평양과 서울에서 남북관계를 개선하며 갈라진 조국을 통일하
는 문제를 협의하기 위한 회담이 있었다. (생략) 이 과정에서 쌍방은
오랫동안 서로 만나보지 못한 결과로 생긴 남북 사이의 오해와 불신
을 풀고 긴장의 고조를 완화시키며 나아가서 조국통일을 촉진시키기
위하여 다음과 같은 문제들에 완전한 견해의 일치를 보았다. 그리고
쌍방은 다음과 같은 조국통일원칙들에 합의를 보았다(제1조). 첫째,
통일은 외세에 의존하거나 외세에 간섭을 받음이 없이 자주적으로 해
결하여야 한다. 둘째, 통일은 서로 상대방을 반대하는 무력행사에 의
거하지 않고 평화적 방법으로 실현하여야 한다. 셋째, 사상과 이념,
제도의 차이를 초월하여 우선 하나의 민족으로서 민족적 대단결을 도
모하여야 한다. 쌍방은 남북사이의 긴장상태를 완화하고 신뢰의 분위
기를 조성하기 위하여 서로 상대방을 중상 비방하지 않으며 크고 작
은 것을 막론하고 무장도발을 하지 않으며 불의의 군사적 충돌사건을
방지하기 위한 적극적인 조처를 취하기로 합의하였다(제2조). 쌍방은
끊어졌던 민족적 연계를 회복하며 서로의 이해를 증진시키고 자주적
평화통일을 촉진시키기 위하여 남북사이에 다방면적인 제반교류를

실시하기로 합의하였다(제3조). 쌍방은 지금 온 민족의 거대한 기대 속에 진행되고 있는 남북적십자회담이 하루 빨리 성사되도록 적극 협조하는데 합의하였다(제4조). 쌍방은 돌발적 군사사고를 방지하고 남북사이에 제기되는 문제들을 직접 신속 정확히 처리하기 위하여 서울과 평양사이에 상설직통전화를 놓기로 하였다(제5조). 쌍방은 이러한 합의사항을 추진시킴과 함께 남북사이의 제반문제를 개선해결하며 또 합의된 조국통일원칙에 기초하여 나라의 통일문제를 해결한 목적으로 이후락 부장과 김영주 부장을 공동위원장으로 하는 남북조절위원회를 구성운영하기로 합의하였다(제6조). 쌍방은 이상의 합의사항이 조국통일을 일일천추로 갈망하는 온겨레의 한결같은 염원에 부합된다고 확신하면서 이 합의사항을 성실히 이행할 것을 온 민족 앞에 약속한다(제7조). 1972년 7·4남북성명의 내용은 위에서 밝힌 내용이다. 위의 내용 중 일부는 1991년 채택된 남북기본합의서와 2000년 6·15공동선언과 2007년 10·4남북정상선언에 다시 강조된 부분이 있으나 7·4남북공동성명 내용이 이후 선언에서 빠진 부분이 있다면 이것이 7·4남북성명이행위원회의 핵심내용이 될 것이다.

(2) 남북기본합의서이행위원회의 임무

남북기본합의서는 1991년 12월 13일 남한을 대표하여 국무총리 정원식과 북한을 대표하여 정무원총리 연형묵이 서명하여 채택하였고 1992년 발효되었다. 그리고 남북기본합의서 이외에 남북교류협력부속합의서, 남북불가침부속합의서, 남북화해부속합의서를 채택하였다. 본서에서는 남북기본합의서에 대해서만 구체적으로 살펴보고자 한다. 남과 북은 분단된 조국의 평화적 통일을 염원하는 온 겨레의 뜻에 따라 7·4남북공동성명에서 천명된 조국통일 3대원칙을 재확인하고 정치군사적 대결상태를 해소하여 민족적 화해를 이룩하고 무력에 의한 침략과 충돌을 막고 긴장완화와 평화를 보장하며 다각적인 교류·협력을 실현하여 민족공동의 이익과 번영을 도모하며 (생략) 평화통일을 성취하기 위한 공동의 노력을 경주할 것을 다짐하면서 다음과 같이 합의하였다.

첫째, 남북화해를 위하여 남과 북은 서로 상대방의 체제를 인정하고 존중한다(제1조). 남과 북은 상대방의 내부문제를 간섭하지 아니한다(제2조). 남과 북은 상대방에 대한 비방, 중상을 하지 아니한다(제3조). 남과 북은 상대방을 파괴, 전복하려는 일체 행위를 하지 아니한다(제4조). 남과 북은 현 정전상태를 남북 사이의 공고한 평화상태로 전환시키기 위하여 공동으로 노력하며 이러한 평화상태가 이룩될 때까지 현 군사정전협정을 준수한다(제5조). 남과 북은 국제무대에서 대결과 경쟁을 중지하고 서로 협력하며 민족의 존엄과 이익을 위하여 공동으로 노력한다(제6조). 남과 북은 서로의 긴밀한 연락과 협의를 위하여 이 합의서 발효 후 3개월 안에 판문점에 남북연락사무소를 설치·운영한다(제7조). 남과 북은 이 합의서 발효 후 1개월 안에 본회담 테두리 안에서 남북정치분과위원회를 구성하여 남북화해에 관한 합의의 이행과 준수를 위한 구체적 대책을 협의한다(제8조).

둘째, 남북불가침을 위하여 남과 북은 상대방에 대하여 무력을 사용하지 않으며 상대방을 무력으로 침략하지 아니한다(제9조). 남과 북은 의견대립과 분쟁문제들을 대화와 협상을 통하여 평화적으로 해결한다(제10조). 남과 북의 불가침의 경계선과 구역은 1953년 7월 27일자 군사정전에 관한 협정에 규정된 군사분계선과 지금까지 쌍방이 관할하여 온 구역으로 한다(제11조). 남과 북은 불가침의 이행과 보장을 위하여 이 합의서 발효 후 3개월 안에 남북군사공동위원회를 구성·운영한다. 남북군사공동위원회에서는 대규모 부대이동과 군사연습의 통보 및 통제문제, 비무장지대의 평화적 이용문제, 군인사교류 및 정보교환문제, 대량살상무기와 공격능력의 제거를 비롯한 단계적 군축 실현문제, 검증문제 등 군사적 신뢰조성과 군축을 실현하기 위한 문제를 협의, 추진한다(세12조). 남과 북은 우발적인 무력충돌과 그 확대를 방지하기 위하여 쌍방 군사당국자 사이에 직통전화를 설치·운영한다(제13조). 남과 북은 이 합의서 발효 후 1개월 안에 본회담 테두리 안에서 남북군사분과위원회를 구성하여 불가침에 의한 합의의 이행과 준수 및 대결상태를 해소하기 위하여 구체적 대책을 협의한다(제14조).

셋째, 남북교류, 협력을 위하여 남과 북은 민족경제의 통일적이며 균형적인 발전과 민족 전체의 복리향상을 도모하기 위하여 자원의 공동개발, 민족내부 교류로서의 물자교류, 합작투자 등 경제교류와 협력을 실시한다(제15조). 남과 북은 과학, 기술, 교육, 문학. 예술, 보건, 체육, 환경과 신문, 라디오, 텔레비전 및 출판물을 비롯한 출판, 보도 등 여러 분야에서 교류와 협력을 실시한다(제16조). 남과 북은 민족구성원들의 자유로운 왕래와 접촉을 실현한다(제17조). 남과 북은 흩어진 가족, 친척들의 자유로운 서신거래와 왕래와 상봉 및 방문을 실시하고 자유의사에 의한 재결합을 실현하며, 기타 인도적으로 해결할 문제에 대한 대책을 강구한다(제18조). 남과 북은 끊어진 철도와 도로를 연결하고 해로, 항로를 개설한다(제19조). 남과 북은 우편과 전기통신 교류에 필요한 시설을 설치. 연결하며, 우편, 전기통신 교류의 비밀을 보장한다(제20조). 남과 북은 국제무대에서 경제와 문화 등 여러 분야에서 서로 협력하며 대외에 공동으로 진출한다(제21조). 남과 북은 경제와 문화 등 각 분야의 교류와 협력을 실현하기 위한 합의의 이행을 위하여 이 합의서 발효 후 3개월 안에 남북경제교류·협력공동위원회를 비롯한 부문별 공동위원회들을 구성, 운영한다(제22조). 남과 북은 이 합의서 발효 후 1개월 안에 본회담 테두리 안에서 남북교류·협력분과위원회를 구성하여 남북교류·협력에 관한 합의의 이행과 준수를 위한 구체적 대책을 협의한다(제23조).

넷째, 수정 및 발효에 대해서 합의서는 쌍방의 합의에 의하여 수정 보충할 수 있다(제24조). 이 합의서는 남과 북이 각기 발효에 필요한 절차를 거쳐 그 문본을 서로 교환할 날로부터 효력을 발생한다(제25조). 위의 내용 중 일부는 2000년 6·15공동선언과 2007년 10·4남북정상선언에 다시 강조된 부분이 있으나 1991년 남북합의서 내용이 이후 선언에서 빠진 부분이 있다면 이것이 1991년 남북합의서이행위원회의 핵심내용이 될 것이다.

(3) 비핵화공동선언이행위원회의 임무

1992년 1월 20일 남북한은 한반도 비핵화를 위하여 공동선언을 채택하였는데 남한을 대표하여 국무총리 정원식과 북한을 대표하여 정무원총리 연형묵이 서명하였다. 구체적 내용을 살펴보면 다음과 같다.

남과 북은 한반도를 비핵화함으로써 핵전쟁 위험을 제거하고 우리나라의 평화와 평화통일에 유리한 조건과 환경을 조성하며 아시아와 세계의 평화와 안전에 이바지하기 위하여 다음과 같이 선언한다. 남과 북은 핵무기의 시험, 제조, 생산, 접수, 보유, 저장, 배비, 사용을 하지 아니한다(제1조). 남과 북은 핵에너지를 오직 평화적 목적에만 이용한다(제2조). 남과 북은 핵재처리시설과 우라늄농축시설을 보유하지 아니한다(제3조). 남과 북은 한반도의 비핵화를 검증하기 위하여 상대측이 선정하고 쌍방이 합의하는 대상들에 대하여 남북핵통제공동위원회가 규정하는 절차와 방법으로 사찰을 실시한다(제4조). 남과 북은 이 공동선언의 이행을 위하여 공동선언이 발효된 1개월 안에 남북핵통제공동위원회를 구성, 운영한다(제5조). 이 공동선언은 남과 북이 각기 발효에 필요한 절차를 거쳐 그 문본을 교환한 날로부터 효력을 발생한다. 1992년 채택된 남북비핵화공동선언의 내용 중 일부는 2000년 6·15공동선언과 2007년 10·4남북정상선언에 다시 강조된 부분이 있다. 그러나 남북비핵화공동선언 내용이 이후 선언에서 빠진 부분이 있다면 이것이 남북비핵화공동위원회의 핵심내용이 될 것이다.

(4) 6·15공동선언이행위원회의 임무

6·15남북공동선언은 2000년 6월 15일 남한을 대표하여 대통령 김대중과 북한을 대표하여 국방위원장 김정일 간에 합의한 내용이다. 구체적으로 살펴보면 다음과 같다.

조국의 평화적 통일을 염원하는 온 겨레의 숭고한 뜻에 따라 대한민국 김대중 대통령과 조선민주주의인민공화국 김정일 국방위원장은 2000년 6월 13일부터 6월 15일까지 평양에서 역사적인 상봉을 하였으며 정상회담을 가졌다.

남북정상들은 분단 역사상 처음으로 열린 이번 상봉과 회담이 서로 이해를 증진시키고 남북관계를 발전시키며 평화통일을 실현하는데 중대한 의의를 가진다고 평가하고 다음과 같이 선언한다. 남과 북은 나라의 통일문제를 그 주인인 우리 민족끼리 서로 힘을 합쳐 자주적으로 해결해 나가기로 하였다(제1항). 남과 북은 나라의 통일을 위한 남측의 연합제 안과 북측의 낮은 단계의 연방제안이 서로 공통성이 있다고 인정하고 앞으로 이 방향에서 통일을 지향시켜 나가기로 하였다(제2항). 남과 북은 올해 8·15에 즈음하여 흩어진 가족, 친척 방문단을 교환하며, 비전향 장기수 문제를 해결하는 등 인도적 문제를 조속히 풀어 나가기로 하였다(제3항). 남과 북은 경제협력을 통하여 민족경제를 균형적으로 발전시키고, 사회, 문화, 체육, 보건, 환경 등 제반분야의 협력과 교류를 활성화하여 서로의 신뢰를 다져 나가기로 하였다(제4항). 남과 북은 이상과 같은 합의사항을 조속히 실천에 옮기기 위하여 빠른 시일 안에 당국 사이의 대화를 개최하도록 하였다(제5항). 김대중 대통령은 김정일 국방위원장이 서울을 방문하도록 정중히 초청하였으며, 김정일 국방위원장은 앞으로 적절한 시기에 서울을 방문하기로 하였다. 위의 내용 중 일부는 2007년 10·4남북정상선언에 다시 강조된 부분이 있으나 6·15공동선언 내용이 이후 선언에서 빠진 부분이 있다면 이것이 6·15공동선언이행위원회의 핵심내용이 될 것이다.

(5) 10·4정상선언이행위원회의 임무

제3장 제1절 남북한 통일방안의 비교분석 중 10·4남북정상공동선언의 내용과 후속조치 및 역사적 의의에서 이미 살펴보았다. 그러나 첨가하여 부연한다면 10·4남북정상공동선언은 서해평화협력특별지대 구축과 안변. 남포 조선소 건립, 경제협력을 확대시키기 위하여 경제협력추진위원회를 남북경제공동위원회로 격상시켰으며 남북군사

공동위원회를 설립하여 화해 협력 및 교류활성화에 크게 기여할 수 있는 남북한합의사항이다.

(6) 연방헌법제정위원회의 임무

남북한통일조약에 근거하여 통일연방국가를 창설한다. 통일연방국가를 창설하기 위하여는 그 근거의 근본법인 연방헌법이 필요하다. 헌법이란 그 나라의 정치, 경제, 사회, 문화 등 모든 것을 담고 있는 그 나라의 최고 법이기 때문에 어느 한 사람이나 한 집단에 의해 만들어질 수 있는 것이 아니다. 통일연방헌법은 남북한 헌법학자들과 관련 당사자들이 협의하여 만들어질 수 있는 것이다. 그렇기 때문에 통일연방헌법 제정을 위해 헌법제정위원회는 반드시 필요한 기구이다. 헌법제정위원회에서 한반도 3중분단 상황을 고려하여 통일헌법을 완결적으로 만들어서는 안 될 것이다. 통일예멘처럼 통일헌법에 근거하여 통일을 하였지만 얼마 후 내전을 통한 혼란을 초래하였고 결국 무력에 의한 통일을 달성하였다. 통일예멘을 반면교사로 삼아 한반도의 통일은 단계적 연방제통일방안에 따라 통일을 점진적 단계적으로 추진하여야 할 것이다. 또한 통일헌법도 단계적 연방제통일방안에 따라 남북한 각 지역정부에서 통일연방국가로 단계적으로 권한이 이양되는 형태를 취해야 할 것이다.

(7) 남북총리회담의 임무

남북총리회담은 7·4남북공동성명이행위원회, 남북기본합의서이행위원회, 남북비핵화에 관한 공동선언이행위원회, 6·15공동선언이행위원회, 10·4정상선언이행위원회, 연방헌법제정위원회에서 논의된 내용에 대해서 남북한 지역정부를 대표하여 뒷받침해야 한다. 그리고 위 이행위원회에서 논의되지 않는 새로운 한반도 평화와 안정 및 후유증 없는 평화통일을 달성하기 위한 여러 협의와 집행을 해야 한다.

(8) 남북각료회의의 임무

남북각료회의는 7 · 4남북공동성명이행위원회, 남북기본합의서이행위원회, 남북비핵화에 관한 공동선언이행위원회, 6 · 15공동선언이행위원회, 10 · 4정상선언이행위원회, 연방헌법제정위원회와 남북총리회담을 통하여 합의된 내용을 남북지역정부를 대표하여 집행을 하여야 할 것이다.

(9) 남북평의회의 임무

남북평의회는 7 · 4남북공동성명이행위원회, 남북기본합의서이행위원회, 남북비핵화에 관한 공동선언이행위원회, 6 · 15공동선언이행위원회, 10 · 4정상선언이행위원회, 연방헌법제정위원회와 남북총리회담 및 남북각료회의에서 협의된 내용을 집행하는데 법적으로 부족한 부분이 있을 때는 남북한 지역정부를 대표하여 남북한의회 차원에서 법적으로 뒷받침이 필요하다. 이러한 뒷받침을 하기 위하여 남북평의회는 필수적이다.

(10) 남북공동사무국의 임무

남북공동사무국은 7 · 4남북공동성명이행위원회, 남북기본합의서이행위원회, 남북비핵화에 관한 공동선언이행위원회, 6 · 15공동선언이행위원회, 10 · 4정상선언이행위원회, 연방헌법제정위원회와 남북총리

회담 및 남북각료회의에서 합의된 사항을 실무적 차원에서 정리하고 남북한 지역정부의 실무진에게 집행의 효율성을 높이기 위해 연락을 취하여 실질적으로 남북합의사항들이 잘 관철되어 한반도의 평화와 안정, 나아가 후유증 없는 평화통일을 달성하는데 기초를 놓아야 한다. 남북공동사무국에서 근무하는 실무당사자는 차후 창설될 통일연방국가 공무원으로 임명될 자를 중심으로 선발하면 좋겠다.

2) 〈후기〉 남북합의이행위원회

단계적 연방제통일방안은 제1단계 통일기반조성교류협력단계, 제2단계 〈전기〉 남북합의이행위원회와 〈전기〉 평화통일완성교류협력단계, 제3단계로 〈후기〉 남북합의이행위원회 및 〈후기〉 평화통일완성교류협력단계를 설정하여야 한다고 본다. 첫째, 〈후기〉 남북합의이행위원회의 내용을 구체적으로 살펴보면 위원장을 연방대통령, 부위원장은 연방부통령이 맡은 가운데 제1단계 연합형 연방제, 제2단계 연방제, 제3단계 세부화된 연방제로 연방국가 권한을 강화시켜 단계적으로 통합과정을 강화시키는 단계적 연방제로 나아가자는 것이다. 〈후기〉남북합의이행위원회는 완결적 통일이 아니기 때문에 연방헌법에 의해서 보장받지 못하는 부분을 위해 〈후기〉 남북합의이행위원회 가동은 필요하다. 또한 둘째, 완전한 통일과정이 달성될 때까지는 〈후기〉 평화통일완성교류협력단계 역시 필요하다고 판단한다.

그래서 한반도통일은 완결적 통일이 아닌 단계적 점진적 통일이기 때문에 완전한 통일이 되기 전까지는 남북한 합의사항들이 계속 나올 수밖에 없는 구조이다. 그래서 한반도통일이 제1단계 연합형 연방제,

제2단계 연방제, 제3단계 세부화된 연방제로 가기 때문에 남북한 합의사항들의 준수는 반드시 필요하다. 〈전기〉남북합의이행위원회에서는 남북한 정상이 공동 〈전기〉남북합의이행위원회 위원장을 맡았지만, 〈후기〉 남북합의이행위원회 위원장은 통일연방국가의 대통령이 남북지역정부를 조정하기 위하여 위원장을 맡는 것이 효율적이다. 이를 이해의 편의를 위해 〈그림 4-1〉로 나타내면 아래와 같다.

〈그림 4-1〉 단계별 연방제 통일방안을 실행하기 위한 과정과 기구

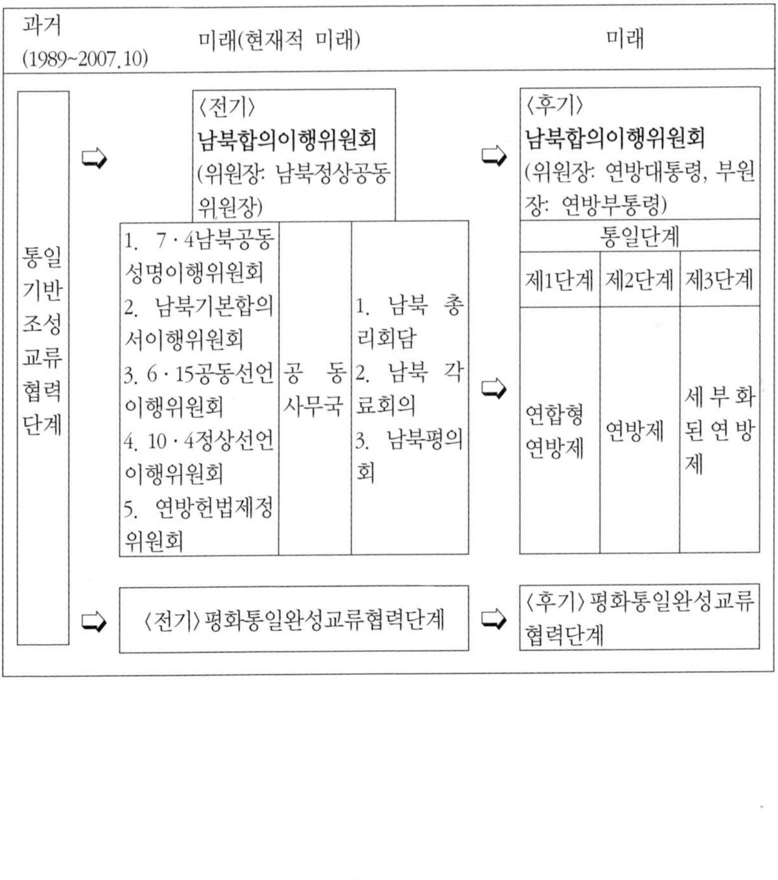

과거 (1989~2007.10)	미래(현재적 미래)			미래		
통일 기반 조성 교류 협력 단계	〈전기〉 **남북합의이행위원회** (위원장: 남북정상공동 위원장)			〈후기〉 **남북합의이행위원회** (위원장: 연방대통령, 부원장: 연방부통령)		
	1. 7·4남북공동성명이행위원회 2. 남북기본합의서이행위원회 3. 6·15공동선언이행위원회 4. 10·4정상선언이행위원회 5. 연방헌법제정위원회	공동사무국	1. 남북 총리회담 2. 남북 각료회의 3. 남북평의회	통일단계		
				제1단계	제2단계	제3단계
				연합형 연방제	연방제	세부화된 연방제
	〈전기〉 평화통일완성교류협력단계			〈후기〉 평화통일완성교류협력단계		

6. 남북한통일방안과 단계적 연방제통일방안 비교

남한의 민족공동체통일방안과 북한의 고려민주연방제 창립방안 및 단계적 연방제통일방안은 다음과 같은 공통점과 차이점이 존재한다.

1) 공통점

통일과정을 단계적으로 설정한다는 점이 공통점이다. 예를 들어 구체적으로 설명하면 민족공동체통일방안이 교류협력단계, 남북연합단계, 통일국가라는 통합과정을 단계적으로 보고 있으며 북한의 고려민주연방제 창립방안 역시 낮은 단계 연방, 높은 단계 연방, 제도통일 후 연방으로 단계적으로 보고 있다.[34] 본서에서 단계적 연방제통일방안 역시 제1단계 통일기반조성교류협력단계, 제2단계 〈전기〉 남북합의이행위원회, 제3단계 〈후기〉 남북합의이행위원회 및 연합형 연방제, 연방제, 세부화된 연방제로 연방국가의 권한을 강화시키는 단계적 과정을 설정하고 있다는 점에서 공통점이 있다. 둘째, 정치적 통합이론으로 민족공동체통일방안,[35] 북한의 고려민주연방제 창립방안[36], 단계적 연방제통일방안이 신기능주의에 입각하고 있다는 점이다.

....
[34] 고려민주연방공화국창립방안에서는 제도통일 후 단일국가인지 연방국가인지에 대한 언급이 없다. 본서에서는 연방국가로 제도통일 후 국가형태를 분석하고자 한다.
[35] 민족공동체통일방안은 기능주의에 입각하고 있다는 주장이 다수설이나 본인의 판단으로는 기능주의에 신기능주의를 가미시키는 가운데 김대중 정부, 노무현 정부 대북정책이 실천되었다고 할 것이다.
[36] 1980년 고려연방제통일방안과 1991년 고려민주연방제 창립방안은 연방주의에 입각하고 있으나 신기능주의도 내포하고 있다고 판단한다.

2) 차이점

차이점으로 첫째, 최종국가형태를 민족공동체통일방안은 단일국가를 설정하고 있으며 북한의 고려민주연방공화국 창립방안은 중앙집권연방제를 추구하고 있으나 단계적 연방제통일방안은 비중앙집권연방제를 추구한다는 점이다. 둘째, 경제통합에 대한 접근이론의 존재여부인데 민족공동체통일방안과 북한 고려민주연방공화국 창립방안은 경제통합의 필요성만 강조하지 경제통합이론이 없다. 그러나 단계적 연방제통일방안의 경제통합이론은 Balassa의 단계적 경제통합이론에 기반을 두고 있다. 추구하는 국가성격에 대해 민족공동체통일방안은 국가-당체제(노동당 배제가 내재되어 있지 않나 생각한다)를 주장하고, 북한의 고려민주연방공화국 창립방안은 당-국가체제(사실상 일당지배체제 가능성이 내재되어 있지 않나 생각한다)를 지향하고 있다고 본다. 그러나 단계적 연방제통일방안은 완전한 국가-당체제(경쟁적 복수정당제도)를 지향하고 있다. 추구하는 통일헌법이념으로 민족공동체통일방안은 자유, 민주, 평화이지만 단계적 연방제통일방안은 자유, 평등, 인권이 보장되는 혼합경제체제로 번영 발전하는 정의로운 복지국가이지만, 북한의 고려민주연방공화국 창립방안은 연방정부의 지도 밑에 남과 북의 지역정부가 독자적 정책을 실시하는 연방국가를 나타내고 있으나 최종 제도통일 후 완전한 통일단계의 최종점에서 국가미래상에 대한 언급은 없다. 그러나 단계적 연방제통일방안은 최종 연방국가의 최종 종착점으로 자유권적 기본권과 사회권적 기본권의 조화, 즉, 자유와 평등의 조화를 이룩한 복지국가를 주장하고 싶다. 이를 이해의 편의를 위해 요약하면 〈표 4-3〉과 같다.

〈표 4-3〉 단계적 연방제통일방안, 고려민주연방공화국창립방안,
민족공동체통일방안 비교분석

종류 비교항목	단계적 연방제통일방안	고려민주연방공화국 창립방안	민족공동체 통일방안
통일과정	단계적이다 (1) 전기남북합의이행위원회 (2) 후기남북합의이행 위원회 ① 제1단계 연합형 연방제 ② 제2단계 연방제 ③ 제3단계 세부화된 연방제	단계적이다 ① 낮은단계 연방제 (연방형연합) ② 높은단계 연방제 ③ 제도통일 후 연방제[37]	단계적이다. 교류 협력 －남북연합 통일국가
정치적 통합이론	수렴론을 근간으로 하여 (통일이전)기능주의, (제1단계, 제2단계 통일시기) 신기능주 의, (제3단계) 신기능주의, 연 방주의 가미, 현실주의 배제	신기능주의	기능주의→신기 능주의
국가형태	비중앙집권연방추구	중앙집권 연방추구	단일국가
경제통합에 대한 접근이론 존재여부	Balassa 통합이론	아직 발견 못함	아직 발견 못함
추구할 통일 헌법내용	·자유+평등조화(복지국가) ·자유권적 기본권과 사회적 기본권 조화	언급 없다	언급 없다 (자유민주주의 헌 법 내재해 있다)
국가의 성격	국가－당체제(복수정당제) (일본, 이태리, 프랑스 등[38])	당－국가체제[39]	자유권중심의 헌법 국가－당체제[40]

---

37) 제도통일은 후대 미루자라는 이야기까지만 공식문서에 나와 있는데 제도통일 후 연방
국가를 유지할 것인지 아니면 단일국가로 갈 것인지에 대한 언급은 아직 없다.

38) 이태리, 프랑스는 국내정치에서 공산당을 정식적으로 인정하여 정당활동을 보장하고
있으며, 유럽연합의회에서도 이태리, 프랑스 등은 공산당이 유럽연합의회에도 정식적
으로 진출 활동하고 있다. 일본 역시 국가－당체제이지만 공산당을 합법적으로 인정
하고 있다.

39) 명문상 언급은 없다. 그러나 사실상 일당지배체제를 지향한다면 한반도 평화통일은
달성하기 쉽지 않다.

40) 명문상 언급은 없다. 그러나 제한적 국가－당체제를 지향한다면 한반도 평화통일을
달성하기 쉽지 않다.

제5장
남북한헌법과 연방통일헌법
구상의 쟁점 및 제정과정

제1절 남북한 헌법의 비교분석

1. 1987년 남한헌법

남한 헌법은 1948년 7월 12일에 제정되고, 9차에 걸쳐 개정된 헌법인 현 남한헌법은 헌법의 기본원리로 국민주권의 원리, 자유민주주의의 원리, 사회국가의 원리, 문화질서의 원리, 법치국가의 원리, 평화국가의 원리 등을 들 수 있고,[1] 기본질서로써 민주적 기본질서, 사회적 시장경제질서, 국제주의적 평화질서 등을 들 수 있고, 기본제도로 사유재산제도, 정당제도, 선거제도, 공무원제도, 지방자치제도, 교육제도, 대학자치제도, 군사제도, 가족제도 등을 들 수 있다.[2]

통치구조의 구성원리로 국민주권원리, 대의제원리, 권력분립주의원리, 법치주의원리, 책임정치원리 등을 들 수 있는데, 이와 같은 원리를 반영하여 대한민국헌법은 통치기구로 국회, 대통령 및 행정부, 법원, 헌법재판소 등을 두고 있다.[3] 1987년 남한 현행 헌법은 1987년 6월 항쟁으로 여야합의를 거쳐 탄생한 헌법이고 제10장, 제130조로 구성되었으며, 부칙 제6조를 두고 있다. 본서에서는 서술을 국가형태, 국가성격, 헌법의 기본원리,[4] 헌법의 기본질서, 기본권과 의무, 통치기

---

[1] 권영성, 『헌법학원론』, 서울: 법문사, 2010, p. 125.

[2] 권영성, 위의 책, p. 182.

[3] 권영성, 위의 책, pp. 743~763.

[4] 위에서 살펴보듯 권영성은 헌법의 기본원리로 국민주권의 원리, 자유민주의 원리,

구, 헌법의 개정절차 순으로 분석하고자 한다.

1) 국가형태

헌법내용상에는 국가형태로 단층적 단일국가나 중층적 연방국가에 대한 언급은 없다. 그러나 사비니(v. Savigny)의 문리적 해석, 연혁적 해석, 목적론적 해석, 체계론적 해석을 통해 살펴보면 중앙정부와 지방자치단체에 대한 언급만 있고, 연방정부와 연방구성공화국에 대한 언급이 없는 것으로 보아 국가형태는 단일국가이다.

2) 국가의 성격

정당의 설립은 자유이며, 복수정당제는 보장하고, 그 목적·조직과 활동이 민주적이어야 하며 국민의 정치적 의사형성에 참여하는데 필요한 조직을 가져야 한다.

그러나 정당의 목적이나 활동이 민주적 기본질서에 위배될 때에는 정부는 헌법재판소에 그 해산을 제소할 수 있고, 정당은 헌법재판소의 심판에 의하여 해산된다[5]라는 규정으로 보아 방어적 민주주의[6]를 추구하면서도 복수정당제를 인정하는 국가－당체제[7]로 국가의 성격

사회국가의 원리, 문화질서의 원리, 법치국가의 원리, 평화국가의 원리 등으로 분류하고 있다. 그러나 본서에서는 본서가 주장하고자 하는 3대원리와 5대원칙을 통해 연방통일국가헌법을 구상하는데 초점이 있고 북한의 민주적 중앙집중제원리에 비교하여 설명하기 위하여 권력분립주의는 통치구조의 구성원리이지만 본서에서는 헌법의 기본원리에 포함시켜 분석하고자 한다.

[5] 1987년 남한헌법 제8조 참조.
[6] 방어적 민주주의란 자유민주주의를 해치는 사회주의 및 공산주의를 허용하지 않는 것을 말한다.
[7] 현행 남한헌법은 복수정당제를 인정하는 헌법이기에 국가 내에 정당활동을 보장하는

을 규정할 수 있겠다. 그리고 공무원의 신분과 정치적 중립성은 법률이 정하는 바에 의하여 보장된다.[8] 이는 국가의 성격이 국가—당체제라는 것을 간접적으로 입증하는 규정이라 할 수 있다.

3) 헌법의 기본원리

가. 국민주권의 원리

대한민국의 주권은 국민에게 있고, 모든 권력은 국민으로부터 나온다[9]라고 규정되어 있는데 이는 주권이 왕이나 국가에 있지 아니하고 국민에게 있으며, 모든 권력의 근원은 국민으로부터 나온다는 국민주권의 원리를 선언하고 있다.

나. 자유민주주의원리

헌법전문에 의하면 "자율과 조화를 바탕으로 자유민주적 기본질서를 더욱 확고히 하여 정치·경제·사회·문화의 모든 영역에 있어서 각인의 기회를 균등히 하고"[10]라는 규정과 대한민국은 통일을 지향하며, 자유민주적 기본질서에 입각한 평화적 통일정책을 수립하고 이를 추진한다[11]라는 조항을 살펴볼 때 자유민주주의의 원리를 추구하고 있다고 할 것이다.

국가—당체제로 규정할 수 있으나 사회주의나 공산주의를 추구하는 당을 인정하지 않고 있으므로 제한적 국가—당체제로 볼 수 있겠다. 그러나 자유민주주의를 추구하면서도 공산당을 허용하는 일본, 프랑스, 스웨덴, 이탈리아 등은 국가의 성격을 완전한 국가—당체제로 볼 수 있겠다.

8) 1987년 남한헌법 제7조 제2항 참조.
9) 1987년 남한헌법 제1조 제2항 참조.
10) 1987년 남한헌법 전문 참조.
11) 1987년 남한헌법 제4조 참조.

다. 법치주의원리

모든 국민은 헌법과 법률이 정한 법관에 의하여 법률에 의한 재판을 받을 권리를 가지며,12) 형사피해자는 법률이 정하는 바에 의하여 당해 사건의 재판절차에서 진술할 수 있고,13) 그리고 조세의 종목과 세율은 법률로 정한다.14) 즉, 재판 및 조세 등 헌법 여러 곳에서 국가행정 및 재판은 법률에 의거하여야만 된다는 법률유보를 두고 있는데 이는 법치행정을 통해 법치주의를 구현하겠다는 것으로 본다.

라. 사회국가의 원리

첫째, 대한민국의 경제질서는 개인과 기업의 경제상의 자유와 창의를 존중함을 기본으로 한다15)는 원칙적인 규정과 예외적으로 국가는 균형있는 국민경제의 성장 및 안정과 적정한 소득의 분배를 유지하고, 시장의 지배와 경제력의 남용을 방지하며 경제주체간의 조화를 통한 경제의 민주화를 위하여 경제와 관한 조정을 할 수 있다.16) 둘째, 국가는 국민 모두의 생산 및 생활의 기반이 되는 국토의 효율적이고 균형있는 이용·개발과 보전을 위하여 법률이 정하는 바에 의하여 그에 관한 필요한 제한과 의무를 과할 수 있다.17) 셋째, 국가는 사회보장·사회복지의 증진에 노력할 의무를 지며, 여자의 복지와 권익의 향상을 위하여 노력하여야 하며, 노인과 청소년의 복지향상을 위한

12) 1987년 남한헌법 제21조 제1항 참조.
13) 1987년 남한헌법 제27조 제5항 참조.
14) 1987년 남한헌법 제59조 참조.
15) 1987년 남한헌법 제119조 제1항 참조.
16) 1987년 남한헌법 제119조 제2항 참조.
17) 1987년 남한헌법 제122조 참조.

정책을 실시할 의무를 지며, 신체장애자 및 질병·노령 기타의 사유로 생활능력이 없는 국민은 법률이 정하는 바에 의하여 국가의 보호를 받는다.[18] 즉, 원칙적으로 개인의 노력과 창의에 의해서 운영된다는 것을 명시하면서도 예외적으로 경쟁에서 낙오된 노약자를 보호하겠다는 의지의 표현으로 사회국가의 원리를 천명하고 있다.

마. 문화국가의 원리

국가는 전통문화의 계승·발전과 민족문화의 창달에 노력하여야 한다[19]는 전통문화의 계승 및 발전과 문화창달을 국가가 하여야 한다는 조항을 두고 있는데 이는 문화국가의 원리를 천명하고 있다.

4) 헌법의 기본질서

정치질서로 자유민주적 기본질서, 경제질서로 사회적 시장경제질서, 국제질서로 국제평화질서를 들 수 있겠다.

가. 자유민주적 기본질서

헌법전문에 "자율과 조화를 바탕으로 자유민주적 기본질서를 더욱 확고히 하여 정치·경제·사회·문화의 모든 영역에 있어서 각인의 기회를 균등히 하고"라는 규정과 "통일을 자유민주적 기본질서에 입각한 평화적 통일 정책을 수립하고 이를 추진한다"[20]라고 규정되어 있는데 이는 자유민주적 기본질서를 추구하겠다는 의지표현의 조항

---

18) 1987년 남한헌법 제34조 제2항, 제3항, 제4항, 제5항 참조.
19) 1987년 남한헌법 제9조 참조.
20) 1987년 남한헌법 제4조 참조.

으로 판단한다.[21]

나. 사회적 시장경제질서

첫째, 대한민국의 경제질서는 개인과 기업의 경제상의 자유와 창의
를 존중함을 기본으로 한다는 원칙과 국가는 균형있는 국민경제의 성
장 및 안정과 적정한 소득의 분배를 유지하고, 시장의 지배와 경제력
의 남용을 방지하며 경제주체간의 조화를 통한 경제의 민주화를 위하
여 경제와 관한 조정을 할 수 있다[22]는 예외규정을 두고 있다. 둘째,
광물 기타 중요한 지하자원·수산자원·수력과 경제상 이용할 수 있
는 자연력은 법률이 정하는 바에 의하여 일정한 기간 그 채취·개발
또는 이용을 특허할 수 있고, 국토와 자원은 국가의 보호를 받으며 국
가는 그 균형있는 개발과 이용을 위하여 필요한 계획을 수립한다.[23]
셋째, 국가는 국민 모두의 생산 및 생활의 기반이 되는 국토의 효율적
이고 균형있는 이용·개발과 보전을 위하여 법률이 정하는 바에 의하
여 그에 관한 필요한 제한과 의무를 과할 수 있다.[24] 넷째, 국가는 농
업 및 어업을 보호·육성하기 위하여 농·어촌종합개발과 그 지원 등
필요한 계획을 수립·시행하여야 하며, 지역간의 균형있는 발전을 위

---

21) 권영성은 남한헌법의 정치적 기본질서로 민주적 기본질서로 보고 있다. 민주적 기본
    질서에는 자유민주적 기본질서와 사회민주적 기본질서를 내포하는 개념으로 파악하
    고 있다(권영성, 위의 책, pp. 152~159 참조). 본서에서는 민주적 기본질서로 남한헌법
    을 보려면 사회주의민주주의를 용인하는 헌법이어야만 완전한 민주적 기본질서라 판
    단하여 남한헌법의 정치적 기본질서를 자유민주적 기본질서로 파악하는 것이 더 현실
    적이라고 사료되어 자유민주적 기본질서로 서독기본법과 같이 남한헌법을 분석하고
    자 한다.
22) 1987년 남한헌법 제119조 제1항, 제2항 참조.
23) 1987년 남한헌법 제120조 참조.
24) 1987년 남한헌법 제122조 참조.

하여 지역경제를 육성할 의무를 지며, 중소기업을 보호·육성하여야
하며, 농수산물의 수급균형과 유통구조의 개선에 노력하여 가격안정
을 도모함으로써 농·어민의 이익을 보호하고, 농·어민과 중소기업
의 자조조직을 육성하여야 하며, 그 자율적 활동과 발전을 보장한
다.[25] 즉, 원칙적으로 완전한 시장경제원리를 추구하면서도 예외적으
로 공익성이 높고 시장에서 낙오될 수 있는 농업과 어업 및 중소기업
을 보호하기 위해서 국가가 개입하는 사회적 시장경제질서를 추구하
고 있다.

다. 국제평화질서

대한민국은 국제평화의 유지에 노력하고 침략적 전쟁을 부인하
며,[26] 헌법에 의하여 체결·공포된 조약과 일반적으로 승인된 국제법
규는 국내법과 같은 효력을 가진다[27]라는 규정으로 보아 현행헌법은
국제평화질서를 추구하고 있다.

5) 기본권과 의무

(1) 기본권보장의 이념과 포괄적 기본권

모든 국민은 인간으로서의 존엄과 가치를 가지며 행복을 추구할 권
리를 가진다[28]고 표현하고 있는데, 이는 인간으로서의 존엄과 가치를
선언하고 있으며 포괄적 기본권으로 행복추구권을 인정하고 있다.

....

25) 1987년 남한헌법 제123조 참조.
26) 1987년 남한헌법 제5조 제1항 참조.
27) 1987년 남한헌법 제6조 제1항 참조.
28) 1987년 남한헌법 제10조 제1문 참조.

(2) 평등권(법앞의 평등)

모든 국민은 법 앞에 평등하며 누구든지 성별·종교 또는 사회적 신분에 의하여 정치적·경제적·사회적·문화적 생활의 모든 영역에 있어서 차별을 받지 아니한다.[29] 즉, 법앞의 평등을 인정하고 있다.

(3) 자유권적 기본권

가. 인신의 자유권

모든 국민은 신체의 자유를 가지며 누구든지 법률에 의하지 아니하고는 체포·구속·압수·수색 또는 심문을 받지 아니하며, 법률과 적법한 절차에 의하지 아니하고는 처벌·보안처분 또는 강제노역을 받지 아니한다[30]는 신체의 자유를 인정하고 있고, 모든 국민은 고문을 받지 아니하며 형사상 자기에게 불리한 진술을 강요당하지 아니한다[31]는 고문을 받지 아니하는 권리와 불리한 진술 거부권을 인정하고 있다. 또한, 체포·구속·압수 또는 수색을 할 때에는 적법한 절차에 따라 검사의 신청에 의하여 법관이 발부하는 영장을 제시하여야 하며, 다만, 현행범인인 경우와 장기 3년 이상의 형에 해당하는 죄를 범하고 도피 또는 증거인멸의 염려가 있을 때에는 사후에 영장을 청구할 수 있다[32]는 구속영장 제도를 인정하고 있으며, 누구든지 체포 또는 구속을 당한 때에는 즉시 변호인의 조력을 받을 권리를 가지며, 다만 형사피고인이 스스로 변호인을 구할 수 없을 때에는 법률이 정하

---

29) 1987년 남한헌법 제11조 제1항 참조.
30) 1987년 남한헌법 제12조 제1항 참조.
31) 1987년 남한헌법 제12조 제2항 참조.
32) 1987년 남한헌법 제12조 제3항 참조.

는 바에 의하여 국가가 변호인을 붙인다33)는 변호인의 조력을 받을 권리를 인정하고 있다. 누구든지 체포 또는 구속의 이유와 변호인의 조력을 받을 권리가 있음을 고지받지 아니하고는 체포 또는 구속을 당하지 아니하며, 체포 또는 구속을 당한자의 가족 등 법률이 정하는 자에게는 그 이유와 일시·장소가 지체없이 통지되어야 한다34)는 체포 및 구속이유와 체포된 자의 가족에게는 체포이유, 일시, 장소를 통지받을 권리와 체포 또는 구속을 당한 때에는 적부의 심사를 법원에 청구할 권리를 가진다35)는 구속적부심사제도를 인정하고 있다. 그리고 피고인의 자백이 고문·폭행·협박·구속의 부당한 장기화 또는 기망 기타의 방법에 의하여 자의로 진술된 것이 아니라고 인정될 때 또는 정식재판에 있어서 피고인의 자백이 그에게 불리한 유일한 증거일 때에는 이를 유죄의 증거로 삼거나 이를 이유로 처벌할 수 없다36)는 자백의 증거능력의 제한제도를 두고 있다. 또한, 모든 국민은 행위시의 법률에 의하여 범죄를 구성하지 아니하는 행위로 소추되지 아니하며, 동일한 범죄에 대하여 거듭 처벌받지 아니한다37)라는 이중처벌 금지와 자기의 행위가 아닌 친족의 행위로 인하여 불이익한 처우를 받지 아니한다38)는 연좌제 금지를 인정하고 있다.

---

33) 1987년 남한헌법 제12조 제4항 참조.
34) 1987년 남한헌법 제12조 제5항 참조.
35) 1987년 남한헌법 제12조 제6항 참조.
36) 1987년 남한헌법 제12조 제7항 참조.
37) 1987년 남한헌법 제13조 제1항 참조.
38) 1987년 남한헌법 제13조 제3항 참조.

나. 사생활자유권

모든 국민은 사생활의 비밀과 자유를 침해받지 아니한다[39]는 사생활의 비밀과 자유를 인정하고 있으며, 주거의 자유를 침해받지 아니하며 주거에 대한 압수나 수색을 할 때에는 검사의 신청에 의하여 법관이 발부한 영장을 제시하여야 한다[40]는 주거의 자유와 주거수색 및 압수시 압수수색 영장제도를 인정하고 있다. 그리고 모든 국민은 주거·이전의 자유를 가진다[41]는 주거이전의 자유와 통신의 비밀을 침해받지 아니한다[42]는 통신비밀의 자유를 인정하고 있다.

다. 정신적 자유권

모든 국민은 양심의 자유를 가진다[43]는 양심의 자유를 가지고, 국교는 인정되지 아니하며, 종교와 정치는 분리된다[44]는 종교자유와 종교와 정치 분리를 선언하고 있다. 또한 모든 국민은 학문과 예술의 자유를 가진다[45]는 학문과 예술의 자유를 인정하고 있으며, 언론·출판의 자유와 집회·결사의 자유를 가진다[46]는 언론, 출판, 집회, 결사의 자유, 즉, 표현의 자유를 인정하고 있다. 그러나 언론·출판은 타인의 명예나 권리 또는 공중도덕이나 사회윤리를 침해하여서는 아니된다. 언론·출판이 타인의 명예나 권리를 침해한 때에는 피해자는 이에 대

---

39) 1987년 남한헌법 제17조 참조.
40) 1987년 남한헌법 제16조 참조.
41) 1987년 남한헌법 제14조 참조.
42) 1987년 남한헌법 제18조 참조.
43) 1987년 남한헌법 제19조 참조.
44) 1987년 남한헌법 제20조 참조.
45) 1987년 남한헌법 제22조 제1항 참조.
46) 1987년 남한헌법 제21조 제1항 참조.

한 피해의 배상을 청구할 수 있다47)는 규정을 두어 표현의 자유에 대한 제한을 두고 있다.

(4) 정치적 기본권

모든 국민은 법률이 정하는 바에 의하여 선거권을 가지며,48) 국회는 국민의 보통·평등·직접·비밀선거에 의하여 선출된 국회의원으로 구성하고,49) 대통령으로 선거될 수 있는 자는 국회의원의 피선거권이 있고 선거일 현재 40세에 달하여야 한다50)는 조항을 통해 선거권과 피선거권을 인정하고 있다. 그리고 정당의 설립은 자유이며 복수정당제는 보장되고 정당은 그 목적·조직과 활동이 민주적이어야 하며, 국민의 정치적 의사형성에 참여하는데 필요한 조직을 가져야 한다51)는 정당설립의 자유를 통해 정치적 기본권을 보장하고 있다.

(5) 경제적 기본권

모든 국민의 재산권은 보장된다고 원칙적으로 인정하고 있다. 그러나 그 내용과 한계는 법률로 정한다52)고 규정하여 무한적인 국민의 재산권을 보장하고 있는 것은 아니다. 그리고 저작자·발명가·과학기술자와 예술가의 권리는 법률로써 보호한다53)는 규정을 통해 저작

---

47) 1987년 남한헌법 제21조 제4항 참조.
48) 1987년 남한헌법 제24조 참조.
49) 1987년 남한헌법 제41조 제1항 참조.
50) 1987년 남한헌법 제67조 제4항 참조.
51) 1987년 남한헌법 제8조 제1항, 제2항 참조.
52) 1987년 남한헌법 제23조 제1항 참조.
53) 1987년 남한헌법 제22조 제2항 참조.

권을 인정하고 있으며, 모든 국민은 직업선택의 자유를 가진다[54]는 규정을 통해 직업선택의 자유를 인정하고 있다.

(6) 청구권적 기본권

모든 국민은 법률이 정하는 바에 의하여 국가기관에 문서로 청원할 권리를 가진다.[55] 그리고 헌법과 법률이 정한 법관에 의하여 법률에 의한 재판을 받을 권리를 가지며, 그래서 군인 또는 군무원이 아닌 국민은 대한민국의 영역안에서는 중대한 군사상 기밀·초병·초소·유독음식물공급·포로, 군용물에 관한 죄중 법률이 정한 경우와 비상계엄이 선포된 경우를 제외하고는 군사법원의 재판을 받지 아니하고, 신속한 재판을 받을 권리를 가지며, 형사피고인은 상당한 이유가 없는 한 지체없이 공개재판을 받을 권리를 가진다. 그리고 형사피고인은 유죄의 판결이 확정될 때까지는 무죄로 추정되고, 형사피해자는 법률이 정하는 바에 의하여 당해 사건의 재판절차에서 진술할 수 있다.[56] 즉, 청원권, 재판을 받을 권리와 형사피고인의 무죄추정의 원칙 및 법정진술권을 인정하고 있다. 그리고 공무원의 직무상 불법행위로 손해를 받은 국민은 법률이 정하는 바에 의하여 국가 또는 공공단체에 정당한 배상을 청구할 수 있으며, 이 경우 공무원 자신의 책임은 면제되지 아니한다[57]는 조항을 통하여 원칙적으로 국가배상청구권을 인정하고 있으며 공무원의 고의 또는 중대한 과실일 때에는 공무원

---

54) 1987년 남한헌법 제15조 참조.
55) 1987년 남한헌법 제26조 제1항 참조.
56) 1987년 남한헌법 제27조 참조.
57) 1987년 남한헌법 제29조 제1항 참조.

자신에게도 책임을 물을 수 있다는 규정을 두고 있으나, 예외적으로 군인·군무원·경찰공무원 기타 법률이 정하는 자가 전투·훈련 등 직무집행과 관련하여 받은 손해에 대하여는 법률이 정하는 보상 외에 국가 또는 공공단체에 공무원의 직무상 불법행위로 인한 배상은 청구할 수 없다[58]는 규정을 두어 국가배상청구권을 예외적으로 제한하고 있다.

국가보상청구권을 인정하고 있는데, 공공필요에 의한 재산권의 수용·사용 또는 제한 및 그에 대한 보상은 법률로써 하되, 정당한 보상을 지급하여야 한다.[59] 또한, 형사보상청구권으로 형사피의자 또는 형사피고인으로서 구금되었던 자가 법률이 정하는 불기소처분을 받거나 무죄판결을 받은 때에는 법률이 정하는 바에 의하여 국가에 정당한 보상을 청구할 수 있다.[60] 그리고 타인의 범죄행위로 인하여 생명·신체에 대한 피해를 받은 국민은 법률이 정하는 바에 의하여 국가로부터 구조를 받을 수 있다[61]는 범죄피해자 구조청구권를 보장하고 있다.

(7) 사회적 기본권

모든 국민은 인간다운 생활을 할 권리를 가진다[62]라는 총론적으로 인간다운 생활을 인정하고 있다. 또한 모든 국민은 근로의 권리를 가지며[63] 근로자는 근로조건의 향상을 위하여 자주적인 단결권·단체

---

[58] 1987년 남한헌법 제29조 제2항 참조.
[59] 1987년 남한헌법 제23조 제3항 참조.
[60] 1987년 남한헌법 제28조 참조.
[61] 1987년 남한헌법 제30조 참조.
[62] 1987년 남한헌법 제34조 제1항 참조.

교섭권 및 단체행동권을 가진다.[64] 그러나 공무원인 근로자는 법률이 정하는 자에 한하여 단결권·단체교섭권 및 단체행동권을 가지며, 법률이 정하는 주요방위산업체에 종사하는 근로자의 단체행동권은 법률이 정하는 바에 의하여 이를 제한하거나 인정하지 아니할 수 있다.[65] 즉, 원칙적으로 노동의 권리와 노동 3권을 인정하고 있으나, 예외적으로 법률이 정하는 자에게는 노동 3권이 제한될 수 있음을 나타내고 있다. 그리고 모든 국민은 능력에 따라 균등하게 교육을 받을 권리를 가진다[66]라는 교육을 받을 권리와 건강하고 쾌적한 환경에서 생활할 권리를 가지며, 국가와 국민은 환경보전을 위하여 노력하여야 하며 환경권의 내용과 행사에 관하여는 법률로 정한다[67]라는 환경권 및 환경권 보존을 위하여 노력해야 할 의무를 규정하고 있다. 또한, 국가는 주택개발정책 등을 통하여 모든 국민이 쾌적한 주거생활을 할 수 있도록 노력하여야 한다[68]는 쾌적한 주거생활권을 인정하고 있다. 그리고 혼인과 가족생활은 개인의 존엄과 양성의 평등을 기초로 성립되고 유지되어야 하며, 국가는 이를 보장하며[69] 국가는 모성의 보호를 위하여 노력하여야 하며[70] 보건에 관하여 국가의 보호를 받는다[71]는 조항을 통하여 혼인과 가족생활 보호 및 모성보호, 보건권을 인정

---

63) 1987년 남한헌법 제32조 제1항 제1문 참조.
64) 1987년 남한헌법 제33조 제1항 참조.
65) 1987년 남한헌법 제33조 제2항, 제3항 참조.
66) 1987년 남한헌법 제31조 제1항 참조.
67) 1987년 남한헌법 제35조 제1항, 제2항 참조.
68) 1987년 남한헌법 제35조 제3항 참조.
69) 1987년 남한헌법 제36조 제1항 참조.
70) 1987년 남한헌법 제36조 제2항 참조.
71) 1987년 남한헌법 제36조 제3항 참조.

하고 있다.[72]

(8) 국민의 기본적 의무

첫째, 모든 국민은 법률이 정하는 바에 의하여 납세의 의무를 부과시키고 있으며,[73] 둘째, 법률이 정하는 바에 의하여 국방의 의무와[74] 셋째, 모든 국민은 그 보호하는 자녀에게 적어도 초등교육과 법률이 정하는 교육을 받게 할 의무[75] 및 넷째, 근로의 의무를 지며 국가는 근로의 의무의 내용과 조건을 민주주의원칙에 따라 법률로 정한다[76] 라는 규정을 통하여 근로의 의무를 부담시키고 있다. 또한 다섯, 현대적 의무로써 모든 국민은 건강하고 쾌적한 환경에서 생활할 권리를 가지며, 국가와 국민은 환경보전을 위하여 노력하여야 한다[77]는 환경보존의 의무와 여섯, 재산권의 행사는 공공복리에 적합하도록 하여야 한다는[78] 재산권의 행사의 사회구속성 의무를 부과하고 있다.[79]

---

[72] 헌법상 보장된 기본권의 보장의 정도를 나누는데 크게 프로그램적 권리설, 추상적 권리설, 구체적 권리설 등이 대립되고 있다. 구체적 권리설은 법률에 근거가 없더라도 헌법적 근거를 통해 소송을 할 수 있다는 주장이다. 추상적 권리설은 헌법적 근거를 가지고 기본권 보장을 요구하는 소송을 할 수 없고, 기본권을 보장할 수 있는 구체적 법률이 있어야 한다는 주장이다. 그리고 프로그램적 권리설은 소송도 할 수 없고, 그저 국가가 앞으로 그러한 방향으로 나아가겠다는 선언적 의미로 보고 있다. 그래서 자유민주주의 헌법상 자유권적 기본권은 구체적 권리설이 다수설이고 사회권적 기본권은 추상적 권리설이 다수설이다.

[73] 1987년 남한헌법 제38조 참조.

[74] 1987년 남한헌법 제39조 제1항 참조.

[75] 1987년 남한헌법 제31조 제2항 참조.

[76] 1987년 남한헌법 제32조 제2항 참조.

[77] 1987년 남한헌법 제35조 제1항 참조.

[78] 1987년 남한헌법 제23조 제2항 참조.

[79] 조세의무, 국방의무, 교육의무는 고전적 의무로 볼 수 있고, 근로의무, 환경보존의무, 재산권행사의 사회구속성 등은 현대적 의무로 분류해 볼 수 있겠다.

6) 통치기구

(1) 정부형태

국가권력의 행사는 입법권은 국회에 있고, 행정권은 대통령을 수장으로 하는 정부에 있으며, 사법권은 법관으로 구성된 법원에 있다. 즉, 입법, 행정, 사법이 분화된 권력분립 형태를 띠는 변형된 대통령중심제라 할 것이다.[80]

(2) 국회

가. 국회의 지위와 구성

국회의 지위는 입법권은 국회에 속한다[81]라는 규정을 통하여 입법권을 원칙적으로 가지는 기관이며, 국회의 구성은 국민의 보통·평등·직접·비밀선거에 의하여 선출된 국회의원으로 구성되며, 국회의원의 수는 법률로 정하되 200인 이상으로 하되, 국회의원의 선거구와 비례대표제 기타 선거에 관한 사항은 법률로 정한다.[82]

나. 국회의 권한

첫째, 국회를 통과된 법률이 대통령에 의하여 거부되어 재의결의 요구가 있을 때에는 국회는 재의에 붙이고, 재적의원 과반수의 출석과 출석의원 3분의 2 이상의 찬성으로 전과 같은 의결을 하면 그 법률

---

80) 미국은 순수한 대통령제이나 우리나라는 국회의원이 장관을 겸직할 수 있고, 대통령 권한 행사시 관련 부서에서 부서를 통해서 대통령의 행정행위가 정당화되는 등 일부 내각책임제적인 요소가 있기에 우리나라 대통령제도는 3권분립을 원칙적으로 인정한 변형된 대통령제도라 할 수 있다.
81) 1987년 남한헌법 제40조 참조.
82) 1987년 남한헌법 제41조 참조.

안은 법률로서 확정시키는[83] 권한을 가지고 있다. 둘째, 국회는 국가의 예산안을 심의·확정권과[84] 한 회계년도를 넘어 계속하여 지출할 필요가 있을 때에는 정부는 연한을 정하여 계속비로서 국회의 의결을 얻어야 하며, 예비비는 총액으로 국회의 의결을 얻어야 하고 예비비의 지출은 차기국회의 승인을 얻어야 한다[85]는 예산심의 확정권과 계속비 의결권 및 예비비 지출에 대한 승인권을 가지고 있다. 셋째, 국채를 모집하거나 예산외에 국가의 부담이 될 계약을 체결하려 할 때에는 정부는 미리 국회의 의결을 얻어야 한다[86]는 국채 모집시 국채 모집 등에 대한 의결권과 상호원조 또는 안전보장에 관한 조약, 중요한 국제조직에 관한 조약, 우호통상항해조약, 주권의 제약에 관한 조약, 강화조약, 국가나 국민에게 중대한 재정적 부담을 지우는 조약 또는 입법사항에 관한 조약의 체결·비준에 대한 동의권 및 선전포고, 국군의 외국에의 파견 또는 외국군대의 대한민국 영역 안에서의 주둔에 대한 동의권을 가진다.[87] 즉, 조약 및 선전포고 등에 관한 동의권을 가지고 있다. 그리고 넷째, 국회나 그 위원회의 요구가 있을 때에는 국무총리·국무위원 또는 정부위원은 출석·답변하여야 하며, 국무총리 또는 국무위원이 출석요구를 받은 때에는 국무위원 또는 정부위원으로 하여금 출석·답변하게 할 수 있다[88]는 국무총리 등의 국회 출석 요구권과 국무총리 또는 국무위원의 해임을 대통령에게 건의할

---

83) 1987년 남한헌법 제53조 제4항 참조.
84) 1987년 남한헌법 제54조 제1항 참조.
85) 1987년 남한헌법 제55조 참조.
86) 1987년 남한헌법 제58조 참조.
87) 1987년 남한헌법 제60조 참조.
88) 1987년 남한헌법 제62조 제2항 참조.

수 있고, 해임건의는 국회재적의원 3분의 1 이상의 발의에 의하여 국회재적의원 과반수의 찬성이 있어야 한다[89]는 국무총리와 국무위원 해임건의권을 가지고 있다. 또한 국회는 법률에 저촉되지 아니하는 범위 안에서 의사와 내부규율에 관한 규칙을 제정할 수 있으며, 의원의 자격을 심사하며 의원을 징계할 수 있고 의원을 제명하려면 국회 재적의원 3분의 2 이상의 찬성이 있어야 한다.[90] 즉, 국회내부 규칙제 정권 의원자격 심사 및 징계권, 제명권을 가지고 있다. 다섯째, 대통령 · 국무총리 · 국부위원 · 행정각부의 장 · 헌법재판소 재판관 · 법관 · 중앙선거관리위원회 위원 · 감사원장 · 감사위원 기타 법률이 정한 공무원이 그 직무집행에 있어서 헌법이나 법률을 위배한 때에는 국회는 탄핵의 소추권을 가지고 있다.[91]

다. 국회의 의무

첫째, 국회의 회기는 공개하여야 하며 출석의원 과반수의 찬성이 있거나 의장이 국가의 안전보장을 위하여 필요하다고 인정할 때에는 공개하지 아니할 수 있고, 공개하지 아니한 회의내용의 공표에 관하여는 법률이 정하는 바에 의한다[92]는 의사공개의 원칙과 예외적 비공개 원칙의무를 부과시키고 있다. 둘째, 국회는 정부의 동의없이 정부가 제출한 지출예산 각항의 금액을 증가하거나 새비목을 설치할 수 없다[93]는 지출예산 각항의 증액과 새비목의 설치금지를 부과하고 있다.

89) 1987년 남한헌법 제63조 참조.
90) 1987년 남한헌법 제64조 참조.
91) 1987년 남한헌법 제65조 제1항 참조.
92) 1987년 남한헌법 제50조 참조.
93) 1987년 남한헌법 제57조 참조.

라. 국회의원의 특권과 권리 및 의무

국회의원은 현행범인인 경우를 제외하고는 회기중 국회의 동의없이 체포 또는 구금되지 아니하고, 회기전에 체포 또는 구금된 때에는 현행범인이 아닌 한 국회의 요구가 있으면 회기중 석방된다.[94] 즉 불체포특권을 인정하여 안전하고 공정하게 국정에 국민의 대표자로서 활동하도록 하고 있다. 그리고 국회의원은 국회에서 직무상 행한 발언과 표결에 관하여 국회 외에서 책임을 지지 아니한다[95]는 면책특권을 인정하여 소신을 가지고 국정에 참여 하도록 하고 있고, 또한 국회의원은 법률안을 제출할 수 있다.[96] 그러나 국회의원은 청렴의 의무가 있고 국가이익을 우선하여 양심에 따라 직무를 행하여야 하며, 그지위를 남용하여 국가·공공단체 또는 기업체와의 계약이나 그 처분에 의하여 재산상의 권리·이익 또는 직위를 취득하거나 타인을 위하여 그 취득을 알선할 수 없다[97]는 청렴의무와 국가이익 우선의무 및 지위남용 금지의무를 부과하고 있다.

(3) 정부(광의의 행정부)

정부에 대한 정의를 3가지로 분류할 수 있겠는데 협의의 정부는 국무총리와 국무위원, 행정각부, 감사원이라 볼 수 있고 광의의 정부는 협의의 정부에 대통령이 포함되는 것을 의미한다. 그리고 최광의의 정부는 광의의 행정부에 국회, 법원, 헌법재판소, 선거관리위원회 등

---

[94] 1987년 남한헌법 제44조 참조.
[95] 1987년 남한헌법 제52조 참조.
[96] 1987년 남한헌법 제45조 참조.
[97] 1987년 남한헌법 제46조 참조.

이 포함되는 것으로 개념을 정리하여 기술하고자 한다.

가. 대통령
가) 대통령의 지위 및 선출

대통령은 국가의 원수이며, 외국에 대하여 국가를 대표[98]하며, 행정권의 수반이다.[99] 대통령의 선출은 국민의 보통·평등·직접·비밀선거에 의하여 선출하는데, 선거에서 최고득표자가 2인 이상인 때에는 국회의 재적의원 과반수가 출석한 공개회의에서 다수표를 얻은 자를 당선자로 하나, 대통령후보자가 1인일 때에는 그 득표수가 선거권자 총수의 3분의 1 이상이 아니면 대통령으로 당선될 수 없다. 그리고

대통령으로 선거될 수 있는 자는 국회의원의 피선거권이 있고 선거일 현재 40세에 달하여야 하며, 대통령의 선거에 관한 사항은 법률로 정한다.[100] 그러나 대통령의 임기가 만료되는 때에는 임기 만료 70일 내지 40일 전에 후임자를 선거하여야 하고, 대통령이 궐위된 때 또는 대통령 당선자가 사망하거나 판결 기타의 사유로 그 자격을 상실한 때에는 60일 이내에 후임자를 선거하여야 한다.[101] 그리고 대통령의 임기는 5년으로 하며 중임할 수 없다[102]는 규정을 통하여 독재정권이 출현할 수 없도록 강력히 대응하고 있다.[103]

....

[98] 1987년 남한헌법 제66조 제1항 참조.
[99] 1987년 남한헌법 제66조 제4항 참조.
[100] 1987년 남한헌법 제67조 참조.
[101] 1987년 남한헌법 제68조 참조.
[102] 1987년 남한헌법 제70조 참조.
[103] 남한에 이승만 정부가 들어선 이후 줄곧 장기집권에 의한 독재정권이 들어섰다. 이승만 정권, 박정희 정권, 전두환 정권 등이 대표적인 독재정권이라 할 수 있겠나. 국민들은 줄기차게 독재타도 투쟁을 통하여 민주정권을 요망하여 드디어 1987년 6월 항쟁

나) 특권과 권한

대통령은 내란 또는 외환의 죄를 범한 경우를 제외하고는 재직 중 형사상의 소추를 받지 아니한다[104]는 규정을 통하여 형사상 특권을 부여하고 있는데, 이는 대통령이 소신껏 국정에 임하도록 하는 조항으로 볼 수 있다. 그리고 대통령의 권한으로 첫째, 대통령은 필요하다고 인정할 때에는 외교·국방·통일 기타 국가안위에 관한 중요정책을 국민투표에 붙일 수 있다[105]는 중요정책 국민투표권과 둘째, 대통령은 조약을 체결·비준하고, 외교사절을 신임·접수 또는 파견하며, 선전포고와 강화를 한다[106]는 조약체결 비준권과 외교사절 신임, 접수 파견권 및 선전포고권과 강화권을 가지고 있다. 셋째, 헌법과 법률이 정하는 바에 의하여 국군을 통수한다[107]는 국군통수권을 가지고 있으며, 내우·외환·천재·지변 또는 중대한 재정·경제상의 위기에 있어서 국가의 안전보장 또는 공공의 안녕질서를 유지하기 위하여 긴급한 조치가 필요하고 국회의 집회를 기다릴 여유가 없을 때에 한하여 최소한으로 필요한 재정·경제상의 처분을 하거나 이에 관하여 법률의 효력을 가지는 명령을 발할 수 있다는 긴급재정경제처분권 및 국가의 안위에 관계되는 중대한 교전상태에 있어서 국가를 보위하기 위하여 긴급한 조치가 필요하고 국회의 집회가 불가능한 때에 한하여 법률의 효력을 가지는 명령을 발할 수 있다[108]는 긴급명령권을 가지

을 통하여 형식적 민주주의를 성취하였다고 본다. 그리하여 5년단임제가 헌법상 규정되었다. 그러나 22년이 흐른 지금에는 4년 대통령 연임제 등 현실에 부합하는 대통령 임기가 필요하다고 본다.

104) 1987년 남한헌법 제84조 참조.
105) 1987년 남한헌법 제72조 참조.
106) 1987년 남한헌법 제73조 참조.
107) 1987년 남한헌법 제74조 제1항 참조.

고 있다. 넷째, 전시·사변 또는 이에 준하는 국가비상사태에 있어서
병력으로써 군사상의 필요에 응하거나 공공의 안녕질서를 유지할 필
요가 있을 때에는 법률이 정하는 바에 의하여 계엄을 선포할 수 있다
는 계엄선포권을 가지고 있는데, 계엄은 비상계엄과 경비계엄으로 분
류되고, 비상계엄이 선포된 때에는 법률이 정하는 바에 의하여 영장
제도, 언론·출판·집회·결사의 자유, 정부나 법원의 권한에 관하여
특별한 조치를 힐 수 있으며, 계엄을 선포한 때에는 대통령은 지체없
이 국회에 통고하여야 하며, 국회가 재적의원 과반수 이상이 계엄의
해제를 요구한 때에는 대통령은 이를 해제하여야 한다.109) 다섯째, 헌
법과 법률이 정하는 바에 의하여 공무원을 임명할110) 수 있는 공무원
임명권을 가지고 있으며, 대통령은 법률이 정하는 바에 의하여 사
면·감형 또는 복권을 명할 수 있고, 일반사면을 명하려면 국회의 동
의를 얻어야 하는데, 사면·감형 및 복권에 관한 사항은 법률로 정한
다111)는 사면권을 가지고 있다. 여섯째, 법률이 정하는 바에 의하여
훈장 기타의 영전을 수여한다112)는 영전수여권과 국회에 출석하여 발
언하거나 서한으로 의견을 표시할 수 있는113) 국회에 대한 의사표시
권을 가지고 있다.

---

108) 1987년 남한헌법 제76조 참조.
109) 1987년 남한헌법 제77조 참조.
110) 1987년 남한헌법 제78조 참조.
111) 1987년 남한헌법 제79조 참조.
112) 1987년 남한헌법 제80조 참조.
113) 1987년 남한헌법 제81조 참조.

다) 의무

대통령의 국법상 행위는 문서로써 하며, 이 문서에는 국무총리와 관계 국무위원이 부서하여야 하며 군사에 관한 것도 또한 같다114)는 국가 행정행위시 관련 국무위원 및 국무총리의 부서를 받아야 하고, 국무총리·국무위원·행정각부의 장 기타 법률이 정하는 공사의 직을 겸할 수 없다115)는 겸직금지의무가 있다.

나. 국무총리와 국무위원

가) 국무총리 자격과 임명 및 권한

국무총리는 대통령을 보좌하며 행정에 관하여 대통령의 명을 받아 행정 각 부를 총괄한다는 대통령 보좌의 지위를 가지고 있으나, 국무총리의 자격은 군인은 현역을 면한 후가 아니면 임명될 수 없다116)는 규정을 두어 군사정부가 들어서는 것을 방지하고 있다. 그리고 국무위원의 해임을 대통령에게 건의할 수 있다.117) 또한, 국무총리는 법률이나 대통령령의 위임 또는 직권으로 총리령을 발할 수 있는118) 권한을 가지고 있다.

나) 국무위원 자격과 임명

군인은 현역을 면한 후가 아니면 국무위원으로 임명될 수 없고,119)

---

114) 1987년 남한헌법 제82조 참조.
115) 1987년 남한헌법 제83조 참조.
116) 1987년 남한헌법 제86조 제3항 참조.
117) 1987년 남한헌법 제87조 제3항 참조.
118) 1987년 남한헌법 제95조 참조.
119) 1987년 남한헌법 제87조 제4항 참조.

국무위원 임명은 국무총리의 제청으로 대통령이 임명한다.[120] 즉, 국무위원의 자격 역시 군인이 아닌 민간인 신분이어야 함을 천명하고 있는데 이 역시 군사정부가 들어서는 것을 저지하는 조항으로 본다.

다. 국무회의 구성과 권한

국무회의는 대통령·국무총리와 15인 이상 30인 이하의 국무위원으로 구성하며,[121] 국무회의의 권한으로 정부의 중요한 정책을 심의할 수 있는 권한이 있는데 구체적으로 살펴보면 다음과 같다. 국정의 기본계획과 정부의 일반정책(1호), 선전·강화 기타 중요한 대외정책(2호), 헌법개정안·국민투표안·조약안·법률안 및 대통령령안(3호), 예산안·결산·국유재산처분의 기본계획·국가의 부담이 될 계약 기타 재정에 관한 중요사항(4호), 대통령의 긴급명령·긴급재정경제처분 및 명령 또는 계엄과 그 해제(5호), 군사에 관한 중요사항(6호), 국회의 임시회 집회의 요구(7호), 영전수여(8호), 사면·감형과 복권(9호), 행정각부간의 권한의 획정(10호), 정부안의 권한의 위임 또는 배정에 관한 기본계획(11호), 국정처리상황의 평가·분석(12호), 행정각부의 중요한 정책의 수립과 조정(13호), 정당해산의 제소(14호), 정부에 제출 또는 회부된 정부의 정책에 관계되는 청원의 심사(15호), 검찰총장·합동참모의장·각군참모총장·국립대학교총장·대사 기타 법률이 정한 공무원과 국영기업체관리자의 임명(16호), 기타 대통령·국무총리 또는 국무위원이 제출한 사항[122](17호) 등이 있다.

---

120) 1987년 남한헌법 제87조 제1항 참조.
121) 1987년 남한헌법 제88조 제2항 참조.
122) 1987년 남한헌법 제89조 참조.

라. 행정각부

행정각부의 장은 국무위원 중에서 국무총리의 제청으로 대통령이
임명하고,123) 행정각부의 장은 소관사무에 관하여 법률이나 대통령령
의 위임 또는 직권으로 부령을 발할 수 있다.124)

마. 감사원

감사원장은 국회의 동의를 얻어 대통령이 임명하고 그 임기는 4년
으로 하며, 1차에 한하여 중임할 수 있고 감사위원은 원장의 제청으로
대통령이 임명하며, 그 임기는 4년으로 하며 1차에 한하여 중임할 수
있다.125) 그리고 감사원의 직무는 국가의 세입·세출의 결산, 국가 및
법률이 정한 단체의 회계검사와 행정기관 및 공무원의 직무에 관한
감찰을 하는 것인데, 소속은 대통령 소속하에 두고 있다.126)

그러나 감사원은 세입·세출의 결산을 매년 검사하여 대통령과 차
년도 국회에 그 결과를 보고하여야 한다127)는 의무규정을 두고 있다.

(4) 법원

가. 지위와 권한

사법권은 법관으로 구성된 법원에 속한다128)는 규정을 두어 원칙적
으로 사법권의 행위주체는 법원이라는 것을 선언하고 있으며 권한으

---

123) 1987년 남한헌법 제94조 참조.
124) 1987년 남한헌법 제95조 참조.
125) 1987년 남한헌법 제98조 제2항, 제3항 참조.
126) 1987년 남한헌법 제97조 참조.
127) 1987년 남한헌법 제99조 참조.
128) 1987년 남한헌법 제101조 제1항 참조.

로 첫째, 법률이 헌법에 위반되는 여부가 재판의 전제가 된 경우에는 법원은 헌법재판소에 제청하여 그 심판에 의하여 재판한다는 위헌법률심사제청권과 명령·규칙 또는 처분이 헌법이나 법률에 위반되는 여부가 재판의 전제가 된 경우에는 대법원은 이를 최종적으로 심사할 권한을 가진다[129]는 위헌법률명령규칙처분 심사권을 가지고 있다. 둘째, 대법원은 법률에 저촉되지 아니하는 범위 안에서 소송에 관한 절차, 법원의 내부규율과 사무처리에 관한 규칙을 제정할 수 있다[130]는 대법원의 규칙제정권을 가지고 있다.

나. 법원조직과 법관의 임기

대법원의 조직은 대법원에 부와 대법관을 두고 다만, 법률이 정하는 바에 의하여 대법관이 아닌 법관을 둘 수 있으며, 대법원과 각급법원의 조직은 법률로 정한다.[131] 그리고 대법원장은 국회의 동의를 얻어 대통령이 임명하며, 대법관은 대법원장의 제청으로 국회의 동의를 얻어 대통령이 임명하고, 대법원장과 대법관이 아닌 법관은 대법관회의의 동의를 얻어 대법원장이 임명한다.[132] 대법원장의 임기는 6년으로 하며 중임할 수 없고, 대법관의 임기는 6년으로 하며 법률이 정하는 바에 의하며 연임할 수 있고, 대법원장과 대법관이 아닌 법관의 임기는 10년으로 하며 법률이 정하는 바에 의하여 연임할 수 있다.[133]

129) 1987년 남한헌법 제107조 참조.
130) 1987년 남한헌법 제108조 참조.
131) 1987년 남한헌법 제102조 참조.
132) 1987년 남한헌법 제104조 참조.
133) 1987년 남한헌법 제105조 제1항, 제2항, 제3항 참조.

다. 법관의 독립 및 신분보장

법관은 헌법과 법률에 의하여 그 양심에 따라 독립하여 심판한
다134)는 규정을 두어 공정한 재판을 위해 법원내부 및 외부로부터 법
관의 독립을 보장하고 있으며, 법관은 재판시 오직 헌법과 법률 및 양
심에 따라 독립하여 공정한 재판을 하여야 한다. 또한 공정한 재판을
위해 법관의 신분 보장을 헌법상 명시하고 있는데, 법관은 탄핵 또는
금고 이상의 선고에 의하지 아니하고는 파면되지 아니하며, 징계처분
에 의하지 아니하고는 정직·감봉 기타 불리한 처분을 받지 아니하고,
법관이 중대한 신분상의 장해로 직무를 수행할 수 없을 때에는 법률
이 정하는 바에 의하여 퇴직하게 할 수 있다135)는 강력한 신분보장을
하고 있다.

라. 재판공개의 원칙

재판시에는 재판의 심리와 판결은 공개하여야 하며 다만, 심리는
국가의 안전보장 또는 안녕질서를 방해하거나 선량한 풍속을 해할 염
려가 있을 때에는 법원의 결정으로 공개하지 아니할 수 있다.136) 즉, 원
칙상 재판은 공개원칙이고 예외적으로 비공개원칙이라 할 수 있겠다.

마. 특별법원

원칙상 재판은 일반법원에서 받으나 예외적으로 군사재판을 하는
특별법원을 인정하고 있다. 이러한 군사재판을 관할하기 위하여 특별

---

134) 1987년 남한헌법 제103조 참조.
135) 1987년 남한헌법 제106조 참조.
136) 1987년 남한헌법 제109조 참조.

법원인 군사법원을 둘 수 있으나, 군사법원의 상고심은 대법원에서 관할한다. 그리고 군사법원의 조직·권한 및 재판관의 자격은 법률로 정할 수 있으나, 비상계엄하의 군사재판은 군인·군무원의 범죄나 군사에 관한 간첩죄의 경우와 초병·초소·유독음식물공급·포로에 관한 죄중 법률이 정한 경우에 한하여 단심으로 할 수 있다.[137] 그러나 사형을 선고한 경우에는 그러하지 아니하다.[138]

(5) 헌법재판소

가. 구성과 권한

헌법재판소는 법관의 자격을 가진 9인의 재판관으로 구성하며, 재판관은 대통령이 임명하며, 재판관 중 3인은 국회에서 선출하는 자를 3인은 대법원장이 지명하는 자를 임명하고, 헌법재판소의 장은 국회의 동의를 얻어 재판관 중에서 대통령이 임명한다.[139] 권한으로는 다음과 같다. 법원의 제청에 의한 법률의 위헌여부 심판(1호), 탄핵의 심판(2회), 정당의 해산 심판(3호), 국가기관 상호 간, 국가기관과 지방자치단체 간 및 지방자치단체 상호 간의 권한쟁의에 관한 심판(4호), 법률이 정하는 헌법소원에 관한 심판[140](5호) 등이다.

---

[137] 민간인은 원칙적으로 일반법원에서 3심제도를 인정하고 있으나, 예외적으로 비상계엄시 일정한 범죄에 한하여 군사재판을 받을 수 있고, 단심으로 재판을 종료할 수 있다. 그러나 이 경우에도 사형은 단심이 아니다.

[138] 1987년 남한헌법 제110조 참조.

[139] 1987년 남한헌법 제111조 제2항, 제3항, 제4항 참조.

[140] 1987년 남한헌법 제111조 제1항 참조.

나. 임기 및 신분보장

헌법재판소 재판관의 임기는 6년으로 하며, 법률이 정하는 바에 의하여 연임할 수 있고 헌법재판소 재판관은 정당에 가입하거나 정치에 관여할 수 없다.[141]

다. 의결정족수

헌법재판소에서 법률의 위헌결정, 탄핵의 결정, 정당해산의 결정 또는 헌법소원에 관한 인용결정을 할 때에는 재판관 6인 이상의 찬성이 있어야 한다.[142]

(6) 선거관리위원회

선거관리위원회는 공정한 선거를 위하여 독립적인 기구인데, 중앙선거관리위원회는 대통령이 임명하는 3인, 국회에서 선출하는 3인과 대법원장이 지명하는 3인의 위원으로 구성한다. 위원장은 위원 중에서 호선하고, 위원의 임기는 6년으로 한다.[143] 그리고 권한과 임무로 선거와 국민투표의 공정한 관리 및 정당에 관한 사무를 처리하는 것이며, 공정한 선거를 보장하기 위하여 법령의 범위안에서 선거관리 · 국민투표관리 또는 정당사무에 관한 규칙을 제정할 수 있으며, 법률에 저촉되지 아니하는 범위안에서 내부규율에 관한 규칙을 제정할 수 있다.[144] 또한, 각급선거관리위원회는 선거인명단의 작성 등 선거사

---

[141] 1987년 남한헌법 제112조 참조. 이 조항은 남한헌법이 국가-당체제를 유지하기 위하여 중립성 확보차원에서 필수적으로 요구되는 규정이라 할 수 있다.

[142] 1987년 남한헌법 제113조 제1항 참조.

[143] 1987년 남한헌법 제114조 제2항, 제3항 참조.

[144] 1987년 남한헌법 제114조 제1항, 제6항 참조.

무와 국민투표사무에 관하여 관계행정기관에 필요한 지시를 할 수 있
다.145) 선거관리위원회의 위원들의 신분보장을 위하여 위원은 탄핵
또는 금고이상의 형의 선고에 의하지 아니하고는 파면되지 아니한
다146)는 강력한 신분보장을 하고 있다.

(7) 지방자치

지방자치단체는 주민의 복리에 관한 사무를 처리하고 재산을 관리
하는 목적하에서 지방자치제도를 두고 있고 법령의 범위안에서 자치
에 관한 규정을 제정할 수 있다.147) 지방자치단체의 종류는 법률로 정
한다.148) 지방자치단체에 의회를 두며 지방의회의 조직·권한·의원
선거와 지방자치단체의 장의 선임방법 기타 지방자치단체의 조직과
운영에 관한 사항은 법률로 정한다.149)

7) 헌법개정

헌법개정은 국회재적의원 과반수 또는 대통령의 발의로 제안할 수
있고, 제안된 헌법개정안은 대통령이 20일 이상의 기간 이를 공고하
여야 한다.150) 그리고 국회는 헌법개정안이 공고된 날로부터 60일 이

---

145) 1987년 남한헌법 제115조 제1항 참조.
146) 1987년 남한헌법 제114조 제5항 참조.
147) 1987년 남한헌법 제117조 제1항 참조.
148) 1987년 남한헌법 제117조 제2항 참조. 우리나라는 광역자치단체와 기초자치단체로 지
방자치단체제도를 2단계로 나누고 있다. 그리고 지방자치는 크게 주민자치와 단체자
치로 구분해 볼 수 있는데, 주민자치의 대표적 국가로 영국을 들 수 있고 단체자치의
대표적인 국가로 독일을 들 수 있겠다. 우리나라는 독일과 같은 단체자치를 시행하고
있다.
149) 1987년 남한헌법 제118조 참조.

내에 의결하여야 하며 국회의 의결은 재적의원 3분의 2 이상의 찬성을 얻어야 하며, 헌법개정안은 국회가 의결한 후 30일 이내에 국민투표에 붙여 국회의원선거권자 과반수의 투표와 투표자 과반수의 찬성을 얻어야 하고 헌법개정안이 국회의원선거권자 과반수의 투표와 투표자 과반수의 (제2항) 찬성을 얻은 때에는 헌법개정은 확정되며 대통령은 즉시 이를 공포하여야 한다[151]는 규정을 두고 있다. 그러나 대통령의 임기연장 또는 중임변경을 위한 헌법개정은 그 헌법개정 제안 당시의 대통령에 대하여는 효력이 없다[152]는 효력제한규정을 두고 있다.[153]

2. 2013년 북한헌법

현행 북한헌법은 1948년 9월 8일 인민민주주의헌법이 채택된 후 12차 개정[154]을 통해 2013년 헌법까지 왔다. 2013년 북한헌법은 2013년 4월 1일 최고인민회의의 12기 7차 전체회의에서 2012년 김일성·김정일헌법을 개정하여 서문을 포함 제7장과 제172조로 구성되어 있다. 2013년 북한헌법은 헌법의 기본원리로 인민주권의 원리, 민주적 중앙집중제원리, 사회주의법치주의원리, 집단주의원리, 인민민주독재원리,

150) 1987년 남한헌법 제129조 참조.
151) 1987년 남한헌법 제130조 참조.
152) 1987년 남한헌법 제128조 참조.
153) 이 조항 역시 남한의 정치 문화가 장기집권과 군부독재로 수십 년을 얼룩졌는데, 장기집권을 막기 위한 중요한 조항이었다고 본다.
154) 북한은 1972년 12월 27일 사회주의헌법을 채택하였다. 그리하여 북한은 12월 27일을 헌법절로 지정하여 기념하고 있다. 1972년 사회주의헌법을 기준으로 보면 9차 개정이나 1948년 9월 8일 채택된 인민민주주의헌법을 기준으로 보면 12차 개정이다. 본서에서는 정치권력의 변동이 없기에 1948년 인민민주주의헌법을 기준으로 12차 개정으로 보는 것이 더 합당하다고 판단하여 이에 근거하고자 한다.

헌법의 기본질서는 정치질서로 사회주의민주주의적 기본질서, 경제질서로 사회주의계획경제질서, 국제질서로 국제평화질서 등으로 구성되어 있다.

1) 국가의 형태

국가형태로 단일국가, 연방국가가 있는데 북한헌법은 전형적인 단일국가 헌법이다. 북한헌법 어디에도 북한이 단일국가인가 연방인가에 대한 언급이 없었다. 그러나 v. Savigny의 문리적 해석, 체계론적 해석, 목적론적 해석, 연혁적 해석을 통하여 종합판단해 볼 때 북한의 국가형태는 단일국가이다. 헌법에서도 연방국가와 연방구성국가와의 관계 설정에 대한 언급이 없는 대신 중앙정부와 지방자치단체에 대한 언급만이 있을 뿐이다. 이는 역설적으로 북한이 단일국가임을 간접적으로 읽을 수 있는 헌법적 체계라 할 수 있다.

2) 주된 사상

2013년에 개정된 북한헌법에서 나타나는 주된사상은 주체사상,[155] 선군사상[156]인데 이를 헌법상 살펴보면 다음과 같다. 주된 사상으로

---

155) 주체사상의 핵심은 사람위주의 철학사상으로 사람과 세상과의 관계에서 인간의 본성을 자주성, 창조성, 의식성을 가진 사회적 존재로 인간을 파악한다. 그러기에 인간만이 세상을 개조시킬 수 있고 창조할 수 있다고 주장하고 있다. 이와 같은 논리를 국가의 통치에 적용하여 사회주의, 공산주의를 달성하기 위한 실천논리가 나오는데 핵심은 사상에서 주체, 정치에서 자주, 경제에서 자립, 국방에서 자위노선을 지도적 지침으로 채택한 하나의 정치철학의 일종이다(리성준·김창원 외, 『위대한 주체사상 총서』, 평양: 사회과학출판사, 제1권~제10권 참조).

156) 사회주의·공산주의를 실현하는데 혁명의 선봉대로 이제까지는 노동자로 파악하고 실천하였지만 사회가 변화된 환경에서 혁명의 선봉대를 노동자로 보는 19세기 말, 20

조선민주주의인민공화국은 사람중심의 세계관이며 인민대중의 자주성을 실현하기 위한 혁명사상인 주체사상, 선군사상을 자기 활동의 지도적 지침으로 삼는다.[157]

3) 국가성격

조선민주주의인민공화국은 조선로동당의 령도 밑에 모든 활동을 진행한다[158]라고 규정되어 있다. 이는 1992년 우리식 사회주의 헌법부터 북한헌법에 명시적으로 규정되어 1998년 김일성헌법, 2009년 북한헌법, 2012년 김일성·김정일헌법, 2013년 북한헌법에까지 계속 규정하고 있는 헌법 조항이다. 북한헌법 제11조 당이 조선민주주의인민공화국을 영도하는 가운데 국가의 모든 활동을 진행한다는 것은 대표적으로 북한의 국가성격이 당―국가체제임을 보여주고 있다.[159]

4) 헌법의 기본원리

북한헌법에 나타나는 헌법의 기본원리로 인민주권의 원리,[160] 사회

세기 초, 중반 시대의 흐름을 파악하지 못한 것이라 비판하면서 혁명의 선봉대로 군인을 내세우고 있는 사상이다. 즉, 선군후로 사상이다. 선군후로 사상에 입각하면 국가안보의 선봉대도 군인, 경제건설 선봉대도 군인이 될 수밖에 없다. 선군사상은 소련을 중심으로 한 동구권의 몰락으로 북한입장에서 국가안보 및 건설을 통해 체제유지를 하려는 의도도 숨어 있다고 생각하는 바이다(오현철, 『선군과 민족의 운명』, 평양: 평양출판사, 2007 ; 철학연구소, 『사회주의강성대국건설사상』, 평양: 사회과학출판사, 2000 참조).

157) 2013년 북한헌법 제3조 참조.

158) 2013년 북한헌법 제11조 참조.

159) 이미 앞에서 기술하였듯 사회주의국가는 사실상 당―국가체제인데, 북한처럼 명시적으로 헌법을 통하여 국가의 성격이 당―국가체제임을 보여주고 있는 사회주의헌법은 거의 없었다.

주의원리,161) 민주적 중앙집중제원리,162) 집단주의원리,163) 사회주의법
치주의원리164) 등을 들 수 있는데 구체적으로 살펴보면 아래와 같다.

첫째, 조선민주주의인민공화국의 주권은 로동자, 농민, 군인, 근로
인테리를 비롯한 근로인민에게 있다. 근로인민은 자기의 대표기관인
최고인민회의와 지방 각급 인민회의를 통하여 주권을 행사한다165)라
는 인민주권의 원리와 둘째, 조선민주주의인민공화국은 전체 조선인
민의 이익을 대표하는 사주석인 사회주의국가이다166)라는 사회주의
원리를 나타내고 있으며, 셋째, 조선민주주의인민공화국에서 모든 국
가기관들은 민주주의중앙집권제원칙에 의하여 조직되고 운영된다167)
라는 민주적 중앙집중제원리를 보여주고 있고, 넷째, 조선민주주의인

---

160) 인민주권의 원리란 국민주권과 대응하는 말이지만 봉건사회에서 착취계급인 지주와
36년 일본 식민지기간 때 형성된 친일파들을 제외한 인민민주주의독재가 함축되어
있기에 국민주권과는 유사점과 차이점을 동시에 가지고 있는 뜻을 말한다.

161) 공산주의사회의 첫 단계로 생산수단에 대한 사회적 소유에 기초하는 사회, 이 사회의
토대는 사회주의경제제도이다. 상부구조에는 사회주의의 정치제도, 법률제도, 문화
교육제도 그리고 맑스주의를 핵심으로 하는 사회주의의식 형태가 망라된다(『조선말
사전』, 중국연변: 연변인민출판사, 1995, p. 482).

162) 민주주의와 중앙집권제를 유기적으로 결합한 활동원칙 또는 그런 원칙이 관철되어
있는 제도, 광범한 대중의 의사와 중앙집권적인 통일적 지도를 결합시킨 노동계급의
혁명조직들의 조직과 활동의 기본원칙이다. 모든 문제 해결에서 개인은 조직에 복종
하고 소수는 다수에, 하부는 상부에, 모든 성원과 조직은 중앙에 복종하는 것은 민주
주의중앙집권제의 중요한 요구이다(『조선말대사전』 제1권, 평양: 사회과학출판사,
1992, p.1232 참조).

163) 집단주의란 개인주의에 대응하는 단어로써 삶의 방식을 개인의 능력에만 의존하지
않고 〈하나는 전체를 위하여 전체는 하나를 위하여〉 방식으로 살아가는 말을 일컫는
다(북한헌법 제63조 참조).

164) 사회주의의 건설을 위하여 사회주의국가의 법률과 제도가 필요로 하는데 여기에는
국가의 정치생활, 경제생활, 사회생활의 모든 영역에서 법을 세우고 법을 집행 준수
하는 등의 내용을 말한다(『조선말사전』, 중국연변: 연변인민출판사, 1995, p. 483).

165) 2013년 북한헌법 제4조 참조.

166) 2013년 북한헌법 제1조 참조.

167) 2013년 북한헌법 제5조 참조.

민공화국은 노동계급이 영도하는 로농동맹에 기초한 전체 인민의 정
치사상적통일에 의거한다. 국가는 사상혁명을 강화하여 사회의 모든
성원들을 혁명화, 노동계급화하며 온 사회를 동지적으로 결합된 하나
의 집단으로 만든다168)라는 집단주의원리를 나타내고 있다. 그리고
다섯째, 조선민주주의인민공화국의 법은 근로인민의 의사와 리익의
반영이며 국가관리의 기본 무기이다. 법에 대한 존중과 엄격한 준수
집행은 모든 기관, 기업소, 단체와 공민에게 있어서 의무적이다. 국가
는 사회주의법률제도를 완비하고 사회주의법무생활을 강화한다169)라
는 사회주의법치주의원리170)를 표현하고 있다.

5) 헌법의 기본질서

헌법의 기본질서로 정치질서로 사회주의민주주의적 기본질서, 경
제질서로 사회주의계획경제질서, 국제질서로 국제평화질서를 들 수
있겠다. 이를 헌법상 구체적으로 살펴보면 다음과 같다.

첫째, 국가는 계급로선을 견지하며 인민민주주의독재를 강화하여
내외적대분자들의 파괴책동으로부터 인민주권과 사회주의제도를 굳
건히 보위한다.171) 국가는 모든 공민에게 참다운 민주주의적권리와
자유, 행복한 물질문화생활을 실질적으로 보장한다. 조선민주주의인
민공화국에서 공민의 권리와 자유는 사회주의제도의 공고발전과 함
께 더욱 확대된다172)라는 사회주의민주주의적 기본질서를 표현하고

168) 2013년 북한헌법 제10조 참조.
169) 2013년 북한헌법 제18조 참조.
170) 장명봉, 「북한에도 법이 있는가? 에 대한 성찰」, 임동원·백낙청 외 지음, 『다시 한반
    도의 길을 묻다』, 삼인, 2010, pp. 436~444 참조.
171) 2013년 북한헌법 제12조 참조.

있으며, 둘째, 조선민주주의인민공화국은 사회주의적생산관계와 자립
적민족경제의 토대에 의거한다.173) 조선민주주의인민공화국의 인민
경제는 계획경제이다. 국가는 사회주의경제발전법칙에 따라 축적과
소비의 균형을 옳게 잡으며 경제건설을 다그치고 인민생활을 끊임없
이 높이며 국방력을 강화할 수 있도록 인민경제발전계획을 세우고 실
행한다. 국가는 계획의 일원화, 세부화를 실현하여 생산장성의 높은
속도와 인민경제의 균형적발전을 보장한다174)라는 사회주의계획경제
질서를 추구하고 있다. 셋째, 자주, 평화, 친선은 조선민주주의인민공
화국의 대외정책의 기본리념이며 대외활동원칙이다. 국가는 우리나
라를 우호적으로 대하는 모든 나라들과 완전한 평등과 자주성, 호상
존중과 내정불간섭, 호혜의 원칙에서 국가적 또는 정치, 경제, 문화적
관계를 맺는다. 국가는 자주성을 옹호하는 세계인민들과 단결하며 온
갖 형태의 침략과 내정간섭을 반대하고 나라의 자주권과 민족적, 계
급적해방을 실현하기 위한 모든 나라 인민들의 투쟁을 적극 지지성원
한다.175) 즉, 국제평화질서를 제한적이나마 추구하고 있다.

6) 기본권과 의무

북한은 기본권과 의무에 대한 조항을 많이 두고 있지만 기본권과
의무조항은 집단주의원칙에 기초하고 있다. 그러하기에 권리인 동시
에 의무의 성격을 띠고 있다고 볼 수 있겠다. 헌법에 나타난 집단주의

172) 2013년 북한헌법 제64조 참조.
173) 2013년 북한헌법 제19조 참조.
174) 2013년 북한헌법 제34조 참조.
175) 2013년 북한헌법 제17조 참조.

원칙은 다음과 같다. 조선민주주의인민공화국에서 공민의 권리와 의무는 《하나는 전체를 위하여, 전체는 하나를 위하여》라는 집단주의 원칙에 기초한다.176)

(1) 평등권(법 앞의 평등)

공민은 국가사회생활의 모든 분야에서 누구나 다 같은 권리를 가진다.177)

(2) 자유권적 기본권

법에 근거하지 않고는 공민을 구속하거나 체포할 수 없으며 살림집을 수색할 수 없다178)는 신체의 자유를 인정하고 있으며, 공민은 인신과 주택의 불가침, 서신의 비밀을 보장받는다179)는 사생활의 비밀과 자유의 규정을 두고 있으며, 공민은 인신과 주택의 불가침, 서신의 비밀을 보장받는 주거의 자유와 공민은 거주, 려행의 자유를 가진다180)라는 거주이전의 자유와 여행의 자유를 헌법상 인정하고 있다.181) 공민은 과학과 문학예술활동의 자유를 가지고 국가는 발명가와 창의고

---

176) 2013년 북한헌법 제63조 참조. 남한 등과 같은 개인주의에 입각한 기본권 보장은 권리를 인정하면서도 그에 상응하는 의무를 헌법상 강하게 요구하고 있지 않다. 그러나 북한 등과 같은 집단주의에 입각한 기본권보장은 권리를 인정하면서도 그에 상응하는 의무를 강력히 요구하고 있다. 이러한 대표적인 예가 헌법상 노동의 권리를 강하게 국민들이 요구할 수 있지만 그에 따른 강한 노동의 의무를 요구하고 있다. 다시 말하면 '일하기 싫으면 먹지 말라'라는 식이다.

177) 2013년 북한헌법 제65조 참조.

178) 2013년 북한헌법 제79조 참조.

179) 2013년 북한헌법 제79조 참조.

180) 2013년 북한헌법 제75조 참조.

181) 북한은 평등을 추구하는 국가이기에 군 단위를 벗어난 이동은 여행허가증이 있어야 한다. 즉 제한적 거주이전의 자유와 여행의 자유를 보장하고 있다.

안자에게 배려를 돌리며, 저작권과 발명권, 특허권은 법적으로 보호
한다182)조항을 통하여 예술의 자유와 저작권 등을 인정하고 있고, 공
민은 신앙의 자유를 가지고 종교건물을 짓거나 종교의식 같은 것을
허용하는 것으로 보장되며 종교를 외세를 끌어 들이거나 국가사회질
서를 해치는데 리용할수 없다183)라는 원칙적으로 종교의 자유를 인정
하나 예외적으로 종교의 자유를 제한하고 있다. 그리고 공민은 언론,
출판, 집회, 시위와 결사의 자유를 가지며, 국가는 민주주의적 정당,
사회단체의 자유로운 활동조건을 보장하며184)라는 규정을 통해 즉, 표
현의 자유인 언론·출판의 자유, 집회·결사의 자유를 보장하고 있다.

(3) 정치적 기본권

북한헌법상 나타나는 정치적 기본권은 참정권을 들 수 있겠는데 이
에 대한 규정은 다음과 같다. 17살 이상의 모든 공민은 성별, 민족별,
직업, 거주기간, 재산과 지식정도, 당별, 정견, 신앙에 관계없이 선거
할 권리와 선거받을 권리를 가지며 군대에 복무하는 공민도 선거할 권
리와 선거받을 권리를 가진다. 그러나 재판소의 판결에 의하여 선거할
권리를 빼앗긴 자, 정신병자는 선거할 권리와 선거받을 권리를 가지지
못한다.185) 즉, 원칙적으로 참정권을 인정하나 예외적으로 참정권을 배

---

182) 2013년 북한헌법 제74조 참조.
183) 2013년 북한헌법 제68조 참조.
184) 2013년 북한헌법 제67조 참조.
185) 2013년 북한헌법 제66조 참조. 남한헌법에서는 이와 같은 조항이 헌법상에는 없다.
　　　그러나 공직선거법 제17조, 제18조, 제226조에서 금치산자, 교도소에 수감된 자 또는
　　　선거법에 의하여 피선거권이 제한된 자 등은 선거권, 피선거권 또는 선거권과 피선거
　　　권을 동시에 제한이 되고 있다. 그러나 북한은 헌법상 참정권 제한이 명시적으로 규정
　　　되어진 점이 남한과 차이점이다.

제하고 있다.

(4) 경제적 기본권

경제적 기본권을 크게 보면 재산권과 직업선택의 자유, 소비자의 권리 등을 들 수 있겠다. 소비자의 권리에 권한 규정은 없고 북한헌법에 나타난 재산권과 직업선택의 자유를 살펴보면 다음과 같다.

첫째, 공민은 국가재산과 사회협동단체재산을 아끼고 사랑하며 온갖 탐오랑비현상을 반대하여 투쟁하며 나라살림살이를 주인답게 알뜰히 하여야 하며, 국가와 사회협동단체재산은 신성불가침이다[186]라는 국유재산 및 사회·협동단체재산에 대한 공민의 권리와 의무를 동시에 천명하고 있으며, 둘째, 개인소유는 공민들의 개인적이며 소비적인 목적을 위한 소유이다. 개인소유는 로동에 의한 사회주의분배와 국가와 사회의 추가적혜택으로 이루어지며, 터밭경리를 비롯한 개인부업경리에서 나오는 생산물과 그밖의 합법적인 경리활동을 통하여 얻은 수입도 개인소유에 속하고, 국가는 개인소유를 보호하며 그에 대한 상속권을 법적으로 보장한다[187]라는 개인에 대해서 재산권을 제한적이나마 인정하고 있다. 그리고 셋째, 로동능력있는 모든 공민은 희망과 재능에 따라 직업을 선택하며 안정된 일자리와 로동조건을 보장받는다[188]라는 직업선택에 대한 권리를 헌법상 보장하고 있다. 즉 재산권은 원칙적으로 국가소유나 협동소유이지만 텃밭에서 나는 생산물, 개인부업 등에서 나는 생산물 등에 한해서 개인소유를 인정하

---

186) 2013년 북한헌법 제84조 참조.
187) 2013년 북한헌법 제24조 참조.
188) 2013년 북한헌법 제70조 참조.

고 있다고 보며 직업선택의 권리를 인정하고 있다.[189]

(5) 청구권적 기본권

청구권적 기본권을 세분화하면 소원권, 청원권, 재판청구권, 국가배상청구권, 국가보상청구권 등을 들 수 있겠는데, 북한헌법에 나타난 청구권적 기본권을 살펴보면 다음과 같다.

소원권(청원권)은 공민은 신소와 청원을 할 수 있고, 국가는 신소와 청원을 법이 정한데 따라 공정하게 심의처리하도록 한다[190]라는 신소·청원권을 인정하고 있지만, 개인소유가 제한된 체제이기에 국가보상청구권은 헌법상 보장한다는 규정을 찾지 못하였다.

(6) 사회적 기본권

사회적 기본권을 세분화하면 인간다운 생활권, 노동의 권리, 교육을 받을 권리 등을 들 수 있겠다.

가. 인간다운 생활권

공민은 휴식에 대한 권리를 가지며, 이 권리는 로동시간제, 공휴일제, 유급휴가제, 국가비용에 의한 정휴양제, 계속 늘어나는 여러 가지 문화시설들에 의하여 보장된다.[191] 광의적으로 해석하면 인간다운 생활권에 대한 보장에 근접한 권리라 할 수 있을 것 같다.

---

189) 헌법상으로는 1992년 헌법부터 북한은 개인소유를 확대하는 경향을 보이고 있다.
190) 2013년 북한헌법 제69조 참조.
191) 2013년 북한헌법 제71조 참조.

나. 노동의 권리

공민은 로동에 대한 권리를 가지며 로동 능력있는 모든 공민은 희망과 재능에 따라 직업을 선택하며 안정된 일자리와 로동조건을 보장받고 능력에 따라 일하며 로동의 량과 질에 따라 분배를 받는다[192]는 노동의 권리를 보장하고 있다.

다. 교육을 받을 권리

공민은 교육을 받을 권리를 가지며 이 권리는 선진적인 교육제도와 국가의 인민적인 교육시책에 의하여 보장된다[193]라고 교육을 받을 권리를 규정하고 있다.

라. 보건권, 여성과 모성보호, 가정보호

첫째, 공민은 무상으로 치료받을 권리를 가지며 나이가 많거나 병 또는 불구로 로동능력을 잃은 사람, 돌볼 사람이 없는 늙은이와 어린이는 물질적 방조를 받을 권리를 가지며 이 권리는 무상치료제, 계속 늘어나는 병원, 료양소를 비롯한 의료시설, 국가사회보험과 사회보장제에 의하여 보장된다[194]는 규정을 두어 보건권과 국가사회보험 및 사회보장제도를 인정하고 있다. 둘째, 녀자는 남자와 똑같은 사회적 지위와 권리를 가지며 국가는 산전산후휴가의 보장, 여러 어린이를 가진 어머니를 위한 로동시간의 단축, 산원, 탁아소와 유치원망의 확장, 그밖의 시책을 통하여 어머니와 어린이를 특별히 보호하며 국가

---

192) 2013년 북한헌법 제70조 참조.
193) 2013년 북한헌법 제73조 참조.
194) 2013년 북한헌법 제72조 참조.

는 녀성들이 사회에 진출할 온갖 조건을 지어준다[195]는 여성과 모성 보호권을 천명하고 있다. 셋째, 결혼과 가정은 국가의 보호를 받으며 국가는 사회의 기층생활단위인 가정을 공고히 하는데 깊은 관심을 돌린다[196]는 결혼과 가정보호에 대한 규정을 두고 있다.

(7) 국민의 기본적 의무

국민의 기본적 의무로 납세의 의무, 국방의 의무, 교육을 받게 할 의무, 근로의 의무, 환경보전의 의무 등으로 세분화 할 수 있겠는데, 북한헌법상 나타나는 국민의 기본적 의무는 아래와 같다.

가. 납세의 의무

북한은 세금없는 나라로 선포하였기에 납세에 대한 의무 규정이 없다고 할 것이다.

나. 국방의 의무

첫째, 공민은 언제나 혁명적경각성을 높이며 국가의 안전을 위하여 몸바쳐 투쟁하여야 한다.[197] 둘째, 조국보위는 공민의 최대의 의무이며 영예이다. 공민은 조국을 보위하여야 하며 이 정한데 따라 군대에 복무하여야 한다.[198]

---

195) 2013년 북한헌법 제77조 참조.
196) 2013년 북한헌법 제78조 참조.
197) 2013년 북한헌법 제85조 참조.
198) 2013년 북한헌법 제86조 참조.

다. 교육을 받게 할 의무

첫째, 국가는 1년동안의 학교전의무교육을 포함한 전반적 12년제 의무교육을 현대과학기술발전추세와 사회주의건설의 현실적요구에 맞게 높은 수준에서 발전시킨다.[199]

둘째, 국가는 학령전 어린이들을 탁아소와 유치원에서 국가와 사회의 부담으로 키워 준다.[200]

라. 근로의무

로동은 공민의 신성한 의무이며 영예이며, 공민은 로동에 자각적으로 성실히 참가하며 로동규률과 로동시간을 엄격히 지켜야 한다[201]는 근로의무를 강하게 요구하고 있다고 본다.

7) 통치구조

(1) 정부형태

북한의 통치구조는 민주적 중앙집중제원리에 의한 의회정부제형태이다. 즉 스위스 의회정부제(회의제 정부제)와 같은 점은 수상 등 국가수반이 의회를 해산할 수 없다는 점에서는 유사점이 있으나, 수상 등 내각 장관들이 의원이어서는 안 되는 스위스와 수상 등 장관들이 관행상 의원이어야 한다는 점에서는 분명한 차이가 있다.

---

[199] 2013년 북한헌법 제45조 참조. 2012년 김일성·김정일헌법을 개정하여 의무교육 기간을 11년에서 12년으로 1년을 더 연장시켜 중고등학교 의무교육 기간을 5년에서 6년으로 연장하였다.

[200] 2013년 북한헌법 제49조 참조.

[201] 2013년 북한헌법 제83조 참조.

(2) 최고인민회의

가. 지위

최고인민회의는 조선민주주의인민공화국의 최고주권기관[202]라는 규정을 통해 최고인민회의가 최고주권기관임을 선언하고 있다.

나. 조직

최고인민회의는 의장과 부의장을 선거하고 의장은 회의를 사회한다.[203] 그리고 최고인민회의는 법제위원회, 예산위원회 같은 부문위원회를 두며, 최고인민회의 부문위원회는 위원장, 부위원장, 위원들로 구성하며, 최고인민회의 부문위원회는 최고인민회의사업을 도와 국가의 정책안과 법안을 작성하거나 심의하며 그 집행을 위한 대책을 세운다. 그러나 최고인민회의 부문위원회는 최고인민회의 휴회 중에 최고인민회의 상임위원회의 지도밑에 사업한다.[204]

다. 선출과 구성 및 권한

첫째, 최고인민회의는 일반적, 평등적, 직접적 선거원칙에 의하여 비밀투표로 선거된 대의원들로 구성한다.[205]

둘째, 최고인민회의는 다음과 같은 권한을 가진다.[206]

헌법을 수정·보충한다(1호), 부문법을 제정 또는 수정·보충한다(2호), 최고인민회의 휴회중에 최고인민회의 상임위원회가 채택한 중요

---

202) 2013년 북한헌법 제87조 참조.
203) 2013년 북한헌법 제94조 참조.
204) 2013년 북한헌법 제98조 참조.
205) 2013년 북한헌법 제89조 참조.
206) 2013년 북한헌법 제91조 참조.

부문법을 승인한다(3호), 국가의 대내외 정책의 기본원칙을 세운다(4호), 조선민주주의인민공화국 국방위원회 제1위원장을 선거 또는 소환한다(5호), 최고인민회의 상임위원회 위원장을 선거 또는 소환한다(6호), 조선민주주의인민공화국 국방위원회 제1위원장의 제의에 의하여 국방위원회 부위원장, 위원들을 선거 또는 소환한다(7호), 최고인민회의 상임위원회 부위원장, 명예부위원장, 서기장, 위원들을 선거 또는 소환한다(8호), 내각 총리를 선거 또는 소환한다(9호), 내각총리의 제의에 의하여 내각 부총리, 위원장, 상, 그밖의 내각성원들을 임명한다(10호), 중앙검찰소 소장을 임명 또는 해임한다(11호), 중앙재판소 소장을 선거 또는 소환한다(12호), 최고인민회의 부문위원회 위원장, 부위원장, 위원들을 선거 또는 소환한다(13호), 국가의 인민경제발전계획과 그 실행정형에 관한 보고를 심의하고 승인한다(14호), 국가예산과 그 집행정형에 관한 보고를 심의하고 승인한다(15호), 필요에 따라 내각과 중앙기관들의 사업정형을 보고받고 대책을 세운다(16호), 최고인민회의에 제기되는 조약의 비준, 폐기를 결정한다(17호).

셋째, 최고인민회의는 법령과 결정을 낸다. 최고인민회의가 내는 법령과 결정은 거수가결의 방법으로 그 회의에 참석한 대의원의 반수 이상이 찬성하여야 채택된다. 헌법은 최고인민회의 대의원전원의 3분의 2 이상이 찬성하여야 수정·보충된다.[207]

(3) 국방위원회 위원장

가. 지위와 선출 및 소환

조선민주주의인민공화국 국방위원회 제1위원장은 조선민주주의인

[207] 2013년 북한헌법 제97조 참조.

민공화국의 최고령도자이며,[208] 최고인민회의는 조선민주주의인민공화국 국방위원회 제1위원장을 선거 또는 소환한다.[209] 즉, 1998년 김일성헌법에서는 국방위원장에 대해 최고령도자라는 표현이 없었는데 2009년 헌법에서 명시하였다. 그리고 2012년 김일성·김정일헌법부터 국방위원회 위원장 호칭을 국방위원회 제1위원장으로 개정하였다. 이는 보기에 따라서는 북한이 사회주의법치주의로 한걸음 나아가고 있다는 간접적인 헌법상의 증거라 생각한다.

나. 권한

첫째, 조선민주주의인민공화국 국방위원회 제1위원장은 다음과 같은 임무와 권한을 가진다.[210] 국가의 전반사업을 지도한다[211](1호), 국방위원회 사업을 직접 지도한다(2호), 국방부문의 중요간부를 임명 또는 해임한다(3호), 다른 나라와 맺은 중요조약을 비준 또는 폐기한다(4호), 특사권을 행사한다(5호), 나라의 비상사태와 전시상태, 동원령을 선포한다(6호).

둘째, 조선민주주의인민공화국 국방위원회 제1위원장은 명령을 낸다.[212]

---

208) 2013년 북한헌법 제100조 참조.
209) 2013년 북한헌법 제91조 5호 참조.
210) 2013년 북한헌법 제103조 참조.
211) 국가의 전반적 사업을 지도한다는 규정 역시 1998년 김일성헌법에서는 없었는데 북한은 실질적으로 당 총서기입장에서 국가의 전반적인 사업을 지도해 왔는데 이를 헌법에 명시한 것은 북한이 사회주의법치주의로 한걸음 더 나아가는 증거라 할 수 있다.
212) 2013년 북한헌법 제104조 참조.

다. 책임

조선민주주의인민공화국 국방위원회 제1위원장은 자기 사업에 대하여 최고인민회의앞에 책임진다.213)

(4) 국방위원회

가. 지위와 구성

국방위원회는 국가주권의 최고국방지도기관이며,214) 국방위원회는 제1위원장, 부위원장, 위원들로 구성한다.215)

나. 권한

첫째, 국방위원회는 다음과 같은 임무와 권한을 가진다.216)

선군혁명로선을 관철하기 위한 국가의 중요정책을 세운다(1호), 국가의 전반적무력과 국방건설사업을 지도한다(2호), 조선민주주의인민공화국 국방위원회 제1위원장 명령, 국방위원회 결정, 지시집행정형을 감독하고 대책을 세운다(3호), 조선민주주의인민공화국 국방위원회 제1위원장 명령, 국방위원회 결정, 지시에 어긋나는 국가기관의 결정, 지시를 폐지한다(4호), 국방부문의 중앙기관을 내오거나 없앤다(5호), 군사칭호를 제정하며 장령 이상의 군사칭호를 수여한다(6호), 둘째, 국방위원회는 결정, 지시를 낸다.217)

---

213) 2013년 북한헌법 제105조 참조.
214) 2013년 북한헌법 제106조 참조.
215) 2013년 북한헌법 제107조 참조.
216) 2013년 북한헌법 제109조 참조.
217) 2013년 북한헌법 제110조 참조.

288 한반도 통일연방국가 연구: 동북아를 넘어 유라시아로

다. 책임

조선민주주의인민공화국 국방위원회 제1위원장은 자기 사업에 대하여 최고인민회의앞에 책임진다.[218] 국방위원회는 자기 사업에 대하여 최고인민회의앞에 책임진다.[219]

(5) 최고인민회의상임위원회

가. 지위 및 구성

최고인민회의 상임위원회는 최고인민회의휴회중의 최고주권기관이며,[220] 최고인민회의 상임위원회는 위원장, 부위원장, 서기장, 위원들로 구성한다.[221]

나. 권한

첫째, 최고인민회의 상임위원회는 다음과 같은 임무와 권한을 가진다.[222]

최고인민회의를 소집한다(1호), 최고인민회의휴회중에 제기된 새로운 부문법안과 규정안, 현행부문법과 규정의 수정, 보충안을 심의채택하며 채택실시하는 중요부문법을 다음번 최고인민회의의 승인을 받는다(2호), 불가피한 사정으로 최고인민회의휴회기간에 제기되는 국가의 인민경제발전계획, 국가예산과 그 조절안을 심의하고 승인한다(3호), 헌법과 현행부문법, 규정을 해석한다(4호), 국가기관들의 법

----

218) 2013년 북한헌법 제105조 참조.
219) 2013년 북한헌법 제111조 참조.
220) 2013년 북한헌법 제112조 참조.
221) 2013년 북한헌법 제113조 참조.
222) 2013년 북한헌법 제116조 참조.

준수집행을 감독하고 대책을 세운다(5호), 헌법, 최고인민회의 법령, 결정, 조선민주주의인민공화국 국방위원회 제1위원장 명령, 국방위원회 결정, 지시, 최고인민회의 상임위원회 정령, 결정, 지시에 어긋나는 국가기관의 결정, 지시를 폐지하며 지방인민회의의 그릇된 결정집행을 정지시킨다(6호), 최고인민회의 대의원선거를 위한 사업을 하며 지방인민회의 대의원선거사업을 조직한다(7호), 최고인민회의 대의원들과의 사업을 한다(8호), 최고인민회의 부문위원회와의 사업을 한다(9호), 내각 위원회, 성을 내오거나 없앤다(10호), 최고인민회의휴회중에 내각총리의 제의에 의하여 부총리, 위원장, 상, 그밖의 내각성원들을 임명 또는 해임한다(11호), 최고인민회의 상임위원회 부문위원회 성원들을 임명 또는 해임한다(12호), 중앙재판소 판사, 인민참심원을 선거 또는 소환한다(13호), 다른 나라와 맺은 조약을 비준 또는 폐기한다(14호), 다른 나라에 주재하는 외교대표의 임명 또는 소환을 결정하고 발표한다(15호), 훈장과 메달, 명예칭호, 외교직급을 제정하며 훈장과 메달, 명예칭호를 수여한다(16호), 대사권을 행사한다(17호), 행정단위와 행정구역을 내오거나 고친다(18호), 다른 나라 국회, 국제의회 기구들과의 사업을 비롯한 대외사업을 한다(19호), 둘째, 최고인민회의 상임위원회는 정령과 결정, 지시를 낸다.[223]

다. 책임

최고인민회의 상임위원회는 자기 사업에 대하여 최고인민회의앞에 책임진다.[224]

....

[223] 2013년 북한헌법 제120조 참조.
[224] 2013년 북한헌법 제122조 참조.

라. 최고인민회의상임위원장의 권한

최고인민회의 상임위원회 위원장은 상임위원회사업을 조직 지도하며, 최고인민회의 상임위원회 위원장은 국가를 대표하며 다른 나라 사신의 신임장, 소환장을 접수한다.[225]

(6) 내각

가. 지위와 권한

내각은 최고주권의 행정적 집행기관이며 전반적 국가관리기관이며,[226] 내각은 다음과 같은 임무와 권한을 가진다.[227] 국가의 정책을 집행하기 위한 대책을 세운다(1호), 헌법과 부문법에 기초하여 국가관리와 관련한 규정을 제정 또는 수정, 보충한다(2호), 내각의 위원회, 성, 내각직속기관, 지방인민위원회의 사업을 지도한다(3호), 내각직속기관, 중요행정경제기관, 기업소를 내오거나 없애며 국가관리기구를 개선하기 위한 대책을 세운다(4호), 국가의 인민경제발전계획을 작성하며 그 실행대책을 세운다(5호), 국가예산을 편성하며 그 집행대책을 세운다(6호), 공업, 농업, 건설, 운수, 체신, 상업, 무역, 국토관리, 도시경영, 교육, 과학, 문화, 보건, 체육, 로동행정, 환경보호, 관광, 그밖의 여러 부문의 사업을 조직집행한다(7호), 화폐와 은행제도를 공고히 하기 위한 대책을 세운다(8호), 국가관리질서를 세우기 위한 검열, 통제사업을 한다(9호), 사회질서유지, 국가 및 사회협동단체의 소유와 리익의 보호, 공민의 권리보장을 위한 대책을 세운다(10호), 다른 나라

---

225) 2013년 북한헌법 제117조 참조.
226) 2013년 북한헌법 제123조 참조.
227) 2013년 북한헌법 제125조 참조.

와 조약을 맺으며 대외사업을 한다(11호), 내각 결정, 지시에 어긋나는 행정경제기관의 결정, 지시를 폐지한다(12호).

나. 책임

내각은 자기사업에 대하여 최고인민회의와 그 회중에 최고인민회의 상임위원회앞에 책임진다.[228]

(7) 지방인민회의

가. 지위 및 임기

도(직할시), 시(구역), 군인민회의는 지방주권기관이며,[229] 도(직할시), 시(구역), 군인민회의임기는 4년으로 하며, 지방인민회의 새 선거는 지방인민회의임기가 끝나기전에 해당 지방인민위원회의 결정에 따라 진행하고 불가피한 사정으로 선거를 하지 못할 경우에는 선거를 할 때까지 그 임기를 연장한다.[230]

나. 권한

지방인민회의는 다음과 같은 임무와 권한을 가진다.[231]

지방의 인민경제발전계획과 그 실행정형에 대한 보고를 심의하고 승인한다(1호), 지방예산과 그 집행에 대한 보고를 심의하고 승인한다(2호), 해당 지역에서 국가의 법을 집행하기 위한 대책을 세운다(3호),

....
[228] 2013년 북한헌법 제131조 참조.
[229] 2013년 북한헌법 제137조 참조.
[230] 2013년 북한헌법 제139조 참조.
[231] 2013년 북한헌법 제140조 참조.

해당 인민위원회 위원장, 부위원장, 사무장, 위원들을 선거 또는 소환한다(4호), 해당 재판소의 판사, 인민참심원을 선거 또는 소환한다(5호), 해당 인민위원회와 하급인민회의, 인민위원회의 그릇된 결정, 지시를 폐지한다(6호).

(8) 지방인민위원회

가. 지위 및 구성과 임기

도(직할시), 시(구역), 군인민위원회는 해당 인민회의휴회중의 지방주권기관이며 해당 지방주권의 행정적집행기관이며,[232] 지방인민위원회는 위원장, 부위원장, 사무장, 위원들로 구성한다. 지방인민위원회임기는 해당 인민회의임기와 같다.[233]

나. 권한

지방인민위원회는 다음과 같은 임무와 권한을 가진다.[234] 인민회의를 소집한다(1호), 인민회의 대의원선거를 위한 사업을 한다(2호), 인민회의 대의원들과의 사업을 한다(3호), 해당 지방인민회의, 상급인민위원회 결정, 지시와 최고인민회의 법령, 결정, 조선민주주의인민공화국 국방위원회 제1위원장 명령, 국방위원회 결정, 지시, 최고인민회의 상임위원회 정령, 결정, 지시, 내각과 내각 위원회, 성의 결정, 지시를 집행한다(4호), 해당 지방의 모든 행정사업을 조직집행한다(5호), 지방의 인민경제발전계획을 작성하며 그 실행대책을 세운다(6호), 지방에

232) 2013년 북한헌법 제145조 참조.
233) 2013년 북한헌법 제146조 참조.
234) 2013년 북한헌법 제147조 참조.

산을 편성하며 그 집행대책을 세운다(7호), 해당 지방의 사회질서유
지, 국가 및 사회협동단체의 소유와 리익의 보호, 공민의 권리보장을
위한 대책을 세운다(8호), 해당 지방에서 국가관리질서를 세우기 위한
검열, 통제사업을 한다(9호), 하급인민위원회사업을 지도한다(10호),
하급인민위원회의 그릇된 결정, 지시를 폐지하며 하급인민회의의 그
릇된 결정의 집행을 정지시킨다(11호).

(9) 검찰소와 재판소

가. 검찰소

첫째, 지위와 조직에 관한 규정인데, 검찰사업은 중앙검찰소, 도(직
할시), 시(구역), 군검찰소와 특별검찰소가 한다.[235]

둘째, 임기에 대한 규정인데 중앙검찰소 소장의 임기는 최고인민회
의임기와 같다.[236]

셋째, 권한에 대한 규정인데 다음과 같다.

검찰소는 다음과 같은 임무를 수행한다.[237]

기관, 기업소, 단체와 공민들이 국가의 법을 정확히 지키는가를 감
시한다(1호), 국가기관의 결정, 지시가 헌법, 최고인민회의 법령, 결정,
조선민주주의인민공화국 국방위원회 제1위원장 명령, 국방위원회 결
정, 지시, 최고인민회의 상임위원회 정령, 결정, 지시, 내각 결정, 지시
에 어긋나지 않는가를 감시한다(2호), 범죄자를 비롯한 법위반자를 적
발하고 법적책임을 추궁하는 것을 통하여 조선민주주의인민공화국의

----

235) 2013년 북한헌법 제153조 참조.
236) 2013년 북한헌법 제154조 참조.
237) 2013년 북한헌법 제156조 참조.

주권과 사회주의제도, 국가와 사회협동단체재산, 인민의 헌법적권리와 생명재산을 보호한다(3호).

넷째, 책임에 대한 규정인데, 검찰사업은 중앙검찰소가 통일적으로 지도하며 모든 검찰소는 상급검찰소와 중앙검찰소에 복종한다.[238] 그리고 최고검찰소는 자기사업에 대하여 최고인민회의와 그 휴회 중에 최고인민회의 상임위원회앞에 책임진다.[239]

나. 재판소

첫째, 지위에 대한 규정인데, 중앙재판소는 조선민주주의인민공화국의 최고재판기관이다. 중앙재판소는 모든 재판소의 재판사업을 감독한다.[240]

둘째, 선출 및 소환에 대한 규정인데, 최고인민회의에서 중앙재판소 소장을 선거 또는 소환한다.

셋째, 임기에 대한 규정인데, 중앙재판소 소장의 임기는 최고인민회의임기와 같다. 중앙재판소, 도(직할시)재판소, 시(구역), 군인민재판소의 판사, 인민참심원의 임기는 해당 인민회의임기와 같다.[241]

넷째, 권한에 대한 규정인데, 재판소는 다음과 같은 임무를 수행한다.[242] 재판활동을 통하여 조선민주주의인민공화국의 주권과 사회주의제도, 국가와 사회협동단체재산, 인민의 헌법적권리와 생명재산을 보호한다(1호), 모든 기관, 기업소, 단체와 공민들이 국가의 법을 정확히 지

----

[238] 2013년 북한헌법 제157조 참조.
[239] 2013년 북한헌법 제158조 참조.
[240] 2013년 북한헌법 제167조 참조.
[241] 2013년 북한헌법 제160조 참조.
[242] 2013년 북한헌법 제162조 참조.

키고 계급적원쑤들과 온갖 법위반자들을 반대하여 적극 투쟁하도록 한다(2호), 재산에 대한 판결, 판정을 집행하며 공증사업을 한다(3호).

다섯째, 책임에 대한 규정인데, 중앙재판소는 자기 사업에 대하여 최고인민회의와 그 휴회중에 최고인민회의 상임위원회앞에 책임진다.[243]

8) 법령의 결정 및 헌법개정

최고인민회의는 법령과 결정을 내고, 최고인민회의가 내는 법령과 결정은 거수가결의 방법으로 그 회의에 참석한 대의원의 반수 이상이 찬성하여야 채택된다. 그러나 헌법은 최고인민회의 대의원전원의 3분의 2 이상이 찬성하여야 수정, 보충된다.[244]

3. 남북한 헌법의 비교

위에서 1945년 8월 15일 한반도가 일본 제국주의로부터 해방을 맞이하였지만, 기쁨도 잠시 얄타회담의 협정에 따라 38도선 이북은 소련군이 진주하고 이남은 미군이 진주함으로써 지역분단을 초래하였다. 분단된 지역을 바탕으로 남한은 개인주의를 원칙으로 하고 집단주의를 예외적으로 인정하는 제헌헌법을 만들었고, 북한은 집단주의를 원칙으로 하고 개인주의를 예외적으로 인정하는 북한임시헌법의 영향을 받은 조선민주주의인민공화국헌법을 만들었다. 두 헌법의 차이에는 당시 양정부가 추구하고자 하는 이념이 담겨져 있었다. 남한

---

243) 2013년 북한헌법 제168조 참조.
244) 2013년 북한헌법 제97조 참조.

은 인간의 본능 중 하나인 자유를 선택하였고, 북한은 평등을 선택하는 정치사상을 기반으로 형성되었다고 본다. 그 후 남한은 9차 헌법개정을 통해 현행 헌법을 유지하고 있으며 북한은 9차 개정을 통해 2009년 헌법을 유지하고 있다. 남·북한의 헌법기본원리와 기본질서는 서로 상이하다. 남한은 자본주의와 의회주의 원칙하에 자유민주주의 체제를 유지하고 있고, 북한은 공산주의와 사회주의를 유지하여 오늘에 이르렀다. 그 근본원인은 대한민국 헌법은 존스튜어트 밀의 위임계약설에 입각한 민주주의를 받아들여 오늘에 이르렀고, 북한은 루소의 사회계약설의 입장에서 바라본 민주주의를 받아들여 치자와 피치자의 동일성원리를 반영하고 맑스-레닌사상의 영향을 받은 김일성 주체사상과 선군사상이 반영된 헌법으로 역시 현행 2009년 헌법에 이르렀다. 남·북한 현행 헌법을 중심으로 구체적으로 유사점과 차이점을 종합해 보면 다음과 같다. 첫째, **국가형태**는 남북한 모두 단일국가로 동일하다. 둘째, **국가의 이념**은 남한은 정치사상적으로 공동체적 자유주의를 바탕으로 한 자유와 개인주의이며, 북한은 주체사상과 선군사상을 바탕으로 한 평등을 추구하는 집단주의이다. 셋째, **국가의 성격**으로 남한은 제한적으로 복수정당제도를 인정하는 제한적 국가-당체제이나 북한은 북한헌법 제11조에 명시되어 있듯 당-국가체제이다. 넷째, **헌법의 기본원리**는 남한은 국민주권주의, 권력분립주의, 법치주의, 문화국가, 사회국가이며, 북한은 인민주권주의, 인민주권독재의 원리, 민주적 중앙집중제원리, 사회주의법치주의원리 등이다. 다섯째, **헌법의 기본질서**는 남한은 정치질서로 자유민주적 기본질서, 결제질서로 사회적 시장경제질서, 국제질서로 국제평화질서를 선택하고 있으나 북한은 정치질서로 사회주의민주주의적 기본

질서, 경제질서로 사회주의계획경제질서, 국제질서로 국제평화질서를
택하고 있다. 여섯째, **기본권과 의무**는 남한은 자유권을 중심으로 기
본권을 보장하고 있으며 북한은 헌법상 사회적 기본권을 중심으로 기
본권을 보장하고 있는 구조이다. 일곱째, **통치기구**로 남한은 권력분
립에 입각한 국회, 대통령, 법원, 선거관리위원회, 헌법재판소 등을 두
고 있으며, 북한은 민주적 중앙집중제원리에 입각하여 최고인민회의,
국방위원회, 최고인민회의상임위원회, 내각, 재판소와 검찰소를 두고
있다. 여덟째, **헌법개정절차**로 남한은 국회 재적의원 과반수 찬성 또
는 대통령에 의한 발의와 국회 재적의원 3분의 2 이상의 통과로 국민
투표로 붙여져 투표에 참가한 국회의원선거권을 가진 유권자의 과반
수 투표와 투표권자의 과반수 찬성으로 헌법이 확정되는 절차이고,
북한은 최고인민회의 대의원 전원의 3분의 2 이상의 찬성이 있어야
헌법개정을 할 수 있는 절차이다. 위에서 살펴본 남·북한헌법의 비
교분석을 요약하면 〈표 5-1〉과 같다.

〈표 5-1〉 남북한 헌법의 비교분석

구분 비교사항	남한	북한
국가형태	단일국가	단일국가
국가의 이념	자유(개인주의)와 공동체정신	주체사상과 선군사상, 평등과 집단주의
국가의 성격	제한적 국가-당체제(복수정당제도)	당-국가체제 (사실상 일당지배체제)[245]
헌법의 기본원리	국민주권주의, 권력분립주의, 법치주의 등	인민주권주의, 민주적 중앙집중제원리, 사회주의법치주의 지향
헌법의 기본질서	자유민주적 기본질서, 사회적 시장경제질서, 국제평화질서 등	사회주의민주주의적 기본질서, 사회주의계획경제질서, 국제평화질서 등

기본권과 의무	자유권적 중심의 기본권 보장	사회적 기본권 중심의 기본권 보장
통치구조	국회, 대통령, 법원, 선거관리위원회, 헌법재판소 등	최고인민회의, 국방위원회, 내각, 최고재판소와 검찰소 등
헌법개정	국회의원 및 대통령 발의+국회통과+국민투표 통과	최고인민회의 발의+최고인민회의 통과

4. 연방통일헌법 구상에 주는 시사점

국가이념면에서 남한의 국가이념은 자유와 개인주의 및 공동체정신을 보장하는 헌법이념을 가지고 있으며 북한은 주체사상과 선군사상을 통한 평등과 집단주의이념을 내포하고 있다. 즉, 남한은 자유를 추구하는 사회이고, 북한은 평등을 추구하는 사회이다라는 것을 알수 있었다. 그리고 헌법의 기본원리면에서 남한헌법의 기본원리로 국민주권주의, 권력분립주의, 법치주의, 사회국가원리로 구성되어 있다면 북한은 인민주권주의(프롤레타리아독재), 민주적 중앙집중제원리, 사회주의법치주의원리를 나타내고 있어 커다란 차이점을 발견할 수 있었다. 또한, 헌법의 기본질서로 남한은 자유민주적 기본질서, 사회적 시장경제질서, 국제평화질서 등을 나타내고 있다면 북한헌법은 사회주의민주주의적 기본질서, 사회주의계획경제질서, 국제평화질서 등을 나타내고 있다. 더불어 남한헌법의 기본권보장은 자유권적 중심의 기본권 보장이라면 북한헌법은 사회적 기본권중심의 기본권 보장이

---

245) 북한은 집권당인 노동당이외 청우당, 조선사민당이 있다. 그러나 이 정당들은 정권쟁취를 사실상 포기하고 있는 상태이기 때문에 노동당에 의한 사실상 일당지배체제라 할 수 있다.

라 볼 수 있었다. 위에서 분석한 국가의 이념, 헌법기본원리, 헌법의 기본질서, 기본권 보장을 위해서 남한헌법은 국회, 대통령, 법원, 선거관리위원회, 헌법재판소 등의 통치구조를 가지고 있다면 북한은 민주적 중앙집중제원리에 의한 최고인민회의, 국방위원회, 내각, 재판소 및 검찰소 등의 통치구조를 가지고 있다. 즉, 다시 말하면 남북한은 국가이념, 헌법의 기본원리, 헌법의 기본질서, 중심된 기본권보장, 통치구조 등 여러 면에서 근본적인 차이점을 발견할 수 있었다. 그리하여 본서에서 주장하고 있는 3대원리(연방국가주의, 권력분립주의, 법치주의)와 5대원칙(다양성 수용의 원칙, 통합의 원칙, 중도적 통일의 원칙, 실용주의적 통일의 원칙, 단계적 통일의 원칙)의 입장에서 볼 때 남·북한헌법은 본서에서 주장하는 3대원리와 5대원칙에 맞지 않다. 그래서 3대원리와 5대원칙을 최대한 수용하기 위하여 통일연방헌법은 국가형태로 연방국가, 국가의 성격으로 완전한 국가−당체제, 연방의회의 구성으로 양원제, 정부형태로 철저한 3권분립을 통한 대통령제가 남북한 통합에 기여하리라 확신하는 바이다.

제2절 연방통일헌법 구상에서 예상되는 쟁점

정치적 통합이론으로써 수렴론을 기본으로 하고 통일이전에는 기능주의, 초기통일 1단계와 2단계에서 신기능주의와 통일 3단계에서는 연방주의를 가미하였다. 그리고 경제적 통합이론으로써 Balassa의 단계적 경제통합이론을 적용하여 Elazar의 비중앙집권연방국가로 한반도 통일연방헌법을 구상해 볼 때 나타날 수 있는 쟁점사항으로 연방국가와 지역정부와의 관계, 국가형태, 국가이념, 국가성격, 헌법의 기본원리, 헌법의 기본질서, 기본권, 통치구조, 연방과 지역자치정부와의 재정 분배문제, 헌법개정 등이 쟁점사항으로 대두되리라 본다. 아래에서는 쟁점사항에 대해 구체적으로 분석해 보고자 한다.

1. 연방국가와 지역정부 관계

연방국가와 지역정부의 권한에 대한 관계는 매우 중요한 의미가 있다. 그리고 연방국가를 구성하는 지역정부의 구성수 역시 중요한 의미가 있다.

1) 서독 연방정부와 주와의 관계

독일헌법을 분석해 본 바에 의하면 연방국가는 전속적 권한, 경합적 권한을 가지고 있고, 지역적 정부는 연방국가의 전속적 권한과 경합적 권한을 제외한 나머지 권한을 가지고 있다. 연방국가의 권한 중 경합적 권한에 대해서 연방국가가 원칙적으로 이 권한을 갖고 있지만 이 권한을 행사하지 아니할 때 지역정부 역시 경합적 권한을 행사할 수 있다. 구체적으로 살펴보면 다음과 같다.

(1) **전속적 입법사항**을 세분하여 나열하면 아래와 같다.[246]

외교업무 및 국민보호를 포함한 방위, 연방에서의 국적, 이전의 자유, 여권제도, 입국 및 출국 그리고 범죄인 인도, 통화·화폐 및 조폐제도, 도량형과 시간의 결정, 관세 및 통상구역의 통일·통상 및 항해협정, 화물교역의 자유, 관세 및 국경 보호를 포함한 외국과의 화물거래와 지불거래, 연방철도와 항공교통, 우편과 전신제도, 연방 및 연방직할의 공법상의 단체에 근무하는 자의 법률관계, 영업상의 권리보호, 저작권 및 출판권, 다음의 사항에 관한 연방과 주와의 협력의 구체적 내용으로는 형사경찰, 자유민주적인 기본질서의 옹호, 연방 또는 주의 존립 및 안전의 옹호, 폭력의 행사에 의해 또는 폭력의 행사를 목적으로 하는 준비행위에 의해 독일연방공화국의 대외적 이익을 위태롭게 하는 연방영역 내에서의 기도방지, 그리고 연방범죄수사국의 설립 및 국제적 범죄예방, 연방통계 등이다.

(2) **경합적 권한**인데 원칙적으로 연방정부가 입법권한을 가지고 있으나 예외적으로 연방정부가 입법을 하지 않을 때 주가 권한을 가진다. 구체적으로 살펴보면 다음과 같다.[247] 민법, 형법 및 형의 집행,

---

246) 서독기본법 제73조 참조.
247) 서독기본법 제74조 제1항 참조.

재판소의 구성, 재판절차, 변호사제도, 공증인제도, 및 법률상담, 호적
제도, 결사·집회의 권리, 외국인의 체재권 및 거주권리, 무기법 및 폭
발물법, 독일 문화재의 해외반출 금지, 망명자 및 추방자에 관한 업무,
공공 생활보호, 주에서의 국적, 전쟁손해 및 보상, 전상자 및 전사자
유족에 대한 부양, 포로의 생활보호, 전사자 묘지와 다른 전쟁희생자
및 폭력적 지배의 희생자 묘지, 경제법(광업, 공업, 에너지 경제, 수공
업, 영업, 상업, 은행 및 증권거래소제도 및 사법상의 보험제도), 평화
적 목적을 위한 핵에너지 생산 및 이용, 이 목적을 위해 사용되는 사
실의 건립과 경영, 핵에너지 방출시 또는 전리 방사선에 의하여 일어
나는 위험에 대한 보호 그리고 방사선 물질의 제거, 경영구조, 노동보
호 및 직업소개를 포함한 노동법 및 실업보험을 포함한 사회보험, 교
육보조의 규제 및 학술적 연구의 조성, 전속적 입법권한(제73조) 및
경합적 입법권한(제74조)에서 규정하는 사항의 범위 내에서 행하는
공용징수의 법, 토지, 천연자원 및 생산수단의 공유 또는 기타의 형태
로 공공경제에의 인도, 경제적 권력의 남용방지, 농업 및 임업생산의
촉진, 식량의 확보, 농업 및 임업생산물의 수출입, 원양어업과 연안어
업 및 연안 보호, 토지거래, 토지법, 농업상의 임차제도, 주거제도, 이
주정착제도, 인간과 가축에 공통된 그리고 전염성이 있는 질병에 대
한 조치, 의료법 및 그 밖의 치료업의 허가, 약품, 약제 및 마약과 독
약의 거래, 병원의 경제적 안전과 병원관리규칙의 규제, 식량, 기호품,
생활필수품, 사료, 농·임업용의 종자 및 묘목거래의 보호, 식물의 병
충해에 대한 보호 그리고 동물보호, 원양과 근해항행 및 항로표식, 내
수항행, 기상업무, 해수항로 및 일반운수에 이용되는 내수항로, 도로
교통, 자동차교통제도, 원거리 수송용 육로의 건설과 유지, 자동차에

의한 공로 이용료의 징수와 배분, 연방철도가 아닌 산악철도 이외의
철도, 오물제거, 대기정화 및 소음방지

(3) 주권한(경합적 권한, 고유권한)은 연방정부가 행사하지 아니하
는 경합적 권한과 연방정부에 부여되어 있지 않는 범위 내에서 입법
권을 가진다. 자세히 살펴보면 다음과 같다. 첫째, 주기능은 국가적
권능의 행사와 국가적 과제의 수행은 이 기본법이 다른 규정을 두지
아니하거나 허용하지 않는 한 주의 직무이다.[248] 둘째, 주의 입법권과
그 권한은 주는 이 기본법이 연방에 대하여 입법권한을 부여하지 않
는 범위 내에서 입법권을 가진다. 연방과 주의 관할권의 범위는 전속
적 입법과 경합적 입법에 관한 기본법의 규정에 따라서 이를 구분한다.

2) 유럽연합과 유럽연합 회원국과의 관계

권한부여의 원칙인 권한배분의 원칙과 보충성 원칙, 비례성 원칙에
따라 권한을 배분하였는데, 유럽연합은 배타적 권한과 공유적 권한
및 지원적 조정에 관한 권한을 가지고 있다. 권한 배분에 대한 원칙에
따라 연방국가의 배타적 권한이 나오고 보충성의 원칙과 비례의 원칙
에 따라 연방국가가 공유적 권한을 행사한다. 현재 유럽연합은 초국
가성을 가지고 있으나 완전한 연방국가라고 볼 수 없기 때문에 공유
적 권한을 모두 행사한다고 볼 수 없다. 그러나 유럽연합이 완전한 연
방국가로 될 때는 공유적 권한을 유럽연합이 특별한 사정이 없는 한
모두 행사할 것이다.

----

248) 서독기본법 제30조 참조.

(1) 배타적 권한

관세동맹, 역내시장을 운영하는 데 필요한 경쟁규칙의 결정, 유로를 통화로 하는 회원국들을 위한 통화정책, 공동어업정책의 범위 내 해양생물자원의 보전, 공동통상정책, 연합은 국제협정의 체결이 연합의 법률에서 정해져 있을 때, 연합이 그 자신의 내부 권한을 행사할 수 있도록 국제협정의 체결이 필요한 때, 또는 국제협정의 체결이 공동규칙을 해하거나 혹은 그 효력이 미치는 범위를 변경할 가능성이 있을 때는 국제협정을 체결할 배타적 권한[249]이 있다.

(2) 공유적 권한

연합과 회원국간 공유권한은 아래의 주요 분야에 적용된다.[250] 역내시장, 본조약에 정의된 제측면에 관한 사회정책, 경제적, 사회적 및 영토적 결속, 농업 및 어업, 단 해양생물자원의 보존은 제외한다, 환경, 소비자보호, 운송, 유럽횡단네트워크, 에너지, 자유, 안전 및 사법지대, 본조약에 정의된 제측면에 관한 공중위생 분야에서의 공동안전 관심사항 등이다. 그리고 연구, 기술개발 및 우주항공 분야에서 연합은 조치를 강구할 권한, 특히 계획을 수립하고, 실행할 권한이 있다. 단, 이 권한의 행사는 회원국이 자신의 권한을 행사하는 것을 방해할 수 없다. 개발협력 및 인도적 지원 분야에서 연합은 조치를 강구하고, 공동정책을 실시할 권한이 있다. 단 이 권한의 행사는 회원국이 자신의 권한을 행사하는 것을 방해할 수 없다.

---

249) 유럽연합의 운영에 관한 조약 제2조 제1항 참조.
250) 유럽연합의 운영에 관한 조약 제4조 참조.

(3) 조정 · 지원 권한

유럽연합은 보충 · 지원 · 조정의 권한을 가지고 있는데 이를 구체적으로 나열하면 다음과 같다.[251] 사람의 건강보호 및 증진, 산업, 문화, 여행, 일반교육, 직업교육, 청년 및 스포츠, 시민보호, 행정협력 등이다.

3) 소결(평가)

위에서 예를 들었던 독일연방정부와 주와의 관계 및 유럽연합과 유럽회원국과의 권한분배는 한반도 분단극복을 위해 그대로 활용할 수는 없겠지만 **남북한 분단 해소를 위해 연방국가가 탄생되었을 때 유럽연합과 구성국과의 권한부여의 원칙을 창조적으로 응용하여 적용시켜 볼 필요가 있다.**

2. 국가형태

국가형태라 함은 국가의 조직형태와 기본권 가치질서가 어떠한 것인가라는 기준으로 한 국가의 유형을 말한다.[252] 국가형태로 크게는 단일국가와 연방국가로 나눌 수 있다. 단일국가는 정부가 하나로써 단층적 지배구조를 가지는 국가이며, 연방국가는 지역정부와 지역정부위에 중앙정부를 갖는 중층적 지배구조를 가진다. 단일국가는 보편적으로 차별성보다 동질성이 큰 국가에서 도입하는 형태이지만 연방국가는 차별성이 크나 통합의 필요성이 강조된 국가에서 도입된 제도

---

251) 유럽연합의 운영에 관한 조약 제2조 제5항 참조.
252) 권영성, 『헌법학 원론』, 서울: 법문사, 2010, pp. 102~105 참조.

이다. 본서에서 분석했던 독일, 소련, 미국, 유럽연합 등은 이질성이 존재하지만 통합의 필요성이 커 대표적인 연방국가로 통합을 이룬 사례라 판단한다. 한반도 분단 극복을 고려해 볼 때 한민족이라는 동질성이 크지만 1945년 분단 이후 약 70여 년간 각기 다른 체제로 살아왔기에 이질성 또한 크다. 그리하여 **한반도 통일은 다양성 수용의 원칙을 적용하여 판단해 볼 때 단일국가보다는 연방국가가 가는 것이 실용적이라 할 것이다.** 즉 다양성 수용 원칙과 실용주의 원칙을 적용하자는 것이다.

3. 국가성격

본서에서 분석하였듯 당-국가체제와 국가-당체제로 크게 두개로 국가성격을 분류해 볼 수 있다. **한반도 평화통일을 고려해 볼 때에는 당-국가체제보다는 국가-당체제로 나아가야 다양성을 수용하기가 용이하다고 할 것이며, 한반도 통일을 더 용이하게 할 수 있다고 본다.**

4. 국가이념

국가이념은 인간의 본성에 순응하는 원리가 담긴 이념이어야 한다. 본서에서는 인간은 개인적 동물이면서 동시에 사회적 동물이라는 본질적 속성을 가지고 있다고 주장하고 싶다. 즉 인간은 자유와 평등을 동시에 원하는 존재라는 것이다. 평등만을 추구하여 자유 박탈을 강요할 수 없고 자유만을 추구하여 평등을 박탈할 수 없다. 인간은 자유와 평등을 요구한다. 그래서 국가도 인간의 본질적 속성에 대응하여야 한다고 생각하여 국가이념은 자유와 평등이 조화되어야 한다. 그러나 인간의 본질적 속성을 한반도 평화통일에 적용해 본다면 연방국가는 초기에는 제한적 권한을 가질 수밖에 없기 때문에 자유 중심으로 나아가고 평등은 각 지역정부에서 보장하는 형태를 띨 수밖에 없다. 그러나 세부화된 연방제가 달성되었을 때는 연방제의 권한하에 평등까지 보장된 국가이어야 한다. 그래서 **궁극적으로는 연방정부는 자유와 평등을 조화롭게 추구하는 국가이어야 한다.**

5. 헌법의 기본원리

본서에서 분석하였듯이 남한을 포함한 자유민주주의헌법은 국민주권의 원리, 권력분립의 원리, 법치주의의 원리, 사회국가의 원리 등으로 구성되어 있고 북한을 포함한 사회주의 국가의 헌법은 인민주권의 원리, 민주적 중앙집중제 원리, 사회주의법치주의원리, 집단주의원리 등으로 분류할 수 있겠다. **한반도 평화통일을 고려해 볼 때 연방헌법은 국민주권의 원리, 실질적인 법치주의원리, 권력분립의 원리로 헌법의 기본원리가 구성되어야 한다고 주장하고 싶다.**

6. 헌법의 기본질서

앞에서 분석하였듯이 남한을 포함한 자유민주주의국가에서 헌법의 기본질서는 정치적 공동체로써 자유민주적 기본질서, 경제적 공동체로써 사회적 시장경제질서, 국제질서로써 국제평화질서로 헌법 기본질서가 구성되어 있다. 그리고 북한을 포함한 사회주의국가의 헌법

기본질서는 정치적 공동체로 사회주의민주주의적 기본질서, 경제공동체로 사회주의계획경제질서, 국제질서로 국제평화질서로 분류해 볼 수 있겠다. **한반도 평화통일을 통한 연방헌법은 정치공동체로 민주적 기본질서, 경제공동체로 통일예멘헌법에서 나타난 혼합경제질서, 국제질서로 국제평화질서로 구성되어야 한다.**

7. 기본권

기본권은 학자에 따라 분류방법이 약간씩 다르나 본서에서는 권영성의 분류방법253)으로 기본권을 나누어 분석하고자 한다. 기본권은 크게 기본권 보장 이념과 포괄적 기본권, 평등권(법앞에 평등), 자유권적 기본권, 정치적 기본권, 경제적 기본권, 청구권적 기본권, 사회권적 기본권으로 분류해 볼 수 있다. 기본권이념과 포괄적 기본권을 다시 살펴보면 인간으로서의 존엄성과 행복추구권으로 분류할 수 있고 자유권적 기본권은 생명권, 신체의 자유 등 인식의 자유권과 사생활 비밀의 자유, 주거의 자유, 거주이전의 자유, 통신의 자유 및 사생활 자유권과 양심의 자유, 종교의 자유, 언론·출판, 집회·결사의 자유, 정신적 자유권으로 살펴볼 수 있다. 정치적 기본권은 세분해 보면 정치적 자유, 참정권, 그 밖의 정치적 활동권으로 분류할 수 있겠다. 경제적 기본권은 재산권, 직업선택의 자유, 소비자의 권리 등으로 분류해 볼 수 있고, 청구권적 기본권으로 소원권, 재판청구권, 국가배상청구권, 국가보상권, 범죄피해자구조청구권으로 나눌 수 있다. 사회적

---

253) 권영성, 위의 책, pp. 287~726 참조.

기본권은 인간다운 생활권, 노동의 권리, 노동 3권, 교육을 받을 권리, 환경권, 쾌적한 주거생활권, 여성, 모성, 보건권 등으로 세분해 볼 수 있겠다.

한반도 평화와 안정을 통한 평화통일이 달성되었을 때 본서에서 주장하고자 하는 바는 일괄적 통일이 아니고 단계적 통일을 추구하는 것이라 이미 밝혔다. 그래서 연방통일헌법에서 한반도통일연방국가는 기본권 보장을 순차적 단계별로 확대해 나가야 한다. 방향은 자유권적 기본권에서 순차적으로 사회적 기본권으로 확대해 나가는 흐름을 띠어야 될 것이다.

8. 통치구조

통치구조는 크게 정부형태, 국회, 사법부, 헌법재판소, 선거관리위원회 등으로 살펴볼 수 있겠는데 연방통일헌법에서 특히 문제가 될 수 있는 기관은 정부형태와 국회의 구성문제라 할 수 있다. 아래에서는 논란 여지가 없는 사법부, 헌법재판소, 선거관리위원회보다는 정부형태와 국회 구성에 대해 상세히 살펴보고자 한다.

1) 정부형태

정부형태란 광의로는 국가권력구조에 있어서 권력분립의 원리가 어떻게 반영되고 있느냐 하는 권력분립의 구조적 실현형태를 말한다. 그러나 협의로는 국가기본정책을 결정하는 입법부와 이 결정을 집행하는 집행부의 관계가 어떠한가라는 것을 말하고, 최협의로는 집행부의 구조, 기능, 권한행사방식 등이 어떠한가라는 집행부의 구조형태를 말한다.254) 정부형태의 종류로 크게 대통령제, 변형적 대통령제, 의원내각제, 변형적 의원내각제, 의회정부제, 공산국가의 정부형태(민주적 중앙집중제원리에 의한 의회정부제)255) 등으로 분류해 볼 수 있겠다. 본서에서는 순수한 대통령제와 의원내각제 그리고 민주적 집중제원리에 의한 의회정부제, 이원정부제, 집정부제에 관해서만 분석하고자 한다.

(1) 대통령제

대통령제란 엄격한 권력분립이 이루어지고 권력상호간의 독립이 보장됨으로써 대통령이 독립하여 행정권을 행사하는 정부제도를 말한다. 장점으로는 첫째, 대통령의 임기동안 행정부가 안정된다는 점이다. 둘째, 국가정책의 계속성이 보장된다. 셋째, 국회의 졸속입법이 방지된다. 넷째, 강력한 행정권 행사로 소수자의 이익보호 등을 들 수 있겠다. 단점으로는 첫째, 대통령의 독재화 경향을 막을 수 없고 둘째, 입법부와 행정부를 각기 다른 정당이 차지한 경우에는 그 대립이 심각하고 조정수단이 없어 국정이 장기간 마비될 가능성 등을 들 수 있다.256)

(2) 의원내각제

의원내각제란 집행부가 이원적 구조로 대통령(입헌군주)과 수상으

---

254) 권영성, 위의 책, p. 659 참조.
255) 국제문제조사연구소, 『각국 헌법전』, 1980, pp. 4~6 참조.
256) 남궁승태, 『헌법요론』, 서울: 육서당법정고시사, 1997, pp. 526~529 참조.

로 구성되며, 입법부와 행정부가 공화·협력관계를 유지하여 공존하는 제도를 말한다.[257] 장점으로는 첫째, 정부의 존속을 국민의 대표기관인 의회의 의사에 의존케 함으로써 민주주의의 요구를 실현할 수 있다. 둘째, 정부는 의회에 대하여 연대책임을 지기 때문에 책임정치를 구현할 수 있다. 셋째, 의회와 정부가 대립하는 경우에 불신임결의와 의회해산으로 정치적 대립을 신속히 해결할 수 있다. 이때에 국가원수인 군주나 대통령은 정파를 초월한 입장에서 중재적 역할을 다할 수 있다. 넷째, 의회의 신임을 획득하고 유지하기 위하여 유능한 인재가 등용될 수 있다. 다섯째, 정부와 의회는 공화·협력을 원칙으로 함으로써 신속한 국정처리와 능률적인 국정수행을 할 수 있다.

단점으로는 첫째, 군소정당이 난립하거나 정치인의 타협적 태도가 결여될 때에는 연립정권의 수립과 정부에 대한 빈번한 불신임결의로 정국의 불안정이 초래될 수 있다. 둘째, 의회가 정권획득을 위한 정쟁의 장소가 될 수 있다. 셋째, 정부는 연명을 위하여 의회의 의사에 구애받지 아니하는 강력한 정치를 추진할 수 없다. 넷째, 최악의 경우에 정부는 원내다수당과 제휴하여 다수결의 횡포를 자행하여 정당정치에 치우칠 우려가 있고 이에 대한 견제장치가 없다.[258]

(3) 이원정부제

이원정부제란 대통령제와 의원내각제의 요소를 결합한 형태로서 위기시에는 대통령이 행정권을 전적으로 행사하나, 평상시에는 내각

수상이 행정권을 행사하며, 하원에 대하여 책임을 지는 의원내각제 형식으로 운영되는 정부형태를 말한다. 장점으로는 첫째, 평상시에는 의원내각제로 운영되므로 입법부와 행정부의 대립에서 오는 마찰을 피할 수 있으며 둘째, 비상시에는 대통령이 직접 통치함으로써 신속하고도 안정된 국정처리를 가능하게 한다. 단점으로는 첫째, 대통령이 국가긴급권을 행사하는 경우에 내각과 의회가 이를 견제하면서 통제할 수 있는 장치가 약하므로 독재화의 가능성이 있으며 둘째, 대통령이 위기를 빙자하여 비상권한을 행사할 경우에 의회의 권한이 축소, 제한되어 국민주권주의에 충실하지 못할 가능성이 있으므로 국민여론을 외면한 행정이 이루어지기 쉽다.259)

(4) 의회정부제

의회정부제란 대체로 의회가 집행부에 대하여 절대적인 우위를 갖는 제도로서, 집행부의 성립과 존속은 전적으로 의회에 존속하지만 집행부는 의회를 해산할 권한이 없으므로 결국 집행부가 의회에 종속하는 정부형태를 말한다. 의회제의 특색으로는 첫째, 집행부 구성원은 의회에 의해 선임되고 의회에 대하여 연대책임을 지며, 의회는 언제나 집행부를 불신임할 수 있지만 집행부는 의회를 해산시킬 수 없고, 폐회없이 항상 개회하며 선거민에 대하여만 책임을 진다. 둘째, 집행부의 존립은 의회의 존립을 전제로 하므로 의회가 해산되면 집행부도 퇴진한다. 셋째, 국가원수가 없는 것이 특색이지만, 명목상 국가원수가 있을지라도 의례적이고 명목적인 기능을 가질 뿐이다. 넷째,

---

259) 남궁승태, 위의 책, pp. 533~534 참조.

의회가 모든 국가권력을 지배함으로써 권력체계가 일원화 되어 있으며 복잡한 권력장치가 없는 것이 특징이다.260)

(5) 민주적 중앙집중제원리에 의한 의회정부제

민주적 중앙집중제원리에 의한 의회정부제란 광의의 의회정부제에 해당될 수 있으나, 의회정부제의 대표적 국가가 스위스라면 민주적 중앙집중제원리에 의한 대표적 국가는 소련, 북한, 동독 등 사회주의국가에서 나타나고 있는 정부형태이다. 스위스 의회정부제는 대통령 및 정부각료가 국회의원이어서는 안되지만 민주적 중앙집중제원리에 의한 의회정부제는 각료가 국회의원이어도 무방하다. 그리고 대부분 사회주의권 국가 각료는 인민회의의 의원(대의원)이라는 점에서 차이점이 있다. 그러나 의회에서 각료에 대한 해임 및 소환권을 일방적으로 행사할 수 있지만 행정부 수반이 의회를 해산할 수 없다는 점에서는 공통점이다.261)

(6) 집정부제

북예멘과 통일예멘공화국의 헌법이 대표적인 예라고 볼 수 있다.262)

---

260) 남궁승태, 위의 책, p. 535 참조.

261) 본서에서 처음으로 사용한 용어이다. 광의적으로는 의회정부제나 대부분 사회주의 헌법들이 민주적 중앙집중제원리를 선택하고 수상을 포함한 행정각부 장관들이 의원이라는 공통적 특색이 있기 때문에 스위스 의회정부제와는 달리 해석해야 할 필요성을 느꼈다.

262) 박정원, 「남북한 통일헌법에 관한 연구-통일헌법의 기본질서와 내용을 중심으로」, 국민대학교 법학과 박사학위논문, 1996, pp. 127~129에서 사용한 용어로 광의적으로 스위스도 집정부제로 분류하면서 예멘과 통일예멘헌법에 대해 또한 집정부제라는 말을 사용하였는데 엄밀한 의미로 별개의 정부형태라 판단하여 본서에서는 북예멘과 통일예멘에 한해서 집정부제라는 말을 사용하고 싶다.

북예멘은 공화국평의회를 두어 집단지도체제를 가지고 있었고, 통일 예멘 역시 대통령평의회를 갖고 통일 이후 남북권력분점을 하였다. 그러나 정치통합은 성공하여 통일은 달성되었으나 군사통합은 실패하여 통일 1년 후 내전으로 다시 분단을 맞이하였고 이후 북예멘의 무력통일로 결국 최종통일을 달성하였다.

(7) 소결(한반도 평화통일 후 연방헌법의 정부형태)

위에서 살펴보듯 각 정부형태는 각각의 장·단점을 가지고 있다. 그리하여 통일방법이 무력통일이나 흡수통일이라면 남북 어느 한 쪽 정부형태를 그대로 상대방 지역에 적용할 수 있겠다. 그러나 본서에서는 평화통일을 전제로 논문 구성을 하고 있다. 그래서 평화통일 후 연방국가의 정부형태는 남북분단 이전과 이후 약 70여 년을 살펴볼 때 어떠한 정부형태가 현실적인가라는 의문에 빠질 수밖에 없다. 이상적으로는 의원내각제나 이원정부제 또는 집정부제를 고려해 볼 수 있겠다. 그러나 본서에서는 남북한 모두 정치 문화가 권위적인 정치문화를 가지고 있기 때문에 현실을 그대로 인정하는 가운데 운영을 성숙되게 할 수 있다면 순수한 의미의 대통령제가 적합한 정부형태라 본다.

2) 국회구성

국회는 단원제와 양원제로 살펴볼 수 있겠다.

(1) 단원제

단원제란 의회가 민선의원으로 조직되는 단일의 합의체로써 구성되는 의회제도를 말한다. 장점으로는 첫째, 신속·능률적인 의안심의를 기할 수 있다. 둘째, 정부에 대한 의회의 지위를 강화할 수 있다. 셋째, 의회의 책임소재를 분명하게 하여준다. 넷째, 국비의 절감을 기할 수 있다. 단점은 대체로 양원제의 장점에 반대되는 경우라고 할 수 있다.263)

(2) 양원제

양원제란 의회가 두 합의제(의원)로써 구성되고 두 합의체가 각기 독립하여 결정한 의사가 일치하는 경우에, 이것을 의회의 의사로 간주하는 의회제도를 말한다. 장점으로는 첫째, 의안을 심의함에 있어 신중을 기함으로써 단원제의 경솔과 졸속을 피할 수 있다. 둘째, 양원의 조직을 달리함으로써 단원제에서의 파쟁과 부패를 방지할 수 있다. 셋째, 의회구성에 권력분립의 원리를 도입함으로써 의회나 원내 다수파의 전제와 횡포를 방지하고 국민의 권익을 옹호할 수 있다. 넷째, 일원이 정부와 충돌한 경우에 타원이 이를 조정할 수 있다. 다섯째, 하원의 지역대표제에 대하여 상원의 직능대표제 또는 주대표제(지역정부)로써 직능단체나 구성주의 특수이익을 대변할 수 있다. 단점으로는 첫째, 중복된 절차로 말미암아 의안의 심의가 지연되고 국비를 낭비할 수 있다. 둘째, 양원이 책임을 전가함으로써 의회의 책임소재를 불분명하게 한다. 셋째, 의회가 양원으로 분열되기 때문에 정부에 대한 의회의 지위가 상대적으로 약화된다. 넷째, 상원과 하원의 구성이 동일한 기반에 입각할 때에는 상원은 무용의 존재가 되고, 상

263) 권영성, 앞의 책, pp. 879~881 참조.

이한 기반에 입각할 때에는 상원이 보수화·반동화할 위험이 있다.[264]

(3) 소결(평화통일 후 통일국회 구성)

단원제나 양원제 모두 장단점이 있으나 통일 후 국회구성은 남과 북의 이질성을 인정하는 가운데 평화통일을 이룩하였기에 국민을 대표로 하는 연방하원과 남북한 지역을 대표로 하는 연방상원으로 구성하는 것이 이질성을 극복하는 가운데 다양성을 수용한다는 원칙에 합당하다고 본다. 그래서 본서에서는 단원제보다 양원제를 주장하고 싶다.

9. 연방과 지역자치정부재정

서독헌법을 살펴보면 연방세는 관세, 소비세, 도로화물운송비, 재산세, 보험세, 환거래세, 소득세 및 법인세에 대한 부가세, 유럽공동체 범위내에서의 과세이다. 그리고 주세는 재산세, 상속세, 자동차세, 맥주세, 도박장세 등이다.[265] 미국헌법을 살펴보면 연방재정은 조세, 관세, 공과금 및 소비세 등으로 구성되어 있다.[266]

한반도 평화통일 후, 연방재정은 통일 후 전문가들의 연구과제이다. 제1단계 연합형 연방제에서는 남북한 부담금과 관세 등으로 연방재정을 확보할 수밖에 없고, 제2단계 연방제와 제3단계 세부화된 연방제에서는 상황에 맞게 재정을 확충하는 방향으로 가야 할 것이다.

....

264) 권영성, 위의 책, pp. 875~879 참조.
265) 서독 기본법 제106조 참조.
266) 미국헌법 제1조, 제8절 제1항 참조.

10. 헌법개정

통합사례 연구에서 살펴보았듯이 동서독과 통일독일은 의회에서 헌법개정절차가 마무리되고, 미국은 연방 상하원에서 3분의 2 이상의 찬성으로 헌법수정을 발의하거나, 각 주의 3분의 2 이상의 주의회 또는 헌법을 발의하기 위한 헌법회의를 소집하여야 한다. 어느 경우나 주의회의 4분의 3의 비준이 있거나 주 헌법회의의 4분의 3 이상의 비준이 있을 때에 헌법개정은 효력을 발생한다. **평화통일 후 연방헌법**은 제1단계에서는 헌법발의자는 대통령과 연방 상하원 동시 2분의 1 이상의 발의와 연방 상·하원 각각 3분의 2 이상의 찬성으로 헌법개정안이 확정되고 남북한 헌법에 따른 비준절차를 마치면 헌법개정은 효력을 발휘한다. 그리고 제2단계 연방제와 제3단계 세부화된 연방제에서는 국민투표로 헌법개정을 확정하는 절차로 민주적 정당성을 높여 나가는 것이 필요하다.

제3절 연방통일헌법의 제정(성안)과정

1. 한반도 평화체제와 통일

한반도의 분단을 고착화시키는데 한국전쟁은 절대적 역할을 하였다. 1950년 6월 25일부터 1953년 7월 27일 정전협정을 맺기까지 약 3년 이상 전쟁을 통해 수백만의 사망자와 1,000만 명의 이산가족을 낳았다. 한국전쟁은 민족내부의 전쟁임과 동시에 국제전이었다. 한반도의 통일 역시 민족내부의 문제임과 동시에 국제적인 문제이라고 본다. 그래서 한반도 통일은 민족내부의 통일과 더불어 국제적인 협조가 필요하다. 그리고 통일은 한반도 평화체제 구축과 밀접한 연관이 있다. 아래에서는 한반도 평화체제 구축과정을 언급한 2005년 9·19공동선언, 2007년 2·13합의와 더불어 2007년 10·4남북정상선언에 대해서 살펴보고자 한다.

1) 2005년 9·19공동선언

제4차 6자회담이 베이징에서 중화인민공화국, 조선민주주의인민공화국, 일본, 대한민국, 러시아연방, 미합중국이 참석한 가운데 2005년 7월 26일부터 8월 7일까지 그리고 9월 13일부터 19일까지 개최되었다. 우다웨이 중화인민공화국 외교부 부부장, 김계관 조선민주주의인민공화국 외무성 부상, 사사에켄이치로 일본 외무성 아시아대양주 국장, 송민순 대한민국 외교통상부 차관보, 알렉세예프 러시아 외무부 차관, 그리고 크리스토퍼 힐 미합중국 국무부 동아태 차관보가 각 대표단의 수석대표로 동회담에 참석하였다. 우다웨이 부부장은 의장을 맡았다. 한반도와 동북아시아 전반의 평화와 안정이라는 대의를 위해, 6자는 상호 존중과 평등의 정신에, 지난 3회에 걸친 회담에서 이루어진 공동의 이해를 기반으로, 한반도의 비핵화에 대해 진지하면서도 실질적인 회담을 가졌으며, 이러한 맥락에서 다음과 같이 합의하였다. (생략) (제4조) 6자는 동북아시아의 항구적인 평화와 안정을 위해 공동 노력할 것을 공약하였다. 직접 관련 당사국들은 적절한 별도 포럼에서 **한반도의 항구적 평화체제에 관한 협상**을 가질 것이다. 6자는 동북아시아에서의 안보협력 증진을 위한 방안과 수단을 모색하기로 합의하였다. 위에서 살펴보았듯이 9·19공동선언에서 6자회담을 **통해서 비핵화 등을 실현하고 별도의 한반도 항구적 평화체제** 구축을 약속하였다.

2) 2007년 2·13합의

참가국들은 초기조치를 이행하고 공동성명의 완전한 이행을 목표로 다음과 같은 실무그룹(W/G)을 설치하는데 합의하였다. 한반도 비핵화 워킹그룹, 미·북 관계정상화 워킹그룹, 일·북 관계정상화 워킹그룹, 경제 및 에너지 협력 워킹그룹, 동북아 평화·안보체제 워킹그룹, 5개의 실무그룹 조직하였다. 그리고 실무그룹들은 각자의 분야에서 9·19공동성명의 이행을 위한 구체적 계획을 협의하고 수립한다. 또한 실무그룹들은 각각의 작업진전에 관해 6자회담 수석대표 회의에 보고한다. 그리고 원칙적으로 한 실무그룹의 진전은 다른 실무그룹의 진전에 영향을 주지 않는다. 5개 실무그룹에서 만들어진 계획은 상호 조율된 방식으로 전체적으로 이행될 것이다. 그리고 참가국들은 모든 실무그룹 회의를 향후 30일 이내에 개최하는데 합의하였다(제3조 참조). 더불어 참가국들은 상호신뢰를 증진시키기 위한 긍정적인 조치를 취하고 동북아에서의 지속적인 평화와 안정을 위한 공동노력을 할 것을 재확인하였다. 그리고 식섭 관련 당사국들은 **적절한 별도 포럼에서 한반도의 항구적 평화체제에 관한 협상**을 갖는다(제6조 참조). 위에서 살펴보았듯이 2·13합의에서 **비핵화 조치를 위한 5개의 실무그룹과 더불어 별도의 한반도 평화체제를 논의하기 위한 포럼**을 조직하기로 결정하였다.

3) 2007년 10·4남북정상선언

대한민국 노무현 대통령과 조선민주주의인민공화국 김정일 국방위원장 사이의 합의에 따라 노무현 대통령이 2007년 10월 2일부터 4일까지 평양을 방문하였다. 방문기간 중 역사적인 상봉과 회담들이 있었다. 상봉과 회담에서는 6·15공동선언의 정신을 재확인하고 남북관계 발전과 한반도 평화, 민족공동의 번영과 통일을 실현하는데 따른 제반 문제들을 허심탄회하게 협의하였다. 쌍방은 우리민족끼리 뜻과 힘을 합치면 민족번영의 시대, 자주통일의 새시대를 열어 나갈 수 있다는 확신을 표명하면서 6·15공동선언에 기초하여 남북관계를 확대·발전시켜 나가기 위하여 다음과 같이 선언한다(전문 참조). 남과 북은 현 정전체제를 종식시키고 항구적인 평화체제를 구축해 나가야 한다는 인식을 같이하고 직접 관련된 3자 또는 4자 정상들이 한반도 지역에서 만나 종전을 선언하는 문제를 추진하기 위해 협력해 나가 기로 하였다. 그리고 남과 북은 한반도 핵문제 해결을 위해 6자회담 「9·19공동성명」과 「2·13합의」가 순조롭게 이행되도록 공동으로 노력하기로 하였다(제4조 참조). 위에서 살펴보았듯이 즉, 10·4남북정상선언을 통해서 6자회담을 통한 비핵화와 한반도의 항구적 평화체제 구축을 선언한 9·19공동성명과 2·13합의를 지지하기로 남북정상은 선언하고 있다. 그리고 평화협정 이전에 종전협정을 맺기로 선언하고 있는데 이는 한반도 평화체제를 구축하기 위한 초기단계에 해당된다고 본다.

4) 남북한 당사자 노력 및 국제협조를 통한 통일

1953년 7월 27일에 맺은 정전협정을 2007년 10월 4일 남북정상이 합의한 3내지 4자의 종전협정을 맺고 이를 토대로 이해당사자간의 평화협정을 체결하여야 할 것이다. 그래서 평화체제로 나아가는 과정을 거쳐야 한다. 이해당사자들의 평화협정은 남북평화협정, 북미평화협정, 4개국 공동 한반도평화협정 등을 상정할 수 있다. 그리하여 여러 평화협정을 통해 한반도의 평화통일을 지지하는 내용이 반드시 포함되어야 한다고 생각한다. 첫째, **남북평화협정**을 통해서는 통일조약을 체결한다는 내용이 포함되어야 할 것이다. 둘째, **북미평화협정과 4개국 공동 한반도평화협정**에서는 남북통일과 통일연방정부 창설을 지지하는 합의서를 이끌어 내야 한다. 셋째, **군사정전위원회 권한을 통일연방정부로 이전하는 내용**이 반드시 포함되어야 할 것이다. 넷째,

정전위원회 권한 중 비무장지대와 아직 정전협정에서 합의하지 못한 서해바다에 대한 관리권을 통일연방정부로 이전하는 협정을 통해 한반도의 평화와 안정에 기여하도록 하여야 할 것이다.

2. 남북통일협정(조약)

남북한통일조약의 내용을 아래와 같이 구상하여 보았다.

전문

한반도는 1,000년 이상 통일국가를 유지하였다. 그러나 1910년 일제 식민지가 된 후 36년 동안 일본제국주의의 지배를 받다가 1945년 해방을 맞이하였다. 1950년 6월 25일 일어난 한국전쟁을 통해 민족의 역사에 불행한 흔적을 남기고 1953년 7월 27일 정전협정을 통해 전쟁은 중단되었으나 2010년 현재 분단 약 70여 년을 맞이하고 있다. 그러나 선세대 입장에서 부끄럽지 않도록 후세대에게 분단의 고통을 물려주는 대신 통일의 기쁨을 주고자 하나의 국가로 재통합하고자 한다. 그리하여 해양시대와 더불어 대륙시대를 통해 민족번영을 추구하고 세계평화에 기여하고자 한다. 남북통일협정을 통해 국가의 성격, 국가의 형태, 정부형태, 통치권 이양, 통일연방국가의 외교노선 등에 대하여 다음과 같이 합의한다.

제1조 (국가의 형태)

① 통일국가는 비중앙집권연방을 지향한다.

② 통일국가는 다양성을 존중하여 국민들로 하여 창의성을 최대한

발휘하도록 한다.

제2조 (국가의 성격)

① 통일국가는 당－국가체제나 제한적 국가－당체제를 배제하고 완전한 국가－당체제를 인정한 복수정당제도를 보장한다.

② 남북한 지역정부의 국가성격은 엄격한 상호주의에 의한다.

제3조 (통치권 이양)

① 제1단계 연합형 연방국가에 정전협정시 합의한 비무장지대와 합의하지 못한 서해분쟁지역의 관리권을 평화민주연방공화국(가칭)[267]에 이양한다.

② 남북한 동질성이 회복됨에 따라 필요한만큼 점진적으로 통치권을 이양한다.

제4조 (연방헌법제정)

① 본 통일협정의 정신을 연방헌법으로 구현하기 위해 연방헌법을 제정하기 위해 연방헌법제정위원회를 설치한다.

② 연방헌법의 구체적 내용은 연방협법제정위원회에 위임한다.

제5조 (연방외교노선)

한반도는 국제적인 이해충돌이 심하여 외교노선은 **중립노선**을 유지한다. 그리하여 **분쟁지역**을 승화시키고 **세계평화**를 견인한다.

제6조 (선거)

① 평화민주연방공화국의 통치기관을 조직하기 위하여 보통·평

[267] 국호로 대한민주연방공화국, 고려민주연방공화국, 조선민주연방공화국 등을 상정하여 볼 수 있겠다. 그러나 한반도는 오랫동안 외세에 의하여 침략과 국제적 갈등지역이었다. 그래서 21세기 지구촌시대에는 어느 때보다도 평화가 한반도뿐만 아니라 세계에 필요하다. 그리하여 진정한 세계평화를 한반도에서 첫 등불을 밝히는 의미로 평화민주연방공화국이라고 상정하였다.

등 · 비밀 · 직접선거로 선거를 실시한다.

② 구체적인 내용은 선거조약으로 한다.

─부칙─

제1조 (효력) 남북한은 각각의 헌법적 절차에 의하여 본 협정을 비준하고 그 비준서를 교환함으로써 효력을 발생한다.

제2조 (개정) 이 협정은 남북한 양 당사자의 합의에서만 변경될 수 있으며, 일방적으로 폐기할 수 없다.

3. 선거협정(조약)

남북한 통합을 위해서는 반드시 선거가 필요로 하는데 최소한 아래 내용이 선거조약에 포함되어야 한다고 생각하여 구상하여 보았다.

제1장 총칙

제1조 (목적)

남북통일협정 제6조 제2항에 따라 통일국가의 통치기관을 구성하는 공정한 선거를 실시하기 위함을 목적으로 한다.

제2조 (선거원칙)

① 통일의 초기단계인 연합형 연방제에서는 연방하원은 인구비례에 의한 직접선거로 한다. 그러나 연방상원과 연방대통령 · 부통령은 간접선거로 한다.

② 모든 선거는 보통 · 비밀 · 평등 · 직접선거로 한다.

제3조 (참정권)

① 선거권은 남북한 국적을 보유하는 만 18세 이상의 남녀로 한다.

② 연방하원의 피선거권은 만 25세 이상의 남북한 국적을 보유한 남녀로 한다.

③ 연방상원의 피선거권은 만 40세 이상의 남북한 국적을 보유한 남녀로 한다.

④ 연방대통령과 부통령의 피선거권은 만 45세 이상의 남북한 국적을 보유한 남녀로 한다.

제2장 선거관리위원회

제4조 (선거관리위원회의 사무소 소재지)

① 중앙선거관리위원회의 사무소는 평화민주연방공화국의 예상되는 수도에 둔다.

② 남북한 지역선거관리위원회는 현행 남북한 중앙선거관리위원회가 있는 서울과 평양에 둔다.

③ 기타 선거관리위원회의 소재지는 남북한 실무당사자에게 위임한다.

제5조 (위원회의 종류)

선거관리위원회의 종류는 중앙선거관리위원회, 남북한지역선거관리위원회, 도 또는 도급직할시선거관리위원회, 해외지역별선거관리위원회, 지구선거관리위원회, 투표구선거관리위원회로 한다.

제6조 (위원회의 구성)

① 중앙선거관리위원회는 남북한 동수로 각각 4명씩 8명으로 구성한다.

② 선거의 공정성을 확보하기 위하여 미국과 중국을 대표한 각 1명씩을 중앙선거관리위원회의 위원으로 위촉할 수 있다.

③ 기타 선거관리위원회 위원구성은 남북한 실무당사자에게 위임

한다.

제7조 (위원회의 직무)

① 통일연방국가 구성에서 필수적인 선거의 공정성을 위하여 최선
의 노력을 한다.

② 구체적인 위원회의 직무에 대해서는 남북한 실무당사자에게 위
임한다.

제3장 선거구와 의원정수

제8조 (선거구)

① 연방상원의 선출은 남한의 국회와 북한의 최고인민회의에서 남
북한 각각 동수로 구성한다.

② 연방하원의 선출은 인구비례에 의하여 선출한다.

제9조 (의원정수)

① 연방상원의 정수는 통일의 마지막 단계인 세부화된 연방제에서
14개 지역정부로 남북한을 나누어 생각해 볼 수 있다. 그래서
각 지역정부를 대표하여 각 2명씩 총 28명으로 한다.

② 남북한 인구비례에 의하여 연방하원을 선출하되 총 450명을 넘
을 수 없다.

제4장 정당

제10조 (구성)

각 정당의 조직은 중앙당, 도당, 지구당, 투표구선거관리위원회에
대응하는 당지부로 구성된다.

제11조 (정당활동보장)

중앙선거관리위원회에 등록된 각 정당활동은 집회의 자유 및 의사
표시의 자유를 가진다.

제5장 선거운동

제12조 (선거운동)

① 자유롭고 공정한 선거를 위하여 선거사무소 및 연락사무소의 설치와 선거벽보, 합동연설회 및 개별선거 연설회, 신문·방송 등 대중매체를 이용할 수 있다.

② 구체적인 사항은 남북한 실무당사자에게 위임한다.

제13조 (선거운동제한)

① 누구든지 선거운동과 별개인 서명날인이나 시위, 연호행위를 할 수 없으며 음식물과 금품 등 편의제공을 하여서는 아니되며 학생이나 미성년자, 교육기관, 종교단체 등 특수기관을 이용하는 선거운동을 할 수 없다.

② 구체적인 사항은 남북한 실무당사자에게 위임한다.

제6장 당선확정

제14조 (상원의 당선확정)

연합형 연방제단계에서는 연방상원은 남한의 국회와 북한의 최고인민회의에서 간접선거에 의하여 재적의원 과반수 출석과 출석의원 과반수 찬성으로 남한지역정부를 대표하여 14명, 북한지역정부를 대표하여 14명을 각각 선출한다.

제15조 (지역구의원의 당선)

남북한 인구비례에 의하여 연방하원은 국민들의 직접선거로 선출한다. 당선은 각 선거구 주민의 선거참여당사자의 다수표를 획득한 자로 한다. 단, 득표수가 동수인 경우 연장자로 한다.

제16조 (비례대표의 당선확정)

연방하원의 일부는 남북한 지역을 각각 한 개의 비례대표선거구로

하여 각 정당의 득표수에 따라 남북한의 할당된 비례대표의원을 선출
한다.

제7장 재선거와 보궐선거

제17조 (재선거)

당선인이 임기개시전 사임 또는 사망한 때는 재선거를 실시한다.

제18조 (보궐선거)

① 선출된 의원이 임기개시이후 사임 또는 사망한 경우 또는 남북
한 양실무당사자들에 의해 규정된 규정을 위반하여 당선되어 무
효가 된 경우는 보궐선거를 실시한다.

② 구체적인 사항은 남북한 실무당사자에게 위임한다.

제8장 선거소송

제19조 (재판관할)

모든 선거소송은 통일연방국가의 대법원이 관할한다.

제9장 재정

제20조 (경비부담)

연방의회의 선거에 있어 소요된 경비는 남북한 지역정부가 인구비
례와 경제력을 종합하여 분담금을 균분한다.

제10장 선거사무 이관

제21조 (사무이관)

선거협정에 의하여 구성된 각급 선거관리위원회는 선거가 완료되
면 평화민주연방공화국 선거관리위원회로 이관한다.

제22조 (선거에 필요한 기타사항)

선거에 반드시 필요하나 선거협정(조약)에 포함되지 않은 사항은
남북한 양당사자 실무회의에 위임한다.

4. 연방의회(상원·하원)의 비준

연방헌법제정위원회에서 제정된 통일연방헌법은 선거협정에 의하여 당선된 연방상하원의 비준을 각각 거쳐야 한다. 연방하원의 2/3 이상의 찬성과 연방상원의 2/3 이상의 찬성이 있어야 한다.

5. 남북한 지역정부 비준

통일연방헌법은 남북한 지역정부의 헌법을 일부 제한하기 때문에 반드시 남북한 지역정부의 비준이 필요하다. 남한의 헌법개정절차는 대통령과 국회재적의원 1/2 이상의 발의와 국회재적의원 2/3 이상의 찬성이 있은 후 국민투표를 통해 투표참가자 국민의 1/2 이상의 찬성으로 헌법이 개정된다. 그리고 북한의 헌법개정절차는 최고인민회의의 발의와 최고인민회의의 2/3 이상의 대의원의 찬성으로 헌법이 개정된다. 연방헌법은 남북한 헌법개정절차와 같은 비준절차를 거쳐야 한다.

제6장

단계적 연방제통일방안에
입각한 통일헌법 내용 및 방향

2014년 현재 분단 약 70여 년을 맞이하고 있는데 아직도 한반도 평화와 안정 나아가 평화통일은 멀리 있는 듯 보이지만 현재 한반도 비핵화를 위한 6자회담이 5개 워킹그룹을 구성하여 진행되고 있다.[1]

그리하여 6자회담이 잘 마무리되어 2005년 9·19공동선언의 내용인 한반도비핵화, 한반도 평화체제, 동북아 평화체제, 북한경수로 지원 등이 잘 마무리된다면 한반도 평화와 안정 및 우리가 고대하던 평화통일을 달성하기 위한 대내외적인 여건이 머지않아 성숙될 것이다. 그리하여 제3차 남북정상 회담이 개최된다면 평화통일에 대한 구체적인 방안을 서로 필요성을 느껴 남북정상 간에 논의할 수 있다고 생각한다.

본서는 통일의 방법에 무력통일, 흡수통일, 평화통일이 있는데 한반도에서 다시 한국전쟁과 같은 무력통일이 시도된다면 한반도는 재생 불가능하다고 판단하여 무력통일에 의한 통일은 통일의 방법으로 적당하지 않다고 주장했다. 그리고 흡수통일 역시 1945년 지역적 분단, 1948년 정치적 분단, 1950년 민족적 분단을 초래하여 3중분단 상태인 한반도에서는 남쪽에 의한 흡수통일과 북쪽에 의한 남쪽의 흡수통일 역시 막대한 피해를 남북이 가져올 수 있다고 논증했다. 그래서 통일의 유형으로 한반도에 적당한 통일방법은 평화통일밖에 없다고 생각하며, 평화통일 역시 단계적으로 가야만 통일이후 체제 통합과정에서 무력이나 기타 후유증이 없이 평화적으로 체제통합을 이룩할 수 있다고 판단하였다.

그리고 본서는 정치적 통합이론으로 수렴론을 기초로 신기능주의

----

[1] 아직 2008년도에 중지된 6자회담은 열리지 않고 있지만, 6자회담 당사자 간에 회담개시를 위하여 분주히 활동하고 있다. 이러한 활동에 성과를 거둔다면 한반도의 평화와 안정 나아가 평화통일에 기여할 것이다.

와 연방주의를 가미하여 정치적 통합을 추구하였고, 경제적 통합이론으로 Balassa의 단계적 경제통합이론을 바탕으로 Elazar의 비중앙집권 연방국가를 목표로 통일헌법을 추구하였다.

그리고 단계적 통일의 원칙, 중도적 통일의 원칙, 다양성 수용의 원칙, 실용주의적 통일의 원칙, 통합의 원칙 등 5대원칙과 연방국가주의, 권력분립주의, 법치주의의 3대원리에 입각하여 통일의 과정을 제1단계 연합형 연방제, 제2단계 연방제, 제3단계 세분화된 연방국가로 크게 구분하였다. 더불어, 통일연방국가의 이념을 자유, 평등, 박애, 민주, 인권과 국제평화주의, 사회복지, 도덕적 선진국 등이어야 하며, 통일연방국가의 경제체제는 통일예멘헌법이 지향했던 혼합경제체제[2]이어야 한다고 주장하고자 한다. 그래서 진정한 의미의 자유와 평등이 넘치는 통일국가를 바라는 마음으로 단계적 연방제통일방안에 입각한 통일연방국가의 헌법내용과 방향에 대해 기술하고자 한다.

---

[2] 북한을 고려한다면 혼합경제가 통일된 한반도 자유와 평등을 동시에 달성하여 복지국가건설에 크게 이바지할 수 있을 것이다.

제1절 연합형 연방제 – 제1단계 통일헌법

제5장 제2절에서 연방통일헌법을 구상하는데 쟁점사항이 될 수 있는 것에 대해 분석하였다. 그리하여 연방국가와 지역정부와의 관계 속에서 나오는 연방구성국가의 권한배분문제에 대해서는 유럽연합리스본조약이나 독일헌법, 미국헌법에서 규정된 내용을 유럽연합과 유럽회원구성국가의 권한을 설정할 때 고려된 권한부여의 원칙에 따른 권한배분의 원칙, 보충성 원칙, 비례의 원칙을 적용하여 통일연방국가와 연방구성국가(남한, 북한)의 권한을 구상하고자 한다. 더불어 한반도의 특수성을 고려하여 논의하겠다. 그리고 국가의 형태에 대해서는 Elazar가 주장한 비중앙집권연방제를 단계적 점진적으로 지향하고자 하며, 연방국가의 성격은 처음부터 당-국가체제가 아닌 완전한 국가-당체제로 갈 필요가 있다고 보며, 국가의 이념은 자유와 평등을 조화롭게 추구하는 복지국가를 지향해야 한다. 그리고 헌법의 기본원리로 국민주권의 원리, 실질적 법치주의 원리, 권력분립주의 원리가 적용되어야 한다고 생각한다. 또한 헌법의 기본질서로 정치질서로 민주적 기본질서, 경제질서로 예멘통일헌법의 경제체제에 가까운 혼합경제질서, 국제질서로 국제평화질서를 지향하여야 한다고 이미 주장하였다. 기본권은 크게 자유권적 기본권, 정치적 기본권, 청구권적 기본권, 사회권적 기본권 등으로 분류해 볼 수 있겠다. 연방국가의 기본권 보장은 초기에 정치적 기본권과 청구권적 기본권의 일부, 자

유권적 기본권의 일부로 출발하여 점차적으로 확대해 나아가야 한다.
그리고 제3단계 세부화된 연방제에서 사회적 기본권까지 연방국가가
보장할 수 있는 확대된 단계로 나아가야 한다. 이와 같은 기본권을 보
장하기 위한 수단으로 정부형태는 대통령제도, 의원내각제도, 이원정
부제도, 의회정부제도, 민주적 중앙집중제원리에 의한 의회제도, 집정
부제도 중에서 3권분립에 입각한 대통령제도를 주장하고 싶고, 국회
구성은 국민대표인 연방하원과 지역정부 대표인 연방상원으로 구성
되는 양원제를 주장하고 싶다. 본서에서 주장하고 있는 3대원리(연방
국가주의, 권력분립주의, 법치주의)와 5대원칙(단계적 통일의 원칙,
중도적 통일의 원칙, 실용주의적 통일의 원칙, 다양성 수용의 원칙,
통합의 원칙)과 유럽연합의 권한부여의 원칙에 따른 권한배분의 원
칙, 보충성 원칙, 비례의 원칙을 적용하여 제1단계 연합형 연방제, 제2
단계 연방제, 제3단계 세부화된 연방제에서 지향해야 할 논점들을 주
장하고자 한다.

　　제1단계 연합형 연방제 통일헌법의 상세한 내용은 단계적 연방제통
일방안에서 제시하였던 남북합의이행위원회 소속 연방헌법제정위원
회에서 판단할 문제이나, 본서에서 기본적 방향성에 대해서 언급하고
자 한다. 연합형 연방제는 세부화된 연방제로 가기 위한 최초의 단계
로써 한반도의 안정과 평화를 정착화시키고 완전한 통일국가를 이루
는데 중간다리이다. 남북합의이행위원회 위원장은 통일 이전에는 즉,
교류협력 단계에서는 남북정상이 공동위원장을 맡아야 하고 단계적
통일단계 진입 시에는 연방대통령과 부통령이 남북합의이행위원회
위원장이 되어야 한다고 주장한 바 있다. 더불어 제3장 단계적 연방
제통일방안에서 주장한 바 있는 〈전기〉 평화통일 완성교류협력을 지

속해야 한다고 생각한다. 제2장 연구이론적 배경에서 분석했던 정치적 통합이론 중에서 신기능주의가 적극적으로 도입되어야 하며, Balassa의 경제통합이론은 자유무역지대, 관세동맹, 제한적 공동시장(상품과 자본의 자유이동은 보장되나 노동력이동은 허가를 거쳐 허용)까지 경제적 통합도 나아가야 한다.[3] 그리하여 Elazar의 연방주의에 입각해 보면 국가연합에 가까운 연방제이다. 이를 제5장 제2절에서 분석한 쟁점을 바탕으로 서술하고자 한다.

1. 연방국가와 지역정부관계

한반도는 너무나 큰 이질성을 가지고 있기 때문에 연방구성국가의 구성원은 남한과 북한의 2개국이어야 한다. 연합형 연방제에서 연방국가의 배타적 권한은 초기에는 한반도의 평화와 안정에 초점을 두어야 하고 마지막으로는 후유증 없는 완전한 평화통일의 달성을 위한 기반 조성이 되어야 한다. 그리하여 유럽연합과 유럽연합회원국과의 권한을 배분할 때 응용된 권한배분의 원칙에 따른 유럽연합의 배타적 권한, 보충성 원칙과 비례원칙이 적용되는 공유적 권한 및 보충·지원·조정에 관한 권한으로 통일연방국가와 남북한 구성국가의 권한배분을 설정하고자 한다.

---

[3] Balassa는 경제통합을 이미 밝혔듯 5단계로 나누었다. 즉, 자유무역지대, 관세동맹, 공동시장, 경제 및 화폐동맹, 완전한 경제통합단계이다. 제1단계 연합형 연방제의 초기 단계에서는 자유무역지대−관세동맹−제한적 공동시장단계까지 경제통합을 해야 한다고 판단한다. 그러나 공동시장단계에서 원칙적으로 자본과 상품의 자유로운 이동 및 인적이동이 보장되어야 한다고 판단하나, 남북한 약 70여 년 분단현실을 고려해 보면 인적이동은 남북한 지역정부와 연방정부의 허가를 거치는 단계가 필요하다고 보아 제한적 공동시장단계라고 표현하였다.

1) 통일연방국가의 권한(배타적 권한)

유럽연합리스본조약과 독일헌법 및 미국헌법·소련헌법의 분석을 통해 한반도의 평화통일에 기여할 수 있도록 창조적으로 응용해도 될 사항과 한반도 특수성을 고려하여 통일연방국가의 배타적 권한을 설정하고자 한다.

첫째, 비무장지대의 관리권

남북한 군사력은 휴전선을 중심으로 남북한 군사력의 약 70~80%가 집중되어 언제 어떻게 예기치 못한 사고로 남북한 군사력이 충돌할지 예측할 수 없는 상황이 1973년 7월 27일 정전협정 이후 약 70여 년간 대치해 오고 있다. 경우에 따라 한민족이 회복 불가능한 상태로 갈 수 있는 상황이다. 그래서 군사분계선(MDL)을 중심으로 남북이 각각 2㎞를 후퇴하여 4㎞를 비무장지대로 설치하여 군사적 충돌을 방지하는 노력을 계속 해 오고 있다. 그리고 비무장 관리주체를 정전협정 당사자인 한국전쟁 당시 참가한 16개국(UN사)과 북한, 중국이 군사정전위원회를 구성하여 비무장지대를 관리해 오고 있다.[4] 그러나 이것은 일시적인 평화를 유지하기 위한 조치일 뿐 영구적인 평화유지 조치라 판단되지 아니한다. 그리고 민족의 자존심과 향후 해양시대와 더불어 대륙시대를 열어야 하는 민족발전 차원에서 역시 문제점을 많이 안고 있다. 그래서 지금 비무장지대 관리권을 가진 정전위원회의 권한을 통일연방정부가 관리하여 영구적인 한반도의 안정과 평화에 기여하

---

[4] 1953년 7월 27일 판문점에서 서명하고 발효된 한국정전협정(국제연합군 최고사령관을 일방으로 하고 북한인민군최고사령관 및 중국인민지원군사령원을 다른 일방으로 하는 한국군사정전에 관한 협정) 제1조 제1, 2, 6, 7, 10, 11항 등 내용을 참조.

고 나아가 해양시대와 더불어 대륙시대를 열어 한 단계 업그레이드된 한민족 발전에 기여하여야 할 것이다.

둘째, UN사와 북한 간에 합의하지 못한 서해지역의 관리권

한국정전협정에는 서해에 대한 군사분계선의 합의사항이 존재하지 않았다. 즉, 서해에는 공식적인 군사분계선(MDL)이 없는 것이다. 현실적으로 NLL만이 존재하고 있다. 그러다보니 지금 남북이 서해바다에서 1999년 제1차 연평해전, 2002년 제2차 연평해전, 2009년 대청도해전, 2010년 천안함 사건, 연평도폭격 사건 등 크고 작은 무력충돌이 벌어지고 있다. 남한은 NLL을 실질적으로 군사분계선(MDL)으로 삼고자 하고 있으며, 북한은 새로운 서해바다 군사분계선(MDL)을 일방적으로 남한과 UN을 대표하고 있는 미군에게 통보하였다. 북한이 주장하고 있는 군사분계선은 남한이 지배하고 있는 서해 5개도서(우도, 연평도, 소청도, 대청도, 백령도)에 접근할 수 있는 제1수로, 제2수로만 설정하여 그 외에 서해바다는 북한지역이다고 주장하고 있다. 이와 같은 의견대립이 위에서 지적한 서해바다 무력충돌의 주요인의 하나로 본서는 주장하고 싶다. 이와 같은 상황을 해소하려면 현재 서해바다에 설정된 NLL과 북한이 주장하고 있는 서해바다 군사분계선(MDL) 사이를 통일연방국가의 배타적 권한으로 설정하면 지금 상황보다는 평화와 안정이 확보되고 평화통일의 기반조성에 기여할 것이다.

셋째, 개성공업지구, 금강산관광지구, 강화 교동도 평화산업단지[5]

---

[5] 인천시는 강화군 교동도에 개성공단처럼 남한의 자본과 기술, 북한의 노동력을 이용한 평화산업단지 조성을 하기 위한 의견수렴에 나섰다. 그리하여 인천, 개성, 해주의 '황

등 휴전선 인접지역에 대한 민·형사 문제에 대한 일부 관리권

남과 북은 미미하지만 그동안 합의했던 사항을 실천하기 위하여 노력한 결과 휴전선 인접지구에 해당하는 금강산관광지구와 개성공업지구를 만들어 남과 북이 화해 협력과 상생할 수 있는 토대를 마련하였다. 그러나 지금 2014년 현재 남북관계는 지체되는 상황에 이르렀다. 그 대표적인 사건이 2008년 금강산에서 발생한 박왕자 사건이다. 남과 북은 상호 노력으로 여러 합의서를 금강산관광지구와 개성공업지구 활성화를 위하여 체결하였다. 그러나 합의서 내용에 대한 해석에 따른 차이점과 합의서 내용의 부족으로 합법적인 해결책이 보이지 않고 있다. 만약 개성공업지구나 금강산지구에서 일어난 남한주민과 북한주민 또는 남한주민과 북한당국 간에 발생한 민·형사 사건에 대한 조사권과 수사권, 재판권을 통일연방정부가 제한적으로 가지고 있다면 한반도의 평화와 안정 및 교류협력의 활성화를 통한 평화통일의 기반조성에 크게 기여할 것이다.

넷째, 동티모르 평화유지군, 레바논 평화유지군, 남수단 평화유지군 등 국제평화활동 파견

지금도 세계 여러 곳에서는 자연적 재난과 대소규모의 무력충돌로 신음하는 지역들이 많이 있다. 2009년 아이티 지진사태로 아이티국민들이 큰 고통을 지금도 겪고 있다. 지금은 해결되었지만 동티모르 분리독립 운동으로 희생된 동티모르 사태와 레바논 사태 역시 많은 인적 물적 피해를 보았다. 이를 남의 나라라고 방치만 할 수 없는 게 인

금평화삼각축을 통해 지역경제 활성화를 추구하겠다고 밝혔다(『한겨레』, 2011. 1. 20).

권적 관점에서 당연하다고 판단한다. 그리하여 우리나라에서는 동티모르와 아이티에 평화유지군과 재난구제단을 각각 파견한 바 있다. 그리고 남수단에 평화유지군이 파견되어 있다. 이와 같은 국제적 인권문제와 재난문제에 **통일연방정부** 이름으로 파견한다면 한민족에 대한 자긍심이 증대되고 또한 한반도 평화통일의 국제적 환경개선에 긍정적인 영향을 미칠 것이다.

다섯째, 민족의 공동이익에 관한 외교권 및 남북한 지역정부의 새로운 국제조약에 대한 협의권

제1단계 연합형 연방제에서는 외교권과 군사권을 각각 독립적으로 인정해야 된다고 생각한다. 그러나 민족의 공동이익이 걸려 있는 새로운 국제조약에 가입할 때는 남북한정부는 통일연방정부와 협의를 거쳐 민족대통합에 기여하도록 할 필요가 있다.

여섯째, 남북한 체육대회 개최권 및 아시안게임, 세계선수권대회, 올림픽 공동참가권

남북한은 1945년 지역분단이 된 후 약 70여 년간 분단상태를 지속해 오고 있으며, 체제 또한 달라 같은 민족이어서 공통점도 많이 남아 있지만 분단상태로 차이점 또한 동시에 존재하고 있다. 통일연방정부가 남북한 체육대회와 아시안게임, 세계선수권대회, 올림픽 등을 통일연방정부 이름으로 참가한다[6]면 그동안 누적된 차이점을 극복하고

----

[6] 현재 남북한은 각각 일 년에 한 번 전국체육대회를 개최하고 있다. 통일연방국가가 남북한 체육대회 개최를 통해 우수한 선수를 발굴하여 이 선수 중심으로 아시안게임, 세계선수권대회, 올림픽 등에 파견하면 민족의 동질성 회복과 평화통일에 도움이 될 것이다.

한반도에 평화와 안정 그리고 후유증 없는 평화통일 환경조성에 크게 기여하리라 확신하는 바이다.

일곱째, 기타(관세동맹, 공동통상정책, 통일연방정부의 UN가입)

남북한 통일은 경제교류 및 경제통합을 배제하고는 생각할 수 없는 상황이라고 판단한다. 결국 통일은 정치적 통합과 경제적 통합이 달성될 때 진정한 의미의 완전한 통합이라고 본다. 제1단계 연합형 연방제에서는 남북한 자유무역지대와 관세동맹, 제한적 공동시장 정도의 경제통합이 필요하다고 본다. 이를 위해서는 공동통상정책이 필수적이다. 그리고 UN에 1991년 남북한이 동시에 가입하여 지금 각각 활동을 활발히 하고 있는데 민족통합을 증진시키고 민족의 자긍심을 높이기 위해 별도로 통일연방정부 이름으로 UN에 가입하여 남북한과 더불어 활동할 수 있게 하는 것이 민족발전을 위해 필요하다고 판단한다.[7]

여덟째, 비무장지대를 중심으로 건설될 것으로 보이는 연방수도, 생태관광도시, 평화도시, 국제평화공원 건설과 관리에 대한 입법권, 행정권, 사법권 등 일체의 통치권 행사

연방수도와 생태관광도시, 평화도시, 국제평화공원 등은 연방헌법과 연방법률이 직접 적용되어 이용될 필요가 있다. 그래서 남북한 정부와 국민들이 연방헌법과 연방법률을 익히는 학습장으로 활용할 필요가 있다.

---

7) 구소련 당시 UN에 소련과 우크라이나, 백러시아 등이 각각 UN에 가입한 바 있다.

2) 통일연방국가의 공유적 권한

제1단계 연합형 연방제에서는 연방정부와 남북한 지역정부가 공동으로 권한을 법률상 가지고 있지만 원칙적으로 유럽연합과 유럽연합 회원국의 권한배분처럼 공유적 권한은 원칙적으로 연방정부의 권한이고 예외적으로 연방정부가 나서지 아니할 때 남북한지역정부가 개입하는 형태가 되어야 할 것이다.[8]

첫째, 농업 및 어업. 둘째, 환경보호. 셋째, 시베리아나 만주를 통과하는 필수적인 TKR(한반도횡단철도). 넷째, 우주항공분야 등 기술개발. 다섯째, 기타(민족공동발전에 필요한 사항) 등이다.

3) 통일연방정부의 조정 · 지원 · 보충권한

유럽연합에서는 유럽연합의 조정 · 지원 · 보충권한을 원칙적으로 유럽연합회원국에 부여하고 있다. 그러나 유럽연합 회원국들이 권한 행사를 하지 아니할 때 예외적으로 유럽연합과 유럽연합 시민을 보호하기 위하여 조정 · 지원 · 보충 권한을 행사할 수 있도록 법적으로 명시하고 있다. 유럽연합처럼 아래의 통일연방정부의 조정 · 지원 · 보충 권한을 남북한 지역정부의 고유적 권한으로 제1단계 연합형 연방제에서는 명시해야 할 필요가 있다.

첫째, 남북한 주민의 건강보호 및 증진, 둘째, 산업, 셋째, 문화창달, 넷째, 국내외 여행, 다섯째, 일반교육, 직업교육, 여섯째, 남북한 주민

---

8) 유럽연합과 유럽연합회원국과의 권한행사에서 유럽연합은 공유적 권한을 현재 원칙적으로 유럽연합 권한이지만 현실적으로는 유럽연합이 공유적 권한을 행사할 때는 예산의 제약과 보충적 원칙과 비례의 원칙이 적용되어 제한을 받고 있다.

보호, 일곱째, 외국과의 행정협력 등이다.

4) 남북한 지역정부의 권한

연방국가에 이전되지 아니하는 외교권, 군사권 등 모든 권한을 남북한 지역정부가 가진다. 결과적으로 제1단계 통일연방정부는 국가연합에 가까운 형태이나 민족통합과 한반도의 평화와 안정 나아가 후유증 없는 평화통일을 제도화시키는데 이바지할 수 있는 사항에 대해서만 권한을 가지는 단계라 할 수 있을 것이다.

2. 연방국가의 국가형태와 이념 및 국가의 성격

제1단계 통일연방국가의 국가형태는 1민족, 1국가, 2체제, 2지역정부의 연합형 연방제가 되어야 한다. 또한 이 방안은 당위성과 현실성을 고려할 때 실현가능성이 크다. 그리고 통일연방국가의 국가이념은 인간의 본성에 충실하여야 한다. 본서에서는 인간의 본성을 프랑스대혁명 이념인 자유, 평등, 박애와 5·18이념인 민주, 인권, 통일에서 찾아야 한다고 판단하여 통일연방국가의 이념은 자유와 평등의 조화 및 민주, 인권 지향이 되어야 할 것이다. 그리고 국가의 성격은 당-국가체제가 아닌 완전한 국가-당체제 즉, 실질적인 복수정당국가이어야한다.

3. 헌법의 기본원리

본서에서 한반도의 통일은 3대원리와 5대원칙하에 통일이 되어야 한다고 본서의 서론에서 이미 언급한 바 있다. 그리하여 3대원리인 연방국가주의, 권력분립주의, 실질적인 법치주의원리 등이 확보되어야 한다.

4. 헌법의 기본질서

헌법의 기본질서는 정치질서로 민주적 기본질서와 경제질서로 통일예멘헌법의 경제질서에 가까운 혼합경제질서를 지향하는 복지국가와 국제질서로 국제평화질서이어야 한다. 그러나 진정한 통일은 정치통합과 경제통합이 동시에 달성되어야 한다. 그 중에서 경제통합은 완전한 통일을 위해 중요하기에 상세히 서술하고자 한다. 한 국가의 기본적 경제구조를 경제질서라고 하는데 경제질서는 크게 자본주의적 시장경제질서, 사회주의적 계획경제질서, 사회적 시장경제질서로 분류할 수 있다. 자본주의적 자유시장경제질서는 18~19세기 시민민주국가에 대응하는 경제질서로 개인의 경제활동에 관하여 자유방임주의가 지배하던 시대로 근대사법의 3대원칙인 소유권절대원칙, 계약자유의 원칙, 과실책임의 원칙이 강조되었고 경제에 관한 헌법규정은 재산권의 불가침에 관한 조항이 고작이었다. 그리하여 경제에 대해 국가는 중립성을 유지하였고 사회 내재적인 문제가 축적되어 가기 시작하였다. 이와 같은 사회적 문제를 해결하기 위해서 사회혁명적 방법으로 구소련을 중심으로 한 공산주의국가에서는 사회주의적 계획

경제질서를 선택하였고, 1차세계대전 이후 독일바이마르공화국을 선
두로 한 자본주의국가에서는 사회개량방법으로 사회적 시장경제질서
(혼합경제질서)를 선택하였다. 권영성은 경제질서의 유형으로 세가지
경제질서를 주장하면서 예외적으로 수정사회주의와 사회주의적 시장
경제질서(중국)를 들고 있다.9) 본서에서는 혼합경제질서로 사회적 시
장경제질서 뿐만 아니라 수정사회주의적 경제질서, 사회주의적 시장
경제질서, 통일예멘헌법의 혼합경제질서를 포함하고자 한다. 그래서
서술방법을 경제질서의 유형10)과 남북예멘헌법 및 통일예멘헌법의
경제질서를 소개하고 연방통일국가의 경제질서를 주장하고자 한다.

1) 경제질서의 유형

(1) 자본주의적 자유시장경제질서

자유기업제도하에서 가격기구의 자동조절기능에 의해 자원배분이
자율적으로 이루어진다는 경제원리로 한다. 자본주의적 시장경제의
특징은 첫째, 사유재산제, 둘째, 직업선택의 자유, 셋째, 이윤추구의
원리 넷째, 시장경제와 자율적 가격기구, 다섯째, 노동의 상품화 등을
들 수 있다. 그러나 자본주의 경제는 그것이 고도로 발전하면서 갖가
지 결함과 모순을 드러냈다. 첫째, 자유로운 경제활동이 무제한으로
허용된 결과 기업들이 대형화, 독점화하여 시장을 지배하게 되고, 근
로자들은 노동조합을 결성하여 이에 대항하였다. 둘째, 가격기구는
인위적으로 조작되어 본래의 기능이 마비되고, 자원도 합리적으로 배

---

9) 권영성, 『헌법학원론』, 서울: 법문사, 2010, pp. 160~162 참조.
10) 경제질서의 유형에 대해서는 권영성 분류를 참조하여 기술하고자 한다(권영성, 위의
책, pp. 160~165).

분되지 않게 되었다. 셋째, 빈익빈·부익부의 현상으로 소득불균형이 심화되고, 이러한 과정이 반복되면서 사회적 계급대립이 격화되었다.

(2) 사회주의적 계획경제질서

사회주의적 계획경제질서는 이른바 인간에 의한 인간의 경제적 착취의 배제와 전체인민의 복리와 수요의 충족을 그 이념으로 표방하였다. 사회주의적 계획경제질서의 특징으로는 첫째, 생산수단의 사회화, 둘째, 사유재산제의 부인, 셋째, 직업선택의 부자유, 넷째, 이윤추구의 불인정, 다섯째, 전면적인 계획경제, 여섯째, 공동생산·공동분배 등이다. 그러나 한계로 첫째, 사회주의적 계획경제질서는 인간활동의 근원적 동기인 이익추구동기를 묵살하였기 때문에 열심히 일하지 아니하는 풍조가 만연하였다. 그래서 경제의 발전속도가 자본주의국가에 크게 뒤지는 결과를 초래하였다. 둘째, 그 누적된 결과로 소련 등 사회주의국가는 붕괴를 초래하였고 중국은 사회주의 시장경제질서로 사회주의 계획경제질서를 수정하였다.

(3) 사회적 시장경제질서

가. 개념

사회적 시장경제질서라 함은 사유재산제의 보장과 자유경쟁을 기본원리로 하는 시장경제질서를 근간으로 하되, 사회복지, 사회정의, 경제민주화 등을 실현하기 위하여 부분적으로 사회주의적 계획경제(통제경제)를 가미한 경제질서를 말한다.

나. 등장배경

자본주의경제질서도 아니고 사회주의경제질서도 아닌 제3의 질서로서 고안된 사회적 시장경제질서는 법치주의를 토대로 하여 경제적 자유와 정치적 안정 그리고 사회적 공평성의 동시조화적 보장을 지향하는 경제질서이다. 그래서 시민민주국가에서 그 체제위협을 극복하기 위해 추진된 일련의 헌법정책을 지적한다면 다음과 같다고 할 수 있다. 첫째, 헌법의 사회적 타당성을 좀더 확대함으로써 헌법의 수혜자범위를 시민계급만이 아니라 노동자계급으로까지 확대하여 혁명에 의한 헌법의 파괴를 미연에 방지하자는 것, 둘째, 국민전체의 생존과 공동체의 유지를 위해 개개인의 이기적 행위를 적절히 규제하자는 것, 셋째, 재산이 없는 한 자유가 없다라는 관념에 의하여 모든 개인에게 생존을 보장하여 줌으로써 실질적인 자유와 평등을 누릴 수 있도록 사회정의를 실현하자는 것 등이다. 그리하여 1차세계대전 이후 1919년 바이마르공화국을 필두로 하여 2차세계대전 이후 독일기본법, 이탈리아헌법, 터어키헌법 등을 위시한 신생국가들의 헌법에서 도입되었다.

다. 특징

사회적 시장경제질서의 특징으로 첫째, 사유재산제는 경제적 자유의 기초일 뿐만 아니라 직업의 자유와 함께 자본주의적 경제질서의 기본이 된다. 둘째, 자본주의적 경제는 시장경제를 기본으로 한다. 경제질서로서의 시장경제는 화폐수단에 의하여 가격이 형성되고, 자유경쟁에 의해 생산, 고용, 분배가 결정되는 경제구조를 의미한다. 셋째, 경제영역에서의 사회정의는 사회적 시장경제질서를 위한 가치기준을 의미하지만 그것은 공정한 거래, 독과점의 배제, 재화의 공정한 배분, 사회적 수요에 상응하는 생산, 저소득층의 이익을 위한 국가의 적극적인 분배정책, 경제적 불평등요인의 제거 등을 그 내용으로 한다. 이들 내용은 사회정책적 조세제도의 실시, 사회보장제의 강화, 적정임금제와 최저임금제의 도입, 완전고용의 실시, 생산재의 부분적 유상국유화 등에 의하여 구체적으로 실현된다.

　라. 한계

　사회적 시장경제질서도 의회제민주주의의 원리·법치국가의 원리, 균형있는 경제발전의 원리 등 민주국가적 헌법원리에 위반되는 것이어서는 아니된다. 다시 말하면 사회국가에서의 경제질서도 시민국가의 경제질서와 마찬가지로 인간의 존엄 및 개인의 자유와 양립되지 아니하는 내용은 허용되지 아니한다. 그러므로 사유재산제와 시장경제원리를 전면적으로 부정하는 전체주의적, 사회주의적 계획경제질서까지 허용하지는 아니한다.

2) 남북예멘 및 통일예멘의 헌법경제질서

　남북예멘은 통일을 평화통일로 달성하였다. 그러나 남북예멘의 통일은 처음부터 완성형 통일을 시도하였다. 그러기에 남북예멘은 통합의 문제를 남북예멘이 합의한 통일헌법에 근거하여 해결할 수 없었다. 그래서 통일 후 무력충돌이 발생하여 결국 북예멘에 의한 남예멘의 정복으로 통일의 후유증을 남기고 통일이 되었다. 한반도에서는 북예멘에 의한 남예멘 정복방법이나 북베트남에 의한 남베트남의 정복에 의한 무력충돌은 상상하기 곤란할 정도로 큰 후유증을 남길 것이다. 그래서 본서에서는 단계적 점진적 통일을 주장하고 있다. 경제 통합 역시 단계적 점진적 과정을 거쳐야 한다. 남북한 현재 경제질서 를 이해하는데 남북예멘헌법상 경제질서가 도움이 되고 단계적 점진 적 경제통합이 달성이 되는 제3단계 세부화된 연방제 통일헌법에서는 통일예멘은 실패하였지만, 한반도에서는 통일예멘의 경제질서가 의 미있는 시사점을 주고 있기 때문에 아래에서는 남북예멘헌법의 경제 질서와 통일예멘헌법의 경제질서를 소개하고자 한다.

(1) 북예멘헌법의 경제질서

예멘경제는 이슬람의 사회정의 원칙을 고려하여, 생산성 제고와 생 활수준 향상을 목표로 하는 예멘 정부의 계획에 의거하여 조직화되 며, 경제계획은 국가의 독립과 주권에 위배되지 않아야 한다(제10조) 는 경제원칙을 선언하고 있으며, 사적 경제활동은 그것이 사회이익에 반하지 않는 한 자유이다(제11조)는 사적 경제활동의 자유를 근본적 으로 인정하고 있다. 그리고 사유재산은 보호되며 공공의 이익을 위 한 경우 이외에는 몰수당하지 않는다. 보상액수와 방법은 법률로 정 한다는 사유재산보호 규정(제12조)을 두고 있다. 모든 시민은 그가 선 택한 일을 담당할 권리가 있으며, 법률에 규정된 공공의 이익을 위한 경우나 적절한 임금이 급여되는 경우는 제외하고는 어느 누구에게도 노동을 강제할 수 없다(제36조)는 직업선택의 자유를 인정하고 있다. 그리고 예외적으로 지상, 지하, 바다의 모든 자원은 국가의 재산이며 국가는 국가의 이익을 위해 최선의 자원이용방법을 모색한다는 재산 의 국유화 및 사회화를 선언하고 있다(제13조). 그리고 사회적 약자보 호를 위해 모든 국민은 의료혜택을 받을 권리가 있으며 국가는 국가

자원이 허용하는 한 각종의 병원과 보건소를 설치해야 한다(제33조)는 사회보장제도를 두고 있다. 또한 국가는 법률에 의거하여 가정을 보호하고 모권을 보장하며 어린이·장애자 및 노인들의 복지를 증대시켜야 한다(제35조)는 가정·모성보호, 아동·장애자·노인복지 등을 인정하고 있다. 본서에서 분석한 바로는 북예멘헌법은 권영성의 경제질서의 종류에 입각하여 볼 때 자본주의적 자유시장 경제질서가 아닌 전형적인 **사회적 시장경제질서(혼합경제)**이다. 부연하면 **1987년 남한 헌법의 경제질서**와 같다고 볼 수 있다.

(2) 남예멘헌법의 경제질서

노동자들은 공화국의 모든 정치적 권한을 행사하며 노동자계급, 농민, 지식인, 부르조아 간의 굳건한 연계는 공화국 민주혁명의 강한 정치적 토대이고, 노동자계급은 사회지도자 계급으로서의 역할을 담당한다. 그리고 군인, 여성 및 학생은 이러한 연계의 일환으로 인민생산역군에 속하며 인민민주역군간의 연계는 민족전선조직을 통해서 정기적으로 표명한다. 또한 민족전선조직은 과학적 사회주의를 기초로 인민 및 인민조직의 정치활동을 주도하여 비자본가 노선인 국가민주혁명 완성을 위해 사회발전을 추구한다(제7조). 즉 노동계급의 지위와 역할을 규정하여 노동자 중심의 국가임을 명시하고 있다. 그리고 국가의 목적은 인민의 착취를 타파하기 위한 과학적 사회주의를 기초로 한 민주혁명완성을 위한 사회관리에 있다. 이를 위해 국가는 서비스 경제로부터 외국의 구속이 없는 공업, 농업, 생산경제에로의 경제발전을 위한 노력을 경주하고 국가는 공공소유권을 보호, 촉진, 후원한다(제8조)는 과학적 사회주의를 추구하고 있다. 국가는 인민경제를 생산적인 경제로 발전시키며 그 결실을 인민들 사이에 공정하게 분배하며, 개인은 산업 및 사회발전에 대한 공헌도에 의거하여 보상을 받고 사회정의실현이 국가의 기초이다(제14조)라는 경제원칙을 선언하고 있다. 생산수단의 소유권자로 외국기업, 은행 및 보험회사가 국유화되어 공공재산이며 국가가 설립할 국영기업체와 생산업체 및 생산협동체가 설립할 생산업체는 국가경제발전의 핵심이고, 노동자들은 국영기업체에 참가하여 그들의 책임을 인식해야 하며 국가는 공동소유권을 특별히 보호하고 발달시켜야 한다. 그리고 국영기업체와 공동생산업체의 이사는 국가대표위원들로 한다(제15조)는 국가소유 및 협동소유를 원칙으로 하고 있다. 그리고 국가경제는 국가경제발전계획에 의거하여 운용되고 계획안은 노동자의 참여하에 마련되고 집행된다. 이것은 법적효력을 가지고 모든 다른 법에 우선하며, 국가계획업무를 관장키 위해 각료들로 구성된 국가계획최고회의를 설립한다(제17조)는 사회주의계획경제를 인정하고 있다. 그리고 국가는 대외무역을 지휘 · 감독하며, 또한 국내거래부문을 관장하고 이것을 국가경제의 필수적인 부문으로 개발하고 외국과의 직접적 경제관계를 수립하는 것은 국가의 임무이다(제21조). 즉 대외무역에서 국가주도를 선언하고 있다. 예외적으로 사적소유권은 헌법에 의해 보장되고 내용과 한계는 법과 사회적 의무에 의해 정해지며 소유권은 사회적 책임이며 그 소유권의 사용은 공동복지에 저촉되어서는 안되며, 상속권은 국가가 통제 · 보호한다(제18조)는 사적소유와 사적소유한계를 인정하고 있다. 남예멘헌법의 경제질서는 생산수단의 소유자로 국가 또는 협동조합을 인정하고 있다.

그리고 국가경제계획은 사회주의 계획경제임과 국가주도 대외무역

을 선언하고 있는 대표적인 **사회주의계획경제질서**이다. 즉, 남예멘의
경제질서는 **2013년 북한헌법과 같은 사회주의계획경제질서이다.**

(3) 통일예멘헌법의 경제질서

예멘통일헌법은 1990년 5월 22일 예멘의 통일과 동시에 발효되었는
데, 통일과 함께 30개월간의 과도기를 설정함에 따라 '예멘공화국 선
포 및 과도기 조직에 관한 합의서'와 동시에 발효되었(전문)는데 국가
경제는 다음의 원칙들에 기초하였다. 첫째, 생산 및 사회관계에 있어
서 이슬람 사회정의(제6조 제1항), 둘째, 생산의 기본수단을 소유할
수 있는 발전적인 공공부문의 설립(제6조 제2항), 셋째, 공공의 이익
과 법률에 의한 적정한 보상을 제외하고 침해되지 않는 사유권의 보
호(제6조 제3항), 넷째, 이슬람 및 아랍전통과 예멘국민의 환경에 기
초한 사회주의적 관계의 확립[11]을 보장함으로써 전반적인 발전을 이
루는 강하고 자주적인 국가경제의 실현을 보장하기 위한 모든 관계와
잠재성의 지도원리[12](제6조 제4항) 등이었다. **통일예멘의 경제질서는
북예멘의 사회적 시장경제질서와 남예멘의 사회주의계획경제질서를
혼합한 혼합경제체제였다. 구체적으로 말하면 사유재산권을 인정하
는 경제영역과 사회주의적 이상을 구현하기 위한 공공경제영역이 존
재하는 혼합경제체제**를 채택하였다.[13]

그리고 지하 또는 지상·영해·대륙붕 혹은 배타적 경제수역의 모

---

[11] 사회주의가 추구하고자 하는 평등에 대해 완전한 포기가 아닌 장점을 살리고자 하는
노력이었다고 본다.
[12] 폐쇄경제가 아닌 열린 민족자립경제를 추구하고자 하는 의도이다.
[13] 장명봉, 『분단국가의 통일과 헌법—독일과 예멘의 통일사례와 헌법자료』, 서울: 국민
대출판부, 2001, p. 152 참조.

든 파생물 및 동력자원을 포함한 자연자원은 국가에 귀속되며, 이는
국민의 이익을 위해 그 개발이 보장된다(제7조)는 천연자원에 대해
국가소유를 선언하고 있다. 그리고 국가의 경제정책은 공공의 이익과
국가경제의 발전을 위한 정부개발계획의 틀 속에서 자연 및 공적자원
의 개발과 투자와 모든 경제 및 사회분야의 공공·민간 및 혼합부
문14)에서 능력과 기회의 확대와 개발에 임하는 공공법인의 설립을 장
려하는 방향에서 과학적인 기획에 기초한다(제8조)는 경제정책을 선
언하고 있다. 대내외 경제에 대한 국가기능에 대해서는 국가는 대외
무역을 지도하며, 그 효용성을 개발·증진시키도록 노력하며, 국가경
제에 기여하도록 유도하고 국가는 소비자들의 보호와 시민의 생활필
수품을 공급하기 위하여 국내 상행위를 감독한다(제9조)는 대내외경
제에 대한 국가기능을 강조하고 있다. 또한 협동사업과 저축부분에
대해 국가는 협동사업과 저축을 장려한다. 국가는 모든 종류의 협동
조합의 결성과 협동활동을 보장·보호 및 장려한다(제13조)는 규정을
두고 있다. 이는 **통일예멘이 평화통일 후 남북예멘에 존재하는 사회
적 시장경제질서와 사회주의계획경제질서를 수렴적 시각에서 평화적
으로 경제체제의 통합을 시도하는 헌법규정**이라고 본다. 통일예멘의
경제질서는 **남북한이 단계적 평화적으로 통일을** 달성되었을 때 고려
하는 시사점이 크다고 본다.

---

14) 통일예멘의 경제주체는 국가를 포함한 공공부문, 민간부문, 혼합부문으로 크게 세부
분으로 나누고 있다. 이는 통일예멘헌법만이 가지고 있는 독특한 경제질서라고 판단
한다.

3) 제1단계 연방통일국가의 경제질서

통일의 초기단계인 제1단계 연합형 연방제에서는 남한은 사회적 시장경제질서를 추구하고 북한은 사회주의 계획경제질서를 추구하는 1국가, 2체제 형태를 가질 수밖에 없다. 예외적으로 비무장지대를 중심으로 개발될 연방수도, 생태관광도시, 평화도시, 국제평화공원 등에서는 통일예멘헌법의 경제질서에 가까운 혼합경제질서로 나아가야 한다고 생각한다. 즉, 원칙적으로 1국가, 2체제이나 예외적으로 일부 지역에서 혼합경제질서를 가지는 구조가 제1단계 연방통일국가의 경제질서가 될 것이다.

5. 기본권

제1단계 연합형 연방제에서 통일연방국가의 권한이 비무장지대, 서해평화협력특별지대, 휴전선에 인접한 금강산관광지구, 개성공업지구 등에 한하기 때문에 실질적으로 남과 북에는 통일연방국가의 권한이 거의 미치지 못한다. 그래서 연방상하원 선거권과 연방국가가 관리하는 지역에서 발생하는 민·형사상 기본권 및 참정권적 기본권과 일부 지역에서 발생하는 자유권적 기본권에 한한다고 할 수밖에 없다. 연방국가의 관리권이 미치지 아니하는 남과 북 지역은 남북한 정부가 자유권적 기본권 및 사회적 기본권의 보장주체가 될 수밖에 없다. 그리고 제1단계 연합형 연방제 후반부에서는 연방수도, 생태관광도시, 평화도시, 국제평화공원 등에 한해서는 연방정부가 자유권적 기본권, 참정권적 기본권, 청구권적 기본권, 사회권적 기본권을 보장하는 주체가 되어야 한다.

6. 통치구조

통치구조를 민주적 중앙집중제원리가 아니라 철저한 권력분립주의
에 입각하여야 한다. 또한 다양성을 수용해야 한다는 원칙하에 구상
하여 보았다. 통치기관으로 양원제국회, 정부형태로 대통령제, 사법부
인 대법원, 헌법재판소, 선거관리위원회, 연방방위청, 연방검찰청, 연
방경찰청, 회계감사원, 연방중앙은행을 상정해 보았다.

1) 연방상원

(1) 선출

남북한의회에서 각각 남북한 지역을 대표로 하는 연방상원을 선출
한다. 제1단계 연합형 연방제에서는 국민에 의한 직접선거가 아닌 간
접선거이다. 그리고 남북한을 대표하는 연방상원은 동수로 각각 14명
씩 총 28명으로 한다.

(2) 권한

연방상원은 고위공무원에 대한 임명동의권과 탄핵소추권을 가진다.
그리고 의원입법권과 예산심의확정권을 가진다. 그리고 연방상원의
장은 부통령이 겸임한다.

2) 연방하원

(1) 선출

남북한 인구비례로 지역구를 선출하여 국민이 직접 선출하는 지역구의원과 남북한 전지역을 기준으로 하여 비례대표로 선출된다. 즉, 연방하원은 지역구의원과 비례대표의원으로 구성된다.

(2) 권한

의원입법권과 예산심의의결권을 가지며 행정입법에 대한 심의의결권을 가진다.

3) 대통령과 부통령

(1) 선출

연방상하의원에서 선거를 통해 대통령, 부통령을 선출한다. 대통령, 부통령은 반드시 남북한 각 1인이 나와야 한다.

(2) 권한 및 임기

첫째, 비무장지대에 대한 행정집행권 둘째, 서해 NLL과 북한이 1999년 9월 2일에 주장하고 있는 서해바다 MDL사이에 대한 서해바다 행정집행권을 가진다. 셋째, 연방수도 생태관광도시, 평화도시, 국제평화공원 등 비무장지대를 중심으로 건설될 도시와 공원에 대한 행정집행권을 갖는다. 대통령과 부통령은 1년씩 순번제로 하며 임기는 4년이고, 1회에 한하여 연임할 수 있다. 그리고 대통령과 부통령은 남북한 지역정부의 갈등을 중재한다.

4) 법원

(1) 선출 및 구성

대통령과 부통령이 지명하여 연방상원의 동의를 얻은 각 3명 대법관과 연방상원에서 선출하여 대통령이 임명한 4명 대법관, 총 10명 대법관으로 대법원을 구성한다. 대법원장은 대통령과 부통령이 협의하여 연방상원의 동의를 얻어 대법관 중에서 임명한다.

(2) 권한 및 조직

통일연방국가의 사법권을 행사한다. 즉, 민사재판, 형사재판, 선거재판, 행정재판, 군사재판 등 사법권을 행사하는 최고기관은 연방대법원이다. 재판은 배심원제도를 활용한다. 그리고 필요시 연방지방법원을 조직할 수 있다.

5) 헌법재판소

제1단계 연합형 연방제에서는 헌법재판이 상시화될 정도로 헌법에 대한 해석여부가 빈번하리라 생각하지 않는다. 그래서 필요하다면 헌법재판에 대해 연방대법원[15]의 권한으로 하면 경제적일 것이다.

6) 선거관리위원회

(1) 선출 및 구성

대통령과 부통령이 지명하는 각각 3명의 위원과 연방상원이 추천하

---

[15] 독일은 헌법재판에 대해 헌법재판소가 행사하고 있지만 미국은 연방대법원에서 헌법재판권을 가지고 있다.

는 4명, 총 10명으로 중앙선거관리위원회를 구성한다. 선거관리위원회는 중앙선거관리위원회와 지구선거관리위원회로 조직한다. 선거관리위원회 위원장은 호선한다.

(2) 권한

연방의 모든 선거가 공정한 선거가 될 수 있도록 한다. 기타 필요한 사항은 연방법률로 정한다.

7) 회계감사원

(1) 선출 및 구성

회계감사위원은 연방상원과 연방하원이 협의하여 감사위원을 연방상원의장이 임명한다. 감사원장은 감사위원 중에서 연방상원의장이 연방상원의 동의를 얻어 임명한다. 회계감사원의 소속은 연방의회의 산하[16]에 둔다.

(2) 권한

연방행정부 등 연방의 모든 기관을 감사한다. 감사에는 회계감사와 직무감사를 포함한다. 기타 필요한 사항은 연방법률로 정한다.

8) 연방방위청

(1) 선출 및 구성

남북동수로 고위직은 특별채용하고 사병은 지원자 중에서 남북한

---

16) 대한민국은 행정부(광의의 정부) 산하에 감사원을 두고 있지만 미국은 의회산하에 두고 있다.

동수로 선발한다. 임명권자는 대통령이 한다.

(2) 권한

대통령의 지시에 따라 서해분쟁지역과 비무장지대를 관리한다. 한반도 위기 시에 남북한 지역정부군과 같이 한반도 위기관리에 임한다. 그리고 동티모르, 레바논, 남수단 등 국제평화유지군으로 한민족을 대표하여 파견된다. 기타 필요한 사항은 연방법률로 정한다.

9) 연방경찰청

(1) 선출 및 구성

남북동수로 고위직은 특별채용하고 하위직은 남북한 동수로 공개경쟁채용을 한다. 임명권자는 대통령이다.

(2) 권한

연방정부가 직접 관리하는 서해바다 분쟁지역과 비무장지대에서 일어나는 일체의 조사권과 수사권을 가진다. 서해바다 분쟁지역과 비무장지대에서 범죄를 범하고 남북한 지역에 도피한 범죄인에 대한 인도청구권을 가진다. 또한 남북한지역정부에서 범죄를 범하고 연방관리지역으로 도피한 자를 남북한 지역정부에게 인도한다.

10) 연방검찰청

(1) 선출 및 구성

남북한동수로 고위직은 특별채용하고 하위직은 남북한 동수로 공개경쟁채용을 한다. 임명권자는 대통령이다.

(2) 권한

연방정부가 관리하고 있는 지역에서 일어나는 각종 범죄에 대한 수사권과 기소권을 가진다. 기타 필요한 사항은 연방법률로 정한다.

11) 연방중앙은행

연방중앙은행은 통일의 제1단계인 연합형 연방제 후반부에 남북한 공동화폐를 가짐으로써 남북교류협력과 통일의 촉진을 위해 필요하다고 생각한다. 그러나 남북한 화폐가 병존하여 사용되는 단계이다. 그리고 연방중앙은행은 독립된 위원회로 운영되어야 하며 위원들은 남북한 동수로 한다.

7. 통일연방국가의 재정확보

제1단계 연합형 연방제 통일연방국가의 재정은 첫째, 남북한 부담금으로 인구비례에 의한 부담금, 경제력에 의한 부담금, 인구비례와 경제력을 종합적으로 감안한 부담금으로 나누어 볼 수 있겠는데 남북한 부담금은 경제력에 의한 부담금으로 되어야 한다. 둘째, Balassa의 경제통합이론으로 살펴보면 연합형 연방제에서는 자유무역지대, 관세동맹, 준공동시장이 완성되는 단계이기 때문에 한반도에서 나가고 들어오는 물품에 대한 관세가 연방재정이 되어야 할 것이다. 셋째, 비무장지대에 생태공원을 조성하여 외국인, 남북한 주민에 대한 관광세,

넷째, EU 연합처럼 통일연방정부가 발행하는 국채, 다섯째, 비무장지대를 크게 서부권, 중부권, 동부권으로 나누어 볼 수 있겠는데 이 지역에 1개의 평화도시 또는 연방수도 등을 조성하여 이 지역에서 나오는 모든 세금을 연방정부예산에 편입을 시켜 연방재정이 확보되어야 한다.[17]

8. 연방법률제정위원회

현재 남북경제교류는 크게 첫째, 교역, 둘째, 위탁가공, 셋째, 직접투자로 분류해 볼 수 있다. 이와 같은 남북경제교류 시 계약서를 남북경제주체 간에 필히 작성하고 있다. 그러나 분쟁 발생시 계약서 내용에 대한 해석과 계약서 불이행시 분쟁절차는 없다. 이것은 남북경제교류협력에 큰 장애요소이다. 그래서 통일의 초기단계인 연합형 연방제에서 연방법률의 제정이 필요하다. 연방법률로는 연방민법, 연방민사소송법, 연방형법, 연방형사소송법, 연방상법, 연방행정법 등이 필수적이다. 연방법률이 제정되고 나면 남북교류협력(경제교류 포함)시 연합형 연방국가의 통치권이 미치지 않는 남한과 북한에 있어 계약서 작성시 연방법률을 계약서 내용으로 하고, 분쟁 발생시 단서조항으로 계약서상 문제가 발생한다면 연방대법원의 판단에 따른다는 규정을 둘 수 있을 것이다. 그리하면 투자에 대한 위험감소로 인해 첫째, 경제활성화 둘째, 민족경제공동체 형성에 크게 기여할 것이다.

---

[17] 자세한 사항은 남북한 조세 및 재정전문가들이 심도있는 논의가 필요한 사항이다.

9. 헌법개정 및 기타

헌법개정은 연방의회(하원, 상원 각각 2분의 1 이상 찬성)와 대통령 및 각 남북한 지역정부가 각각 발의의 주체가 될 수 있으며, 연방의회 (하원, 상원 각각 3분의 2 이상 찬성)의 통과 후 남북한 헌법에 따른 비준절차를 거친 후 헌법개정을 완료하는 절차가 필요하다. 그리고 기타 사항으로 통일연방국가 국호, 영토규정, 재외국민 보호, 국기, 국 장, 수도 등을 살펴 볼 수 있겠다. 상세히 서술하면 다음과 같다. 첫 째, 연방국가의 국호 규정[18]은 연합형 연방제에서 제정되어야 한다. 둘째, 연방국가의 영토 규정과 국어, 국장, 수도, 국기 등은 확보되어 야 한다. 셋째, 연방국가의 국민요건과 재외국민을 보호하는 규정은 확보되어 국적이 북한이더라도 해외활동과정 속에 북한대사관이나 연방대사관이 없는 지역 역시 북한주민이 활동하는데 남한주민과 동 등한 대우를 받아야 한다. 그리고 그 반대 역시 마찬가지이다.

10. 검토 및 평가

남북한 통합은 단계적이고 점진적으로 나아가야 한다. 제1단계 연 합형 연방제 연방국가는 제2단계 연방제로 나아가는 직전 단계이다. 위에서 주장한 내용을 요약하면 아래 〈표 6-1〉과 같다.

---

18) 대한민주연방공화국, 고려민주연방공화국, 조선민주연방공화국, 평화민주연방공화국 등 남북한상황에 적당한 국호를 고려해 볼 수 있겠다.

〈표 6-1〉 제1단계 연합형 연방제(내용요약)

구분 비교사항	제1단계 연합형 연방제
정치적 통합이론	수렴론을 기초로 한 신기능주의
Balassa의 경제통합	자유무역지대+관세동맹+공동시장(상품과 자본의 자유이동은 보장되나 인력의 이동은 제한적 허용)
Elazar의 연방국가론	국가연합에 가까운 연방제
연방구성국가의 구성원	남한과 북한의 2개국
국가형태	1민족-1국가-2체제-2지역정부의 연합형 연방제
국가의 이념	자유와 평등의 조화 및 민주, 인권 중시
국가의 성격	완전한 국가-당체제(복수정당제도)
헌법의 기본원리	국민주권주의의 원리, 권력분립의 원리, 법치주의의 원리
헌법의 기본질서	정치질서로 민주적 기본질서, 경제질서로 통일예멘헌법 경제질서에 가까운 혼합경제질서(복지국가) 지향, 국제질서로 국제평화질서
연방재정	남한과 북한의 부담금과 관세+비무장지대 생태공원 관광세+국채+새로 조성된 평화도시 또는 연방수도 등에서 나온 모든 세금
기본권	1. 비무장지대이외에 개성공업지구, 금강산관광지구 등 일부 자유권적 기본권 2. 연방정부직할과 비무장지대와 서해바다 및 새로 건설될 연방수도, 생태관광도시, 평화도시, 국제평화공원 등에 자유권적 기본권, 정치적 기본권, 청구권적 기본권, 사회권적 기본권
통치구조	연방의회(상원-남한의회와 북한최고인민회의에서 선거, 하원-인구비례에 의한 직접선거), 대통령과 부통령(연방의회에서 선거), 연방법원, 선거관리위원회, 〈연합형 연방제의 후반부〉 중앙은행설립 공동화폐사용
헌법개정	각 지역정부, 연방의회와 대통령의 발의+연방의회 통과+남북한헌법의 개정절차에 따른 최종 동의 후 헌법개정 완료

제2절 연방제 통일헌법 – 제2단계 통일헌법

　제1단계 연합형 연방제를 통해 남과 북의 이질성이 극복되고 어느 정도 동질성이 더 확보되었다고 판단되는 시점에서 제2단계 연방제 통일헌법으로 개정하는 절차를 밟을 필요가 있다고 보며 구체적인 내용은 아래와 같다.

1. 연방국가와 지역정부관계

　권한부여의 원칙은 권한배분의 원칙과 보충성의 원칙, 비례의 원칙으로 나누어 볼 수 있다. 그리고 권한배분의 원칙을 확장하여 제1단계 연합형 연방제의 통일연방국가의 권한(제6장 제1절)과 그동안 이질성의 극복으로 남북한 정부가 합의한 것과 제2단계 연방제에서 필요로 한 권한들을 통일연방국가의 권한으로 확장시켜야 할 것이다.

1) 연방국가의 권한

첫째, 비무장지대의 관리권

　"남북한 군사력은 휴전선을 중심으로 남북한 군사력의 약 70~80%가 집중되어 언제 어떻게 예기치 못한 사고로 남북한 군사력이 충돌할지 예측할 수 없는 상황이 1953년 7월 27일 정전협정 이후 약 70여 년을 대치해 오고 있다. 경우에 따라 한민족이 회복 불가능한 상태로 갈 수 있는 상황이다. 그래서 군사분계선(MDL)을 중심으로 남북이 각각 2㎞를 후퇴하여 4㎞를 비무장지대로 설치하여 군사적 충돌을 방지하는 노력을 계속 해 오고 있다. 그리고 비무장 관리주체를 정전협정 당사자인 한국전쟁 당시 참가한 16개국(UN사)과 북한, 중국이 군사정전위원회를 구성하여 비무장지대를 관리해 오고 있다. 그러나 이것은 일시적인 평화를 유지하기 위한 조치일 뿐 영구적인 평화유지 조치라 판단되지 아니한다. 그리고 민족의 자존심과 향후 해양시대와 더불어 대륙시대를 열어야 하는 민족발전 차원에서 역시 문제점을 많이 안고 있다. 그래서 지금 비무장지대 관리권을 가진 정전위원회의 권한을 통일연방정부가 관리하여 영구적인 한반도의 안정과 평화에 기여하고 나아가 해양시대와 더불어 대륙시대를 열어 한 단계 업그레이드된 한민족 발전에 기여하여야 할 것이다"라는 이유로 제1단계 연합형 연방제에서 연방정부가 비무장지대 관리권을 가져야 한다고 주장했다. 제2단계 연방제에서도 제2단계 연방제 전반부까지는 필요하다고 판단되어 비무장지대 관리권은 연방정부의 권한이어야 한다.

둘째, UN사와 북한 간에 합의하지 못한 서해지역의 관리권

"한국정전협정에는 서해에 대한 군사분계선의 합의사항이 존재하지 않았다. 즉, 서해에는 공식적인 군사분계선(MDL)이 없는 것이다. 현실적으로 NLL만이 존재하고 있다. 그러다보니 지금 남북이 서해바다에서 1999년 제1차 연평해전, 2002년 제2차 연평해전, 2009년 대청도해전, 2010년 천안함 사건 및 연평도폭격 사건 등 크고 작은 무력충돌이 벌어지고 있다. 남한은 NLL을 실질적으로 군사분계선(MDL)으로 삼고자 하고 있으며, 북한은 새로운 서해바다 군사분계선(MDL)을 일방적으로 남한과 UN을 대표하고 있는 미군에게 통보하였다. 북한이 주장하고 있는 군사분계선은 남한이 지배하고 있는 서해 5개도서(우도, 연평도, 소청도, 대청도, 백령도)에 접근할 수 있는 제1수로, 제2수로만 설정하여 그 외에 서해바다는 북한지역이다고 주장하고 있다. 이와 같은 의견대립이 위에서 지적한 서해바다 무력충돌의 주요인의 하나로 본서는 주장하고 싶다. 이와 같은 상황을 해소하려면 현재 서해바다에 설정된 NLL과 북한이 주장하고 있는 서해바다 군사분계선(MDL) 사이를 통일연방국가의 배타적 권한으로 설정하면 지금 상황보다는 평화와 안정이 확보되고 평화통일의 기반조성에 기여하리라 확신하는 바이다"라는 이유로 제1단계 연합형 연방제에서 연방정부가 UN사와 북한 간의 합의하지 못한 서해지대 관리권을 가져야 한다고 주장했다. 제2단계 연방제에서도 제2단계 연방제 전반부까지는 필요하다고 판단되어 UN사와 북한 간의 합의하지 못한 서해지대 관리권은 연방정부의 권한이어야 한다.

셋째, 동티모르 평화유지군, 레바논 평화유지군, 남수단 평화유지군 등 국제평화활동 파견

지금도 세계 여러 곳에서는 자연적 재난과 대소규모의 무력충돌로 신음하는 지역들이 많이 있다. 2009년 아이티 지진사태로 아이티국민들이 큰 고통을 지금도 겪고 있다. 지금은 해결되었지만 동티모르 분리독립 운동으로 희생된 동티모르 사태와 레바논 사태 역시 많은 인적 물적 피해를 보았다. 이를 남의 나라라고 방치만 할 수 없는 게 인권적 관점에서 당연하다고 판단한다. 그리하여 우리나라에서는 동티모르와 아이티에 평화유지군과 재난구제단을 각각 파견한 바 있다.

이와 같은 국제적 인권문제과 재난문제에 **제2단계 연방제**에서도 **통일 연방정부** 이름으로 파견한다면 한민족에 대한 자긍심이 증대되고 또한 한반도 평화통일 완성에 국제적 환경개선을 조성하는데 긍정적인 영향을 미칠 것이다.

넷째, 남북한 체육대회 개최권 및 아시안게임, 세계선수권대회, 올림픽 공동참가권

"남북한은 1945년 지역분단이 된 후 약 70여 년간 분단상태를 지속해 오고 있으며, 체제 또한 달라 같은 민족이어서 공통점도 많이 남아 있지만 분단상태로 차이점 또한 동시에 존재하고 있다. 통일연방정부가 남북한 체육대회와 아시안게임, 세계선수권대회, 올림픽 등을 통일연방정부 이름으로 참가한다면 그동안 누적된 차이점을 극복하고 한반도에 평화와 안정 그리고 후유증 없는 평화통일 환경조성에 크게 기여하리라 확신한다"라는 이유로 제1단계 연합형 연방제에서 연방정부가 남북한 체육대회 개최권 및 아시안게임, 세계선수권대회, 올림픽 공동참가권을 가져야 한다고 주장했다. 제2단계 연방제에서도 필요하다고 판단되어 남북한 체육대회 개최권 및 아시안게임, 세계선수권대회, 올림픽 공동참가권은 연방정부의 권한이어야 한다.

다섯째, 비무장지대를 중심으로 건설될 것으로 보이는 연방수도, 생태관광도시, 평화도시, 국제평화공원 건설과 관리에 대한 입법권, 행정권, 사법권 등 일체의 통치권 행사

"연방수도와 생태관광도시, 평화도시 등은 연방헌법과 연방법률이 직접 적용되어 이용될 필요가 있다. 그래서 남북한 정부와 국민들이 연방헌법과 연방법률을 익히는 학습장으로 활용할 필요가 있다"라는 이유로 제1단계 연합형 연방제에서 연방정부가 비무장지대를 중심으로 건설될 것으로 보이는 연방수도, 생태관광도시, 평화도시, 국제평화공원 건설과 관리에 대한 입법권, 행정권, 사법권 등 일체의 통치권을 가져야 한다고 주장했는데 제2단계 연방제에서도 제2단계 연방제 전반부까지는 필요하다고 판단되어 비무장지대를 중심으로 건설될 것으로 보이는 연방수도, 생태관광도시, 평화도시, 국제평화공원 건설과 관리에 대한 입법권, 행정권, 사법권 등 일체의 통치권은 연방정부의 권한이어야 한다.

여섯째, 남한 국민들 간에 북한에서 행한 민·형사상 문제와 북한 국민들 간에 남한에서 행한 민·형사상 문제 및 남한 국민과 북한 국민이 행한 민·형사상 문제

형법을 적용하는데 있어서 시간적 적용범위, 장소적 적용범위, 인적 적용범위 등으로 분류해 볼 수 있다. 시간적 적용범위란 형법이 어느 때를 표준으로 하여 적용되는가 즉, 어느 때 행한 범죄에 대하여 형법이 적용되는가의 문제를 형법의 시간적 적용범위라고 한다. 장소적 적용범위란 어떤 장소에서 발생한 범죄에 대해서 형법이 적용되는가의 문제를 말한다. 인적 적용범위란 형법이 어떤 사람에게 적용되는가의 문제를 말한다.[19] 이 말은 아무에게 연방형법을 적용할 수 없다는 이야기와 같다. 그래서 본서는 **제1단계 연합형 연방제**에서는 통일연방국가가 관할하고 있는 비무장지대나 서해평화협력특별지대(가칭)에서 일어난 모든 형사상 문제는 연방법률에 입각하여 조사하고

---

[19] 이재상, 『형법총론』, 서울: 박영사, 2004, pp. 31~45 참조.

조사된 결과를 통하여 연방법원에서 재판을 받는다. 그리고 개성공업지구나 금강산관광지구 등 휴전선 인접지역에서 일어난 남북한 주민과의 충돌 및 남한주민과 북한당국과의 문제 발생시에 연방법률에 입각한 조사와 수사 및 재판을 거치면 충돌될 수 있는 문제가 평화적으로 해결될 수 있을 것이라 주장한 바 있다. **제2단계 연방제**에서는 제1단계에서 주장한 사건 이외에 북한주민이 남한에 내려와 남한주민과 충돌시 또는 남한주민이 북한에 올라가 북한주민과 충돌시, 남한주민들이 북한에 올라가 남한주민들끼리 또는 북한주민들이 남한에 내려와 북한주민들끼리 충돌시 또는 남한주민이 북한에 올라가 북한당국과 충돌시, 북한주민이 남한에 내려와 남한당국과 충돌시 등 남한법이나 북한법을 적용하기가 곤란한 문제점들이 수없이 인적 물적 교류협력이 증대될수록 수없이 발생되리라 예상한다. 그러한 경우 연방헌법과 연방법률에 따라 민사상 문제와 형사상 문제를 해결한다면 남북한 주민들과 남북한 당국간 다툼이 순리적으로 해결되어 한반도의 평화통일에 훨씬 이전보다 기여하리라 본다. 그래서 제2단계에서는 **연방지방법원**이 필요하리라 본다.

일곱째, 실질적인 군사권과 외교권 행사

제1단계 연합형 연방제에서는 거의 형식적인 군사권과 외교권만 통일연방국가에 있었지만 이제는 한반도의 안보를 실질적으로 지키는 주체가 통일연방국가이어야 한다고 생각하며, 남북한 군대는 미국 각 주에서 보유하고 있는 민병대식으로 변화되어야 한다. 그리고 안보와 외교는 동전의 앞면과 뒷면의 관계이기 때문에 외교권의 실질적 행사도 연방정부이어야 한다. 더불어 아직도 남북한이 보유하고 있는 외교권을 행사할 때와 새로운 조약 등 한반도의 운명에 영향을 주는 일체의 조약에 대해서는 통일연방국가의 승인을 받는 것이 한반도의 완전한 평화통일의 정착을 위하여 필요하다.

여덟째, 기타

제1단계 연합형 연방제에서 통일연방국가가 가졌던 공유적 권한 중에서 연방예산이 허락한다면 원칙적으로 연방정부의 배타적 권한으로 행사하여야 된다고 본다.

2) 남북한 지역정부의 권한

첫째, 예외적으로 연방국가에 이양되지 않는 외교권과 군사권

둘째, 남한 국민이 남한지역에서 남한 국민에게 민·형사상 문제를 행하고 북한으로 도주한 경우 범죄인도요구권과 북한 국민이 북한지역에서 북한 국민에게 민·형사상 문제를 행하고 남한으로 도주한 경우 범죄인도요구권

셋째, 남한지역 주민들 간의 민·형사상 문제와 북한지역 주민들 간의 민·형사상 문제

넷째, 남북한 국민에게 사회보장권

아직 통일연방정부는 예산 및 정치적 상황을 고려해 보면 남북한 주민의 사회적 기본권 즉, 사회보장권을 통일연방정부가 담당하기에는 남북한 체제차이가 있기 때문에 사회보장권은 원칙적으로 남북한 지역정부가 가지는 것이 합리적이라 판단한다.

2. 통일연방국가의 국가형태 및 이념, 성격

통일연방국가는 1민족, 1국가, 2체제, 2지역정부를 유지하는 가운데 존재할 수밖에 없는 상황일 것이다. 그러나 제1단계 연합형 연방제에서의 통일연방국가보다는 연방국가의 국가성이 강조되고 남북한 지역정부는 상대적으로 더 지역정부로 정착화되는 국가형태가 될 것이다. 그리고 통일국가 이념은 자유와 평등이 조화로운 사회 즉, 복지국가 지향 등이 강화되어야 한다고 생각한다. 더불어 통일국가의 국가성격은 국가-당체제가 강화되는 추세이며, 대통령과 부통령을 남북한주민이 직접 선거하고 연방상원 역시 직접 국민이 선거하는 직접선거가 되어야 한다고 주장하고 싶다.

3. 헌법의 기본원리

통일연방국가의 연방헌법의 기본원리는 제1단계 연합형 연방제에서 밝혔듯이 국민주권주의, 권력분립주의, 실질적 법치주의가 강화되어야 한다.

4. 헌법의 기본질서

헌법의 기본질서는 남북한이 각각 분리된 2체제이나 정치공동체로 성숙한 민주적 기본질서와 경제공동체로 혼합경제질서에 가까운 복지국가 그리고 국제질서로 국제평화질서이어야 한다. 남북한은 그동안 경제교류를 포함한 사회문화교류, 인도적 교류 등 여러 교류가 진행되었기 때문에 남한은 북한을 북한은 남한을 닮아가는 형태를 가지게 될 것이다. 특히 경제질서는 많은 영향을 미치리라 본다. 남북한 경제교류가 활성화되면 북한은 1948년 2월에 제정된 북한임시헌법과 1948년 9월에 제정된 제헌헌법의 경제질서 형태로 변화될 확률이 많다고 본다. 북한임시헌법과 북한제헌헌법은 사회주의계획경제질서가 아닌 개인소유와 국가소유, 협동소유 등이 두루 포함된 경제질서였다. 그래서 북한이 개혁·개방으로 본격적으로 나아가면 북한은 북한임시헌법과 북한제헌헌법에서 채택된 경제질서를 참조할 것이다. 남한 역시 현재 빈익빈 부익부 현상이 커지고 있고 실업자와 비정규직 문제, 농어촌문제 등이 사회적 통합을 저해하고 있다. 그래서 남한역시 1948년 7월 17일에 채택된 대한민국제헌헌법의 경제질서를 참조하리라 예상한다. 제2단계 연방제인 연방국가는 제1단계 연합형 연방제처럼 1국가, 2체제 형태를 가질 것이다. 그러나 제1단계 연합형 연방제에서 싹 튼 비무장지대를 중심으로 한 혼합형 경제질서가 제2단계 연방제에서는 확대되리라고 본다.

5. 기본권

첫째, 제2단계 연방제에서도 연방수도, 생태관광도시, 평화도시, 국제평화공원 등에 한해서는 연방정부가 자유권적 기본권, 참정권적 기본권, 청구권적 기본권, 사회권적 기본권을 보장하는 주체가 되어야 한다.

둘째, 남한 국민들 간에 북한에서 행한 민·형사상 문제와 북한 국민들 간에 남한에서 행한 민·형사상 문제 및 남한 국민과 북한 국민이 행한 민·형사상 문제이다. 연방정부의 권한에 해당하는 정치적 권리인 참정권적 기본권과 재판청구권을 포함한 청구권적 기본권, 자유권적 기본권을 연방정부가 보장해야 하는 단계이다.

6. 통치구조

위에서 언급한 기본권 보장을 위하여 필요한 통치구조는 다음과 같다. 대통령과 부통령의 선출은 국민들에 의한 직접선거로 되어야 하고 연방상원은 간접선거에서 국민들에 의한 직접선거가 되어야 하며, 남북한 동수이어야 할 것이다. 연방하원은 제1단계 연합형 연방제와 같은 국민들에 의한 직접선거로 되어야 한다. 그 외의 통치기구로 선거관리위원회 확대와 헌법재판소의 구성이 필요하다.

1) 연방상원

(1) 선출

제1단계 연합형 연방제에서는 남북한의회에서 각각 남북한 지역을 대표로 하는 연방상원을 선출한다. 그러나 제2단계 연방제에서는 국민에 의한 직접선거이다. 그리고 남북한을 대표하는 연방상원은 동수로 각각 14명씩 총 28명으로 한다. 그리고 선거구는 제3단계 세부화된 연방제에서 구성될 남한 6개 지역정부, 북한 6개 지역정부, 남북 공통으로 강원도, 연방수도에서 각 2명의 대표자를 선출한다.

(2) 권한

연방상원은 고위공무원에 대한 임명동의권과 탄핵소추권을 가진다. 그리고 의원입법권과 예산심의확정권을 가진다. 그리고 연방상원의장은 부통령이 겸임한다. 기타 필요한 사항은 연방법률로 정한다.

2) 연방하원

(1) 선출

남북한 인구비례로 지역구를 선출하여 국민이 직접 선출하는 지역구의원과 남북한 전지역을 기준으로 하여 비례대표로 선출된다. 즉, 연방하원은 지역구의원과 비례대표의원으로 구성된다.

(2) 권한

의원입법권과 예산심의의결권을 가지며 행정입법에 대한 심의의결권을 가진다. 기타 필요한 사항은 연방법률로 정한다.

3) 대통령과 부통령

(1) 선출

국민의 직접선거를 통해 대통령, 부통령을 선출한다. 대통령, 부통령은 반드시 남북한 각 1인이 나와야 한다.

(2) 권한 및 임기

첫째, 비무장지대에 대한 행정집행권, 둘째, 서해 NLL과 북한이 1999년 9월 2일에 주장하고 있는 서해바다 MDL사이에 대한 서해바다 행정집행권을 가진다. 셋째, 연방수도, 생태관광도시, 평화도시, 국제 평화공원 등 비무장지대를 중심으로 건설될 도시와 공원에 대한 행정 집행권을 갖는다. 그리고 넷째, 제2단계 연방제에서는 남북한 전지역 에 대한 통치권을 가진다. 그리고 다섯째, 대통령과 부통령은 남북한 지역정부의 갈등을 중재한다. 대통령과 부통령은 임기는 4년이고, 1 회에 한하여 연임할 수 있다. 기타 필요한 사항은 연방법률로 정한다.

4) 법원

(1) 선출 및 구성

대통령과 부통령이 지명하여 연방상원의 동의를 얻은 각 3명 대법 관과 연방상원에서 선출하여 대통령이 임명한 4명 대법관, 총 10명 대 법관으로 대법원을 구성한다. 대법원장은 대통령이 연방상원의 동의 를 얻어 대법관 중에서 임명한다.

(2) 권한 및 조직

통일연방국가의 사법권을 행사한다. 즉, 민사재판, 형사재판, 선거 재판, 행정재판, 군사재판 등 사법권을 행사하는 최고기관은 연방대 법원이다. 재판은 배심원제도를 활용한다. 그리고 필요시 연방지방법 원을 조직할 수 있다. 기타 필요한 사항은 연방법률로 정한다.

5) 헌법재판소

(1) 선출 및 구성

대통령과 부통령이 지명하여 연방상원에서 임명동의를 받은 각각

3명의 재판관과 연방상원이 추천하는 4명, 총 10명으로 헌법재판소를 구성한다. 헌법재판소 소장은 대통령이 헌법재판관 중에서 연방상원의 동의를 얻어 임명한다.

(2) 권한

헌법소원, 위헌법률심사권, 권한쟁의심판, 탄핵심판, 정당해산심판 등 헌법재판에 대한 일체의 권한을 행사한다.

6) 선거관리위원회

(1) 선출 및 구성

대통령과 부통령이 지명하는 각각 3명의 위원과 연방상원이 추천하는 4명, 총 10명으로 중앙선거관리위원회를 구성한다. 선거관리위원회는 중앙선거관리위원회와 지구선거관리위원회로 조직한다. 선거관리위원회 위원장은 호선한다.

(2) 권한

연방의 모든 선거가 공정한 선거가 될 수 있도록 한다. 기타 필요한 사항은 연방법률로 정한다.

7) 회계감사원

(1) 선출 및 구성

회계감사위원은 연방상원과 연방하원이 협의하여 감사위원을 연방상원의장이 임명한다. 감사원장은 감사위원 중에서 연방상원의 동의를 얻어 연방상원의장이 임명한다. 소속은 연방의회의 관할에 둔다.

(2) 권한

연방행정부 등 연방의 모든 기관을 감사한다. 감사에는 회계감사와 직무감사를 포함한다. 기타 필요한 사항은 연방법률로 정한다.

8) 연방국방부

(1) 선출 및 구성

제2단계 연방제에서는 한반도의 안보책임권한이 연방국가이기 때문에 조직을 확대 개편할 필요가 있을 것이다. 그래서 연방방위청에서 연방국방부로 승격시켜야 한다. 제1단계 연합형 연방제에서는 남북동수로 고위직은 특별채용하고 사병은 지원자 중에서 선발하였으나 제2단계 연방제에서는 능력에 따라 선발한다. 임명권자는 대통령이다.

(2) 권한

대통령의 지시에 따라 서해분쟁지역과 비무장지대를 관리한다. 한반도 위기시에 남북한 지역정부군을 통솔하여 한반도 위기관리에 임한다. 그리고 동티모르, 레바논, 남수단 등 국제평화유지군으로 한민족을 대표하여 파견된다. 기타 필요한 사항은 연방법률로 정한다.

9) 연방경찰청

(1) 선출 및 구성

제1단계 연합형 연방제에서는 남북동수로 고위직은 특별채용하고 하위직은 공개경쟁채용을 하였으나 제2단계 연방제에서는 능력에 따라 선출되고 임명된다. 임명권자는 대통령이다.

(2) 권한

연방정부가 직접 관리하는 서해바다 분쟁지역과 비무장지대에서 일어나는 일체의 조사권, 수사권과 남한 지역에서 범죄를 범하고 북한지역으로 도주한 자와 북한지역에서 범죄를 범하고 남한지역에 도주한 자와 북한지역에서 남한사람들끼리 범죄를 범한 경우 또는 남한지역에서 북한사람들끼리 범죄를 범한 경우 조사권과 수사권을 가진다. 서해바다 분쟁지역과 비무장지대에서 범죄를 범하고 남북한 지역에 도피한 범죄에 대한 인도청구권을 가진다. 또한 남북한지역정부에서 범죄를 범하고 연방관리지역으로 도피한 자를 남북한 지역정부에게 인도한다.

10) 연방검찰청

(1) 선출 및 구성

제1단계 연합형 연방제에서는 남북한동수로 고위직은 특별채용하고 하위직은 공개경쟁채용을 하였으나, 제2단계 연방제에서는 능력에 따라 선출되고 임명된다. 임명권자는 대통령이다.

(2) 권한

연방정부가 관리하고 있는 지역에서 일어나는 각종 범죄에 대한 수사권과 기소권을 가진다. 기타 필요한 사항은 연방법률로 정한다.

11) 연방중앙은행

연방중앙은행은 통일의 제1단계인 연합형 연방제 후반부에 남북한 공동화폐를 가짐으로써 남북교류협력과 통일의 촉진을 위해 필요하였으나, 이제는 남북한화폐를 폐지하고 연방화폐만 사용하는 단계이다. 그리고 연방중앙은행은 독립된 위원회로 운영되어야 하며 위원들은 남북한 동수로 한다.

7. 통일연방국가의 재정

"제1단계 연합형 연방제 통일연방국가의 재정은 첫째, 남북한 부담금으로 인구비례에 의한 부담금, 경제력에 의한 부담금, 인구비례와 경제력을 종합적으로 감안한 부담금으로 나누어 볼 수 있겠다. 그러나 남북한 부담금은 경제력에 의한 부담금으로 되어야 한다. 둘째, Balassa의 경제통합이론으로 살펴보면 연합형 연방제에서는 자유무역지대, 관세동맹, 준공동시장이 완성되는 단계이기 때문에 한반도에서 나가고 들어오는 물품에 대한 관세가 연방재정이 되어야 할 것이다. 셋째, 비무장지대에 생태공원을 조성하여 외국인, 남북한 주민에 대한 관광세, 넷째, EU 연합처럼 통일연방정부가 발행하는 국채, 다섯째, 비무장지대를 크게 서부권, 중부권, 동부권으로 나누어 볼 수 있겠는데 이 지역에 1개의 평화도시 또는 연방수도를 조성하여 이 지역에서 나오는 모든 세금을 연방정부예산에 편입을 시켜 연방재정이 확보되어야 한다"라는 이유로 제1단계 연합형 연방제에서 남북한 부담금, 관세, 관광세, 국채, 평화도시, 국제평화공원 및 연방수도에서 나오는 모든 세금 등을 연방재정으로 확보해야 한다고 주장하였다. 이와 같은 이유는 제2단계 연방제에서도 필요하다고 판단한다. 그리고 여섯째, 제2단계 연방제에서는 제1단계 연합형 연방제에서 확보한 재정수입에 법인세, 소득세 등으로 확대하여야 한다.

8. 헌법개정

대통령과 연방의회(하원, 상원 각각 2분의 1 이상 찬성) 및 남북한 지역정부의 헌법발의로 연방의회(하원, 상원 3분의 2 이상 찬성)를 통과한 후 연방의회의 의원선거권을 가진 과반수 이상의 참여와 투표참여자의 2분의 1 이상의 찬성으로 헌법개정안이 최종 확정됨으로써 절차적 정당성을 고양시킬 필요가 있다.

9. 검토 및 평가

제2단계 연방제는 제3단계 세부화된 연방제로 가기 위한 전단계이다. 그러기에 한반도 평화정책과 완숙한 평화통일을 보장하는 방향으로 나아가야 할 것이다. 그리고 위에서 주장한 내용을 요약하면 〈표 6-2〉와 같다.

〈표 6-2〉 제2단계 연방제 내용요약

분석사항 \ 비교	제2단계 연방제
정치적 통합이론	수렴론을 기반으로 한 신기능주의
Balassa의 경제통합	완전한 공동시장 확립과 공동화폐만 사용, 남북한화폐 폐지
Elazar의 연방국가론	연방제
연방구성국가의 구성원	남한과 북한의 2개국
국가형태	1민족-1국가-2체제-2정부의 연방국가
국가의 이념	자유와 평등이 조화로운 사회(복지국가) 지향
국가의 성격	완전한 국가-당체제(복수정당제도)
헌법의 기본원리	국민주권주의, 권력분립주의, 법치주의
헌법의 기본질서	정치질서로 민주적 기본질서, 경제질서로 통일예멘헌법의 경제질서에 가까운 혼합경제질서 지향(아직 1국가 2체제), 국제질서로 국제평화질서 등
연방재정	제1단계 연합형 연방제에서 확보한 재정+법인세+소득세 등
기본권	1. 자유권적 기본권과 사회적 기본권의 균형을 지향 (일부의 자유권적 기본권 보장 주체는 연방정부이고 전부 사회적 기본권 보장 주체는 남북한 지역정부) 2. 연방정부와 관련된 정치적 기본권, 청구권적 기본권 3. 연방정부 직할에 있는 비무장지대와 서해바다 등 새로 건설될 연방수도, 생태관광도시, 평화도시, 국제평화공원 등에 한해서 자유권적 기본권, 정치적 기본권, 청구권적 기본권, 사회권적 기본권
통치구조	연방의회(상원: 국민들에 의한 직접선거, 남북한동수, 하원: 인구비례에 의한 국민들의 직접선거), 대통령과 부통령(국민들에 의한 직접선거), 연방대법원, 선거관리위원회, 헌법재판소, 중앙은행(공동화폐만 사용)
헌법개정	남북한 지역정부, 대통령과 연방의회의 헌법발의로 연방의회를 통과한 후 국민투표로 헌법개정안 최종 확정(절차의 정당성 고양)

제3절 세부화된 연방국가 통일헌법 – 제3단계 통일헌법

제2단계 연방제를 통해 이제는 이질성을 극복하는데 한층 더 노력하여 완전한 통일단계인 제3단계 세부화된 연방제가 되어 완전한 통일이 되어야 할 것이다. 그래서 정치적 통합이론으로 수렴론을 기본으로 한 신기능주의에 연방주의를 가미할 필요가 있으며, Balassa의 경제통합단계에서 마지막 단계인 완전한 경제통합 즉, 제도통합이 필요하며, Elazar의 연방주의에 입각하여 볼 때 세부화되고 비중앙집권적인 연방국가로 완성되어야 할 것이다.

1. 연방국가와 지역정부관계

연방국가의 구성회원국을 남북한 2개국으로 유지해도 무방하다고 생각한다. 그러나 연방국가의 권한을 강화하고 지역정부로 하여금 지역의 특성에 맞는 다양성을 추구하고 역동성있게 지역환경에 대응해야 한다. 그래서 제3단계 세부화된 연방에서는 연방구성국가를 남북한에서 남한은 서울, 경기도, 충청도, 전라도, 경상도, 제주도, 6개의 지역정부와 북한은 평양, 평안도, 황해도, 함경도, 자강도, 양강도, 6개의 지역정부로 나누고, 공동으로 강원도 1, 연방수도 1, 총 연방구성국가를 14개국으로 구성하자고 본서에서 주장하고 싶다.[20]

----

20) 학자에 따라서는 8개 지역정부로 나누는 학자가 있고 13개 다연방공화국으로 나누는

1) 연방국가의 권한

첫째, 동티모르 평화유지군, 레바논 평화유지군, 남수단 평화유지군 등 국제평화활동 파견

지금도 세계 여러 곳에서는 자연적 재난과 대소규모의 무력충돌로 신음하는 지역들이 많이 있다. 2009년 아이티 지진사태로 아이티국민들이 큰 고통을 지금도 겪고 있다. 지금은 해결되었지만 동티모르 분리독립 운동으로 희생된 동티모르 사태와 레바논 사태 역시 많은 인적 물적 피해를 보았다. 이를 남의 나라라고 방치만 할 수 없는 게 인권적 관점에서 당연하다고 판단한다. 그리하여 우리나라에서는 동티모르와 아이티에 평화유지군과 재난구제단을 각각 파견한 바 있다. 그리고 현재 남수단에 평화유지군이 파견되어 있다. 이와 같은 국제적 인권문제와 재난문제에 **제3단계 세부화된 연방제에서도 통일연방정부** 이름으로 파견한다면 한민족에 대한 자긍심이 증대되고 또한 Elazar의 비중앙집권연방국가를 완성하고 유지하는데 있어, 국제적 환경조성에 긍정적인 영향을 미칠 것이다.

둘째, 연방국가(14개 지역정부)의 체육대회 개최권 및 아시안게임, 세계선수권대회, 올림픽 공동참가권

통일연방정부가 14개 지역정부 체육대회와 아시안게임, 세계선수권대회, 올림픽 등을 통일연방정부 이름으로 참가한다면 아직도 남아 있는 차이점을 극복하고 한반도에 평화와 안정 그리고 후유증 없는 평화통일을 달성하여 유지하는데 크게 기여하리라 확신한다.

학자가 있다.

셋째, 14개 지역정부 국민들 간에 거주하고 있는 지역정부이외에서 행한 민·형사상 문제와 서로 거주하고 있는 지역이 다른 국민들 간에 발생한 민·형사상 문제

제3단계 세부화된 연방제에서는 남북한 지역정부가 통일연방국가의 권한을 강화시키고 각 지역의 특성에 맞게 다양성을 수용하기 위해 14개 지역정부로 나뉘어지는 단계이다. 그렇기 때문에 연방정부의 권한은 14개 지역정부의 국민이 거주하고 있는 지역정부이외에서 행한 민·형사상 문제와 서로 거주하고 있는 지역이 다른 국민들 간에 발생한 민·형사상 문제 등을 해결하는 권한을 가져야 한다.

넷째, 실질적인 군사권과 외교권 행사

"제2단계 연방제에서는 한반도의 안보를 실질적으로 지키는 주체가 통일연방국가이어야 한다고 생각되며, 남북한 군대는 미국 각 주에서 보유하고 있는 민병대식으로 변화되어야 한다. 그리고 아직도 남북한은 각각의 외교권을 보유하고 있지만 새로운 조약 등 한반도의 운명에 영향을 주는 일체의 조약에 대해서는 통일연방국가의 승인을 받는 것이 한반도의 완전한 평화통일의 정착을 위하여 필요하다"라고 주장했다.

그렇지만 제3단계 세부화된 연방제에서는 남북한 지역정부가 14개 지역정부로 나누어지기 때문에 실질적인 군사권과 외교권에 대한 권한이 2단계 연방제보다는 강화되어야 한다.

다섯째, 사회적 기본권 보장

통일연방국가의 권한 중 보충·지원 권한을 배타적 권한으로 강화

시킬 필요가 있다. 제2단계 연방제까지 사회적 기본권을 남북한 지역정부에 맡겼으나, 제3단계 세부화된 연방제에서는 통일독일처럼 14개 지역정부가 감당하지 못한 사회적 기본권 부분에 대해 연방정부가 적극적으로 개입해야 한다[21]고 본다.[22]

2) 14개 지역정부의 권한

첫째, 연방정부의 위임사무는 연방행정부의 지방행정청이 없는 경우에는 14개 지역정부에 위임하여 처리하는 것이 경제적 효율성을 높일 수 있다.

둘째, 지역정부의 고유사무는 연방정부에 이관되지 않는 사무에 해당되는데, 이것은 14개 지역정부의 권한에 속한다.

2. 통일연방국가의 국가형태 및 이념, 성격

제3단계 세부화된 연방제에서는 남북한 이질성이 그동안 인적 물적 교류와 경제적, 정치적 통합의 선순환적 구조로 인하여 민족의 이질성이 거의 극복되고 이제는 완전한 비중앙집권 연방제에 입각하여 정치, 경제적 통합 및 제도통합이 완성되는 단계이다. 그리하여 통일연방국가의 구성형태는 1민족, 1국가, 1체제, 14지역정부로 구성된다.[23]

---

21) 대표적으로 예를 들면 본서에서 일관되게 주장하고 있는 사회적 기본권이 될 것으로 예상한다.
22) 통일연방국가가 국가차원에서 의, 식, 주, 교육, 의료에 대해 최소한 북유럽복지국가 수준으로 보장해야 할 것이다.
23) 김대중 전대통령은 이 단계에서 다다르면 단일국가이어도 좋고, 세부화된 연방제이이도 좋다라고 주장하였지만, 본서에서는 동북아의 지정학적 위치를 최대한 활용하여

통일연방국가의 이념은 자유와 평등이 조화로운 사회 즉, 복지국가 지향 등이 더 조화롭게 강화되어 타국가나 타민족에게 모범이 될 수 있는 상태였으면 하는 바람이다. 연방국가의 성격은 더욱 더 민주화되고 대화와 타협 및 평화를 보장하는 가운데 복수정당들의 경쟁이 민족의 더 차원 높은 문화창달에 이바지할 수 있는 완전한 국가—당 체제이어야 한다.

3. 헌법의 기본원리

통일연방국가의 연방헌법의 기본원리는 국민주권주의, 권력분립주의, 실질적 법치주의이다. 헌법의 기본원리를 강화시켜 자유와 평등이 동시에 보장되는 완성형 연방통일국가가 되어야 한다.

4. 헌법의 기본질서

1) 연방헌법의 기본질서는 남북한이 1민족, 1국가, 1체제, 14지역정부로써 정치공동체로 성숙한 민주적 기본질서와 경제공동체로 통일 예멘의 경제질서에 가까운 혼합경제질서를 지향하여 복지국가를 달성하여야 할 것이다. 그리고 국제질서로 국제평화질서이어야 한다. 세부화된 연방제에서는 경제질서가 본서에서 추구하고자 하는 혼합경제질서로 남북한이나 또는 14개지역정부가 경제통합을 달성해야 할 것이다. 아래에서는 본서에서 추구하고자 하는 혼합경제질서가 잘

....

민족발전을 극대화하려면 단일국가보다는 다양성수용의 원칙에 더 충실한 연방국가로 가야 한다고 주장하고 싶다.

나타나 있는 통일예멘헌법을 소개함으로 평화민주연방공화국(가칭)의 경제질서를 표현하고자 한다. 그래서 통일예멘헌법의 원문을 그대로 인용하고자 한다. 이유는 본서를 쓰고자 여러 국가의 헌법과 실제 사례를 살펴보았다. 그러나 실제사례는 북유럽에서 유사한 사례가 발견되었다. 그렇지만 자유와 평등이 가장 잘 조화롭게 표현된 통일예멘헌법은 현실적으로 구현되지 못하였지만 혼합경제질서[24]가 함축적으로 나타나 있다고 생각하기 때문이다.

2) 통일예멘헌법의 경제질서(경제적 기초)

제6조 (국가경제원칙)

국가경제는 다음의 원칙들에 기초한다.

① 생산 및 사회관계에 있어서 이슬람 사회정의

② 생산의 기본수단을 소유할 수 있는 발전적인 공공부문의 설립

③ 공공의 이익과 법률에 의한 적정한 보상을 제외하고 침해되지 않는 사유권의 보호

④ 이슬람 및 아랍전통과 예멘국민의 환경에 기초한 사회주의적 관계의 확립을 보장함으로써 전반적인 발전을 이루는 강하고 자주적인 국가경제의 실현을 보장하기 위한 모든 관계와 잠재성의 지도원리

---

[24] 희망하는 통일한국체제에 대한 서울대학교 통일평화연구소에서 2010년 조사한 설문 조사결과에 의하면 통일된 후 체제에 대해 남한의 현체제를 그대로 유지한다(44.5%), 남한과 북한의 체제를 절충한다(38.7%), 통일이후에도 남북한 2체제를 각기 유지한다(12.6%), 통일이 이루어지기만 하면 어떤 체제도 상관없다(4.2%)(정은미, 「이중적 통일인식과 대북인식의 '북한효과'」, 『2010 통일의식조사발표-통일의식, 통일론, 통일세』, 서울: 서울대학교 통일평화연구소, 2010, p. 14 참조).

제7조 (국가소유)

지하 또는 지상·영해·대륙붕 혹은 배타적 경제수역의 모든 파생물 및 동력자원을 포함한 자연자원은 국가에 귀속되며, 이는 국민의 이익을 위해 그 개발이 보장된다.

제8조 (경제정책)

국가의 경제정책은 공공의 이익과 국가경제의 발전을 위한 정부개발계획의 틀 속에서 자연 및 공적자원의 개발과 투자, 그리고 모든 경제 및 사회분야의 공공·민간 및 혼합부문에서 능력과 기회의 확대와 개발에 임하는 공공법인의 설립을 장려하는 방향에서 과학적인 기획에 기초한다.

제9조 (대내외경제에 대한 국가기능)

국가는 대외무역을 지도하며, 그 효용성을 개발·증진시키도록 노력하며, 국가경제에 기여하도록 유도한다. 국가는 소비자들의 보호와 시민의 생활필수품을 공급하기 위하여 국내 상행위를 감독한다.

제10조 (화폐·재정 및 금융체제·도량형 법정)

법으로 국가공용화폐, 재정 및 금융체계를 조정하며, 도량형을 정한다.

제11조 (조세)

세금과 공공요금은 시민 사이의 사회의 공익과 사회정의의 실현을 위하여 부과한다.

제12조 (조세법률주의)

세금의 부과, 조정 혹은 철폐는 법률에 의해서만 이루어진다. 누구도 법률에 규정된 것을 제외하고 납세로부터 면제될 수 없으며, 또한 어떠한 자도 법률에 의하지 아니하고는 여타의 세금 또는 공공요금을 납부할 의무를 부담하지 않는다.

제13조 (협동사업 · 저축장려)

국가는 협동사업과 저축을 장려한다. 국가는 모든 종류의 협동조합의 결성과 협동활동을 보장 · 보호 및 장려한다.

제14조 (징세원칙 · 기금분배 법정주의)

법은 징세의 기본원칙과 공공기금의 분배에 관하여 특별히 정한다.

제15조 (국고지급액 법정)

국고에서 지급되는 급료, 연금, 보상, 보조금 및 상여금 등의 액수는 법률로 정한다.

제17조 (자연자원 · 공공사업 · 국가재산처분의 법률위임)

자연자원 및 공공사업개발권의 부여는 법률에 의해서만 이루어진다. 국가의 동산 및 부동산 처분방법 및 이의 처분에 관한 원칙과 절차는 법률로 정한다. 지방자치단체에 동일한 특권과 국가소유의 재산의 자유로운 처분 또는 이용에 관하여 법률로 정한다.

5. 기본권

연방정부의 권한에 해당하는 정치적 권리인 자유권적 기본권, 참정권적 기본권과 재판청구권을 포함한 청구권적 기본권, **14개 지역정부에서 하지 못하고 있는 사회적 기본권 보장**을 연방정부가 보장해야 하는 단계이다. 즉, 종합적으로 분석해보면 연방정부의 권한에 해당하는 정치적 권리인 참정권적 기본권과 재판청구권을 포함한 청구권적 기본권, 자유권적 기본권과 사회적 기본권을 연방정부가 보장해야 하는 단계이다.[25]

6. 통치구조

통치구조는 제3단계 세부화된 연방제에서는 제2단계 연방제에서 인정된 통치기구와 권한이 그대로 인정된다는 점에서는 제2단계 연방제와 동일하다. 그러나 연방법원의 역할과 헌법재판소의 역할은 제3단계 세부화된 연방제에서는 강화되리라 예상하고 있다.

1) 연방상원

(1) 선출

선거구는 제3단계 세부화된 연방제에서 구성한 남한 6개 지역정부, 북한 6개 지역정부, 남북 공통으로 강원도, 연방수도에서 각 2명의 대표자를 선출한다. 그리하여 총 28명을 선출한다.

(2) 권한

연방상원은 고위공무원에 대한 임명동의권과 탄핵소추권을 가진다. 그리고 의원입법권과 예산심의확정권을 가진다. 그리고 연방상원의장은 부통령이 겸임한다. 기타 필요한 사항은 연방법률로 정한다.

---

25) 미국과 서독을 비교해 보면 미국은 헌법상 명시적으로 연방국가가 사회적 기본권을 보장한다는 규정이 없다. 헌법이 예시규정임을 명시하는 규정을 두어 간접적 보장방법을 선택하고 있지만, 서독기본법은 명시적으로 사회적 기본권을 연방국가가 보장하고 있다.

2) 연방하원

(1) 선출

14개 지역정부의 인구비례로 지역구를 선출하여 국민이 직접 선출하는 지역구의원과 14개 지역정부를 기준으로 하여 비례대표를 선출한다. 즉 연방하원은 지역구의원과 비례대표의원으로 구성된다.

(2) 권한

의원입법권과 예산심의의결권을 가지며 행정입법에 대한 심의의결권을 가진다. 기타 필요한 사항은 연방법률로 정한다.

3) 대통령과 부통령

(1) 선출

국민의 직접선거를 통해 대통령, 부통령을 선출한다. 제3단계 세부화된 연방제에서는 대통령과 부통령이 남북한 각각 1인씩 러닝메이트를 할 필요가 없이 능력에 따라 선출되어야 한다.

(2) 권한 및 임기

제3단계 세부화된 연방제에서는 제2단계 연방제에서 대통령과 부통령의 권한이었던 "첫째, 비무장지대에 대한 행정집행권 둘째, 서해 NLL과 북한이 1999년 9월 2일에 주장하고 있는 서해바다 MDL사이에 대한 서해바다 행정집행권, 셋째, 연방수도 생태관광도시, 평화도시, 국제평화공원 등 비무장지대를 중심으로 건설될 도시와 공원에 대한 행정집행권을 갖는다. 그리고 넷째, 제2단계 연방제에서는 남북한 전지역에 대한 통치권을 가진다"는 의미가 없다고 판단한다. 이미 통합의 과정이 마지막 단계에 해당되어 하나의 국가로 남북한은 통합되고 또한 지역에 맞는 다양성을 확보하기 위하여 14개지역정부를 구성하였기 때문이다. 그래서 대통령과 부통령은 통일된 한반도에 대한 행정권과 14개지역정부의 갈등을 중재하는 단계에 해당된다. 그리고 임기는 4년이고, 1회에 한하여 연임할 수 있다. 기타 필요한 사항은 연방법률로 정한다.

4) 법원

(1) 선출 및 구성

대통령이 지명하여 연방상원의 동의를 얻은 3명의 대법관과 연방상원에서 선출하여 대통령이 임명한 4명 대법관, 대법원장의 추천으로 상원의 동의를 거쳐 대통령이 임명한 3명, 총 10명 대법관으로 대법원을 구성한다. 대법원장은 대통령이 연방상원의 동의를 거쳐 대법관 중에서 임명한다.

(2) 권한 및 조직

통일연방국가의 사법권을 행사한다. 즉, 민사재판, 형사재판, 선거재판, 행정재판, 군사재판 등 사법권을 행사하는 최고기관은 연방대법원이다. 재판은 배심원제도를 활용한다. 그리고 필요시 연방지방법원을 조직할 수 있다. 기타 필요한 사항은 연방법률로 정한다.

5) 헌법재판소

(1) 선출 및 구성

제3단계 세부화된 연방제에서는 통일의 마지막 단계이기 때문에 대통령과 부통령이 남북한 출신 각 1명씩 선출될 필요가 없다. 그래서 헌법재판소의 구성 역시 부통령이 의회의 동의를 거쳐 임명될 필요가 없다. 부통령이 지명할 3명 헌법재판관을 연방대법원장이 지명하여 연방상원의 동의를 거쳐 대통령이 임명하는 것이 합리적이다. 그래서 대통령이 지명하여 연방상원의 동의를 얻은 3명의 헌법재판관과 연방상원의 추천을 받은 4명 헌법재판관 총 10명으로 헌법재판소는 구성된다. 나머지 필요한 사항은 연방법률로 정한다.

(2) 권한

헌법재판이 국가통합에 매우 중요한 단계이기 때문에 헌법재산소의 권한이 강화 확대될 필요가 있다.

6) 선거관리위원회

(1) 선출 및 구성

대통령과 대법원장이 연방상원의 동의를 거쳐 지명하는 각각 3명의 위원과 연방상원이 추천하는 4명, 총 10명으로 중앙선거관리위원회를 구성한다. 선거관리위원회는 중앙선거관리위원회와 지구선거관리위원회로 조직한다. 선거관리위원회 위원장은 호선한다.

(2) 권한

연방의 모든 선거가 공정한 선거가 될 수 있도록 한다. 기타 필요한 사항은 연방법률로 정한다.

7) 회계감사원

(1) 선출 및 구성

회계감사위원은 연방상원과 연방하원이 협의하여 감사위원을 연방 상원의장이 임명한다. 감사원장은 감사위원 중에서 연방상원의장이 임명한다. 소속은 연방의회의 관할에 둔다.

(2) 권한

연방행정부 등 연방의 모든 기관을 감사한다. 감사에는 회계감사와 직무감사를 포함한다. 기타 필요한 사항은 연방법률로 정한다.

8) 연방국방부

(1) 선출 및 구성

제1단계 연합형 연방제에서는 남북동수로 고위직은 특별채용하고 사병은 지원자 중에서 선발하였으나 제3단계 세부화된 연방제에서는 제2단계 연방제와 마찬가지로 능력에 따라 선발한다. 임명권자는 대통령이다.

(2) 권한

한반도 위기시에 연방군대와 14개 지역정부군을 통솔하여 한반도 위기관리에 임한다. 그리고 동티모르, 레바논, 남수단 등 국제평화유지군으로 한민족을 대표하여 파견된다. 기타 필요한 사항은 연방법률로 정한다.

9) 연방경찰청

(1) 선출 및 구성

제1단계 연합형 연방제에서는 남북동수로 고위직은 특별채용하고 하위직은 공개경쟁채용을 하였으나 제3단계 세부화된 연방제에서는 제2단계 연방제와 마찬가지로 능력에 따라 선출되고 임명된다. 임명권자는 대통령이다.

(2) 권한

자기가 거주하고 있는 지역이외에서 같은 지역주민들끼리 범죄를 범한 경우 또는 거주지가 다른 지역주민들끼리 범죄를 범한 경우 조사권을 가진다.

10) 연방검찰청

(1) 선출 및 구성

제1단계 연합형 연방제에서는 남북한동수로 고위직은 특별채용하고 하위직은 공개경쟁채용을 하였으나, 제3단계 세부화된 연방제에서는 제2단계 연방제와 마찬가지로 능력에 따라 선출되고 임명된다. 임명권자는 대통령이다.

(2) 권한

자기가 거주하고 있는 지역이외에서 같은 지역주민들끼리 범죄를 범한 경우 또는 거주지가 다른 지역주민들끼리 범죄를 범한 경우 각종 범죄에 대한 수사권과 기소권을 가진다. 기타 필요한 사항은 연방법률로 정한다.

11) 연방중앙은행

연방중앙은행은 통일의 제1단계인 연합형 연방제 후반부에 남북한 공동화폐를 가짐으로써 남북교류협력과 통일의 촉진을 위해 필요하였으나, 이제는 남북한화폐를 폐지하고 연방화폐만 사용하는 단계이다. 제3단계 세부화된 연방제에서는 경제통합이 마무리단계이기 때문에 **재정정책**과 **통화정책**을 실시할 수 있다. 그리고 연방중앙은행은 독립된 위원회로 운영되어야 하며 위원들은 능력에 따라 임명된다.

7. 연방과 지역자치정부재정

제3단계 세부화된 연방제에서는 남북한 지역정부가 소멸되고 14개 지역정부가 형성되기 때문에 **남북한 부담금**과 평화도시 또는 연방수도를 조성하여 이 지역에 나오는 **모든 세금** 등은 제3단계 세부화된 연방제에서는 제외되어야 한다. 그러나 제3단계 세부화된 연방제에서도 연방국가의 재정은 "첫째, Balassa의 경제통합이론으로 살펴보면 연합형 연방제에서는 자유무역지대, 관세동맹, 준공동시장이 완성되는 단계이기 때문에 한반도에서 나가고 들어오는 물품에 대한 관세가

연방재정이 되어야 할 것이다. 둘째, 비무장지대에 생태공원을 조성하여 외국인, 남북한 주민에 대한 관광세, 셋째, EU 연합처럼 통일연방정부가 발행하는 국채, 그리고 넷째, 제2단계 연방제에서는 제1단계 연합형 연방제에서 확보한 재정수입에 법인세, 소득세 등으로 확대하여야 한다"라고 제2단계 연방제에서 주장했다. 그래서 제2단계 연방제에서와 같은 이유로 제3단계 세부화된 연방제에서도 연방국가의 재정으로 남아야 한다고 생각한다. 그리고 다섯째, 제3단계 세부화된 연방제에서는 부당이득세, 소비세, 주세 등으로 연방재정의 확대가 필요하다.[26]

8. 헌법개정

제3단계 세부화된 연방제에서 헌법개정절차는 헌법개정발의권자로 14개 지역정부의 2분의 1 이상의 찬성을 통한 발의와 연방상, 하원 각각 2분의 1 이상의 찬성을 통한 발의와 연방대통령이 헌법개정안을 발의할 수 있다. 그리하여 연방상, 하원 각각 3분의 2 이상의 의결을 통해 국민투표에 부쳐진다. 그리고 연방의회 선거권을 가진 선거권자의 과반수 이상의 투표와 투표참여자 2분의 1 이상 찬성으로 헌법개정은 확정된다.

---

[26] 이미 앞에서 밝혔듯이 남북한 조세 및 재정전문가들에 의해서 구체적으로 논의될 성질임을 지적하고 싶다.

9. 검토 및 평가

제3단계 세부화된 연방제는 이제까지 분단극복 노력과정의 종착점으로 한반도 평화통일이 강화되는 방향으로 나아가야 할 것이고 통일의 후유증이 혹 남아 있다면 후유증을 최소화시켜야 할 것이다. 위에서 주장한 내용을 요약하면 〈표 6-3〉과 같다.

〈표 6-3〉 제3단계 세부화된 연방제(목표: 최종적 비중앙집권 연방국가 완성)

비교 분석사항	제3단계 세부화된 연방제
정치적 통합이론	수렴론을 기초로 한 신기능주의+연방주의 가미
Balassa의 경제통합	완전한 경제통합(제도통합)
Elazar의 연방주의	세부화되고 비중앙집권적인 연방국가의 완성
연방구성국가의 구성원	남한과 북한을 각각 6개의 지역정부, 공동으로 강원도, 연방수도로 나누어 연방구성국가는 14개국으로 구성
국가형태	1민족-1국가-1체제-14지역정부의 세부화된 연방국가
국가의 이념	자유와 평등의 조화(복지국가)
국가의 성격	완전한 국가-당체제(복수정당제도)
헌법의 기본원리	국민주권주의, 권력분립주의, 법치주의 등
헌법의 기본질서	정치질서로 민주적 기본질서, 경제질서로 통일예멘헌법의 경제질서에 가까운 혼합경제질서 완성(1국가, 14개지역정부, 1체제), 국제질서로 국제평화질서 등
연방재정	제2단계 연방제에서 확보한 연방예산(남북한 부담금, 연방수도에서 나오는 세금 제외)+소비세+부당이득세+주세 등
기본권	자유권적 기본권과 사회적 기본권의 균형 (사회권적 기본권의 보장에서 연방정부의 권한 강화)
통치구조	연방의회(상원, 하원), 대통령과 부통령, 연방대법원, 선거관리위원회, 헌법재판소 등
헌법개정	각 14개 지역정부의 1/2 이상, 연방상·하원 1/2 이상, 대통령의 발의와 연방상·하원 2/3 이상의 의결을 거쳐 국민과반수 투표참여와 투표참여자의 1/2 이상의 찬성으로 확정

제7장

결 론

  1910년 일본의 식민지가 된 후 1945년 8월 15일 36년간의 일본 식민지 통치를 극복하고 해방을 맞이하였으나 해방의 기쁨도 잠시 냉전 이데올로기 영향과 우리 민족의 독립국가 건설의 영향력 부족으로 남과 북은 서로 나뉘어 지역분단을 초래하였다. 그리고 1948년 8월 남한은 개인주의를 원칙으로 삼고 예외적으로 집단주의를 반영한 헌법을 마련하여 1948년 8월 15일에 대한민국이라는 독립정부를 구성하였고, 북한은 1948년 9월 9일 조선민주주의인민공화국헌법을 마련하여 집단주의를 원칙으로 예외적으로 개인주의를 반영한 조선민주주의인민공화국을 출범시켜 남과 북은 정치적 분단을 초래하였다. 또한 1950년 6월 25일 한국전쟁이 발발하여 1953년 7월 27일 정전협정이 성립됨으로써 약 3년간 수백만 명의 사상자와 1천만 이상의 이산가족을 남기고 한국전쟁은 끝났으나, 우리민족에게는 민족분단이라는 3중분단을 안겨주었다. 그러나 3중분단 이후 1972년 7·4남북공동성명과 1992년에 발효된 남북기본합의서, 2000년 6월 15일 6·15공동선언, 2007년 10·4남북정상선언 등을 통해 민족분단을 해소하기 위해서 꾸준히 노력하고 있다.

  그래서 본서는 위와 같은 민족분단을 해소하고 한반도 평화와 안정을 정착화시키고 이를 바탕으로 후유증 없는 평화통일을 이룩하고 통일헌법을 구상하는데 도움을 얻고자 통일헌법의 이론적 배경으로 첫째, 정치적 통합이론으로 수렴론에 기초한 기능주의, 신기능주의, 연방주의, 둘째, 경제적 통합이론으로 Balassa의 경제통합이론과 셋째, Elazar의 연방주의에 입각하여 한반도 평화통일을 생각하여 보았다. 또한, 연방통일헌법을 구상하는데 도움을 얻고자 분단국가의 통합사례인 서독기본법과 동독헌법과 독일통일헌법을 분석하였고 비분단국가이지만 통합국가를 이룩한 미국, 소련헌법을 분석하였으며, 현재 유럽연합이라는 명칭을 사용하고 있지만 실질적으로 초국가성을 띠고 있는 EU연합의 법적 근거인 리스본조약을 분석하였다. 그리하여 첫째, 리스본조약의 분석을 통해 제1단계 연합형 연방제에서 연방국가와 남북한 지역정부간에 권한배분을 하는데 시사점을 얻었다. 둘째, 서독기본법을 통해서는 연방국가와 주권한 배분과 연방재정과 주재정배분에 대하여 통일헌법을 구상하는데 도움을 얻었고, 셋째, 미국헌법을 통해서는 정부형태 구조로써 대통령제라는 정부형태를 구상하는데 실질적으로 도움을 얻었다. 그리고 넷째, 북한이 주장하고 있는 고려민주연방공화국 창립방안에 의하면 최고민족회의를 개최하여 연방상설위원회를 구성하고 이를 바탕으로 연방제통일을 하자고 주장하고 있는데 1924년 소련헌법과 동독헌법은 당–국가체제와 민주적 중앙집중제원리에 의한 의회정부제를 제도화한 헌법인데 북한의 고려민주연방제 창립방안이 1924년 소련헌법 및 동독헌법과 맥을 같이 하고 있다면 지양해야 할 방향이라는 점에서 도움을 얻었다.

그리고 남북한 통일방안 및 헌법의 비교분석을 통해서 첫째, 남북한 통일방안을 분석해 보면 남한은 민족공동체통일방안이고 북한은 고려민주연방공화국 창립방안인데 통일철학과 원칙, 통일과정, 과도체제, 통일국가의 실현, 통일국가의 형태와 기구, 통일미래상, 통일주체면에서 차이점이 많았다. 그래서 현단계에서 단기간 통일을 위해서는 무력통일이나 북한의 갑작스러운 붕괴를 통한 흡수통일이외에는 방법이 없었고 아니면 현 상태 유지 즉, 분단고착으로 나아가는 길 밖에 없다고 판단하였다. 그러나 통일을 장기로 볼 때 그리고 단계적으로 볼 때는 어렵고 힘들지만 평화통일이라는 길을 발견하게 되었다.

그 평화통일을 달성하려면 결국 북한이라는 실체를 인정해야 되고 단계적이고 점진적인 통일방향으로 나아가야 한다는 즉, 후유증 없는 평화통일로 나아가야 한다는 시사점을 얻었다.

그리고 남한의 민족공동체통일방안을 분석하여 공헌과 한계를 지적하였고 이를 토대로 단계적 연방제통일방안이라는 대안적 통일방안을 제시하였다. 둘째, 남북한 현행 헌법 역시 헌법의 기본원리로 남한헌법은 국민주권주의, 권력분립주의, 법치주의이고 북한헌법은 인민주권주의, 사회주의법치주의, 민주적 중앙집중제원리, 집단주의라는 점에서 차이가 있고, 헌법의 기본질서 역시 남한헌법은 정치적 공동체로써 자유민주적 기본질서, 경제적 공동체로써 사회적 시장경제질서, 국제질서로써 국제평화질서이지만, 북한헌법은 정치적 공동체로써 사회주의민주주의적 기본질서, 경제적 공동체로써 사회주의계획경제질서, 국제질서로써 국제평화질서로 차이점이 있다. 그리고 기본권은 남한헌법은 자유권적 중심의 기본권이지만 북한헌법은 사회권적 중심의 기본권이었다. 위에서 살펴보듯 남북한 통일방안 및 헌법 비교분석을 통해 너무나 차이점이 뚜렷이 나타나고 있다. 그래서 통일은 단계적 연방제통일방안으로 가야한다는 확신을 더 가지게 되었다. 그리고 연방통일헌법 역시 단계적 연방제통일방안에 입각하여 국가형태로 단일국가보다는 연방국가가 다양성 수용 차원에서 더 낫다고 보아 통일국가형태는 연방국가이어야 한다고 판단하였다. 또한 연방국가와 지역정부의 권한에 대해서는 권한배분의 원칙과 보충성의 원칙, 비례성의 원칙에 입각하여 연방정부에 순차적 단계별로 권한을 이양시켜 나가는 것이 현실적이다고 판단했다. 그리고 국가이념을 인간 본성은 자유와 평등을 동시에 추구한다고 판단하여 자유와

평등의 조화를 추구하였고, 국가성격은 당-국가체제가 아닌 국가-
당체제가 되어 실질적 복수정당제가 보장되어야 한다고 주장하였다.
헌법의 기본원리로 국민주권주의와 권력분립주의, 실질적인 법치주
의를 주장하였다. 그리고 헌법의 기본질서로는 정치적 공동체로써 민
주적 기본질서, 경제적 공동체로써 제1단계 연합형 연방제와 제2단계
연방제에서는 1국가, 2지역정부, 2체제를 주장하였고, 제3단계 세부화
된 연방제에서는 1국가, 14지역정부, 1체제로 통일예멘헌법의 경제질
서에 가까운 혼합경제질서를 주장하였고, 국제질서로써 국제평화질
서를 주장하였다. 그리고 제1단계 연합형 연방제에서 연방국가의 배
타적 권한으로 비무장지대의 관리권, UN사와 북한간의 합의하지 못
한 서해바다의 관리권, 개성공업지구 및 금강산관광지구 등 휴전선
인접지역에 대한 민·형사 문제에 대한 일부 관리권, 동티모르 평화
유지군, 레바논 평화유지군, 남수단 평화유지군 등 한민족을 대표한
국제파견, 민족의 공동이익에 관한 외교권 및 남북한 지역정부의 새
로운 국제조약에 대한 협의권, 남북한 체육대회 개최권 및 아시안게
임, 세계선수권대회, 올림픽대회 공동참가권 등을 들었다. 공유적 권
한으로 첫째, 농업 및 어업, 둘째, 환경보호 셋째, 시베리아나 만주를
통과하는 필수적인 TKR(한반도횡단철도), 넷째, 우주항공분야 등 기
술개발, 다섯째, 기타(민족공동발전에 필요한 사항) 등을 들었다. 조
정·지원·보충권한으로 첫째, 남북한 주민의 건강보호 및 증진, 둘
째, 산업, 셋째, 문화창달, 넷째, 국내외 여행 다섯째, 일반교육, 직업
교육, 여섯째, 남북한 주민 보호, 일곱째, 외국과의 행정협력 등을 들
었다. 그리고 남북한 지역정부의 권한으로는 연방국가에 이전되지 아
니하는 외교권, 군사권 등 모든 권한을 남북한 지역정부가 가진다고

주장했다. 결과적으로 제1단계 통일연방정부는 국가연합에 가까운 형태이나 민족통합과 한반도의 평화와 안정 나아가 후유증없는 평화통일을 제도화시키는데 이바지할 수 있는 사항에 대해서만 권한을 가지는 단계라 할 수 있을 것이라고 판단했다. 그리고 제2단계 연방제에서 연방국가 권한은 첫째, 제1단계 연합형 연방제에서 통일연방국가가 가졌던 모든 권한, 둘째, 남한 국민이 북한에서 행한 민·형사상 문제와 북한 국민이 남한에서 행한 민·형사상 문제 및 남한 국민과 북한 국민이 행한 민·형사상 문제, 셋째, 실질적인 군사권과 외교권 행사 등을 들었다. 그러나 남북한 지역정부는 첫째, 예외적으로 연방국가에 이양되지 않는 외교권과 군사권, 둘째, 남한 국민이 남한지역에서 남한 국민에게 민·형사상 문제를 행하고 북한으로 도주한 경우 범죄인도요구권과 북한 국민이 북한지역에서 북한 국민에게 민·형사상 문제를 행하고 남한으로 도주한 경우 범죄인도요구권, 셋째, 남북한 정부에게 사회적 기본권 등의 권한을 가져야 한다고 주장했다. 그리고 제3단계 세부화된 연방국가에서는 연방국가의 권한은 첫째, 제2단계 연방제에서 연방국가가 가졌던 모든 권한, 둘째, 통일연방국가의 권한 중 조정·보충·지원 권한을 강화시킬 필요가 있다고 판단하여, 이제까지 사회적 기본권을 남북한 지역정부에 맡겼으나 14개 지역정부가 감당하지 못한 부분에 대해서는 연방정부가 적극적으로 지원, 조정해야 한다고 주장했다. 그리고 14개 지역정부 권한으로는 첫째, 연방정부의 위임사무, 둘째 지역정부의 고유사무 등이라고 판단했다.

또한 기본권보장으로 제1단계 연합형 연방제에서는 원칙적으로 제한지역에서 자유권적 기본권을 보장하나 예외적으로 비무장지대 내에 건설될 연방수도, 생태관광도시, 환경도시, 국제평화공원 등에 한해서는 연방정부가 자유권적 기본권, 정치적 기본권, 청구권적 기본권, 사회적 기본권을 보장해야 한다고 주장했다. 그리고 제2단계 연방제에서 남북한 전역에서 자유권적 기본권 보장, 제3단계 세부화된 연방제에서 연방국가의 조정, 지원 권한을 확대하여 즉, 배타적 권한 또는 공유적 권한으로 사회적 기본권을 보장하는 형태로 연방국가의 기본권 보장의 확대를 주장하였다. 통치구조의 정부형태로 대통령제를 주장하였고 제1단계 연합형 연방제에서는 연방상·하의원에서 정·부통령의 간선제를 통해 남북이 공동으로 행정권을 행사할 수 있도록 간접선거를 주장하였고, 제2단계 연방제에서는 국민의 직접선거를 통한 정·부통령제 선출 방향을 주장하였다. 국회구성으로 인구비례에 의한 연방하원 직접선거와 지역정부를 대표하는 연방상원을 가진 양원제를 주장하였고 연방상원의 선출방법으로 제1단계 연합형 연방제에서는 양쪽 국회에서 선출하는 스위스식 상원 선출방법[1]을 택하였고, 제2단계 연방제에서는 직접선거를 주장하였다. 연방과 지역자치정부와의 재정에 대해서는 제1단계 연합형 연방제에서는 연방국가의 재정을 남북한의 부담금과 관세, 생태공원에 대한 관광세, 국채 등으로 연방재정의 확보를 주장하였고, 제2단계 연방제에서는 제1단계 연합형 연방제에서 확보한 재정에 법인세, 소득세 등으로 연방재정의 확대를 주장하였으며 제3단계 세부화된 연방제에서는 제2단계에서 확보한 재정에 소비세, 부당이득세, 주세 등으로 연방재정을 강화시키는 재정확보방안을 주장하였다. 그리고 헌법개정방법으로 제1단계

---

[1] 스위스는 주의회에서 연방상원을 선출하는 제도를 가지고 있다. 그리고 독일은 주정부가 연방상원을 임명하는 제도를 가지고 있다.

연합형 연방제에서는 헌법개정의 발의권자로 대통령과 연방의회 및 남북한지역정부를 주장하였으며 확정방법으로 지역정부의 헌법에 맞는 비준절차를 주장하였으나 제2단계, 제3단계에서는 확정단계로 절차적 민주성을 강화시키기 위해 국민투표를 주장하였다.

한반도는 다른 분단지역이 2중분단 상태이지만 한반도는 3중분단 상태에 놓여 있기에 시간적으로 통합의 시간을 장기적이고 단계적으로 나아가야 한다. 그리고 인내심이 어느 지역 통합 노력보다 필요하다. 한반도의 평화통일 없이 잃어버린 대륙시대를 열 수 없다고 확신한다. 잃어버린 대륙시대와 우리가 현재 누리고 있는 해양시대를 동시에 확보할 때 국가발전과 민족의 미래가 한 단계 향상될 것이라 생각한다.

부 록

(비공식 번역)

제4차 6자회담 공동성명(9·19 공동성명)

(2005.9.19, 베이징)

제4차 6자회담이 베이징에서 중화인민공화국, 조선민주주의인민공화국, 일본, 대한민국, 러시아연방, 미합중국이 참석한 가운데 2005년 7월 26일부터 8월 7일까지 그리고 9월 13일부터 19일까지 개최되었다.

우다웨이 중화인민공화국 외교부 부부장, 김계관 조선민주주의인민공화국 외무성 부상, 사사에 켄이치로 일본 외무성 아시아대양주 국장, 송민순 대한민국 외교통상부 차관보, 알렉세예프 러시아연방 외무부 차관, 그리고 크리스토퍼 힐 미합중국 국무부 동아태 차관보가 각 대표단의 수석대표로 동 회담에 참석하였다.

우다웨이 부부장은 동 회담의 의장을 맡았다.

한반도와 동북아시아 전반의 평화와 안정이라는 대의를 위해, 6자는 상호존중과 평등의 정신하에, 지난 3회에 걸친 회담에서 이루어진 공동의 이해를 기반으로, 한반도의 비핵화에 대해 진지하면서도 실질적인 회담을 가졌으며, 이러한 맥락에서 다음과 같이 합의하였다.

1. 6자는 6자회담의 목표가 한반도의 검증가능한 비핵화를 평화적인 방법으로 달성하는 것임을 만장일치로 재확인하였다.

조선민주주의인민공화국은 모든 핵무기와 현존하는 핵계획을 포기할 것과, 조속한 시일 내에 핵확산금지조약(NPT)과 국제원자력기구(IAEA)의 안전조치에 복귀할 것을 공약하였다.

미합중국은 한반도에 핵무기를 갖고 있지 않으며, 핵무기 또는 재래식 무기로 조선민주주의인민공화국을 공격 또는 침공할 의사가 없다는 것을 확인하였다.

대한민국은 자국 영토 내에 핵무기가 존재하지 않는다는 것을 확인하면서, 1992년도 「한반도의 비핵화에 관한 남·북 공동선언」에 따라, 핵무기를 접수 또는 배비하지 않겠다는 공약을 재확인하였다.

1992년도 「한반도의 비핵화에 관한 남·북 공동선언」은 준수, 이행되어야 한다.

조선민주주의인민공화국은 핵에너지의 평화적 이용에 관한 권리를 가지고 있다고 밝혔다. 여타 당사국들은 이에 대한 존중을 표명하였고, 적절한 시기에 조선민주주의인민공화국에 대한 경수로 제공 문제에 대해 논의하는데 동의하였다.

2. 6자는 상호 관계에 있어 국제연합헌장의 목적과 원칙 및 국제관계에서 인정된 규범을 준수할 것을 약속하였다.

조선민주주의인민공화국과 미합중국은 상호 주권을 존중하고, 평화적으로 공존하며, 각자의 정책에 따라 관계정상화를 위한 조치를 취할 것을 약속하였다.

조선민주주의인민공화국과 일본은 평양선언에 따라, 불행했던 과거와 현안사항의 해결을 기초로 하여 관계정상화를 위한 조치를 취할 것을 약속하였다.

3. 6자는 에너지, 교역 및 투자 분야에서의 경제협력을 양자 및 다자적으로 증진시킬 것을 약속하였다.

중화인민공화국, 일본, 대한민국, 러시아연방 및 미합중국은 조선민주주의인민공화국에 대해 에너지 지원을 제공할 용의를 표명하였다.

대한민국은 조선민주주의인민공화국에 대한 2백만 킬로와트의 전력공급에 관한 2005.7.12자 제안을 재확인하였다.

4. 6자는 동북아시아의 항구적인 평화와 안정을 위해 공동 노력할 것을 공약하였다.

직접 관련 당사국들은 적절한 별도 포럼에서 한반도의 항구적 평화체제에 관한 협상을 가질 것이다.

6자는 동북아시아에서의 안보협력 증진을 위한 방안과 수단을 모색하기로 합의하였다.

5. 6자는 '공약 대 공약', '행동 대 행동' 원칙에 입각하여 단계적 방식으로 상기 합의의 이행을 위해 상호조율된 조치를 취할 것을 합의하였다.

6. 6자는 제5차 6자회담을 11월초 북경에서 협의를 통해 결정되는 일자에 개최하기로 합의하였다.

(비공식 번역)

9 · 19 공동성명 이행을 위한 초기조치(2 · 13합의)

(2007. 2. 13)

제5차 6자회담 3단계회의가 베이징에서 중화인민공화국, 조선민주주의인민공화국, 일본, 대한민국, 러시아연방, 미합중국이 참석한 가운데, 2007년 2월 8일부터 13일까지 개최되었다.

우다웨이 중화인민공화국 외교부 부부장, 김계관 조선민주주의인민공화국 외무성 부상, 사사에 켄이치로 일본 외무성 아시아대양주 국장, 천영우 대한민국 외교통상부 한반도평화교섭본부장, 알렉산더 로슈코프 러시아 외무부 차관, 그리고 크리스토퍼 힐 미합중국 국무부 동아태 차관보가 각 대표단의 수석대표로 동 회담에 참석하였다.

우다웨이 부부장은 동 회담의 의장을 맡았다.

Ⅰ. 참가국들은 2005년 9월 19일 공동성명의 이행을 위해 초기단계에서 각국이 취해야 할 조치에 관하여 진지하고 생산적인 협의를 하였다. 참가국들은 한반도 비핵화를 조기에 평화적으로 달성하기 위한 공동의 목표와 의지를 재확인하였으며, 공동성명상의 공약을 성실히 이행할 것이라는 점을 재확인하였다. 참가국들은 '행동 대 행동'의 원칙에 따라 단계적으로 공동성명을 이행하기 위해 상호 조율된 조치를 취하기로 합의하였다.

Ⅱ. 참가국들은 초기단계에 다음과 같은 조치를 병렬적으로 취하기로 합의하였다.

1. 조선민주주의인민공화국은 궁극적인 포기를 목적으로 재처리 시설을 포

함한 영변 핵시설을 폐쇄·봉인하고 IAEA와의 합의에 따라 모든 필요한 감시 및 검증활동을 수행하기 위해 IAEA 요원을 복귀토록 초청한다.

2. 조선민주주의인민공화국은 9·19 공동성명에 따라 포기하도록 되어있는, 사용 후 연료봉으로부터 추출된 플루토늄을 포함한 공동성명에 명기된 모든 핵프로그램의 목록을 여타 참가국들과 협의한다.

3. 조선민주주의인민공화국과 미합중국은 양자 간 현안을 해결하고 전면적 외교관계로 나아가기 위한 양자대화를 개시한다. 미합중국은 조선민주주의인민공화국을 테러지원국 지정으로부터 해제하기 위한 과정을 개시하고, 조선민주주의인민공화국에 대한 대적성국 교역법 적용을 종료시키기 위한 과정을 진전시켜 나간다.

4. 조선민주주의인민공화국과 일본은 불행한 과거와 미결 관심사안의 해결을 기반으로, 평양선언에 따라 양국관계 정상화를 취해 나가는 것을 목표로 양자대화를 개시한다.

5. 참가국들은 2005년 9월 19일 공동성명의 1조와 3조를 상기하면서, 조선민주주의인민공화국에 대한 경제·에너지·인도적 지원에 협력하기로 합의하였다. 이와 관련, 참가국들은 초기단계에서 조선민주주의인민공화국에 긴급 에너지 지원을 제공하기로 합의하였다. 중유 5만 톤 상당의 긴급 에너지 지원의 최초 운송은 60일 이내에 개시된다.

참가국들은 상기 초기 조치들이 향후 60일 이내에 이행되며, 이러한 목표를 향하여 상호 조율된 조치를 취한다는데 합의하였다.

Ⅲ. 참가국들은 초기조치를 이행하고 공동성명의 완전한 이행을 목표로 다음과 같은 실무그룹(W/G)을 설치하는데 합의하였다.

1. 한반도 비핵화
2. 미·북 관계정상화
3. 일·북 관계정상화
4. 경제 및 에너지 협력

5. 동북아 평화·안보 체제

실무그룹들은 각자의 분야에서 9·19 공동성명의 이행을 위한 구체적 계획을 협의하고 수립한다. 실무그룹들은 각각의 작업진전에 관해 6자회담 수석대표 회의에 보고한다. 원칙적으로 한 실무그룹의 진전은 다른 실무그룹의 진전에 영향을 주지 않는다. 5개 실무그룹에서 만들어진 계획은 상호 조율된 방식으로 전체적으로 이행될 것이다.

참가국들은 모든 실무그룹 회의를 향후 30일 이내에 개최하는데 합의하였다.

Ⅳ. 초기조치 기간 및 조선민주주의인민공화국의 모든 핵프로그램에 대한 완전한 신고와 흑연감속로 및 재처리 시설을 포함하는 모든 현존하는 핵시설의 불능화를 포함하는 다음단계 기간 중, 조선민주주의인민공화국에 최초 선적분인 중유 5만 톤 상당의 지원을 포함한 중유 100만 톤 상당의 경제·에너지·인도적 지원이 제공된다.

상기 지원에 대한 세부 사항은 경제 및 에너지 협력 실무그룹의 협의적절한 평가를 통해 결정된다.

Ⅴ. 초기조치가 이행되는 대로 6자는 9·19 공동성명의 이행을 확인하고 동북아 안보협력 증진방안 모색을 위한 장관급 회담을 신속하게 개최한다.

Ⅵ. 참가국들은 상호신뢰를 증진시키기 위한 긍정적인 조치를 취하고 동북아시아에서의 지속적인 평화와 안정을 위한 공동노력을 할 것을 재확인하였다. 직접 관련 당사국들은 적절한 별도 포럼에서 한반도의 항구적 평화체제에 관한 협상을 갖는다.

Ⅶ. 참가국들은 실무그룹의 보고를 청취하고 다음단계 행동에 관한 협의를 위해 제6차 6자회담을 2007년 3월 19일에 개최하기로 합의하였다.

대북 지원부담의 분담에 관한 합의 의사록

미합중국, 중화인민공화국, 러시아연방, 대한민국은 각국 정부의 결정에 따라, Ⅱ조 5항 및 Ⅳ조에 규정된 조선민주주의인민공화국에 대한 지원부담을 평등과 형평의 원칙에 기초하여 분담할 것에 합의하고, 일본이 자국의 우려사항이 다루어지는 대로 동일한 원칙에 따라 참여하기를 기대하며, 또 이 과정에서 국제사회의 참여를 환영한다.

7·4 남북공동성명

최근 평양과 서울에서 남북관계를 개선하며 갈라진 조국을 통일하는 문제를 협의하기 위한 회담이 있었다.

서울의 이후락 중앙정보부장이 1972년 5월 2일부터 5월 5일까지 평양을 방문하여 평양의 김영주 조직지도부장과 회담을 진행하였으며, 김영주 부장을 대신한 박성철 제2부수상이 1972년 5월 29일부터 6월 1일까지 서울을 방문하여 이후락 부장과 회담을 진행하였다.

이 회담들에서 쌍방은 조국의 평화적 통일을 하루빨리 가져와야 한다는 공통된 염원을 안고 허심탄회하게 의견을 교환하였으며 서로의 이해를 증진시키는데서 큰 성과를 거두었다.

이 과정에서 쌍방은 오랫동안 서로 만나보지 못한 결과로 생긴 남북 사이의 오해와 불신을 풀고 긴장의 고조를 완화시키며 나아가서 조국통일을 촉진시키기 위하여 다음과 같은 문제들에 완전한 견해의 일치를 보았다.

1. 쌍방은 다음과 같은 조국통일원칙들에 합의를 보았다.
  첫째, 통일은 외세에 의존하거나 외세의 간섭을 받음이 없이 자주적으로 해결하여야 한다.
  둘째, 통일은 서로 상대방을 반대하는 무력행사에 의거하지 않고 평화적 방법으로 실현하여야 한다.
  셋째, 사상과 이념·제도의 차이를 초월하여 우선 하나의 민족으로서 민족적 대단결을 도모하여야 한다.

2. 쌍방은 남북 사이의 긴장상태를 완화하고 신뢰의 분위기를 조성하기 위하여 서로 상대방을 중상 비방하지 않으며 크고 작은 것을 막론하고 무장도발을 하지 않으며 불의의 군사적 충돌사건을 방지하기 위한 적극적인 조치

를 취하기로 합의하였다.

3. 쌍방은 끊어졌던 민족적 연계를 회복하며 서로의 이해를 증진시키고 자주적 평화통일을 촉진시키기 위하여 남북 사이에 다방면적인 제반교류를 실시하기로 합의하였다.

4. 쌍방은 지금 온 민족의 거대한 기대 속에 진행되고 있는 남북적십자회담이 하루빨리 성사되도록 적극 협조하는데 합의하였다.

5. 쌍방은 돌발적 군사사고를 방지하고 남북 사이에 제기되는 문제들을 직접, 신속 정확히 처리하기 위하여 서울과 평양 사이에 상설 직통전화를 놓기로 합의하였다.

6. 쌍방은 이러한 합의사항을 추진시킴과 함께 남북 사이의 제반문제를 개선 해결하며 또 합의된 조국통일원칙에 기초하여 나라의 통일문제를 해결할 목적으로 이후락 부장과 김영주 부장을 공동위원장으로 하는 남북조절위원회를 구성·운영하기로 합의하였다.

7. 쌍방은 이상의 합의사항이 조국통일을 일일천추로 갈망하는 온 겨레의 한결같은 염원에 부합된다고 확신하면서 이 합의사항을 성실히 이행할 것을 온 민족 앞에 엄숙히 약속한다.

서로 상부의 뜻을 받들어

이 후 락　　　김 영 주

1972년 7월 4일

남북 사이의 화해와 불가침 및 교류·협력에 관한 합 의 서(남북기본합의서)

남과 북은

분단된 조국의 평화적 통일을 염원하는 온 겨레의 뜻에 따라

7·4남북공동성명에서 천명된 조국통일 3대원칙을 재확인하고

정치군사적 대결상태를 해소하여 민족적 화해를 이룩하고

무력에 의한 침략과 충돌을 막고 긴장완화와 평화를 보장하며

다각적인 교류·협력을 실현하여 민족공동의 이익과 번영을 도모하며

쌍방사이의 관계가 나라와 나라사이의 관계가 아닌 통일을 지향하는 과정
에서 잠정적으로 형성되는 특수관계라는 것을 인정하고

평화통일을 성취하기 위한 공동의 노력을 경주할 것을 다짐하면서

다음과 같이 합의하였다.

제1장 남북화해

제1조 남과 북은 서로 상대방의 체제를 인정하고 존중한다.

제2조 남과 북은 상대방의 내부문제에 간섭하지 아니한다.

제3조 남과 북은 상대방에 대한 비방·중상을 하지 아니한다.

제4조 남과 북은 상대방을 파괴·전복하려는 일체 행위를 하지 아니한다.

제5조 남과 북은 현 정전상태를 남북 사이의 공고한 평화상태로 전환시키기
위하여 공동으로 노력하며 이러한 평화상태가 이룩될 때까지 현 군사
정전협정을 준수한다.

제6조 남과 북은 국제무대에서 대결과 경쟁을 중지하고 서로 협력하며 민족의 존엄과 이익을 위하여 공동으로 노력한다.

제7조 남과 북은 서로의 긴밀한 연락과 협의를 위하여 이 합의서 발효 후 3개월 안에 판문점에 남북연락사무소를 설치·운영한다.

제8조 남과 북은 이 합의서 발효 후 1개월 안에 본회담 테두리 안에서 남북정치분과위원회를 구성하여 남북화해에 관한 합의의 이행과 준수를 위한 구체적 대책을 협의한다.

제2장 남북불가침

제9조 남과 북은 상대방에 대하여 무력을 사용하지 않으며 상대방을 무력으로 침략하지 아니한다.

제10조 남과 북은 의견대립과 분쟁문제들을 대화와 협상을 통하여 평화적으로 해결한다.

제11조 남과 북의 불가침 경계선과 구역은 1953년 7월 27일자 군사정전에 관한 협정에 규정된 군사분계선과 지금까지 쌍방이 관할하여 온 구역으로 한다.

제12조 남과 북은 불가침의 이행과 보장을 위하여 이 합의서 발효 후 3개월 안에 남북군사공동위원회를 구성·운영한다. 남북군사공동위원회에서는 대규모 부대이동과 군사연습의 통보 및 통제문제, 비무장지대의 평화적 이용문제, 군인사교류 및 정보교환 문제, 대량살상무기와 공격능력의 제거를 비롯한 단계적 군축실현문제, 검증문제 등 군사적 신뢰조성과 군축을 실현하기 위한 문제를 협의·추진한다.

제13조 남과 북은 우발적인 무력충돌과 그 확대를 방지하기 위하여 쌍방 군사당국자 사이에 직통전화를 설치·운영한다.

제14조 남과 북은 이 합의서 발효 후 1개월 안에 본회담 테두리 안에서 남북군사분과위원회를 구성하여 불가침에 관한 합의의 이행과 준수 및 군사적 대결상태를 해소하기 위한 구체적 대책을 협의한다.

제3장 남북교류 · 협력

제15조 남과 북은 민족경제의 통일적이며 균형적인 발전과 민족 전체의 복리
　　　향상을 도모하기 위하여 자원의 공동개발, 민족내부교류로서의 물자
　　　교류, 합작투자 등 경제교류와 협력을 실시한다.

제16조 남과 북은 과학 · 기술, 교육, 문학 · 예술, 보건, 체육, 환경과 신문, 라
　　　디오, 텔레비전 및 출판물을 비롯한 출판 · 보도 등 여러 분야에서 교
　　　류와 협력을 실시한다.

제17조 남과 북은 민족구성원들의 자유로운 왕래와 접촉을 실현한다.

제18조 남과 북은 흩어진 가족 · 친척들의 자유로운 서신거래와 왕래와 상봉
　　　및 방문을 실시하고 자유의사에 의한 재결합을 실현하며, 기타 인도
　　　적으로 해결할 문제에 대한 대책을 강구한다.

제19조 남과 북은 끊어진 철도와 도로를 연결하고 해로, 항로를 개설한다.

제20조 남과 북은 우편과 전기통신교류에 필요한 시설을 설치 · 연결하며, 우
　　　편 · 전기통신 교류의 비밀을 보장한다.

제21조 남과 북은 국제무대에서 경제와 문화 등 여러 분야에서 서로 협력하
　　　며 대외에 공동으로 진출한다.

제22조 남과 북은 경제와 문화 등 각 분야의 교류와 협력을 실현하기 위한
　　　합의의 이행을 위하여 이 합의서 발효 후 3개월 안에 남북경제교류 ·
　　　협력공동위원회를 비롯한 부문별 공동위원회들을 구성 · 운영한다.

제23조 남과 북은 이 합의서 발효 후 1개월 안에 본회담 테두리 안에서 남북
　　　교류 · 협력분과위원회를 구성하여 남북교류 · 협력에 관한 합의의 이
　　　행과 준수를 위한 구체적 대책을 협의한다.

제4장 수정 및 발효

제24조 이 합의서는 쌍방의 합의에 의하여 수정 보충할 수 있다.

제25조 이 합의서는 남과 북이 각기 발효에 필요한 절차를 거쳐 그 문본을

서로 교환한 날부터 효력을 발생한다.

1991년 12월 13일

남북고위급회담   북남고위급회담
남측대표단 수석대표   북측대표단 단   장

대 한 민 국   조선민주주의인민공화국
국무총리 정원식   정무원 총리 연형묵

남북교류 · 협력 부속합의서(전문)

남과 북은 "남북 사이의 화해와 불가침 및 교류 · 협력에 관한 합의서"의 "제3장 남북 교류 · 협력"의 이행과 준수를 위한 구체적 대책을 협의한데 따라 다음과 같이 합의하였다.

제1장 경제교류 · 협력

제1조 남과 북은 민족경제의 통일적이며 균형적인 발전과 민족전체의 복리 향상을 도모하기 위하여 자원의 공동개발, 민족내부교류로서의 물자교류, 합작투자 등 경제 교류와 협력을 실현한다.

① 남과 북은 물자교류와 석탄, 광물, 수산자원 등 자원의 공동개발과 공업, 농업, 건설, 금융, 관광 등 각 분야에서의 경제협력사업을 실시한다.

② 남과 북은 자원의 공동개발, 합영 · 합작 투자 등 경제협력사업의 대상과 형식, 물자 교류의 품목과 규모를 경제교류 · 협력공동위원회에서 협의하여 정한다.

③ 남과 북은 자원의 공동개발, 합영 · 합작투자 등 경제협력사업의 규모, 물자교류의 품목별 수량과 거래조건을 비롯한 기타 실무적 문제들을 쌍방 교류 · 협력 당사자들 사이에 토의하여 정한다.

④ 남과 북 사이의 경제협력과 물자교류의 당사자는 법인으로 등록된 상사, 회사, 기업체 및 경제기관이 되며 경우에 따라 개인도 될 수 있다.

⑤ 남과 북은 교류 · 협력 당사자 간에 직접 계약을 체결하고 필요한 절차를 거쳐 경제협력 사업과 물자교류를 실시하도록 한다.

⑥ 교류물자의 가격은 국제시장가격을 고려하여 물자교류 당사자 간에 협의하여 정한다.

⑦ 남과 북 사이의 물자교류는 상호성과 유무상통의 원칙에서 실현한다.

⑧ 남과 북 사이의 물자교류에 대한 대금결제는 청산결제방식을 원칙으로 하며, 필요한 경우 쌍방의 합의에 따라 다른 결제방식으로 할 수 있다.

⑨ 남과 북은 청산결제은행 지정, 결제통화 선정 등 대금결제와 자본의 이동과 관련하여 필요한 사항은 쌍방이 합의하여 정한다.

⑩ 남과 북은 물자교류에 대하여 관세를 부과하지 않으며, 남북 사이의 경제관계를 민족내부 관계로 발전시키기 위한 조치를 협의·추진한다.

⑪ 남과 북은 경제교류와 협력을 원활히 추진하기 위하여 공업규격을 비롯한 각종 자료를 서로 교환하며 교류·협력 당사자가 준수하여야 할 자기 측의 해당 법규를 상대측에 통보한다.

⑫ 남과 북은 경제교류와 협력을 원활히 추진하기 위하여 필요한 투자보장, 이중과세 방지, 분쟁조정절차 등에 대해서는 쌍방이 합의하여 정한다.

⑬ 남과 북은 자기 측 지역에서 경제교류와 협력에 참가하는 상대측 인원들의 자유로운 경제활동과 편의를 보장한다.

제2조 남과 북은 과학·기술, 환경분야에서 교류와 협력을 실현한다.

① 남과 북은 과학·기술, 환경분야에서 정보자료의 교환, 해당 기관과 단체, 인원들 사이의 공동연구 및 조사, 산업부문의 기술협력과 기술자, 전문가들의 교류를 실현하며 환경보호대책을 공동으로 세운다.

② 남과 북은 쌍방이 합의하여 정한데 따라 특허권, 상표권 등 상대측 과학·기술상의 권리를 보호하기 위한 조치를 취한다.

제3조 남과 북은 끊어진 철도와 도로를 연결하고 해로, 항로를 개설한다.

① 남과 북은 우선 인천항, 부산항, 포항항과 남포항, 원산항, 청진항 사이의 해로를 개설한다.

② 남과 북은 남북 사이의 교류·협력 규모가 커지고 군사적 대결상태가 해소되는 데 따라 해로를 추가로 개설하고, 경의선 철도와 문산-개성 사이의 도로를 비롯한 육로를 연결하며 김포공항과 순안비행장 사이의 항로를 개설한다.

③ 남과 북은 교통로가 개설되기 이전에 진행되는 인원왕래와 물자교류를 위하여 필요한 경우 쌍방이 합의하여 임시교통로를 개설할 수 있다.

④ 남과 북은 육로, 해로, 항로의 개설과 운영의 원활한 보장을 위하여 필요한 정보 교환 및 기술 협력을 실시한다.

⑤ 남북 사이의 교류물자는 쌍방이 합의하여 개설한 육로, 해로, 항로를 통하여 직접 수송하도록 한다.

⑥ 남과 북은 자기 측 지역에 들어온 상대측 교통수단에 불의의 사고가 발생할 경우 긴급구제조치를 취한다.

⑦ 남과 북은 교통로 개설 및 운영과 관련한 해당 국제협약들을 존중한다.

⑧ 남과 북은 남북 사이에 운행되는 교통수단과 승무원들의 출입절차, 교통수단 운행 방법, 통과지점 선정 등 교통로 개설과 운영에서 제기되는 기타 실무적 문제들을 경제교류·협력공동위원회에서 토의하여 정한다.

제4조 남과 북은 우편과 전기통신교류에 필요한 시설을 설치·연결하며, 우편과 전기통신교류의 비밀을 보장한다.

① 남과 북은 빠른 시일 안에 판문점을 통하여 우편과 전기통신을 교환, 연결하도록 하며 우편과 전기통신교류에 필요한 정보교환 및 기술협력을 실시한다.

② 남과 북은 우편과 전기통신교류에서 공적 사업과 인도적 사업을 우선 보장하며 점차 그 이용범위를 확대하여 운영하도록 한다.

③ 남과 북은 우편과 전기통신교류의 비밀을 보장하며 어떠한 경우에도 이를 정치·군사적 목적에 이용하지 않는다.

④ 남과 북은 우편 및 전기통신교류와 관련한 해당 국제협약들을 존중한다.

⑤ 남과 북 사이에 교류되는 우편 및 전기통신의 종류와 요금, 우편물의 수집, 전달 방법 등 기타 실무적 문제들은 경제교류·협력공동위원회에서 협의하여 정한다.

제5조 남과 북은 국제경제의 여러 분야에서 서로 협력하며 대외에 공동으로 진출한다.

① 남과 북은 경제분야의 여러 국제행사와 국제기구들에서 서로 협력한다.

② 남과 북은 경제분야에서 대외에 공동으로 진출하기 위한 대책을 협의·추진한다.

제6조 남과 북은 경제분야의 교류와 협력을 지원·보장한다.

제7조 남과 북은 경제분야의 교류와 협력을 실현하는데 필요한 기구설치문제와

기타 실무적 문제들을 경제교류 · 협력공동위원회에서 협의하여 정한다.

제8조 이 합의서 "제1장 경제교류 · 협력" 부문의 이행 및 이와 관련한 세부사항의 협의 · 실천은 남북경제교류 · 협력공동위원회에서 한다.

제2장 사회문화교류 · 협력

제9조 남과 북은 교육, 문학 · 예술, 보건, 체육과 신문, 라디오, 텔레비전 및 출판물을 비롯한 출판 · 보도 등 여러 분야에서 교류와 협력을 실시한다.

① 남과 북은 교육, 문학 · 예술, 보건, 체육, 출판 · 보도 등 여러 분야에서 이룩한 성과와 경험 및 연구 · 출판 · 보도와 목록 등 정보자료를 상호 교환한다.

② 남과 북은 교육, 문학 · 예술, 보건, 체육, 출판 · 보도 등 여러 분야에서 기술협력을 비롯한 다각적인 협력을 실시한다.

③ 남과 북은 교육, 문학 · 예술, 보건, 체육, 출판 · 보도 등 여러 분야에서 국토종단행진, 대표단 파견, 초청 · 참관 등 기관과 단체, 인원들 사이의 접촉과 교류를 실시한다.

④ 남과 북은 교육, 문학 · 예술, 보건, 체육, 출판 · 보도 등 여러 분야에서 연구, 조사, 편찬사업, 행사를 공동으로 실시하며 예술작품, 문화유물, 도서출판물의 교환 전시회를 진행한다.

⑤ 남과 북은 쌍방이 합의하여 정한데 따라 상대측의 각종 저작물에 대한 권리를 보호하기 위한 조치를 취한다.

제10조 남과 북은 민족구성원들의 자유로운 왕래와 접촉을 실현한다.

① 남과 북은 모든 민족구성원들이 자기 의사에 따라 자유롭게 상대측 지역을 왕래하도록 하기 위한 조치를 공동으로 취한다.

② 민족구성원들의 왕래는 남북 사이에 개설된 육로, 해로, 항로를 편리한 대로 이용하도록 하며, 경우에 따라 국제항로도 이용할 수 있다.

③ 남과 북은 민족구성원들이 방문지역에서 자유로운 활동을 하도록 하며, 신변안전 및 무사귀환을 보장한다.

④ 남과 북은 민족구성원들이 상대측의 법과 질서를 위반함이 없이 왕래하고 접촉하도록 하기 위한 조치를 취한다.

⑤ 남과 북을 왕래하는 인원들은 필요한 증명서를 소지하여야 하며, 쌍방이 합의한 범위 내에서 물품을 휴대할 수 있다.

⑥ 남과 북은 자기 측 지역에 들어온 상대측 인원에 대하여 왕래와 방문 목적 수행에 필요한 편의를 제공한다.

⑦ 남과 북은 자기 측 지역에 들어온 상대측 왕래자에게 불의의 사고가 발생할 경우 긴급구제조치를 취한다.

⑧ 남과 북은 민족구성원들의 자유로운 왕래와 접촉을 실현하는데 필요한 절차와 실무적 문제들을 사회문화교류·협력공동위원회에서 협의하여 정한다.

제11조 남과 북은 사회문화분야의 국제무대에서 서로 협력하며 대외에 공동으로 진출한다.

① 남과 북은 사회문화분야의 여러 국제행사와 국제기구들에서 서로 협력한다.

② 남과 북은 사회문화분야에서 대외에 공동으로 진출하기 위한 대책을 협의·추진한다.

제12조 남과 북은 사회문화분야의 교류와 협력을 지원·보장한다.

제13조 남과 북은 사회문화분야의 교류와 협력을 실현하는데 필요한 기구설치문제와 기타 실무적 문제들을 사회문화교류·협력공동위원회에서 협의하여 정한다.

제14조 이 합의서 "제2장 사회문화교류·협력" 부문의 이행 및 이와 관련한 세부사항의 협의·실천은 남북사회문화교류·협력공동위원회에서 한다.

제3장 인도적 문제의 해결

제15조 남과 북은 흩어진 가족·친척들의 자유로운 서신거래와 왕래와 상봉 및 방문을 실시하고 자유의사에 의한 재결합을 실현하며, 기타 인도

적으로 해결할 문제에 대한 대책을 강구한다.

① 흩어진 가족·친척들의 범위는 쌍방 적십자 단체들 사이에 토의하여 정하도록 한다.

② 남과 북은 흩어진 가족·친척들의 자유왕래와 방문을 쌍방이 합의하여 정한 왕래 절차에 따라 실현한다.

③ 남과 북은 흩어진 가족·친척들의 상봉 면회소 설치문제를 쌍방 적십자단체들이 협의·해결하도록 한다.

④ 남과 북은 흩어진 가족·친척들의 자유의사에 의한 재결합을 실현하기 위한 대책을 협의·추진한다.

⑤ 남과 북은 인도주의 정신과 동포애에 입각하여 상대측 지역에 자연재해 등 재난이 발생할 경우 서로 도우며, 흩어진 가족·친척들 가운데 사망자의 유품처리, 유골이전 등을 위한 편의를 제공한다.

제16조 남과 북은 이미 진행하여 오던 쌍방 적십자단체들의 회담을 빠른 시일 안에 다시 열도록 적극 협력한다.

제17조 남과 북은 흩어진 가족·친척들의 불행과 고통을 덜어주기 위한 적십자단체들의 합의를 존중하며 그것이 순조롭게 실현되도록 지원·보장한다.

제18조 이 합의서 "제3장 인도적 문제의 해결" 부문의 이행 및 이와 관련한 세부사항의 협의·실천은 쌍방 적십자단체들이 한다.

제4장 수정·발효

제19조 이 합의서는 쌍방의 합의에 의하여 수정·보충할 수 있다.

제20조 이 합의서는 쌍방이 서명하여 교환한 날부터 효력을 발생한다.

1992년 9월 17일

남북고위급회담 남측대표단 수석대표 대한민국 국무총리 정원식

북남고위급회담 북측대표단 단장 조선민주주의인민공화국 정무원 총리 연형묵

남북불가침 부속합의서(전문)

남과 북은 "남북 사이의 화해와 불가침 및 교류·협력에 관한 합의서"의 "제2장 남북 불가침"의 이행과 준수 및 군사적 대결상태를 해소하기 위한 구체적 대책을 협의한데 따라 다음과 같이 합의하였다.

제1장 무력불사용

제1조 남과 북은 군사분계선일대를 포함하여 자기 측 관할구역 밖에 있는 상대방의 인원과 물자, 차량, 선박, 함정, 비행기 등에 대하여 총격, 포격, 폭격, 습격, 파괴를 비롯한 모든 형태의 무력사용행위를 금지하며 상대방에 대하여 피해를 주는 일체 무력도발행위를 하지 않는다.

제2조 남과 북은 무력으로 상대방의 관할구역을 침입 또는 공격하거나 그의 일부, 또는 전부를 일시라도 점령하는 행위를 하지 않는다. 남과 북은 어떠한 수단과 방법으로도 상대방 관할구역에 정규무력이나 비정규무력을 침입시키지 않는다.

제3조 남과 북은 쌍방의 합의에 따라 남북 사이에 오가는 상대방의 인원과 물자, 수송 수단들을 공격, 모의공격하거나 그 진로를 방해하는 일체 적대행위를 하지 않는다. 이밖에 남과 북은 북측이 제기한 군사분계선 일대에 무력을 증강하지 않는 문제, 상대방에 대한 정찰활동을 하지 않는 문제, 상대방의 영해·영공을 봉쇄하지 않는 문제와 남측이 제기한 서울지역과 평양지역의 안전보장문제를 남북군사공동위원회에서 계속 협의한다.

제2장 분쟁의 평화적 해결 및 우발적 무력충돌 방지

제4조 남과 북은 상대방의 계획적이라고 인정되는 무력침공 징후를 발견하였을 경우 즉시 상대측에 경고하고 해명을 요구할 수 있으며 그것이 무력충돌로 확대되지 않도록 필요한 사전대책을 세운다. 남과 북은 쌍방의

오해나 오인, 실수 또는 불가피한 사고로 인하여 우발적 무력 충돌이나 우발적 침범 가능성을 발견하였을 경우 쌍방이 합의한 신호규정에 따라 상대측에 즉시 통보하며 이를 방지하기 위한 사전대책을 세운다.

제5조 남과 북은 어느 일방의 무력집단이나 개별적인 인원과 차량, 선박, 함정, 비행기 등이 자연재해나 항로미실과 같은 불가피한 사정으로 상대측 관할구역을 침범하였을 경우 침범측은 상대측에 그 사유와 적대의사가 없음을 즉시 알리고 상대측의 지시에 따라야 하며 상대측은 그를 긴급 확인한 후 그의 대피를 보장하고 빠른 시일 안에 돌려보내기 위한 조치를 취한다. 돌려보내는 기간은 1개월 이내로 하며 그 이상 걸릴 수도 있다.

제6조 남과 북 사이에 우발적인 침범이나 우발적인 무력충돌과 같은 분쟁문제가 발생 하였을 경우 쌍방의 군사당국자는 즉각 자기 측 무장집단의 적대행위를 중지시키고 군사 직통전화를 비롯한 빠른 수단과 방법으로 상대측 군사당국자에게 즉시 통보한다.

제7조 남과 북은 군사분야의 모든 의견대립과 분쟁문제들을 쌍방 군사당국자가 합의하는 기구를 통하여 협의 해결한다.

제8조 남과 북은 어느 일방이 불가침의 이행과 준수를 위한 이 합의서를 위반하는 경우 공동조사를 하여야 하며 위반사건에 대한 책임을 규명하고 재발방지대책을 강구한다.

제3장 불가침 경계선 및 구역

제9조 남과 북의 지상불가침 경계선과 구역은 군사정전에 관한 협정에 규정한 군사분 계선과 지금까지 쌍방이 관할하여온 구역으로 한다.

제10조 남과 북의 해상불가침 경계선은 앞으로 계속 협의한다. 해상불가침구역은 해상불가침경계선이 확정될 때까지 쌍방이 지금까지 관할하여온 구역으로 한다.

제11조 남과 북의 공중불가침 경계선과 구역은 지상 및 해상불가침 경계선과 관할구역의 상공으로 한다.

제4장 군사직통전화의 설치 · 운영

제12조 남과 북은 우발적 무력충돌과 확대를 방지하기 위하여 남측 국방부장
관과 북측 인민무력부장 사이에 군사직통전화를 설치 · 운영한다.

제13조 군사직통전화의 운영은 쌍방이 합의하는 통신수단으로 문서통신을
하는 방법 또는 전화문을 교환하는 방법으로 하며 필요한 경우 쌍방
군사당국자들이 직접 통화할 수 있다.

제14조 군사직통전화의 설치 · 운영과 관련하여 제기되는 기술실무적 문제들
은 이 합의서가 발효된 후 빠른 시일 안에 남북 각기 5명으로 구성되
는 통신실무자 접촉에서 협의 해결한다.

제15조 남과 북은 이 합의서 발효 후 50일 이내에 군사직통전화를 개통한다.

제5장 협의 · 이행기구

제16조 남북군사공동위원회는 남북합의서 제12조와 "남북군사공동위원회 구
성 · 운영에 관한 합의서" 제2조에 따른 임무와 기능을 수행한다.

제17조 남북군사분과위원회는 불가침의 이행과 준수 및 군사적 대결상태를
해소하기 위하여 더 필요하다고 서로 합의하는 문제들에 대하여 협의
하고 구체적인 대책을 세운다.

제6장 수정 및 발효

제18조 이 합의서는 쌍방의 합의에 따라 수정 보충할 수 있다.

제19조 이 합의서는 쌍방이 서명하여 교환한 날부터 효력을 발생한다.

1992년 9월 17일

남북고위급회담 남측대표단 수석대표 대한민국 국무총리 정원식

북남고위급회담 북측대표단 단장 조선민주주의인민공화국 정무원 총리 연형묵

남북 화해 부속합의서(전문)

남과 북은 "남북 사이의 화해와 불가침 및 교류·협력에 관한 합의서"의 "제1장 남북화해"의 이행과 준수를 위한 구체적 대책을 협의한데 따라 다음과 같이 합의하였다.

제1장 체제(제도) 인정·존중

제1조 남과 북은 상대방의 정치, 경제, 사회, 문화, 체제(제도)를 인정하고 존중한다.

제2조 남과 북은 상대방의 정치, 경제, 사회, 문화, 체제(제도)를 소개하는 자유를 보장한다.

제3조 남과 북은 상대방 당국의 권한과 권능을 인정·존중한다.

제4조 남과 북은 "남북 사이의 화해와 불가침 및 교류·협력에 관한 합의서"에 저촉되는 법률적, 제도적 장치의 개정 또는 폐기 문제를 법률실무협의회에서 협의·해결한다.

제2장 내부문제 불간섭

제5조 남과 북은 상대방의 법질서와 당국의 시책에 대하여 간섭하지 아니한다.

제6조 남과 북은 상대방의 대외관계에 대해 간섭하는 행위를 하지 아니한다.

제7조 남과 북은 "남북 사이의 화해와 불가침 및 교류·협력에 관한 합의서"에 저촉되는 문제에 대하여서는 상대방에 그 시정을 요구할 수 있다.

제3장 비방·중상 중지

제8조 남과 북은 언론·삐라 및 그 밖의 다른 수단·방법을 통하여 상대방을

비방·중상하지 아니한다.

제9조 남과 북은 상대방의 특정인에 대한 지명공격을 하지 아니한다.

제10조 남과 북은 상대방 당국을 비방·중상하지 아니한다.

제11조 남과 북은 상대방에 대한 사실을 왜곡하지 않으며 허위사실을 조작·
　　　유포하지 아니한다.

제12조 남과 북은 사실에 대한 객관적 보도를 비방·중상의 대상으로 하지
　　　아니한다.

제13조 남과 북은 군사분계선지역에서 방송과 시각매개물(게시물)을 비롯한
　　　그밖의 모든 수단을 통하여 상대방을 비방·중상하지 아니한다.

제14조 남과 북은 군중집회와 군중행사에서 상대방을 비방·중상하지 아니
　　　한다.

제4장 파괴·전복 행위 금지

제15조 남과 북은 상대방에 대한 테러, 포섭, 납치, 살상을 비롯한 직접 또는
　　　간접, 폭력 또는 비폭력 수단에 의한 모든 형태의 파괴·전복 행위를
　　　하지 아니한다.

제16조 남과 북은 상대방에 대한 파괴·전복을 목적으로 하는 선전선동 행위
　　　를 하지 아니한다.

제17조 남과 북은 자기 측 지역과 상대측 지역 및 해외에서 상대방의 체제와
　　　법질서에 대한 파괴·전복을 목적으로 하는 테러 단체나 조직을 결성
　　　또는 지원·비호하지 아니한다.

제5장 정전상태의 평화상태에로의 전환

제18조 남과 북은 현 정전상태를 남북 사이의 공고한 평화상태로 전환시키기
　　　위하여 "남북 사이의 화해와 불가침 및 교류·협력에 관한 합의서"와
　　　"한반도의 비핵화에 관한 공동선언"을 성실히 이행·준수한다.

제19조 남과 북은 현 정전상태를 남북 사이의 공고한 평화상태로 전환시키기 위하여 적절한 대책을 강구한다.

제20조 남과 북은 남북 사이의 공고한 평화상태가 이룩될 때까지 현 군사정전협정을 성실히 준수한다.

제6장 국제무대에서의 협력

제21조 남과 북은 국제기구나 국제회의 등 국제무대에서 상호 비방·중상을 하지 않으며 민족의 존엄을 지키기 위하여 긴밀하게 협조한다.

제22조 남과 북은 국제무대에서 상대방의 이익을 존중하며 민족의 이익과 관련되는 문제들에 대하여 긴밀히 협의하고 필요한 협조조치를 강구한다.

제23조 남과 북은 민족공동의 이익을 도모하기 위하여 재외공관(대표부)이 함께 있는 지역에서 쌍방 공관(대표부) 사이에 필요한 협의를 진행한다.

제24조 남과 북은 해외동포들의 민족적 권리와 이익을 옹호하고 보호하며 그들 사이의 화해와 단합이 이룩되도록 노력한다.

제25조 남과 북은 "남북 사이의 화해와 불가침 및 교류·협력에 관한 합의서"의 "제1장 남북화해"에 관한 합의사항의 이행을 위하여 "남북화해공동위원회"를 구성·운영한다. "남북화해공동위원회" 구성·운영에 관한 합의서는 따로 작성한다.

제26조 남과 북은 "남북화해공동위원회" 안에 법률실무협의회와 비방·중상중지실무협의회를 두며 그밖에 쌍방이 합의하는 필요한 수의 실무협의회를 둔다. 실무협의회 구성·운영에 관한 합의서는 "남북화해공동위원회"에서 별도로 작성한다.

제7장 수정 및 발효

제27조 이 부속합의서는 쌍방의 합의에 따라 수정·보충할 수 있다.

제28조 이 부속합의서는 쌍방이 서명하여 교환한 날부터 효력을 발생한다.

부기 : 북측이 제기한 "남과 북은 국제기구들에서 하나의 의석, 하나의 명칭
으로 가입하기 위하여 노력한다."
"남과 북은 국제회의를 비롯한 정치행사들에 전민족을 대표하여 유일
대표단으로 참가하기 위하여 노력한다."
"남과 북은 국제무대에서 제3국이 상대방의 이익을 침해하는 일체의
행위에 가담하거나 협력하지 않는다." "남과 북은 다른 나라들과 맺은
조약과 협정들 가운데서 민족의 단합과 이익에 배치되는 것을 개정 또
는 폐기하는 문제를 법률실무협의회에서 협의 해결한다."는 조항들은
합의에 이르지 못했으므로 남북정치분과위원회에서 앞으로 계속 토의
한다.

1992년 9월 17일

남북고위급회담 남측대표단 수석대표 대한민국 국무총리 정원식
북남고위급회담 북측대표단 단장 조선민주주의인민공화국 정무원 총리 연형묵

한반도의 비핵화에 관한 공동선언

남과 북은 한반도를 비핵화함으로써 핵전쟁위험을 제거하고 우리나라의 평화와 평화통일에 유리한 조건과 환경을 조성하며 아시아와 세계의 평화와 안전에 이바지하기 위하여 다음과 같이 선언한다.

1. 남과 북은 핵무기의 시험, 제조, 생산, 접수, 보유, 저장, 배비, 사용을 하지 아니한다.
2. 남과 북은 핵에너지를 오직 평화적 목적에만 이용한다.
3. 남과 북은 핵재처리시설과 우라늄 농축시설을 보유하지 아니한다.
4. 남과 북은 한반도의 비핵화를 검증하기 위하여 상대측이 선정하고 쌍방이 합의하는 대상들에 대하여 남북핵통제공동위원회가 규정하는 절차와 방법으로 사찰을 실시한다.
5. 남과 북은 이 공동선언의 이행을 위하여 공동선언이 발효된 후 1개월 안에 남북핵통제공동위원회를 구성·운영한다.
6. 이 공동선언은 남과 북이 각기 발효에 필요한 절차를 거쳐 그 문본을 교환한 날부터 효력을 발생한다.

1992년 1월 20일

남북고위급회담
남측대표단 수석대표

북남고위급회담
북측대표단 단   장

대 한 민 국
국무총리 정원식

조선민주주의인민공화국
정무원 총리 연형묵

남북공동선언(6 · 15공동선언)

조국의 평화적 통일을 염원하는 온 겨레의 숭고한 뜻에 따라 대한민국 김대중 대통령과 조선민주주의인민공화국 김정일 국방위원장은 2000년 6월 13일부터 6월 15일까지 평양에서 역사적인 상봉을 하였으며 정상회담을 가졌다.

남북 정상들은 분단 역사상 처음으로 열린 이번 상봉과 회담이 서로 이해를 증진시키고 남북관계를 발전시키며 평화통일을 실현하는데 중대한 의의를 가진다고 평가하고 다음과 같이 선언한다.

1. 남과 북은 나라의 통일문제를 그 주인인 우리 민족끼리 서로 힘을 합쳐 자주적으로 해결해 나가기로 하였다.
2. 남과 북은 나라의 통일을 위한 남측의 연합제안과 북측의 낮은 단계의 연방제안이 서로 공통성이 있다고 인정하고 앞으로 이 방향에서 통일을 지향시켜 나가기로 하였다.
3. 남과 북은 올해 8 · 15에 즈음하여 흩어진 가족, 친척 방문단을 교환하며 비전향장기수 문제를 해결하는 등 인도적 문제를 조속히 풀어 나가기로 하였다.
4. 남과 북은 경제협력을 통하여 민족경제를 균형적으로 발전시키고 사회, 문화, 체육, 보건, 환경 등 제반 분야의 협력과 교류를 활성화하여 서로의 신뢰를 다져 나가기로 하였다.
5. 남과 북은 이상과 같은 합의사항을 조속히 실천에 옮기기 위하여 빠른 시일 안에 당국 사이의 대화를 개최하기로 하였다.

　김대중 대통령은 김정일 국방위원장이 서울을 방문하도록 정중히 초청하였으며 김정일 국방위원장은 앞으로 적절한 시기에 서울을 방문하기로 하였다.

2000년 6월 15일

대 　한 　민 　국	조선민주주의인민공화국
대 　　통 　　령	국 　방 　위 　원 　장
김 　　대 　　중	김 　　정 　　일

남북관계 발전과 평화번영을 위한 선언
(10 · 4남북정상선언)

대한민국 노무현 대통령과 조선민주주의인민공화국 김정일 국방위원장 사이의 합의에 따라 노무현 대통령이 2007년 10월 2일부터 4일까지 평양을 방문하였다.

방문기간 중 역사적인 상봉과 회담들이 있었다.

상봉과 회담에서는 6 · 15공동선언의 정신을 재확인하고 남북관계발전과 한반도 평화, 민족공동의 번영과 통일을 실현하는데 따른 제반 문제들을 허심탄회하게 협의하였다.

쌍방은 우리민족끼리 뜻과 힘을 합치면 민족번영의 시대, 자주통일의 새시대를 열어 나갈 수 있다는 확신을 표명하면서 6 · 15공동선언에 기초하여 남북관계를 확대 · 발전시켜 나가기 위하여 다음과 같이 선언한다.

1. 남과 북은 6 · 15공동선언을 고수하고 적극 구현해 나간다.

남과 북은 우리민족끼리 정신에 따라 통일문제를 자주적으로 해결해 나가며 민족의 존엄과 이익을 중시하고 모든 것을 이에 지향시켜 나가기로 하였다.

남과 북은 6 · 15공동선언을 변함없이 이행해 나가려는 의지를 반영하여 6월 15일을 기념하는 방안을 강구하기로 하였다.

2. 남과 북은 사상과 제도의 차이를 초월하여 남북관계를 상호존중과 신뢰 관계로 확고히 전환시켜 나가기로 하였다.

남과 북은 내부문제에 간섭하지 않으며 남북관계 문제들을 화해와 협력, 통일에 부합되게 해결해 나가기로 하였다.

남과 북은 남북관계를 통일 지향적으로 발전시켜 나가기 위하여 각기 법률적·제도적 장치들을 정비해 나가기로 하였다.

남과 북은 남북관계 확대와 발전을 위한 문제들을 민족의 염원에 맞게 해결하기 위해 양측 의회 등 각 분야의 대화와 접촉을 적극 추진해 나가기로 하였다.

3. 남과 북은 군사적 적대관계를 종식시키고 한반도에서 긴장완화와 평화를 보장하기 위해 긴밀히 협력하기로 하였다.

남과 북은 서로 적대시하지 않고 군사적 긴장을 완화하며 분쟁문제들을 대화와 협상을 통하여 해결하기로 하였다.

남과 북은 한반도에서 어떤 전쟁도 반대하며 불가침의무를 확고히 준수하기로 하였다.

남과 북은 서해에서의 우발적 충돌방지를 위해 공동어로수역을 지정하고 이 수역을 평화수역으로 만들기 위한 방안과 각종 협력사업에 대한 군사적 보장조치 문제 등 군사적 신뢰구축조치를 협의하기 위하여 남측 국방부 장관과 북측 인민무력부 부장 간 회담을 금년 11월 중에 평양에서 개최하기로 하였다.

4. 남과 북은 현 정전체제를 종식시키고 항구적인 평화체제를 구축해 나가야 한다는데 인식을 같이하고 직접 관련된 3자 또는 4자 정상들이 한반도지역에서 만나 종전을 선언하는 문제를 추진하기 위해 협력해 나가기로 하였다.

남과 북은 한반도 핵문제 해결을 위해 6자회담 「9·19 공동성명」과 「2·13 합의」가 순조롭게 이행되도록 공동으로 노력하기로 하였다.

5. 남과 북은 민족경제의 균형적 발전과 공동의 번영을 위해 경제협력사업을 공리공영과 유무상통의 원칙에서 적극 활성화하고 지속적으로 확대 발전시켜 나가기로 하였다.

남과 북은 경제협력을 위한 투자를 장려하고 기반시설 확충과 자원개발을 적극 추진하며 민족내부협력사업의 특수성에 맞게 각종 우대조건과 특혜를 우선적으로 부여하기로 하였다.

남과 북은 해주지역과 주변해역을 포괄하는 「서해평화협력특별지대」를 설치하고 공동어로구역과 평화수역 설정, 경제특구건설과 해주항 활용, 민간선박의 해주직항로 통과, 한강하구 공동이용 등을 적극 추진해 나가기로 하였다.

남과 북은 개성공업지구 1단계 건설을 빠른 시일 안에 완공하고 2단계 개발에 착수하며 문산-봉동 간 철도화물수송을 시작하고, 통행·통신·통관 문제를 비롯한 제반 제도적 보장조치들을 조속히 완비해 나가기로 하였다.

남과 북은 개성-신의주 철도와 개성-평양 고속도로를 공동으로 이용하기 위해 개보수 문제를 협의·추진해 가기로 하였다.

남과 북은 안변과 남포에 조선협력단지를 건설하며 농업, 보건의료, 환경보호 등 여러 분야에서의 협력사업을 진행해 나가기로 하였다.

남과 북은 남북 경제협력사업의 원활한 추진을 위해 현재의 「남북경제협력추진위원회」를 부총리급 「남북경제협력공동위원회」로 격상하기로 하였다.

6. 남과 북은 민족의 유구한 역사와 우수한 문화를 빛내기 위해 역사, 언어, 교육, 과학기술, 문화예술, 체육 등 사회문화 분야의 교류와 협력을 발전시켜 나가기로 하였다.

남과 북은 백두산관광을 실시하며 이를 위해 백두산-서울 직항로를 개설하기로 하였다.

남과 북은 2008년 북경 올림픽경기대회에 남북응원단이 경의선 열차를 처음으로 이용하여 참가하기로 하였다.

7. 남과 북은 인도주의 협력사업을 적극 추진해 나가기로 하였다.

남과 북은 흩어진 가족과 친척들의 상봉을 확대하며 영상 편지 교환사업을 추진하기로 하였다.

이를 위해 금강산면회소가 완공되는데 따라 쌍방 대표를 상주시키고 흩어진 가족과 친척의 상봉을 상시적으로 진행하기로 하였다.

남과 북은 자연재해를 비롯하여 재난이 발생하는 경우 동포애와 인도주의, 상부상조의 원칙에 따라 적극 협력해 나가기로 하였다.

8. 남과 북은 국제무대에서 민족의 이익과 해외 동포들의 권리와 이익을 위한 협력을 강화해 나가기로 하였다

남과 북은 이 선언의 이행을 위하여 남북총리회담을 개최하기로 하고, 제 1차회의를 금년 11월 중 서울에서 갖기로 하였다.
남과 북은 남북관계 발전을 위해 정상들이 수시로 만나 현안 문제들을 협의하기로 하였다.

2007년 10월 4일

평 양

대　　한　　민　　국	조선민주주의인민공화국
대　　　통　　　령	국　방　위　원　장
김　　　대　　　중	김　　　정　　　일

「남북관계 발전과 평화번영을 위한 선언」 이행에 관한 제1차 남북총리회담 합의서

2007년 10월 평양에서 진행된 역사적인 남북정상회담에서 채택된 「남북관계 발전과 평화번영을 위한 선언」에 따라 그 이행을 위한 제1차 남북총리회담이 11월 14일부터 16일까지 서울에서 진행되었다.

남과 북은 「남북관계 발전과 평화번영을 위한 선언」이 남북관계를 보다 높은 단계로 발전시키며 한반도 평화와 민족공동의 번영과 통일을 실현하기 위한 새로운 국면을 열어나가는데서 중대한 의의를 가진다는데 인식을 같이 하고 이를 성실히 이행하기 위해 다음과 같이 합의하였다.

제1조 남과 북은 6·15공동선언의 우리민족끼리 정신에 따라 남북관계를 상호 존중과 신뢰의 관계로 확고히 전환시키며 통일지향적으로 발전시켜 나가기 위한 조치들을 적극 취해나가기로 하였다.

① 남과 북은 매년 6월 15일을 화해와 평화번영, 통일의 시대를 열어나가는 민족공동의 기념일로 하기 위해 각기 내부절차를 거쳐 필요한 조치를 취하기로 하였다.

② 남과 북은 내년 6·15공동선언 발표 8주년 기념 남북공동행사를 당국과 민간의 참가하에 서울에서 진행하기로 하였다.

③ 남과 북은 남북관계를 통일지향적으로 발전시켜 나가기 위하여 각기 법률·제도적 장치들을 정비해 나가는 문제 등을 협의해 나가기로 하였다.

④ 남과 북은 양측 의회를 비롯한 각 분야의 대화와 접촉을 활성화해 나가며 쌍방 당국은 남북국회회담을 적극 지원하기로 하였다.

제2조 남과 북은 서해지역의 평화와 공동의 이익을 위하여 「서해평화협력특별지대」를 설치하기로 하였다.

① 남과 북은 서해상에서 공동어로 및 민간선박의 운항과 해상수송을 보장하기 위하여 서해상의 일정한 수역을 평화수역으로 지정하고 관리해 나가기로 하였다.

② 남과 북은 평화수역과 공동어로구역의 대상지역과 범위를 호혜의 정신에 따라 별도로 협의하여 확정하고 2008년 상반기 안으로 공동어로사업에 착수하기로 하였다.

③ 남과 북은 공동어로구역의 효율적 운영과 수산분야에서의 협력문제를 12월 중 「서해평화협력특별지대추진위원회」 산하의 분과위원회를 통해 협의 해결하기로 하였다.

④ 남과 북은 해주지역에 「경제협력특별구역」(「해주경제특구」)을 건설하고 개성공단과의 연계를 통해 점차 발전시켜 나가기로 하였다.

⑤ 남과 북은 「해주경제특구」 건설에 따른 해상물동량의 원활한 처리를 위해 해주항을 민족공동의 이익에 부합되게 활용하기로 하였다.

⑥ 남과 북은 「해주경제특구」와 해주항 개발을 위한 실무접촉과 현지조사를 금년 중에 실시하며 2008년 안으로 구체적인 사업계획을 협의 확정하기로 하였다.

⑦ 남과 북은 한강하구에서 2008년 안으로 골재채취사업에 착수하기로 하고 빠른 시일 안에 실무접촉과 현지공동조사를 실시하기로 하였다.

⑧ 남과 북은 민간선박의 해주직항로 이용과 관련한 항로대 설정, 통항절차 등의 문제를 12월 중에 「남북경제협력공동위원회」 산하의 「남북 조선 및 해운협력분과위원회」를 개최하여 협의 해결하기로 하였다.

⑨ 남과 북은 「해주경제특구」 건설에 따라 이 지역에 대한 출입, 체류, 통신, 통관, 검역, 자금유통 등 법률·제도적 장치를 마련하는 문제를 협의해 나가기로 하였다.

⑩ 남과 북은 장관급을 위원장으로 하는 「서해평화협력특별지대추진위원회」를 구성하기로 하고 「서해평화협력특별지대추진위원회 구성·운영

에 관한 합의서」를 채택하였다.

⑪ 남과 북은 「서해평화협력특별지대추진위원회」 제1차 회의를 12월 중 개성에서 개최하기로 하였다.

제3조 남과 북은 민족경제의 균형적 발전과 공동번영을 위한 경제협력을 적극 추진하기로 하였다.

1) 도로 및 철도분야 협력

① 남과 북은 경의선 도로와 철도의 공동이용과 물류유통의 활성화를 위해 2008년부터 개성–평양 고속도로와 개성–신의주 철도 개보수에 착수하기로 하고, 이를 위한 현지조사를 금년 중에 실시하기로 하였다.

② 남과 북은 개성–평양 고속도로 개보수를 위한 실무접촉을 11월 28일부터 29일까지, 개성–신의주 철도 개보수를 위한 실무접촉을 11월 20일부터 21일까지 개성에서 진행하기로 하였다.

③ 남과 북은 2008년 베이징올림픽경기대회 남북 응원단의 경의선 열차 이용을 위한 철길보수를 진행하기로 하였다.

④ 남과 북은 개성–평양 고속도로, 개성–신의주 철도의 개보수와 공동이용에 필요한 설계, 설비, 자재, 인력 등을 적기에 보장하기로 하였다.

⑤ 남과 북은 「남북경제협력공동위원회」 산하에 「남북도로협력분과위원회」와 「남북철도협력분과위원회」를 구성하기로 하였다.

2) 조선협력단지 건설

① 남과 북은 안변지역에 선박블록공장 건설을 2008년 상반기 안에 착수하며 단계적으로 선박건조능력을 확대하기로 하였다.

② 남과 북은 남포의 영남배수리공장에 대한 설비현대화와 기술협력사업, 선박블록공장 건설 등을 가까운 시일 안에 적극 추진하기로 하였다.

③ 남과 북은 안변과 남포지역에 대한 제2차 현지조사를 12월 중에 실시하기로 하였다.

④ 남과 북은 조선협력단지 건설에 따라 안변과 남포지역에 대한 출입, 체

류, 통신, 통관, 검역, 자금유통 등 법률·제도적 장치를 마련하는 문제를 협의 해결하기로 하였다.

⑤ 남과 북은 「남북경제협력공동위원회」 산하에 「남북 조선 및 해운협력 분과위원회」를 구성·운영하며 제1차 회의를 12월 중에 부산에서 개최하여 조선협력단지 건설과 운영을 위한 구체적인 협의를 진행하기로 하였다.

3) 개성공단 건설

① 남과 북은 개성공단 활성화를 위해 1단계 건설을 빠른 시일 안에 완공하고 2단계 개발에 필요한 측량·지질조사를 금년 12월 중에 진행하며 2008년 안에 2단계 건설에 착수하기로 하였다.

② 남과 북은 개성공단 1단계 사업의 활성화를 위해 필요한 근로인력을 적기에 보장하고 근로자들의 숙소건설 등에 협력해 나가기로 하였다.

③ 남과 북은 개성공단 근로자들의 출퇴근을 위한 도로 건설 및 열차운행 문제를 협의 추진해 나가기로 하였다.

④ 남과 북은 금년 12월 11일부터 문산-봉동 간 철도화물 수송을 시작하며, 이를 위한 판문역 임시 컨테이너 야적장과 화물작업장 건설, 신호·통신·전력체계 및 철도연결구간 마감공사를 조속히 추진하기로 하였다.

⑤ 남과 북은 문산-봉동 간 화물열차운행을 위해 11월 20일부터 21일까지 개성에서 남북철도실무접촉을 개최하고 「남북 사이의 열차운행에 관한 기본합의서의 부속서」를 채택하며, 「남북철도운영공동위원회」 제1차 회의를 12월 초에 개성에서 진행하기로 하였다.

⑥ 남과 북은 남측 인원들과 차량들이 07시부터 22시까지 개성공단에 편리하게 출입할 수 있도록 금년 내에 통행절차를 개선하고, 2008년부터 인터넷, 유·무선전화 서비스를 시작하기 위한 1만회선 능력의 통신센터를 금년 내에 착공하며, 통관사업의 신속성과 과학성을 보장하기 위한 물자하차장 건설 등을 추진하는 문제를 협의해 나가기로 하였다.

⑦ 남과 북은 개성공단 건설을 적극 추진하며, 통행·통신·통관 문제와
관련한 합의사항을 이행하기 위해 개성공단건설 실무접촉을 12월 초에
개성에서 진행하기로 하였다.

⑧ 남과 북은 「남북경제협력공동위원회」 산하에 「개성공단협력분과위원
회」를 구성·운영하기로 하였다.

4) 자원개발, 농업, 보건의료 등 분야별 협력

① 남과 북은 이미 합의한 단천지구광산 투자 등 지하자원개발협력과 관
련하여 제3차 현지조사를 12월 중에 진행하며 2008년 상반기 안으로 구
체적인 사업계획을 협의 확정하기로 하였다.

② 남과 북은 이미 합의한 농업분야의 협력사업들을 구체적으로 이행하며
종자생산 및 가공시설, 유전자원 저장고건설 등을 금년 중에 착수하기
로 하였다.

③ 남과 북은 병원, 의료기구, 제약공장 현대화 및 건설, 원료지원 등을 추
진하고 전염병 통제와 한의학 발전을 위해 적극 협력하기로 하였다.

④ 남과 북은 쌍방이 관심하는 수역에서의 수산물생산과 가공, 유통 등을
위해 서로 협력하기로 하였다.

⑤ 남과 북은 산림녹화 및 병해충방제, 환경오염방지를 위한 협력사업을
추진하기로 하였다.

⑥ 남과 북은 지하자원개발, 농업, 보건의료, 수산, 환경보호 분야의 협력
을 위해 「남북경제협력공동위원회」 산하에 분과위원회들을 구성·운영
하기로 하였다.

5) 「남북경제협력공동위원회」 구성·운영

① 남과 북은 경제협력사업의 원활한 추진을 위해 남북총리회담 산하에
부총리급을 위원장으로 하는 「남북경제협력공동위원회」를 구성하기로
하고 「남북경제협력공동위원회 구성·운영에 관한 합의서」를 채택하
였다.

② 남과 북은 「남북경제협력공동위원회」 제1차 회의를 12월 4일부터 6일
까지 서울에서 개최하기로 하였다.

제4조 남과 북은 역사, 언어, 교육, 문화예술, 과학기술, 체육 등 사회문화분
야의 교류와 협력을 발전시키기 위한 조치를 취하기로 하였다.

① 남과 북은 장관급을 위원장으로 하는 「남북사회문화협력추진위원회」를
구성하기로 하고 역사유적과 사료발굴 및 보존, 「겨레말큰사전」 공동편
찬, 교육기자재와 학교시설 현대화, 공동문화행사, 과학기술인력양성,
과학기술협력센터 건설, 기상정보교환 및 관측장비 지원, 2008년 베이
징올림픽경기대회 공동응원을 비롯한 사회문화협력사업들을 협의 추진
하기로 하였다.

② 남과 북은 백두산과 개성관광사업이 원만히 진행될 수 있도록 적극 협
력하며 서울－백두산 직항로 개설을 위한 실무접촉을 12월 초에 개성
에서 진행하기로 하였다.

③ 남과 북은 2008년 베이징올림픽경기대회에 남북응원단이 경의선 열차
를 이용하여 참가하는 문제와 관련한 실무접촉을 12월 중에 진행하기
로 하였다.

④ 남과 북은 「남북사회문화협력추진위원회」를 2008년 상반기 중에 개최
하고, 기상정보교환과 관측장비지원 등 기상협력을 위한 실무접촉을 금
년 12월 중에 진행하기로 하였다.

제5조 남과 북은 민족의 화해와 단합을 도모하는 견지에서 인도주의분야의
협력사업을 적극 추진하기로 하였다.

① 남과 북은 12월 7일 금강산면회소의 쌍방 사무소 준공식을 진행하며
2008년 새해를 맞으며 흩어진 가족과 친척들의 영상편지를 시범적으로
교환하기로 하였다.

② 남과 북은 11월 28일부터 30일까지 금강산에서 제9차 남북적십자회담
을 개최하고 흩어진 가족과 친척들의 상봉확대 및 상시상봉, 쌍방 대표

들의 금강산면회소 상주, 전쟁시기와 그 이후 소식을 알 수 없게 된 사
람들의 문제 등을 협의하기로 하였다.

제6조 남과 북은 자연재해가 발생하는 경우 상호 통보 및 피해확대 방지를
위한 조치를 신속히 취하며 동포애와 상부상조의 원칙에서 피해복구
등에 적극 협력하기로 하였다.

제7조 남과 북은 남북총리회담을 6개월에 1회 진행하며, 제2차 회담을 2008
년 상반기에 평양에서 개최하기로 하였다.

제8조 수정 및 발효
① 이 합의서는 쌍방의 합의에 의해 수정·보충할 수 있다.
② 이 합의서는 남과 북이 각기 발효에 필요한 절차를 거쳐 문본을 교환한
날부터 효력을 발생한다.

2007년 11월 16일

남 북 총 리 회 담   북 남 총 리 회 담
남 측 수 석 대 표   북 측   단 장
대   한   민   국   조선민주주의인민공화국
국   무   총   리   내   각   총   리
한   덕   수   김   영   일

참고문헌

1. 국내문헌

1) 단행본

강구진, 『북한법 연구』, 서울: 박영사, 1975.

강봉구, 『현대러시아 대외정책의 이해』, 서울: 한양대학교출판부, 1999.

강성윤·고유환 외, 『북한정치의 이해』, 서울: 을유문화사, 2002.

강인덕·송종환 외 공저, 『남북회담: 7·4에서 6·15까지』, 서울: 극동문제연구소, 2004.

강정구, 『민족의 생명권과 통일』, 서울: 도서출판 당대, 2002.

강현철, 『통일헌법 연구』, 서울: 한국학술정보(주), 2006.

경남대학교북한대학원 엮음, 『북한연구방법론』, 서울: 도서출판 한울, 2003.

공용득, 『북한연방제연구』, 서울: 청목출판사, 2004.

고문현, 『헌법학』, 서울: 법원사, 2009.

고문현 외, 『행정의 법규범과 현실』, 집문당, 2004.

고유환 엮음, 『로동신문을 통해 본 북한변화』, 서울: 선인, 2006.

권영성, 『헌법학 원론』, 서울: 법문사, 1999.

_____, 『헌법학 원론』, 서울: 법문사, 2010.

김광길·이규창 외, 『통일법제 인프라 구축을 위한 과제』, 서울: 북한법연구회, 2010.

김광운, 『북한정치사연구』 Ⅰ, 서울: 도서출판선인, 2003.

김계동 외, 『분단국 통합사례 연구』, 서울: 국토통일원, 1986.

_____,『남북한 비교론』, 서울: 명인문화사, 2006.

김기정,『미국의 동아시아 개입의 역사적 원형과 20세기 초 한미관계 연구』, 서울: 문학과지성사, 2004.

김기정 엮음,『한국과 동아시아 관계사』, 서울: 연세대학교, 2006.

김낙중,『민족통일을 위한 설계』, 서울: 도서출판 고려서당, 1988.

김달중 외,『세계화와 일본의 구조전환』, 서울: 서울대학교출판부, 2002.

김성철 외 4인,『북한의 경제전환 모형: 사회주의국가의 경험이 주는 함의』, 서울: 통일연구원, 2001.

김두복 외 4인 공저,『중국의 정치와 경제』, 서울: 진문당, 1993.

김완배 외,『통일기반조성을 위한 다학제적 접근 Ⅱ - 교류협력, 통합, 의식』, 서울: 서울대학교 통일평화연구소, 2010.

김영수,『한국헌법사』, 서울: 학문사, 2000.

김영진 역편,『중국오천년사』, 서울: 도서출판 대광서림, 2001.

김용범,『일본주의자의 꿈』, 서울: 도서출판 푸른역사, 1999.

김용호,『외교안보정책과 언론 그리고 의회』, 서울: 도서출판 오름, 1999.

김재호 외 6인 공저,『현대일본정치시스템의 이해』, 서울: 형설출판사, 2002.

김철수,『신고헌법학신론』, 서울: 박영사, 1988.

김철수 외,『통일한국의 미래상』, 서울: 국토통일원, 1986.

김태희,『북한정치와 조국통일』, 서울: 세종출판사, 1998.

김학준,『러시아혁명사』, 서울: 문학과 지성사, 1979.

_____,『러시아혁명사』, 서울: 문학과 지성사, 1999.

_____,『러시아사』, 서울: 대한교과서주식회사, 2000.

김현철 · 박순성,『북한경제개혁연구』, 서울: 후마니타스, 2002.

남궁승태,『헌법요론』, 서울: 육서당법정고시사, 1997.

도진순,『분단의 내일 통일의 역사』, 서울: 도서출판 당대, 2001.

박도태,『연방제 통일론』, 서울: 정경숙, 1988.

박명규,『21세기 글로벌시대의 새로운 통일론의 모색: 연성복합통일론』, 서울: 서울대학교 통일평화연구소, 2009.

박명규 외,『남북통합지수』, 서울: 서울대학교 통일평화연구소, 2008.

박상철,『북한법을 보는 방법』, 서울: 통일부 통일교육원, 2006.

박순성,『북한경제와 한반도통일』, 서울: 도서출판 풀빛, 2003.

박영규 등,『통일정책연구』, 서울: 통일연구원, 2004.

박영도,『스위스연방의 헌법개혁과 향후 전망』, 서울: 한국법제연구원, 2004.

박인수 외 7인,『유럽헌법연구』Ⅰ, 대구: 영남대학교출판부, 2006.

박재규,『북한이해의 길라잡이』, 서울: 법문사, 1999.

_____,『새로운 북한읽기를 위하여』, 서울: 법문사, 2005.

밝한샘,『통일국가의 국호 국기 국가 헌법 평화조약』, 서울: 아름나라, 2005.

법률신문사,『법률사전』, 서울: 법률신문사출판사업단, 1996.

법무부,『소련법연구』Ⅳ, 서울: 법무부, 1991.

_____,『독립국가 제국 신헌법』, 서울: 법무부, 1998.

_____,『독일과 미국의 연방제』, 서울: 법무부, 2000.

_____,『통일법무 기본자료－북한법제』, 서울: 법무부, 2008.

법원행정처,『북한의 형사법』, 서울: 법원행정처, 2006.

_____,『북한의 민사법』, 서울: 법원행정처, 2007.

법제처,『북한법 제개요』, 서울: 한국법제연구원, 1992.

북한법연구회,『통일법제 인프라 구축을 위한 과제』, 서울: 북한법연구회, 2010.

서대숙,『현대북한의 지도자』, 서울: 을유문화사, 2000.

서동만,『북조선사회주의 체제성립사 1945~1961』, 서울: 도서출판 선인, 2005.

서울대학교 통일평화연구소,『2010 통일의식조사 발표－통일의식·통일론·
　　　통일세』, 서울: 서울대학교, 2010.

성낙인,『프랑스헌법학』, 서울: 법문사, 1995.

_____,『헌법과 세계화』, 서울: 법문사, 2006.

_____,『통일헌법상 권력구조에 관한 연구』, 서울: 서울대학교통일연구소,
　　　2008.

_____,『헌법학』, 서울: 법문사, 2012.

_____,『헌법소송론』, 서울: 법문사, 2012.

_____, 『헌법판례』, 서울: 법문사, 2012.

_____, 『대한민국헌법사』, 서울: 법문사, 2012.

성황용, 『일본의 민족주의』, 서울: 명지사, 1986.

세종연구소, 『북한법 체계와 특색』, 서울: 세종연구소, 1994.

손병해, 『경제통합의 이해』, 서울: 법문사, 2002.

송두율, 『통일의 논리를 찾아서』, 한겨레신문사, 1995.

송정남, 『베트남의 역사』, 서울: 부산대학교 출판부, 2001.

신지호, 『북한의 개혁·개방』, 서울: 한울아카데미, 2003.

심익섭·신현기외 공저, 『북한정부론』, 서울: 도서출판 백산 자료원, 2002.

심지연, 『남북한통일방안의 전개와 수렴』, 서울: 돌베개, 2001.

아태평화재단, 『김대중의 3단계 통일론─남북연합을 중심으로』, 서울: 아태
    평화출판사, 1995.

안영환, 『EU 리포트』, 서울: 도서출판 청년정신, 2007.

양승윤 외, 『베트남』, 서울: 한국외국어대학교 출판부, 2002.

연민수 편저, 『일본역사』, 서울: 도서출판 보고사, 2003.

유지호, 『예멘의 남북통일─평화통일의 매혹과 위험성』, 서문당, 1997.

윤명선, 『미국입헌정부론』, 서울: 경희대학교 출판국, 2008.

윤영관 외, 『통일기반조성을 위한 다학제적 접근 Ⅰ─대북정책, 경제, 문화』,
    서울대학교 통일평화연구소, 2010.

윤철홍, 『소유권의 역사』, 서울: 법원사, 1995.

윤 황, 『북한의 연방제 통일방안에 관한 분석과 대책』, 2005 연구보고서, 서
    울: 치안정책연구소, 2005. 12.

이봉조 등, 『통일정책연구』, 서울: 통일연구원, 2007.

이상신 외, 『일상 속의 통일: 세대, 지역, 젠더, 이념』, 서울대학교 통일평화
    연구소, 2009.

이서행 등, 『남북한의 통일정책과 통일방안 비교』, 서울: 통일부 통일교육원,
    2006.

이우영, 『미국 연방민사절차』 Ⅰ, 서울: 경인문화사, 2007.

이장희 외,『북한법 50년 그 동향과 전망』, 서울: 도서출판 아사연, 1999.

이종석,『조선로동당 연구-지도사상과 구조변화를 중심으로-』, 서울: 역사
　　　비평사, 2003.

_____,『새로쓴 현대북한의 이해』, 서울: 역사비평사, 2005.

이주영,『미국사』, 서울: 대한교과서주식회사』, 2005.

이희범,『유럽통합론』개정판, 서울: 법문사, 2007.

임동원,『피스메이커』, 서울: 중앙북스, 2008.

임동원·백낙청 외,『다시 한반도의 길을 묻다』, 서울: 삼인, 2010.

장동진,『현대자유주의 정치철학의 이해』, 서울: 동명사, 2001.

장동진 편집,『한반도통일론』, 서울: 연세대학교 행정대학원, 2006.

장동진 외,『이상국가론』, 서울: 연세대학교출판부, 2004.

장명봉,『국가연합사례연구』, 서울: 국토통일원, 1986.

_____,『분단국가의 통일과 헌법-독일과 예멘의 통일사례와 헌법자료』, 서
　　　울: 국민대출판부, 2001.

장명봉 편,『최신북한법령집』, 서울: 북한법연구회, 2008.

정경모·최달곤 편,『북한법령집』전5권, 서울: 대륙연구소, 1990.

정용석,『분단국 통일과 남북통일』, 서울: 도서출판 다나, 1992.

정용욱,『존하지와 미군점령통치 3년』, 서울: 도서출판 중심, 2003.

정은미 외,『2009년 남북관계와 국민의식 일상 속의 통일: 세대, 지역, 젠더,
　　　이념』, 서울대학교 통일평화연구소, 2009.

정진위,『새로운 동북아 질서와 한반도』, 서울: 법문사, 2003.

정진위·김용호 공저,『북한, 남북한관계 그리고 통일』, 서울: 연세대학교출
　　　판부, 2003.

정한구,『러시아의 중앙·지방관계』, 서울: 세종연구소

조　민 외,『통일대계 탐색연구』, 통일연구원, 2009

조상원 편저,『소법전』, 서울: 현암사, 1996.

조정남,『사회주의체제론』, 서울: 교양사, 1995.

채형복,『유럽헌법론』, 서울: 높이깊이, 2006.

채형복 옮김, 『유럽헌법조약』, 서울: 높이깊이, 2006.

_____, 『리스본조약』, 서울: 국제환경규제 기업지원센터, 2010.

천상덕, 『유럽연합의 이론과 연방건설—남북한 통일방안의 제도적 의미—』, 서울: 동국대학교출판부, 2005.

최병욱, 『베트남근현대사』, 경기: 창비, 2008.

최종고, 『한국법과 세계법』, 서울: 교육과학사, 1989.

_____, 『북한법』, 서울: 박영사, 2001.

_____, 『한국법사상사』, 서울: 서울대출판부, 2001.

통일부, 『북한개요』, 서울: 통일부, 1999.

_____, 『북한주민의 직업세계』, 서울: 통일부, 2001.

통일교육원, 『북한문제의 이해—실태와 변화가능성』, 1999.

한국국방연구원, 『북한의 핵개발과 북한군—대내 역할 변화와 핵무기 사용 가능성』, 2008.

한국공법학회, 『법제도 선진화를 위한 공법적 과제』, 서울: 한국공법학회, 2010.

한국무역협회 무역연구소, 『주요무역동향지표』, 서울: 한국무역협회 무역연구소, 2005.

한국미래발전연구원, 『10·4남북정상선언 3주년—학술회의자료집』, 서울, 2010.

한국방송프로듀서연합회 외, 『통일·북한핸드북』, 서울: 평화문제연구소, 1997.

한국법제연구원, 『북한의 헌법개정과 입법동향』, 1994.

한대원 외 14인, 『현대 중국법개론』, 서울: 박영사, 2002.

허 영, 『한국헌법론』, 서울: 박영사, 1995.

_____, 『한국헌법론』, 서울: 박영사, 2001.

헌법을 생각하는 변호사 모임 편저, 『남북한 헌법의 이해』, 서울: 삼광출판 2002.

2) 논문

강성윤, 「6·15남북공동선언 제2항의 함의」, 『북한연구학회학보』 제8권 제2호, 2004.

고든 G 창, 「중국의 몰락」, 서울: 뜨인돌, 2001.

고문현, 「독일 기본법상의 환경보호」, 『헌법학 연구』 제5권 제2호, 한국헌법학회, 1999.

_____, 「평등선거의 원칙과 선거구인구의 불균형」, 『공법연구』 제31집 제3호, 한국공법학회, 2003.

고유환, 「통치이데올로기: 주체사상」, 『북한정치이해』, 서울: 을유문화사, 2001.

_____, 「한반도평화첩경은 북미관계 개선」, 『통일한국』 통권 229호, 2003.

_____, 「6·15남북공동선언의 이행과 과제: 남측시각」.

_____, 「주체사상 연구 자료집」, 서울: 동국대학교 북한학과.

구견서, 「전후 일본의 민족주의 형성과 전개」, 『한국사회학』, 1998.

권양주, 「남북한 군사통합의 유형과 접근전략 연구-합의적 흡수통합을 중심으로」, 동국대학교 대학원 북한학과 박사학위논문, 2009.

길화식, 「북한 공안기관의 사회통제 기능에 관한 연구」, 동국대학교 대학원 박사학위논문, 2010.

김용현, 「북한 인민군대의 형성과정에 관한 연구」, 동국대학교 대학원석사학위논문, 1994.

_____, 「북한의 군사국가화에 관한 연구」, 동국대학교 대학원 박사학위논문, 2001.

_____, 「1950~60년대 북한 경제의 군사화」, 『사회과학연구』, 서울: 동국대학교 사회과학연구원, 2003.

김철수, 「중국의 환경문제와 한-중간의 환경협력의 필요성과 전망」, 『한국지방학회』. 1998.

김태호, 「중국의 16차 당대회: 신지도부 인사내용과 합의」, 『신아세아』, 2003.

리 판, 「선기능주의의 새로운 의미는 무엇인가?−파슨스와 알렉산더 이론의
　　비교 분석을 중심으로」, 서울: 연세대학교 사회학과 박사학위 논문,
　　2002.

박상림, 「한민족의 전통사상과 통일: 홍익화백제론에 관한 연구」, 건국대학교
　　대학원 정치외교학과 박사학위논문, 2008.

박상익, 「북한의 관료문화에 관한 연구」, 동국대학교 대학원 북한학과 박사
　　학위논문, 2008.

박상철, 「북한법을 보는 방법」, 통일부 통일교육원, 2006.

박선원, 「남북한 통일방안의 수렴 추이: 단일정치권력으로의 통합에서 평화
　　공존으로」, 『통일연구』, 2002.

박소영, 「북한의 신해방지구 개성에 관한 연구−지방통제와 지방정체성을 중
　　심으로」, 동국대학교 대학원 박사학위논문, 2010.

박영자, 「북한 지방국가기관의 구조와 운영실태: 중앙권력의 이중통제 지속
　　과 아래로부터의 변화」, 『한국정치학회보』, 2005.

＿＿＿, 「북한의 민족주의와 여성: 민족주 담론과여성정책 변화를 중심으
　　로」, 『국제정치논총』, 2005.

박정원, 「남북한 통일헌법에 관한 연구−통일헌법의 기본질서와 내용을 중심
　　으로」, 국민대학교 법학과 박사학위논문, 1996.

＿＿＿, 「통일헌법의 이념과 기본질서에 관한 일고」, 『헌법학연구』 제3집, 서
　　울: 한국헌법학회, 1997.

＿＿＿, 「구동독헌법의 개혁과 남북한통일헌법 구상」, 『공법연구』 제25집 4
　　호, 서울: 한국공법학회, 1997.

서석흥, 「중국의 경제개혁: 내용과 성과, 문제점 및 전망」, 『인문사회과학연
　　구』 제6권.

서유석, 「북한 선군담론에 관한 연구−재생담론화 과정과 실천양상을 중심으
　　로」, 동국대학교대학원 북한학과 박사학위논문, 2008.

서창호, 「중국의 환경오염과 한−중 환경협력」, 『한국동북아 논총』 제18집,
　　2001.

신광민, 「북한 정치사회화 과정에서의 군의 역할」, 동국대학교 대학원 북한
      학과 박사학위논문, 2003.

유현정, 「북한 경제특구 법제 연구」, 이화여자대학교 대학원 북한학협동과정
      박사학위논문, 2008.

윤 황, 「한반도분단의 해결을 위한 남·북한 외교의 접근방안 모색」, 서병철
      편저, 『분단 극복을 위한 초석－한국과 독일의 분단과 통일』, 서울:
      도서출판 매봉, 2003.

_____, 「북한의 『낮은단계의 연방제안』 분석을 통한 남한의 연합제안과의
      비교접근」, 서울: 평화연구소, 『통일문제연구』 통권 41호, 2004.

연세대학교김대중도서관통일연구원, 「6·15남북공동선언 4년 회고와 전망」,
      2005.

이동률, 「16대 이후 신지도부의 등장과 외교정책 전망」, 『신아세아』, 2003.

이상숙, 「북한·중국의 비대칭관계에 대한 연구－베트남·중국의 관계와의
      비교」, 동국대학교 대학원 박사학위논문, 2008.

이재상, 『형법총론』, 서울: 박영사, 2004.

장명봉, 「국가연합(Confederation)에 관한 연구: 우리의 통일방안의 발전과 관
      련하여」, 『국제법학회논총』 제33권 2호, 1988.

_____, 「북한헌법 40년과 그 동향」, 『북한법률행정논총』 8집, 1990.

_____, 「북한헌법상의 기본권론 서설」, 『고시연구』 제18권, 제5호, 1991.

전성흥, 「중국 16차 당대회에 대한 서설적 평가: 주요 쟁점과 시각을 중심으
      로」, 2003.

전현준, 「북한의 변화가능성－북한식 정경분리정책 지속할 전망」, 『통일한국』
      통권 181호, 1999.

조성렬, 「북미일괄타결가능 일본도 대화 선호」, 『통일한국』, 통권 229호, 2003.

조순구, 「핵무기 해체사례와 북한 핵의 평화적 관리방안」, 『국제정치논총』,
      2005.

조영남, 「중국 제4세대 지도부의 등장과 정책 변화: 현황과전망」, 2004.

조흥식, 「민족의 개념에 관한 정치사회학적 고찰」, 『한국정치학회보』, 2005.

채규철, 「북핵문제의 전개 시나리오와 해결방향」, 『국제정치논총』, 2004.

최달곤, 「북한법에 대한 이해와 접근」, 『저스티스』 25권 1호, 1992.

최양근, 「남·북한 헌법의 비교분석과 통일헌법에 대한 연구」, 연세대학교행
　　　정대학원석사학위 논문, 2006.

최종고, 「북한의 전통사관」, 『법학』 31권, 1, 2호, 1990.

최춘흠, 「중러대북결의한 UN상정시 반대안할듯」, 『통일한국』 통권 229호,
　　　2003.

추원서, 「신기능주의적 관점에서 본 남북경제공동체 연구―정치통합조건으
　　　로서의 경제통합」, 고려대학교 대학원 정치외교학과 박사학위논문,
　　　2005.

추장민, 「빈발하는 중국의 환경오염사고의 실태와 대응」, 『환경과 생명』, 2006.

한석희, 「부시의 대중정책 변화와 미―중관계: 전략적 경쟁관계를 중심으로」,
　　　『동서연구』, 2001.

한종만, 「푸틴의 러시아 시베리아 사활을 건다」, 『통일한국』, 통권, 213호,
　　　2001.

홍준형, 「동구사회주의의 변화와 법」, 『법과 사회』 제2호, 창작과 비평사,
　　　1990.

2. 북한문헌

1) 단행본

김일성, 『김일성 선집』 제1권~제4권, 평양: 조선로동당출판사, 1953.

＿＿＿, 『김일성 저작집』 제1권~제46권, 평양: 조선로동당출판사, 1979.

＿＿＿, 『사회주의를 위하여』, 평양: 조선로동당출판사, 1993.

＿＿＿, 『김일성 저작선집』 제1권~제10권, 평양: 조선로동당출판사, 1994.

＿＿＿, 『련방제조국통일방안에 대하여』, 평양: 조선로동당출판사, 1996.

＿＿＿, 『김정일선집』 제1권~제15권, 평양: 조선로동당출판사, 1996.

김인옥,『김일성장군선군정치리론』, 평양: 평양출판사, 주체92(2003).

김재천,『후계자문제의 이론과 실천』, 평양: 평양출판사, 1989.

김주복 총편집,『김일성주석회고기』 1, 평양: 조선로동당출판사, 2004.

김철앙,『주체철학개요』, 동경: 구월서방, 1990.

김한길,『현대조선력사』, 평양: 사회과학출판사, 1983.

김현환,『김정일장군 정치방식연구』, 평양: 평양출판사, 주체92,(2002).

김희일,『김일성주석과 반일민족해방투쟁사』, 평양: 평양출판사, 주체95(2006).

리기성,『주체의 사회주의정치경제학의 법칙과 범주』 1, 2권, 평양: 사회과학
　　　　출판사, 1992.

리성준 외,『위대한 주체사상 총서』 제1권~제10권, 평양: 사회과학출판사, 1985.

반계문,『사회주의헌법 해설집』, 평양: 사회과학출판사, 1973.

박종상,『원앙유정』, 평양: 문예출판사, 1989.

북한사회과학원철학연구소,『철학사전』, 서울: 도서출판 힘, 1988.

사회과학력사연구소,『조선전사』 제28권~제34권, 평양: 과학백과사전출판사,
　　　　1981.

사회과학법학연구소,『법학사전』, 평양: 사회과학출판사, 1971.

＿＿＿＿＿＿＿＿＿,『사회주의법에 관한 혁명의 위대한 수령 김일성동지의
　　　　리론』, 평양: 사회과학출판사, 1971.

사회과학출판사 편,『주체의 사회주의 헌법이론』, 평양: 사회과학출판사,
　　　　1977.

＿＿＿＿＿, 편집 강근조 · 림영규,『조선통사』 상 · 하, 평양: 평양종합인쇄공장.

＿＿＿＿＿, 편집 강철부,『사회주의적민주주의』, 평양: 평양종합인쇄공장, 1987.

＿＿＿＿＿, 편집 한창모,『자립경제리론』, 평양: 평양종합인쇄공장, 1984.

신병철,『조국통일문제 100문 100답』, 평양: 평양출판사, 주체92(2003).

심형일,『경애하는 수령 김일성 동지는 사회주의헌법에 관한 독창적인 리론
　　　　의 창시자이다』, 평양: 사회과학출판사, 1973.

＿＿＿＿＿,『주체의 사회주의헌법 리론』, 평양: 사회과학출판사, 1991.

윤국일,『경국대전 연구』, 평양: 백과사전출판사, 1986.

장룡덕,『일제침략자들이 조선에서 꾸며낸 식민지 파쇼악법의 반동적 본질』,
　　　평양: 사회과학출판사, 1976.

정기종,『태백산 줄기』, 평양: 문예출판사, 1985.

조선로동당출판사,『김일성주체사상에 대하여』, 동경: 구월서방, 1978.

_____,『위대한수령 김일성동지전기』 제1, 2권, 평양: 조선로동당출판사,
　　　1982.

_____,『김정일동지략전』, 평양: 조선로동당출판사, 1999.

조선로동당 중앙위원회 당력사연구소,『조선로동당력사』, 평양: 조선로동당
　　　출판사, 주체 93(2004).

조선민주주의인민공화국 사회과학원 언어학연구소,『조선로동당력사 교재』,
　　　평양: 조선로동당출판사, 1964.

_____,『현대조선말사전』, 평양: 사회과학원출판사, 1978.

_____,『조선로동당략사』, 평양: 조선로동당출판사, 1979.

조선민주주의인민공화국 중앙통계국,『조선민주주의인민공화국 인구일제조
　　　사자료집』, 평양: 중앙통계국, 1995.

오현철,『선군과 민족의 운명』, 평양: 평양출판사, 주체96(2007).

철학연구소,『사회주의강성대국건설사상』, 평양: 평양종합인쇄공장, 주체
　　　89(2000).

허종호,『주체사상에 기초한 남조선혁명과 조국통일 이론』, 평양: 사회과학출
　　　판사, 1975.

2) 논문

강윤만,「국토를 락원으로 전변시키는 대자연개조사업」,『근로자』 2호, 1980.

김명철 외,「평남요곡지의 대습곡구조에 대한 연구」,『김일성종합대학학보-
　　　자연과학』, 제49권 제5호, 김일성종합대학출판사, 2003.

김양환,「국가의 통일적지도를 보장하는 것은 사회주의건설의 혁명적원칙」,
　　　『김일성종합대학학보-력사법학』 제52권 제3호, 2006.

김일성, 「우리나라 사회주의제도를 더욱 강화하자」, 『김일성저작선집』 제6
　　　권, 평양: 조선로동당출판사, 1974.

_____, 「사회주의 완전승리를 위하여」, 『조선중앙연감』, 1978.

김정옥, 「규범적문건의 본문작성과 관련한 립법기술적 연구」, 『김일성종합대
　　　학학보 – 력사법학』 제49권 제1호, 김일성종합대학출판사, 2003.

리명일, 「행정법의 특징과 원천」, 『김일성종합대학학보 – 력사법학』 제49권
　　　제1호, 김일성종합대학출판사, 2003.

_____, 「행정법률관계에 대한 리해」, 『김일성종합대학학보 – 력사법학』 제50
　　　권4호, 2004.

리주민, 「국토건설총계획작성과 승인, 집행에 나서는 법적요구」, 『김일성종
　　　합대학학보 – 력사법학』 제51권 제3호, 김일성종합대학출판사, 2005.

_____, 「사회주의사회에서 국토관리사업의 본질과 기본요구」, 『김일성종합
　　　대학학보 – 력사법학』 제51권 제1호, 2006.

_____, 「공화국 토지법에 규제된 국토건설총계획작성원칙과 그 요구」, 『김
　　　일성종합대학학보 – 력사법학』 제51권 제1호. 2006.

예광숙, 「사회적생산과 자연환경과의 호상관계문제를 바로 해결하는데서 나
　　　서는 몇 가지 문제」, 『경제연구』 1, 과학백과사전출판사, 2004.

정혜경 외, 「도시에서 원림효과를 고려한 대기오염농도마당 평가방법에 대한
　　　연구」, 『김일성종합대학학보 – 자연과학』 제49권 제1호, 김일성종합
　　　대학출판사, 2003.

조현숙, 「중소도시의 계획적형성을 도시에로의 인구집중을 막기 위한 합리적
　　　인도시형성방식」, 『경제연구』 1, 과학백과사전출판사, 2004.

황경직, 「국토계획을 바로 세우는데서 나서는 원칙적문제」, 『경제연구』 2, 과
　　　학백과사전출판사, 2003.

3. 외국문헌

1) 단행본

(1) 원전

DANIEL J. ELAZAR, *Exploring Federalism*, Alabama: The University of Alabama Press, 2006.

Daniel Schwekendiek, *The data atlas of North Korea: demography, society, economy*, Seoul: SNUIPUS, 2009.

BELA BALASSA J.D., ph.D. *THE THEORY OF ECONOMY INTEGRATION*, HOMEWOOD, ILLINOIS: RICHARD D. IRWIN, INC, 1961.

ROBERT O. KEOHANE, *AFTER HEGEMONY: Cooperation and Discord in the World Political Economy*, Princeton, New Jersey: Princeton University Press, 1984.

Stephen White, John Gardner, George Schöpflin, Tony Saich, *Communist and Postcommunist Political Systems An Introduction*, New York: St. Martin's Press, 1990.

鮎京正訓, 『ベトナム憲法史』, 東京: 日本評論史, 1993.

(2) 번역본

Derek W. Urwin, 『유럽통합사』(번역 노명환, 서울: 대한교과서주식회사, 1994.)

Jeffrey C. Alexander, *Twenty Lectures: Sociological Theory Since World War II*, Columbia University Press, 1987(이윤희 옮김, 『현대 사회 이론의 흐름』, 서울: 민영사, 2002).

Josef Isensee, 이승우 옮김, 『국가와 헌법』, 서울: 세창출판사, 2001.

LEWIS A. COSER, 신용하 · 박명규 옮김, 『사회사상사』, 서울: 시그마프레스, 2006.

WILLIAM J. RIDINGS, JR./STUART B. McIVER, 김형곤 옮김, 『위대한 대통령 끔찍한 대통령』, 서울: 한언, 2000.

W.E. Butler, 이윤영 역, 『소비에트법』, 대륙연구소, 1990.

로버트달 지음, 박상훈 · 박수형 옮김, 『미국헌법과 민주주의』, 서울: 후마니타스, 2007.

석수길 역, 『중화인민공화국 민법』, 서울: 시간의 물레, 2005.

실비우 브루칸, 이선희 옮김, 『기로에 선 사회주의』, 서울: 도서출판 푸른산, 1990.

와다 하루끼, 고세현 옮김, 『역사로서의 사회주의』, 서울: 창작과 비평사, 1996.

와다 하루끼, 이종석 옮김, 『김일성과 만주항일전쟁』, 서울: 창작과 비평사, 1992.

조지 세이빈 · 토머스 솔슨, 성유부 · 차남희 옮김, 『정치사상사』 1 · 2, 서울: 한길사, 2006.

존 베일리스 · 스티브 스미스 편저, 하영선 외 옮김, 『세계정치론』, 서울: 을유문화사, 2005.

즈비그뉴 브레진스키, 김명섭 옮김, 『제국의 선택』 – 지배인가 리더십인가, 서울: 황금가지, 2004.

찰머스 존슨, 안병진 옮김, 『제국의 슬픔』, 서울: 삼우반, 2004.

칼 뢰벤슈타인, 김효전 옮김, 『비교헌법론』, 서울: 교육과학사, 1994.

칼 마르크스, 강산준 옮김, 『자본 Ⅰ』 1 · 2, 서울: 도서출판 길, 2008.

티에리 파코, 조성애 옮김, 『동문선 현대신서』, 2002.

한대원 · 정의근 옮김, 『신중국헌법발전사』, 서울: 도서출판 오름, 2007.

2) 논문

Nicholas R. Lardy, 「중국경제: 성장 지속가능성과 한국에 미치는 영향」, 2003.

Ding Chun, 「세계화 시대의 중국경제―발전과 전망」, 푸단대학세계경제연구소.

4. 자료 및 기타

1) 헌법 및 북한사연표

『북한사연표』, 동국대학교 북한학과 세미나팀, 2009.

『1948년 북한임시헌법』

『1948년 인민민주주의헌법』

『1972년 사회주의헌법』

『1992년 우리식 사회주의헌법』

『1998년 김일성헌법』

『2009년 개정헌법』

『2012년 김일성・김정일헌법』

『2013년 북한헌법』

『미국연합규약』

『미국연방헌법』

『독일연합규약』

『1870년 비스마르크 독일헌법』

『1919년 바이마르 헌법』

『서독기본법』

『동독헌법』

『현통일 독일헌법』

『스위스연합규약』

『1848년 스위스연방헌법』

『1918년 러시아연방헌법』

『1924년 소비에트연방헌법』

『1936년 소비에트연방헌법』

『1977년 소비에트연방헌법』

『1946년 베트남민주공화국헌법』

『1959년 베트남사회주의공화국헌법』

『1980년 베트남사회주의공화국헌법』

『1992년 베트남사회주의공화국헌법』

『2001년 베트남사회주의공화국헌법』

『남예멘헌법』

『북예멘헌법』

『통일예멘헌법』

『EU연합헌법조약』

『리스본조약』

『1954년 중화인민공화국헌법』

『1975년 중화인민공화국헌법』

『1978년 중화인민공화국헌법』

『1982년 중화인민공화국헌법』

『홍콩특별행정구 기본법』

2) 기타 자료

『연합뉴스』

『동아일보』

『조선일보』

『세계일보』

『한겨레신문』

『중앙일보』

『경향신문』

『YTN』

『서울파이낸스』

『조선신보』

『조선중앙통신』

『조선중앙방송』

『노동신문』 등

찾아보기

ㅈ

ㅊ

ㅌ

최양근

- 광주고등학교 졸업(25회)
- 전남대학교 법과대학 행정학과(행정학 학사)
- 연세대학교 행정대학원 북한·동아시아 전공(정치학 석사)
- 동국대학교 일반대학원 북한학과(북한학 박사)
- (전) 통일부 통일정책실 근무
- (전) 사단법인 5·18구속부상자회서울·경인지부 회장
- (전) 5·18민중항쟁서울기념사업회 회장
- (현) 5·18민주유공자
- (현) 「민주화운동명예회복에 관한 법률」에 의한 민주유공자
- (현) 5·18기념재단 후원회 정회원
- (현) 사단법인 한국평화연구학회 이사
- (전) 조선대학교 정치외교학부 강사
- (현) 동국대학교 대학원 강사
- (현) 서울대학교 법학전문대학원 법학연구소 박사급 연구원(연수연구원)

● 주요 논문 및 저서

- 『5월 광주를 넘어 6월 항쟁까지』(공저, 자인, 2006)
- 『2008년 남북법제연구보고서』(공저, 법제처, 2008)
- 『단계적 연방제통일헌법 연구 – 한민족 미래와 비전』(선인, 2011)
- 「단계적 연방국가론에 입각한 통일헌법 연구」(동국대학교 박사학위논문, 2010)
- 「북한정권수립과정시 헌법과 고려민주연방공화국 통일방안 상관성 연구」(『평화학연구』 제12권3호, 2011)
- 「반민주평화론과 북한 개혁·개방 촉진에 대한 연구」(『평화학연구』 제13권1호, 2012)
- 「통일연방국가 연구 – 단계적 연방국가와 지역정부 권한배분을 중심으로」(『숭실대학교 법학논총』 제31권, 2014) 등 다수